赣南山区高速公路深切高填边坡防护与恢复治理技术

樊友庆　简文星　等　编著

江西省交通厅科技计划重点工程科技项目(项目编号:2015c0026)资助

科学出版社

北　京

内 容 简 介

本书依托宁都至定南高速公路安远至定南段及定南联络线建设项目，采用理论分析、室内试验、数值模拟和实时监测相结合的方法，对赣南山区深切高填边坡的类型、工程地质条件与岩土体特征等进行系统调研，总结不同地质条件下深切高填边坡的变形破坏机理与模式。以建设绿色交通为指导思想，以边坡稳定性分析为基础，科学地确定深切高填边坡的坡率；以排水防护措施为重点，采用玻璃钢锚杆等高强度新型材料锚杆代替钢筋锚杆；采用植物纤维毯、土工格室等生态防护技术替代部分传统护坡方法；将生态环保技术与传统防护方法相结合，系统地探讨赣南山区高速公路深切高填边坡安全、生态和经济的防护与恢复治理新技术及新理论。本书对赣、粤、闽等地高速公路边坡的防护与恢复治理具有一定的指导意义。

本书可供从事岩土工程、地质工程等领域的科研和技术人员参考，也可作为高等院校相关专业教师、研究生与本科生的参考用书。

图书在版编目(CIP)数据

赣南山区高速公路深切高填边坡防护与恢复治理技术/樊友庆等编著．—北京：科学出版社，2018．6

ISBN 978-7-03-058103-7

Ⅰ．①赣…　Ⅱ．①樊…　Ⅲ．①山区道路—高速公路—边坡—公路养护—江西　②山区道路—高速公路—边坡—生态恢复—江西　Ⅳ．①U418

中国版本图书馆 CIP 数据核字(2018)第 134120 号

责任编辑：杨光华　何　念/责任校对：董艳辉

责任印制：彭　超/封面设计：耕者设计工作室

科学出版社 出版

北京东黄城根北街 16 号

邮政编码：100717

http://www.sciencep.com

武汉中远印务有限公司印刷

科学出版社发行　各地新华书店经销

*

开本：787×1092　1/16

2018 年 6 月第　一　版　印张：15 1/4　彩插：3

2018 年 6 月第一次印刷　字数：388 000

定价：158.00 元

(如有印装质量问题，我社负责调换)

《赣南山区高速公路深切高填边坡防护与恢复治理技术》

编 委 会

前　言

随着经济的发展和路网建设的日渐完善，高速公路修筑迅速延伸至赣南山区。赣南山区位于南岭、武夷山和诸广山三大山脉交接地区，地质环境复杂；并且该区属亚热带湿润性季风气候区，雨量充沛，风化作用强烈，造就了地表巨厚的风化层。高速公路深切高填边坡日益增多，不可避免地要对地质环境造成破坏，一旦处理不好则有可能出现边坡岩土体的崩塌、滑坡、泥石流等失稳破坏，给运营阶段带来严重的安全隐患，给人民生命和财产带来巨大的损失；同时边坡的开挖破坏了原有植被覆盖层，导致出现大量的次生裸地，以及产生严重的水土流失现象，造成生态环境的破坏。因此，我们对赣南山区高速公路深切高填边坡防护与治理技术进行研究，选择安全、环保与经济的设计方案和施工措施，既能确保高速公路边坡稳定，又能保持良好的生态环境，具有重要的理论与实际意义。全书内容共分为八章，各章主要内容如下。

第 1 章概要地介绍赣南地区自然地理与区域地质背景，包括地理位置、地形地貌、气象水文和区域地质等。

第 2 章总结宁都至定南高速公路安远至定南段及定南联络线路堑边坡的类型；采用野外调研与室内试验等方法，对沿线的岩体工程地质特征与土体的物理力学性质进行详细的研究；探讨不同地质条件下赣南山区常见的路堑边坡变形破坏机理与模式。

第 3 章总结宁都至定南高速公路安远至定南段及定南联络线路堤边坡的类型；采用三轴固结不排水剪切试验、瞬态脱湿与吸湿试验等对路堤边坡填土的基本物理性质、抗剪强度和水-力相互作用特性进行详细研究；分析赣南山区路堤边坡常见的变形破坏机理与模式。

第 4 章根据宁都至定南高速公路安远至定南段及定南联络线沿线工程地质条件，研究影响岩质边坡稳定性的因素，分析岩质路堑边坡的稳定性，探讨岩质路堑边坡设计坡率。在宁都至定南高速安远至定南段沿线选取典型的岩土二元结构路堑边坡和类土质路堑边坡为研究对象，采用 GeoStudio 软件计算边坡在不同坡率组合条件下的稳定性，探讨土质(类土质)路堑边坡的设计坡率。

第 5 章系统地论述国内外高速公路边坡常用的排水技术，探讨赣南山区高速公路深切高填边坡地表排水系统与地下排水系统；针对赣南山区深切高填边坡常见的变形破坏模式，提出相应的排水对策。

第 6 章系统地论述国内外边坡常用支挡技术；针对玻璃钢锚杆抗腐蚀性能强、耐久性好的优点，提出在赣南山区采用玻璃钢锚杆替代钢筋锚杆加固高速公路路堑边坡的方案；采用室内试验对玻璃钢锚杆的抗拉、抗剪、抗弯性能及与水泥砂浆的黏结能力进行详细的研究，论证玻璃钢锚杆加固边坡的可行性;采用 FLAC 3D 软件对玻璃钢锚杆在边坡防护中的效果进行数值模拟。

第 7 章系统论述国内外常用边坡生态防护技术;以建设绿色交通为指导思想,以边坡的工程地质条件为基础,将生态防护技术与传统防护方法相结合,提出适合赣南山区高速公路深切高填边坡生态防护的适宜性方案;在构建多目标决策指标体系的基础上,采用模糊一致判断矩阵对生态防护技术多目标决策进行优选。

第 8 章选择八个典型的深切高填边坡作为试验边坡,对试验边坡的工程地质条件进行详细的调研,采用 FLAC 3D 软件对这八个试验边坡变形破坏的演化过程进行数值模拟;采用 GeoStudio 软件计算这八个试验边坡的稳定安全系数。以建设绿色交通为指导思想,将生态防护技术与传统防护方法相结合,提出这八个试验边坡防护与恢复治理设计方案,探讨赣南山区深切高填边坡防护技术的适宜性。

本书由樊友庆、简文星、徐立红、费伦林、郭建国、张俊等编著,由俞文生、刘伟胜审核。写作过程中,查阅与参考了江西省交通设计研究院有限责任公司、中国公路工程咨询集团有限公司、江西省赣南公路勘察设计院编写的关于“宁都至定南(赣粤界)高速公路安远至定南段及定南联络线新建工程”地质勘察报告与施工图设计;查阅与引用了国内外一些专家和学者关于公路边坡防护的专著和论文。在此,作者表示衷心的感谢!

由于公路边坡防护技术的复杂性与多样性,有关理论、方法和技术还有待进一步完善;由于作者研究水平有限,本书中难免有不当之处,恳请各位读者批评指正。

作　者

2018 年 1 月

目　　录

第1章 自然地理与区域地质背景

1.1 地理位置

研究区位于江西省赣州市南部，具体包括定南县、安远县、寻乌县、龙南县与信丰县(图1.1)。本书的研究依托宁都至定南高速公路安远至定南段(A标段)与定南联络线(B标段)建设项目。A标段位于赣州市安远县和定南县境内，起点位于安远县城北工业园规划区东侧，途经安远县新龙乡、镇岗乡、孔田镇，终点位于定南县鹅公镇留村以东赣粤省界处，往南对接广东省规划的龙川至广州高速公路。路线里程区间为K160＋000～K211＋595.2，全长51.595 km，总体呈南北走向。在建设过程中，该线路共分九个标段(A1～A9)分段进行施工。B标段位于定南县境内，路线总体呈北东东—南西西走向，起点位于鹅公镇东约1.1 km岭下附近，自东向西穿越鹅公镇、天九镇和老城镇，终点与龙河高速公路相接，是连接宁都至定南高速公路与龙河高速公路的支线工程。在建设过程中，该线路共分五个标段(B1～B5)分段进行施工。

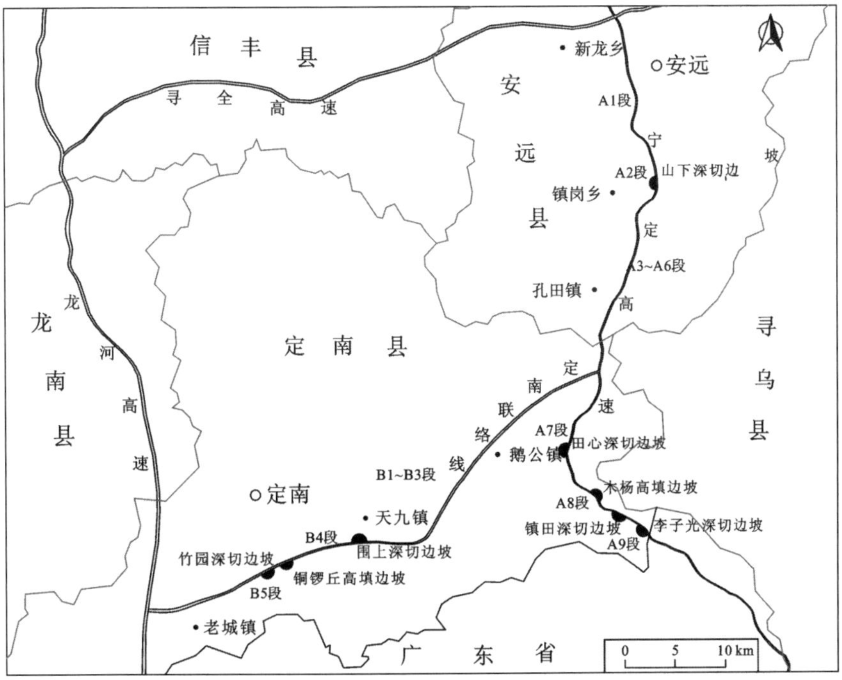

图1.1 试验边坡位置示意图

在本书的研究过程中，根据研究需要，在A标段的A2、A7、A8、A9分标段处，B标段的B4、B5分标段处，共选取了六个典型的深切边坡、两个典型的高填路基边坡作为试验边坡进行重点研究。这八个典型试验边坡的位置见图1.1，边坡名称与里程范围见表1.1。

表 1.1 试验边坡里程范围

编号	标段	名称	里程范围
1	A2	山下深切边坡	YK170＋480～YK170＋777 右侧
2	A7	田心深切边坡	K200＋503～K200＋714 右侧
3	A8	木杨高填边坡	K206＋108～K206＋370
4	A9	镇田深切边坡	K208＋393～K208＋698 右侧
5	A9	李子光深切边坡	K211＋393～K211＋595 右侧
6	B4	围上深切边坡	K28＋352～K28＋500 右侧
7	B4	铜锣丘高填边坡	K34＋230～K34＋328
8	B5	竹园深切边坡	K35＋558～K35＋759 左侧

1.2 地形地貌

赣南地处南岭、武夷山、诸广山三大山脉交接地区，地势四周高，中间低。地貌以丘陵、山地为主，占该区土地面积的 83%。其中西部主要为中低山构造剥蚀地貌，南部主要为低山丘陵构造剥蚀地貌，中部主要为丘陵河谷侵蚀堆积地貌，东北部主要为低山丘陵构造剥蚀地貌及灰岩分布地区的溶蚀侵蚀地貌。

西部中低山构造剥蚀地貌及南部低山丘陵构造剥蚀地貌，其特点均为新构造运动上升强烈，山坡陡峭，局部地区沿节理裂隙风化和强烈流水侵蚀切割，可见锯齿状峰林、石笋、蘑菇山，“V”字形峡谷和嶂谷发育，不同之处在于山岭的高度及覆盖层的厚度，其中南部山区山岭高度较低，覆盖层较厚。

中部丘陵河谷侵蚀堆积地貌主要特点是新构造运动升降缓慢，有间隙性，风化强烈且风化壳较厚，沟谷宽广，流水平缓，水土流失严重，崩塌、滑坡、坳谷和冲沟发育。

东北部低山丘陵构造剥蚀地貌，其特征是新构造运动缓慢抬升，山势平缓，呈缓坡状、垄状、馒头状，风化作用强烈，有较厚的覆盖层。

区内普遍覆盖有较厚的风化层。赣南地区地处亚热带湿润性季风气候区，区内雨量充沛，风化作用强烈，形成了地表巨厚的风化层，其中以花岗岩区最为典型。巨厚的风化层为滑坡、泥石流等地质灾害提供了丰富的物质来源。

1.3 气象水文

1.3.1 气象

赣南地处中亚热带南缘，属亚热带湿润性季风气候区，区内雨量充沛，四季分明。区内 7 月普遍气温较高，多年月平均气温 27.5 ℃，极端最高气温 37.5 ℃；1 月为全年低气温月，平均气温 8.0 ℃，最低气温－7.2 ℃。对赣南地区 1961～2016 年 56 年的年降水量(图 1.2)进行统计分析可知，区内多年平均降水量达 1 534 mm，最大年降水量为 2 263 mm(2016 年)，最小年降水量为 1 049 mm(1971 年)。从图 1.2 可知，年降水量随时间呈波浪式变动，没有出现明显的增大或减小的趋势。历年最大日降水量为 199 mm(1996 年 8 月 1 日)。降水多集中于每年的

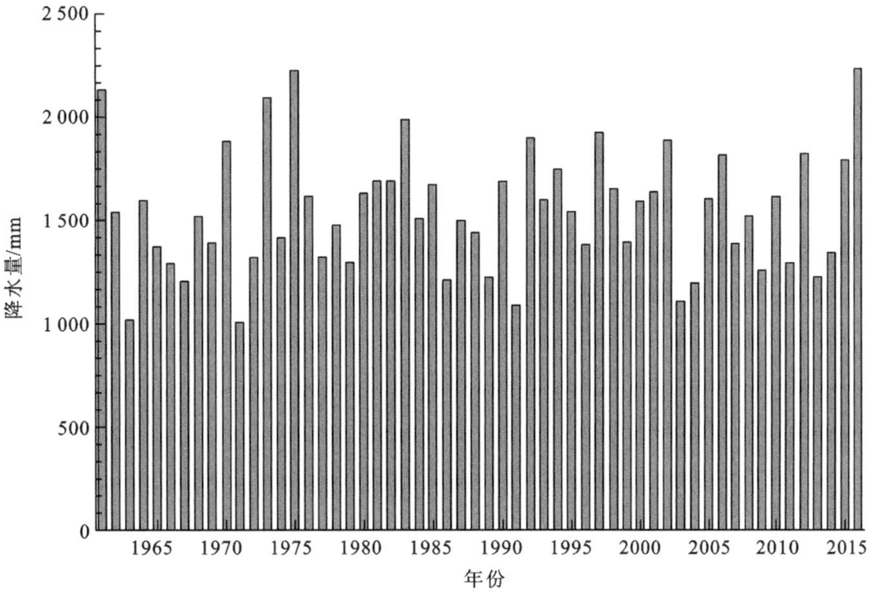

图 1.2　1961～2016 年赣南地区年降水量分布图

3～8 月，占全年总降水量的 76%。

对赣南地区 2014 年 3 月～2017 年 8 月的月降水量（图 1.3）进行统计分析可知，赣南地区近四年降水主要集中在 4～6 月。2015 年出现反常现象，冬季降水量大增。近四年最大月降水量出现在 2015 年 5 月，为 565 mm。在这四年中，每年雨季均有 100 mm 以上（日降水量）的大暴雨出现，并且常出现多天持续降雨天气。因此，在汛期施工时，应注意及时修建排水设施。

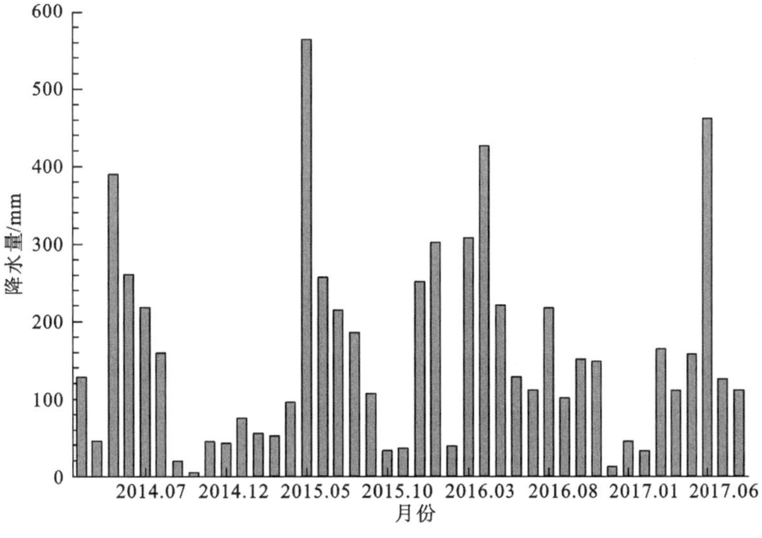

图 1.3　2014 年 3 月～2017 年 8 月赣南地区月降水量分布图

1.3.2　水文

赣南地区四周山峦重叠、丘陵起伏，溪水密布，河流纵横（图 1.4）。地势四周高中间低，南高

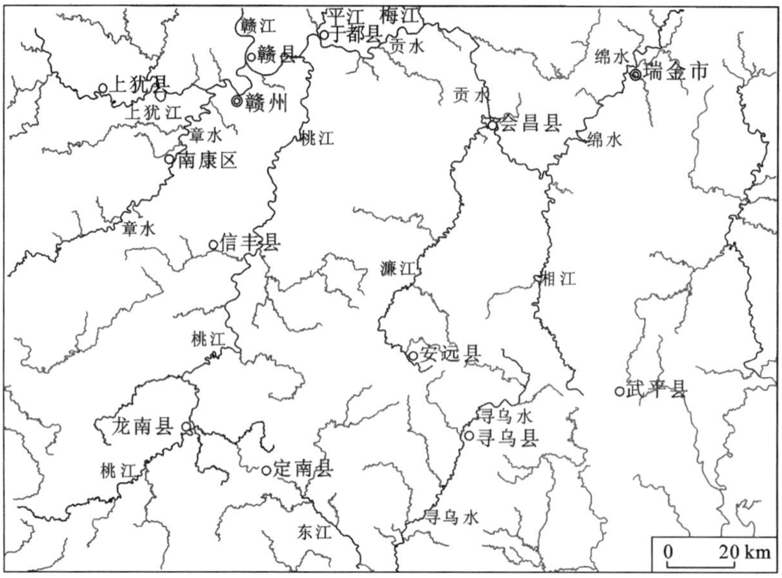

图 1.4　赣南地区水系分布示意图

北低，水系呈辐辏状向中心——域内的章贡区汇集。赣南山区为赣江发源地，也是珠江支流东江的源头之一，主要包括上犹江、章水、梅江、绵水、湘江、濂江、平江、桃江等较大的支流。其中上犹江、章水汇成章江；其余七条支流汇成贡水；章江贡水在章贡区相会而成赣江，北入鄱阳湖，属长江流域赣江水系。另有百条支流分别从寻乌县、安远县、定南县、信丰县流入珠江流域的东江水系、北江水系和韩江流域梅江水系。区内各河支流，上游分布在西、南、东边缘的山区，河道纵坡陡，落差集中，水流湍急；中游进入丘陵地带，河道纵坡较平坦，河流两岸分布有宽窄不同的冲积平原。

A 标段穿越赣南低山丘陵区，河流众多，沿线所经区域属赣江水系、珠江水系。两大水系以安远县三百山、九龙嶂为界。路线范围内以安远县九龙隧道为界，北段水系为贡江支流濂江；南段水系为东江支流九曲河。路线带内山间溪流发育，沟谷地带常有池塘与水库。

1.4　区域地质

1.4.1　地层

研究区地层从前震旦系至第四系除奥陶系、志留系和新近系缺失外出露较为完整(图 1.5)。下面将从老至新，对地层进行概要论述。

1. 前震旦系

前震旦系地层主要为前震旦系寻乌岩组(Pt_3x)。这套地层为研究区内最老的地层，其地质时代早于赣南的青白口纪和南华纪，是一套变质岩建造；为一套较坚硬—坚硬的片状岩、块状混合岩和变粒岩岩组。岩性主要为青灰色片麻岩、变粒岩、云母片岩，三者呈互层型、夹层型交替出现，局部有片麻状麻粒岩。该岩组呈规则状产出，岩石抗风化能力低，断裂带附近风化层较厚，一般厚 10～25 m。片岩中构造节理发育，片状矿物多平行定向排列，沿片理及分结层

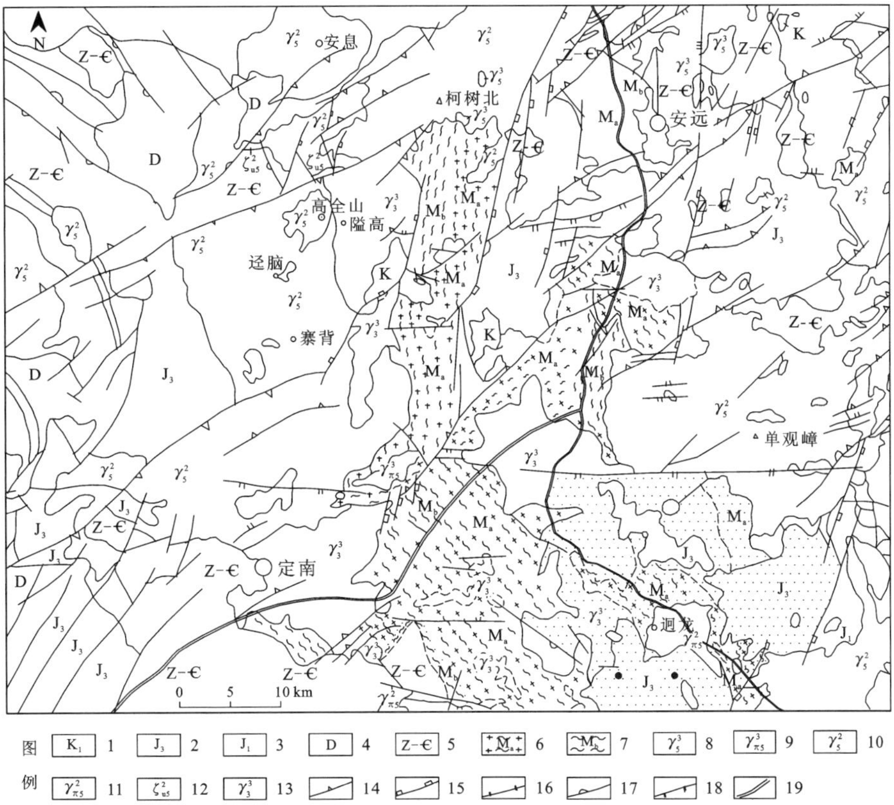

图 1.5　A 标段沿线地质图

1. 白垩系红层；2. 上侏罗统火山岩系；3. 下侏罗统；4. 泥盆系；5. 震旦系—寒武系变质岩；6. 混合岩带；7. 部分混合岩带；8. 燕山晚期花岗岩；9. 燕山晚期花岗斑岩；10. 燕山早期花岗岩；11. 燕山早期花岗斑岩；12. 燕山早期英安玢岩；13. 加里东晚期交代花岗岩；14. 北东向压性断裂；15. 北北东向压性断裂；16. 南北向压性断裂；17. 北西向压性断裂；18. 东西向压性断裂；19. 宁定高速公路(安远至定南段)

理易剥开，岩体完整性及稳定性较差。

2. 震旦系

震旦系(Z)下震旦统发育于安远县城北等地。岩性由灰绿、青灰色巨厚层变余长石石英砂岩夹黄绿色中薄层板岩组成，其底部为灰褐色巨厚层铁质含砾变余二云母砂岩。下震旦统在区域内未完全出露，其出露部分在区内变化不大，分布在安远县、定南县等地的相应层位的浅变质岩，均遭受混合岩化。

上震旦统分布较广，在信丰县石背、安远县城北等地出露较好。岩性由灰白、灰绿色及紫灰色硅质岩、硅质板岩夹变余长石石英砂岩和板岩等组成。其岩性较为坚硬，地貌多呈奇峰山脊和陡峭的悬崖峭壁。在区内本组岩性、厚度变化不大，仅局部夹变质砂岩和板岩。

3. 寒武系

区内寒武系(€)地层出露于定南县九曲及安远县城北等地，其变质较深并遭遇混合岩化作用。区内寒武系可划分为上、中、下三统。

下寒武统岩性为灰绿、青灰色厚层绢云母长石石英细砂岩、凝灰质变余细砂岩夹绢云母粉砂质板岩、碳质板岩，局部地区见夹灰岩透镜体。底部为高碳质板岩及寒潭硅质透镜体。区内寒武系下统属浅海相类复理石建造，横向变化不大，在定南县九曲和安远县镇岗、岭背、乌石坑及枣树坑等地见夹 2～10 m 厚的灰岩透镜体，在区域中部、南部及东部，本组均遭受不同程度的混合岩化作用。

中寒武统和上寒武统分布比较局限。中寒武统为灰绿色厚层变余绢云母长石石英细砂岩夹少量绢云母粉砂质板岩、细条带状板岩及凝灰质变余长石石英砂岩。上寒武统为青灰、黄绿色厚层变余中细粒长石石英砂岩夹中薄层绢云母粉砂质板岩、宽条带状板岩及碳质板岩。

4. 泥盆系

区内泥盆系(D)中泥盆统云山群主要分布在平远县东石和信丰县古陂岭，岩性为灰白色厚层石英砂岩、石英砾岩等，均呈角度不整合在震旦系或寒武系之上。

区内上泥盆统中棚组和三门滩组主要分布在平远县东石和信丰县古陂岭。中棚组岩性为灰白、灰紫色厚层长石石英砂岩，石英砂岩夹粉砂质页岩，底部为灰白色厚层石英砾岩。三门滩组又分上段、下段：上段岩性为灰白、灰紫色厚层长石石英砂岩夹薄层粉砂质页岩，底部为灰白色厚层石英砾岩；下段岩性为灰黄、灰紫色中薄层泥质、粉砂质页岩和厚层长石石英砂岩互层，底部为灰白色厚层石英砂砾岩。

5. 石炭系

区内石炭系(C)分布于山间盆地，出露零星，多为残坡积和冲击物掩盖。本系可划分为下石炭统梓山组、中石炭统黄龙组和上石炭统船山组。下石炭统梓山组岩性为含碳砂岩、页岩；中石炭统黄龙组和上石炭统船山组岩性皆为碳酸盐岩石。

本区梓山组很不发育，仅在区内东南部出露，多为残坡积层掩盖和断层切割。岩性主要为砂岩、页岩夹含碳页岩，为滨海相碎屑岩建造和滨海泻湖沼泽相含煤建造，底部为石英砾岩，与下伏泥盆系呈整合或假整合接触。

中石炭统黄龙组和上石炭统船山组主要分布在安远县丝茅坪、大坝头一带。黄龙组岩性为灰白色巨厚层含白云质灰岩夹厚层灰岩及薄层硅质岩。船山组由灰白、深灰色巨厚层纯灰岩组成，局部含燧石团块灰岩和生物灰岩。

6. 二叠系

区内二叠系(P)出露甚微，并遭受剥蚀和掩盖，分布极其零星，仅发现下二叠统霞栖组和茅口组，岩性分别为碳酸盐和硅质页岩、页岩。

霞栖组在安远县丝茅坪等地出露，其岩性为灰黑色中厚层灰岩和含燧石条带灰岩夹少量泥灰岩。茅口组主要出露于安远县丝茅坪至中寨一带，在平远县东石圩也有分布，因受构造破坏和浮土掩盖，露头多不连续。其岩性为灰黑色薄层含碳页岩、硅质页岩和灰白色薄层钙质页岩夹透镜状灰岩，可分上、下两个岩性段。

7. 三叠系

区内仅见三叠系(T)下三叠统大冶组，分布在龙南县和信丰县铁石口两地，平缓地超覆在长兴组、龙潭组之上。大冶组上部为黄绿、褐红色中薄层粉砂岩，页岩夹钙质页岩和灰岩透镜体；中部为深灰、灰绿色薄层泥灰岩和钙质页岩；下部为灰黄、灰绿色薄层页岩和粉砂岩；下伏地层为长兴组灰岩。

8. 侏罗系

区内侏罗系(J)分布较广，但发育不全，缺失中侏罗统，下侏罗统在区域南部零星出露，为湖泊相碎屑岩含煤建造。上侏罗统分布几乎遍及全区，为陆相火山岩建造及火山碎屑岩建造。

区内下侏罗统林山群分布极少，出露不全，仅见于平远县东石街的白岭背至大和嶂一带，不整合于下石炭统梓山组之上，为上侏罗统菖蒲群下亚群下组玄武岩覆盖。具湖沼相碎屑岩含煤建造特点，岩性为灰白、灰绿色厚层长石石英砂岩(局部含石英砾岩)，间夹灰黑色薄层碳质页岩、粉砂岩和煤线。

区内上侏罗统菖蒲群为一套发育的火山岩系，是区内分布最广的地层单元。按喷发旋回、岩性特征和接触关系，可将菖蒲群划分为上、中、下三个亚群，下亚群又分为上、下两个岩组。

上侏罗统菖蒲群下亚群下组主要分布于寻乌县菖蒲、龙川县上坪等地，在安远县中寨、老圩等地也有零星出露。岩性以基性火山岩为主，夹火山碎屑岩及正常沉积岩。该组自西向东、自南向北除岩性有一定差异外，还有盆地规模变小、熔岩厚度减薄的趋势。

上侏罗统菖蒲群下亚群上组在寻乌县菖蒲、龙昌县上坪、平远县上举等地皆有出露。岩性主要为酸性火山岩碎屑岩，与下层呈假整合或不整合接触。

上侏罗统菖蒲群中亚群，仅见于安远县车头、平远县上举等地。岩性为紫红色砾岩、砂砾岩、杂砂质长石石英砂岩、粉砂岩夹粉砂质页岩和凝灰质砂砾岩，与下伏菖蒲群下亚群上组呈不组合接触。

上侏罗统菖蒲群上亚群，在安远县九龙嶂、蔡坊，会昌县破塘，寻乌县乌泥嶂，信丰县及平远县等地皆有较多出露。其岩性下部以火山碎屑岩为主，上部则以酸性熔岩为主，与下伏中亚群呈假整合或不整合接触。菖蒲群上亚群的岩性在区域上有较明显的变化。

9. 白垩系

区内白垩系(K)分布较广，在会昌县周田、信丰县太平、寻乌县留车和安远县版石等地皆有出露，多呈北北东及东北向分布，受断裂控制，本系可划分为下白垩统版石组和上白垩统周田群，两者为不整合接触关系，前者岩性以碎屑岩为主，流纹岩次之；后者岩性以砂砾岩、粉砂岩和页岩为主。

区内下白垩统版石组分布在安远县版石、会昌县山梓脑、定南县月子及和平县鸡公髻嶂等地。该地层在安远县版石最为发育，岩性上部为染色厚层长石石英砂岩、砂砾岩夹泥岩及黏土岩；中部为褐红色流纹岩，局部见流纹集块岩和流纹斑岩；下部为灰绿色厚层角砾凝灰熔岩夹薄层页岩、油页岩及凝灰质砂岩，底部为巨厚层复成分砾岩。

区内上白垩统周田群分布较广，发育于会昌县周田和寻乌县留车一带，在平远县差干和信丰县太平也有分布。按其沉积特征划分为两个岩组，上组以砂砾岩和砂岩为主，下组以页岩和泥岩为主。

10. 古近系

区内古近系分布较少，仅发现于寻乌县土丘坊一带，构成北东向不规整的条带，其东南侧为底砾岩，不整合分布在上白垩统粉砂岩之上；其北西侧与花岗岩、变质岩以断层接触。

11. 第四系

研究区地处赣、粤、闽三省交界的山区，为多条水系的发源地，河谷多呈“V”字形，冲积层较为发育。第四系(Q)可分为下更新统、中—上更新统和全新统。

下更新统为III级堆积基座阶地，在平水期高出河床26～35 m，略具二元结构，底部砾石层仅局部可见，砾石成分以变质砂岩和板岩为主，流纹斑岩、凝灰熔岩等次之，大小一般为4～6 cm，呈扁圆状；在砾石层之上为橘红色砂质粉土，土的粒径以0.002～0.05 mm为主，少量为0.05～2 mm，其中可见大小不等、成分不同的椭圆状砾石；底部砾石层有时可见，直接覆盖于燕山期细粒黑云母花岗岩之上。

中—上更新统为II级堆积阶地，在平水期高出河床10 m，具二元结构，底部为砾石层，其成分以变质砂岩、板岩及脉石英为主，流纹斑岩和玄武岩等次之，大小一般为5～8 cm，呈扁圆状，略显定向排列，充填物为泥砂质。在砾石层之上为橘红色砂质粉土，土的粒径以0.05～0.002 mm为主。在砂质粉土中夹1 m厚的砾石透镜层。

全新统包括河漫滩及I级堆积阶地，在平水期高出河床2～4 m，由卵石和粗砂等组成，卵石成分以流纹斑岩、安山岩及玄武岩为主，砂岩、硅质岩及脉石英岩次之，多呈扁圆状，大小一般为10～20 cm，含钛铁矿、独居石、金红石和锆石等矿物。

区内除上述冲积物外，在岩性易受风化和构造破坏地段有残坡积物分布，由岩石碎块、红土、砂质黏土和泥砂质物质组成。

1.4.2 岩浆岩和混合岩

1. 岩浆岩

赣南山区岩浆活动频繁，岩浆岩广泛分布，出露面积约1.4×10^4 km^2，占全区面积的1/3。岩石类型有超基性岩、基性岩、中性岩、中酸性岩、酸性岩和碱性岩等。其中尤以酸性岩-中酸性岩类分布最广。研究区内主要的岩浆活动期有震旦纪—早古生代(澄江期—加里东期)、晚古生代—中三叠世(华力西—印支期)、晚三叠世—晚白垩世(燕山期)、新近纪(喜马拉雅期)四个旋回，其中以燕山期岩浆活动最为强烈。华力西-印支期及喜马拉雅期岩浆活动规模不大，范围不广，分布零星。图1.5显示了A标段沿线的岩浆岩分布，其中上侏罗统岩浆岩系的岩性主要为凝灰熔岩类及流纹斑岩等。下面将简要介绍研究区分布最广的加里东期与燕山期的岩浆岩。

1）加里东期岩浆岩

由于震旦纪火山活动，在赣南地区震旦纪地层中广泛发育着凝灰熔岩类。震旦纪超基性岩类在赣南地区多处出露，主要岩性为弱混合岩化的透辉石岩、混合岩化的透辉石岩、橄榄岩、角闪岩等。研究区加里东期的花岗岩类可分为早古生代晚期第一阶段混染型花岗岩类和早古生代晚期第二阶段岩浆侵入型花岗岩类。其中混染型花岗岩类岩石类型以富斜花岗岩为主，其次为斜长花岗岩、花岗二长岩、二长花岗岩等。岩浆侵入型花岗岩类主要岩相为中-粗粒花岗岩和似斑状结构的花岗岩，细粒花岗岩仅在岩体边缘断续出露。根据岩性变化及岩石组合特征，岩浆侵入型花岗岩类可分为三种岩体：①黑云母花岗岩类岩体；②由富斜花岗岩、斜长花岗岩、二长花岗岩组成的岩体，上述各岩类混杂出现，无分布规律，岩相变化不明显；③具片麻状构造的花岗岩体。

2）燕山期岩浆岩

燕山期可具体划分为燕山早期(晚三叠世—中侏罗世)、燕山中期(晚侏罗世—早白垩世)、燕山晚期(晚白垩世)三类,其中燕山早期和燕山中期岩浆活动较为强烈,而燕山晚期岩浆活动较弱。

研究区内燕山早期岩浆岩主要有如下两类:①中基性岩类,主要分布于龙南—定南一带,产出状态多为岩瘤、岩墙,少数为岩株,略作北北东向展布,岩石类型为辉长岩和辉绿岩;②中性岩类主要为闪长岩类,一般规模很小,呈岩瘤及岩脉产出,被晚侏罗世花岗岩侵入,主要分布于龙南—定南一带。

研究区内燕山中期花岗岩类主要有黑云母花岗岩、二云母花岗岩、二长花岗岩等岩石类型,其中黑云母花岗岩为最主要的岩石类型,分布极广。岩石主要为中粒到中粗粒花岗结构,有时为中细粒到细粒花岗结构、似斑状结构、交代结构,块状构造。

燕山晚期岩浆活动较微弱,形成的岩石类型主要有花岗斑岩和石英斑岩,个别为黑云母花岗岩和钾长花岗岩,并有少量基性、超基性岩。岩体产状多为岩墙群、小岩脉、岩枝、岩瘤、小岩株等。

2. 混合岩

研究区内混合岩主要分布在定南县的九曲—鹅公、安远县的孔田—车头一带。从混合岩化的强弱、结构与构造、形态、矿物与共生组合、基体与脉体的比例情况,本区可划分出部分混合岩带和混合岩带。

1）部分混合岩带

部分混合岩带以混合岩化变质岩为主,有时也有少量浅变质岩和混合岩,混合岩化变质岩主要有条带状混合岩化石榴石斜长黑云片岩、条带状混合岩化黑云斜长片麻岩和条痕状混合岩化黑云斜长片麻岩。岩石一般呈黄绿色、灰绿色、灰白色,基体与脉体之比为4∶1～5∶1,原岩结构保存较好,呈鳞片花岗变晶结构、片麻状-条痕状结构。该带一般与混合岩带渐变过渡,远离交代花岗岩,有时也与花岗岩岩体呈突变接触。

2）混合岩带

混合岩带是由一些中等混合岩和中深混合岩化的岩石组成,呈花岗变晶结构,条带状、条痕状、眼球状、网眼状、阴影状构造发育,主要分布在九曲、鹅公、龙塘、车头、八尺、南桥、民主、官丰一带,与部分混合岩带呈渐变过渡关系,与加里东晚期的花岗岩体呈交代入侵接触。常见岩石有条带状混合岩、条痕状混合岩、眼球状混合岩、阴影混合岩、均质混合岩。

1.4.3 地质构造

研究区断裂等构造较为发育。区内主要断裂构造有全南—寻乌断裂带、全南—安远断裂带及南城—安远断裂带的延伸部分等,这些区域性的断裂构造,控制着整个区域的地质构造。受区域性地质构造的影响,A标段沿线次级的一般性断裂较发育,主要表现为地壳的断块差异性升降、盆地迁移,同时伴随褶皱作用,并且在此期间有大量岩浆侵入(图1.5)。下面将简要介绍研究区内的褶皱、断裂与岩浆活动。

1. 褶皱

研究区内发育的褶皱主要为三亨—定南老城一带的下古生代地层，基本构成了一个北北东轴向的褶皱，有水头向斜和石古城背斜，局部还有倒转现象。南亨附近上古生代地层组成的北西西向褶皱轴线也被改造而急剧转曲，形成北北东向褶皱。龙南上古生代向斜盆地轴向也是因北北东向较早的发育遭受改造，而形成北北西或南北走向。

从定南老城至樟木岭以东，大致以震旦系下部或寒武系下部地层为核部，分别构成一个倒转背斜和倒转向斜，一个正常背斜和向斜。东西长约 20 km，南北宽大于 6 km。褶皱两翼地层倾角一般为 50°左右，并且发育一组与其有成生联系的北西向压性断裂，但规模不大。信丰古陂圩之间的泥盆系构成北西走向的向斜构造。

2. 断裂（断层）

1）北北东向断裂

受南岭东西向构造带的影响，此组断裂带十分发育，是南岭东西向构造带的重要组成部分，规模较大，一般延长大于 3 km。

2）北东向断裂

北东向断裂在 A 标段沿线较为发育，主要有两条断裂，延伸一般为 5～10 km；区域性大断裂，延伸超过 20 km，倾角一般较陡。

3）东西向断裂

受南岭东西向构造带的影响，此组断裂带十分发育，是南岭东西向构造带的重要组成部分，规模较大，一般延长大于 8 km，是控制地层接触关系的逆掩推覆断裂，断裂一般北倾，倾角 46°～70°。该组断裂与路线呈大角度相交，交角一般大于 60°，对路线影响不大。

A 标段路线区内主要断裂（断层）统计如表 1.2 所示。

表 1.2　A 标段断裂（断层）统计

编号	标段	位置	延伸方向	断面产状	规模
F1	A1	K165＋500	北北东向	290°∠60°	宽度为 10～20 m，延伸长度大于 6 km
F2	A1	K165＋967	北北东向	325°∠40°	宽度为 6～10 m，延伸长度约 3 km
F3	A2	K172＋660	东西向	132°∠62°	宽度大于 30 m，延伸长度大于 20 km
F4	A4	K179＋970	北东向	15°∠70°	宽度为 10～20 m，延伸长度约 2 km
F5	A6	K197＋280	东西向	180°∠65°	宽度约为 20 m，延伸长度大于 8 km
F6	A6	K199＋930	东西向	135°∠70°	宽度约为 20 m，延伸长度大于 8 km
F7	B1	K7＋380	东西向	135°∠70°	宽度为 10～20 m，延伸长度约 5 km
F8	B1	K8＋50	北东向	115°∠60°	宽度约为 20 m，延伸长度约 8 km
F9	B4	K31＋205	北西向	225°∠65°	宽度为 10～20 m，延伸长度约 12 km
F10	B4	K32＋790	东西向	180°∠25°	宽度为 6～10 m，延伸长度约 5 km
F11	B5	K36＋300	北西向	60°∠42°	宽度约为 20 m，延伸长度约 10 km
F12	B5	K36＋430	北东向	320°∠60°	宽度约为 25 m，延伸长度约 18 km

3. 岩浆活动

研究区内岩浆活动十分强烈,火山活动较为普遍。岩浆侵入活动有加里东期岩浆旋回、印支期岩浆旋回和燕山期岩浆旋回,具多期性、多阶段性。其中燕山期岩浆侵入活动最强烈,加里东期次之,印支期最弱。

1) 加里东期岩浆旋回

加里东期岩浆活动有早、晚两期数十个岩体,是区内强烈程度仅次于燕山期的一次岩浆活动。岩体主要呈岩基或大岩株状侵入震旦系、寒武系中,并被泥盆系或石炭系沉积不整合覆盖,同位素年龄为 381～567 Ma,主要分布于大余—会昌以北区域,其中有万洋山—上堡、付坊—宁化两条规模宏大的南北向花岗闪长岩-黑云母二长花岗岩带,多数混合岩化强烈、片麻理发育。

2) 印支期岩浆旋回

印支期岩浆活动偏弱,主要呈岩株、岩瘤、岩墙状,产出于大余—会昌一线以南,大致按东西向展布,同位素年龄为 215～356 Ma,主要为中-基性的辉石岩和石英闪长岩,在崇义、永丰等地发现有安山质玄武岩,在安远与三南地区还发现了超基性岩。

3) 燕山期岩浆旋回

燕山期岩浆活动岩体出露遍布全区,常呈复式岩体出现,有大小岩体 400 余个,占全区岩体总数的 70%。岩浆活动方式从侵入至喷发,岩浆活动时间从晚三叠世至晚白垩世,总体由自西而东、从北而南分布,活动时代由老变新,活动方式从单纯的侵入到侵入和喷发共存。其产出以岩基、岩株出露面积最大,岩瘤、岩墙分布数量最多,在一定区域内的地表分散岩体向下与大型隐伏花岗岩基相连,形成规模宏大的岩浆岩带,这种岩浆岩带具有多次活动、多阶段、多次成岩的特点。

1.4.4 水文地质

1. 地下水类型

根据地下水的赋存条件,可将研究区内地下水分为第四系孔隙水和基岩裂隙水两大类。

1) 第四系孔隙水

第四系孔隙水主要呈带状或树枝状分布于河流阶地、河谷盆地及山间盆地中,该类地下水主要赋存于第四系的砂砾卵石层中,孔隙水呈层状分布,空间上连续均匀,含水系统内部水力联系较好。该类地下水一般埋深较浅,为 0.5～5.0 m,其富水程度和含水层的厚度、地貌类型及与地表水的水力联系等诸多因素有关系,一般在河谷盆地则多属于中等富水区,在山间盆地区则为中等贫水区。地下水以接受大气降水和地表水的侧向补给为主,地下水的总流向趋势为向河流排泄。

2) 基岩裂隙水

研究区内基岩裂隙水分布广泛,包括构造裂隙水及风化带网状裂隙水两种类型。在 A 标段,地下水主要赋存于震旦系混合岩和加里东期岩浆岩的构造裂隙和风化裂隙中,水力性质以潜水为主,局部为承压水。由于不同含水层岩性的结构、构造及裂隙的发育程度等情况的不同，其地下水的赋存条件及富水性亦不相同。因为地下水赋存于低山丘陵地区，地势较高，而基岩裂隙连通性较好，因此地下水位埋深较大。受构造影响，该类地下水无统一的地下水位线，其地下水的分布情况无特殊的规律性，一般在地质构造带和裂隙发育区地下水丰富，为富水区；而在地层岩性发育比较完整，节理裂隙不发育的区域，则为贫水区。

B标段主要处于残丘台地，基岩埋藏普遍浅，岩性为寒武系、震旦系变质岩组和加里东期岩浆岩，断裂构造较发育，裂隙较发育，岩体较破碎。地下水主要赋存于中风化岩带，但以闭合裂隙为主，连通性差，富水性贫乏；断裂破碎带附近，岩体破碎，富水性中等。

2. 地下水的补给、径流及排泄条件

研究区属亚热带湿润性季风气候区，降水量充沛，处于低山丘陵及河谷地貌，地形起伏较大，基岩埋藏浅，地下水水力坡度大，径流较快。区内水系发育，河网纵横，河谷一带地下水水力坡度小，径流较缓慢，与河水水力联系密切，呈相互补给关系，为地下水的循环、补给提供了良好的自然条件。

研究区地下水的补给、径流、排泄条件受地形、地貌及地层岩性制约。低山丘陵区植被发育，地形切割强烈，坡度较陡，降水顺斜坡流失较快，地下水径流途径较短，排泄条件较好，多以侧向排泄补给沟谷、冲沟或以泉的形式排泄。降雨是地下水的主要补给来源，地下水水位受降水影响较明显。山间谷地及河流谷底地势低洼、平坦，呈条带状展布，地下水的主要补给来源于谷地外围基岩裂隙水侧向补给、河水侧向补给及降雨垂直补给。地下水径流途径较长，且缓慢，一般向河谷方向排泄，地下水动态受季节性影响较大，洪水期地下水位较高，枯水期、平水期地下水则补给河流。

第 2 章　赣南山区高速公路深切边坡岩土体特征

2.1　边坡类型与分布

2.1.1　边坡类型

通过对在建的 A 标段与 B 标段沿线上的路堑边坡进行详细的野外调研，结合对赣南区域地质资料进行分析，按岩土的构成，可将 A 标段与 B 标段沿线上的边坡分为四种类型：土质边坡、类土质边坡、岩土二元结构边坡及岩质边坡，其中坡高较低的边坡以土质、类土质边坡为主；坡高较高的边坡以岩土二元结构边坡为主。各路段风化程度不一，风化层厚度也不尽相同，上部土层以残积土为主。

1. 土质边坡

土质边坡主要指由腐殖质土、坡积土与残积土等组成的边坡，一般较为均质，基本不含节理和贯通性的结构面。土质边坡的稳定性受多种因素的影响，包括土体强度、地下水、坡度及坡高等，持续性的强降雨会成为诱发土质边坡失稳的直接因素。

赣南地区降水量大，持续时间长，雨水冲刷作用下会大面积侵蚀坡面，并容易造成圆弧滑动破坏。因此，对于赣南 A 标段沿线土质路堑边坡的治理，应综合考虑安全、环保、经济等多方面因素，制定合理的边坡防护方案，将防止水土流失、保障路基边坡稳定及公路的美化和环保作为土质路堑边坡设计和施工的基本出发点。

2. 类土质边坡

类土质边坡由全风化岩体组成。全风化岩体内保留有一定的原岩残余结构特征，其物理力学性质介于土体与岩体之间，与土体的性质类似，亦称类土质体。在 A 标段沿线，风化原岩以岩浆岩为主；在 B 标段沿线，风化原岩以变质岩为主。类土质边坡的稳定性由类土质体的强度、原生结构面特性(包括结构面的强度、产状与坡面的关系等)共同控制。受风化层厚度的影响，类土质边坡在中低边坡中比例更大。原岩风化并不彻底，保留一定的原有结构，故相较于土质边坡，类土质边坡更容易发生受结构面控制的平面型破坏。

类土质边坡渗透性好，降雨入渗会使得软弱面附近的类土质体基质吸力减小甚至完全丧失，坡体孔隙水压力增大，有效应力减小，危及边坡稳定。类土质体本身的不均匀性和不连续性是类土质边坡失稳的基本因素，边坡开挖与降雨入渗常是直接诱发因素，因此在类土质边坡开挖时要及时防护。

3. 岩质边坡

岩质边坡是指由强风化、中等风化、微风化或新鲜岩体组成的边坡。当岩质边坡中有一组软弱结构面存在时，可将边坡分为平叠坡、顺向坡、逆向坡、斜交坡、横交坡五种类型。当有两组及以上结构面存在时，视其与临空面的具体情况进行分析。赣南山区岩浆岩分布广泛，节理发育，对边坡的稳定性影响较大。

岩质边坡开挖后，临空的岩体应力释放，使得坡体出现不同程度的卸荷作用，导致坡体后缘出现拉张卸荷裂隙，给雨水提供了优良的入渗通道，危及边坡稳定。因此，岩质边坡在开挖时亦应及时防护。

4. 岩土二元结构边坡

岩土二元结构边坡是指上部为土体或类土质体，下部为岩体的边坡。岩土二元结构边坡可能在上部土体中发生破坏或沿岩土体交界面发生破坏，或沿下部岩体中的软弱结构面产生破坏等。

岩土二元结构边坡多存在于深切高边坡中，可能存在的破坏类型也很多，在实际施工中，相应的防护措施要根据上部土体和下部岩体的具体情况而定。如果上部土体性质较差，而下部岩体完整性较好，可采用上部挡土结构或放坡，而下部岩体采用局部锚杆辅以喷射混凝土处理；而如果下部岩石比较破碎或软弱，则一般把整个边坡按照土质边坡处理。

2.1.2 边坡类型分布

对A标段与B标段沿线坡高大于40 m的52个深切路堑边坡，A标段66个坡高为16～40 m的路堑边坡及174个坡高为0～16 m的路堑边坡按上述四种边坡类型进行了统计分析(表2.1～表2.3)。

表2.1 A标段与B标段沿线坡高大于40 m的路堑边坡类型

边坡类型	土质边坡	类土质边坡	岩质边坡	岩土二元结构边坡
数量/个	0	11	13	28
比例/%	0	21	25	54

表2.2 A标段沿线坡高16～40 m的路堑边坡类型

边坡类型	土质边坡	类土质边坡	岩质边坡	岩土二元结构边坡
数量/个	2	11	2	51
比例/%	3	17	3	77

表2.3 A标段沿线坡高0～16 m的路堑边坡类型

边坡类型	土质边坡	类土质边坡	岩质边坡	二元结构边坡
数量/个	35	97	4	38
比例/%	20	56	2	22

从表2.1～表2.3分析可知，在坡高大于40 m的深切边坡中，岩土二元结构边坡最多，岩质边坡次之，类土质边坡第三，无土质边坡。在坡高为16～40 m的边坡中，岩土二元结构边坡最多，类土质边坡次之，岩质边坡第三，土质边坡最少。在坡高为0～16 m的边坡中，类土质边

坡最多，岩土二元结构边坡次之，土质边坡第三，岩质边坡最少。土质边坡和类土质边坡在低边坡中占比高，而在中、高边坡中占比较低，主要原因为赣南风化层厚度一般为 5～25 m，在中、低边坡中，整个边坡多由风化土层组成；而在中、高边坡中，由于开挖较深，大部分风化土层被挖除，开挖形成的边坡以岩体为主，因此，以岩质边坡和岩土二元结构边坡为主。

2.2 深切边坡岩体工程地质特征

由 1.4 节区域地质论述可知，A 标段与 B 标段沿线的岩体主要为岩浆岩与变质岩。岩浆岩主要有花岗岩、凝灰熔岩、火山碎屑岩，其中，凝灰熔岩抗风化能力较强，在地表形成陡峭的岩体。变质岩主要有板岩、变余砂岩、片岩、片麻岩等，其中片岩构造节理发育，沿片理及分结层理易剥开，岩体完整性及稳定性差。

2.2.1 岩体物理力学性质

对 A 标段与 B 标段地质勘察报告进行分析可知，与沿线深切边坡相关的主要岩体有：花岗岩、凝灰熔岩、花岗片麻岩、变质砂岩、板岩等，根据勘察报告和《岩石力学参数手册》，赣南山区各类岩石的物理力学性质如表 2.4 所示。

表 2.4 安远至定南段高速公路边坡岩石物理力学性质统计表

岩体类型	密度 /(g/cm^3)	黏聚力 /MPa	内摩擦角 /(°)	单轴抗压强度 /MPa	弹性模量 /GPa	泊松比
花岗岩	2.4～2.85	3.9～5.2	31～36	46.3～63.7	14～65	0.18～0.33
凝灰熔岩	2.5～2.8	5.7～10.2	30～38	62.3～106.5	27～46	0.2～0.28
花岗片麻岩	2.65～2.73	6.32～7.54	31～38	40.2～55.3	19.4～23.4	0.18～0.21
变质砂岩	2.68～2.72	1.68～2.38	30～36	28.5～42.2	33～53	0.2～0.24
片麻岩	2.65～2.79	3.2～4.6	30～35	35.2～52.4	11～35	0.2～0.33
板岩	2.40～2.65	1.2～2.4	30～36	26.1～45.9	6～15	0.22～0.35

各类岩石的密度大都为 2.4～2.9 g/cm^3，各类岩石之间差别不大，因组成岩石的矿物成分及岩石的结构不同，各类岩石中花岗岩、凝灰熔岩及片麻岩的密度相对较大。各类岩石的抗剪断黏聚力有较大的差别，与岩石的矿物成分、岩石的结构构造、矿物间连接方式等因素有关，凝灰熔岩的黏聚力最大，可达 5.7～10.2 MPa，花岗岩的黏聚力为 3.9～5.2 MPa，板岩的黏聚力最小，为 1.2～2.4 MPa。各类岩石的抗剪断内摩擦角大都为 30°～38°。因不同种类岩体的矿物组成、结构构造(颗粒大小、连接及微结构发育特征等)存在差异，其单轴抗压强度也存在不同，片麻岩、变质砂岩、板岩单轴抗压强度一般为 25～45 MPa，花岗岩、花岗片麻岩的单轴抗压强度相对较大，一般为 45～55 MPa，凝灰熔岩单轴抗压强度最大，一般可大于 75 MPa。赣南山区各类岩石中，花岗岩、凝灰熔岩和变质砂岩的弹性模量相对较大，板岩的弹性模量相对较小。区内花岗片麻岩泊松比为 0.18～0.21，其余各类岩石泊松比相对较大，大都分布在 0.2～0.3。

2.2.2 岩体结构面特征

野外调研发现，在赣南山区出露的岩体中结构面发育，主要包括原生结构面与次生结构面。原生结构面包括层理、片麻理、片理等。层理一般较为平整，延伸性好；在片麻理中，片状、柱状矿物较多，并且集中而连续分布，片麻岩中片麻理和条带构造常伴生或交替发育；片理面光滑平直、短小，分布密集，延伸性差。

赣南山区各类岩体在构造应力的作用下形成了大量的节理，包括张性节理、剪切节理和压性节理。张性节理较短小，节理面不平整，具次生填充，呈锯齿状；剪切节理延展较远，节理较平直，具羽状裂隙；压性节理规模较大，呈紧闭状态并呈带状分布。节理的产状与构造线呈一定关系。

赣南山区处于亚热带湿润性季风气候区，高温多雨，各类岩体风化作用强烈，各类岩体普遍存在风化裂隙和卸荷裂隙。风化裂隙在岩体风化带中常有泥质物质填充，延伸较短，方向紊乱，连续性较差；卸荷裂隙其产状与岩体临空面近于平行，具有张性特征，分布上往往呈不连续状，延展性较差。

在 A 标段与 B 标段建设过程中，深切边坡岩体中结构面广泛发育，各种结构面及其不利组合对边坡的稳定性造成重大影响，往往导致边坡失稳破坏。以下介绍沿线几个不利结构面组合实例。

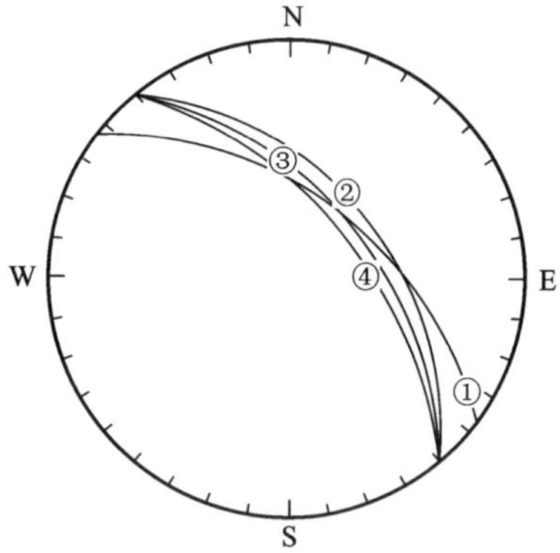

① 片麻理：270°∠39°
② 第一、二级边坡：230°∠45°
③ 第三、四级边坡：230°∠38°
④ 第五级边坡：230°∠33°

图 2.1　K204＋290～K204＋475 处边坡赤平投影图

实例一：A8 标段 K204＋290～K204＋475 处片麻岩路堑边坡，边坡最大挖深 43.8 m，共五级边坡，边坡倾向为 230°。边坡开挖坡率的一、二级坡率为 1∶1，三、四级坡率为 1∶1.25，五级坡率为 1∶1.5。在开挖过程中，表层岩体顺片麻理方向产生滑动。经勘测，片麻理面倾向为 217°，倾角为 33°～39°。依据实测片麻岩中片麻理产状，绘制其赤平投影图(图 2.1)。片麻理面与坡面倾向相同且片麻理面倾角小于设计坡面倾角，在开挖工程中导致片麻理面临空，从而导致岩体沿片麻理面产生滑动。

实例二：在 B2 标段 K12＋900～K13＋160 处变质砂岩路堑边坡，岩体发育有三组片理，产状分别为 J1 为 132°∠74°、J2 为 315°∠72°、J3 为 195°∠68°。开挖后右侧人工边坡产状为 157°∠45°，左侧人工边坡产状为 337°∠45°。依据实测岩体节理裂隙产状，绘制其赤平投影图(图 2.2)。该路堑边坡开挖后不存在外倾结构面，边坡岩土体受节理面切割，形成外倾楔形体，存在小规模掉块风险。

实例三：在 B3 标段 K21＋420～K21＋580 处的花岗岩路堑边坡，左侧边坡产状为 15°∠35°，右侧边坡产状为 195°∠35°，岩体中发育有多组节理，产状分别为 J1 为 336°∠65°、J2 为 130°∠61°、J3 为 177°∠80°。依据实测岩体节理裂隙产状，绘制赤平投影图(图 2.3)。由图 2.3 分析可知，边坡开挖后，两侧边坡坡面与花岗岩节理面呈大角度相交，边坡岩体被节理裂隙切割，存在外倾不稳定块体，存在小规模垮塌风险。

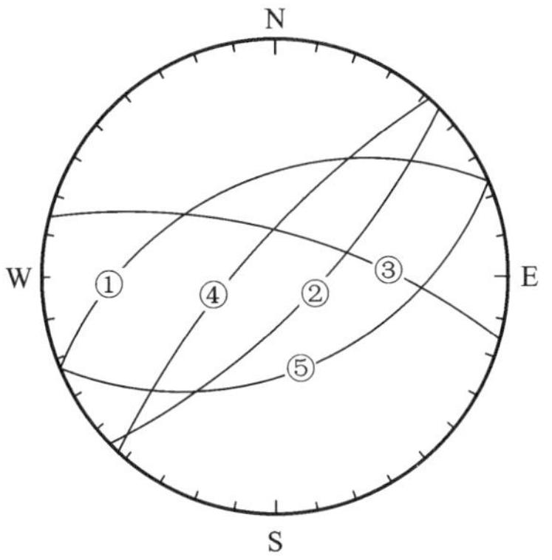

① 右侧人工边坡：157°∠45°　④ J2：315°∠72°
② 左侧人工边坡：337°∠45°　⑤ J3：195°∠68°
③ J1：132°∠74°

图 2.2　K12＋900～K13＋160 处边坡赤平投影图

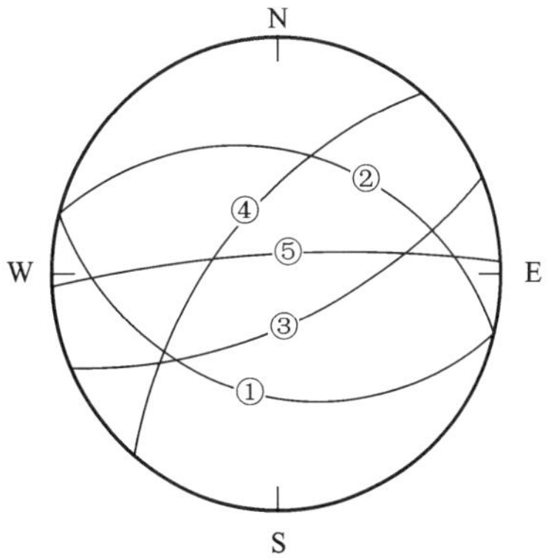

① 左侧边坡：15°∠35°　④ J2：130°∠61°
② 右侧边坡：195°∠35°　⑤ J3：177°∠80°
③ J1：336°∠65°

图 2.3　K21＋420～K21＋580 处边坡赤平投影图

实例四：在 B4 标段 K31＋071～K31＋280 处的龙下高架桥处，桥梁两侧为板岩边坡，桥梁小里程侧桥台边坡产状为 250°∠30°，桥梁大里程侧桥台边坡产状为 60°∠30°，板岩岩层产状为 236°∠75°，岩体中发育有多组节理裂隙，产状分别为 J1 为 191°∠77°、J2 为 325°∠63°、J3 为 80°∠71°、J4 为 50°∠85°，依据实测岩层产状及节理裂隙发育情况绘制赤平投影图(图 2.4)。由图 2.4 分析可知，小里程侧边坡坡向与岩层面倾向近似平行，岩层陡倾、倾角大于坡角，为陡倾顺层边坡，且边坡岩体受节理裂隙切割，形成外倾楔形体。大里程侧边坡与岩层倾向相反，为逆向边坡，利于边坡稳定，但边坡岩体受节理裂隙切割，存在外倾不稳定楔形体，边坡开挖后，基岩裸露部位存在掉块现象。

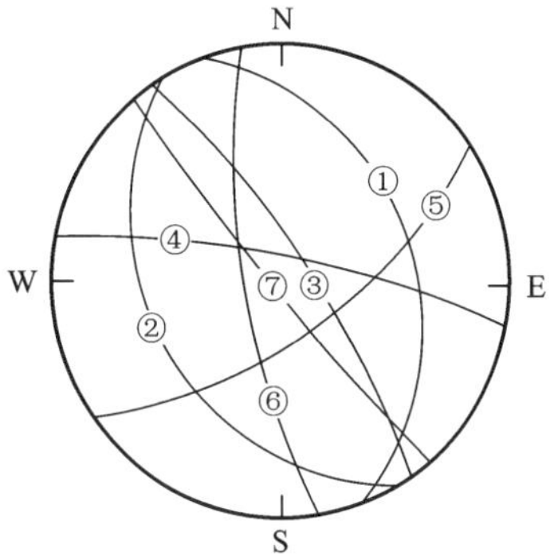

① 小里程侧桥台边坡：250°∠30°　⑤ J2：325°∠63°
② 大里程侧桥台边坡：60°∠30°　⑥ J3：80°∠71°
③ 岩层：236°∠75°　⑦ J4：50°∠85°
④ J1：191°∠77°

图 2.4　K31＋071～K31＋280 处边坡赤平投影图

2.2.3　岩体风化特征

赣南山区地处中亚热带南缘，属亚热带湿润性季风气候区，区内雨量充沛，风化作用强烈。A 标段与 B 标段各类岩体的风化带广泛分布。各类岩体按风化程度的不同从上至下一般可以分为残坡积土、全风化岩体、强风化岩体、中风化岩体、微风化岩体和新鲜岩体。沿线深切路堑边坡一般处于岩体的残积土、全风化岩体、强风化岩体和中风化岩体之中。岩体工程性质随风化程度的不同体现出较大的差异。一般残坡积土层中，风化作用很彻底，已经无原岩体的结构、构造；全风化岩体结构基本破坏，保留有原岩的残余结构；强风化岩体结构大部分破坏，矿物成分显著变化，风化裂隙发育，岩体破碎；中风化岩体结构部分破坏，有风化裂隙发育，岩体被切割成岩块。

A 标段与 B 标段上分布较多的岩体有花岗岩、凝灰熔岩、片麻岩、变质砂岩和板岩等各类岩体。

1. 花岗岩

A1 标段路线跨越低丘沟谷地貌、挖填相间地段，地势起伏不大，海拔 280～320 m，地形坡度 15°～25°；地表植被发育，通视条件较好。表面覆盖有 1～3 m 灰褐色、红褐色含砾低液限黏土；下伏地层为加里东期中细粒黑云母花岗岩，呈全晶质花岗结构，块状构造，岩体完整性较好，岩体内节理裂隙发育。岩石风化强烈，全风化、强风化岩体厚度为 15～20 m，局部大于 25 m，稳定性较差，易失稳。

在 A1 标段 K163+540 处深切花岗岩路堑边坡，花岗岩风化带从上至下依次为粉质黏土、全风化花岗岩、强风化花岗岩、中风化花岗岩。粉质黏土：黄褐色，硬塑，成分以黏粒为主，粉、砂粒次之，含少量砾，镐可挖。全风化花岗岩：褐红色、黄褐色，原岩组织结构基本被破坏，原岩矿物成分基本已蚀变为黏土矿物，残留石英颗粒，且中上部多夹球状风化体，岩心呈砂土状偶夹碎块状，遇水易软化、崩解，呈砂土状，厚 5～28 m，由于风化差异较大，厚度变化较大。强风化花岗岩：黄褐色夹灰黄色，岩体较破碎，节理裂隙发育，铁锰质渲染，岩质较软，敲击声较哑，岩心多呈碎块状偶夹短柱状，厚 2～10 m。中风化花岗岩：青灰色夹浅肉红色，岩体较完整，节理裂隙较发育，碳酸盐充填为主，质硬，敲击声清脆，呈似斑状结构，块状构造，岩心多呈柱状、短柱状，少量长柱状夹碎块状。

2. 凝灰熔岩

A2 标段路线穿越中低山沟谷地貌，地形起伏较大，海拔 360～740 m，地形坡度 35°～45°，局部达 60°左右；地表植被发育，主要是松杉灌木丛，通视条件较差。表层覆盖有 0.25～0.5 m 浅灰色、灰褐色砾石土，下伏地层为上侏罗统鸡笼嶂组浅灰-灰白色流纹质晶屑凝灰熔岩，岩石呈巨厚状，致密坚硬，抗风化能力强。

在 A2 标段 YK170+590 处深切凝灰熔岩路堑边坡，凝灰熔岩风化带从上至下依次为含砾粉质黏土、全风化凝灰熔岩、强风化凝灰熔岩、中风化凝灰熔岩。含砾粉质黏土：黄褐色，硬塑，干强度及韧性中等，镐可挖。强风化凝灰熔岩：灰黄色，浅肉红色，岩体破碎，节理裂隙极发育，呈散体状结构，岩质较软，岩心多呈碎块状，少量短柱状，厚 5～25 m。中风化凝灰熔岩：浅肉红色，岩体较破碎-较完整，柱状节理裂隙发育，岩质硬，敲击声脆，晶屑凝灰结构，中厚层状构造，多夹有沉凝灰熔岩薄层，岩心多呈短柱状、短柱状夹碎块状，少量长柱状。

3. 片麻岩

A3 标段路线穿越低山沟谷地貌，地形稍有起伏，海拔 305～388 m，地形坡度 25°～35°，局部大于 45°；地表植被发育，主要是脐橙，其次是松树灌木丛，通视条件较差。表面覆盖有第四系联圩组低液限黏土、砂土、砾石土等，厚 1.5～5 m。下伏地层为新元古界寻乌岩组变粒岩、二云母片岩、黑云母片岩、花岗片麻岩，呈互层出现，片理产状为 110°∠60°，岩体节理裂隙发育，全强风化带厚 3～8 m，局部厚度大于 15 m。

在 A3 标段 K175+400 处深切片麻岩路堑边坡，片麻岩风化带从上至下依次为粉质黏土、全风化片麻岩、强风化片麻岩、中风化片麻岩。粉质黏土：黄褐色，硬塑，干强度及韧性中等，镐可挖。全风化片麻岩：灰褐色，原岩组织结构基本被破坏，原岩矿物成分基本已蚀变成黏土矿物，局部残留强风化片麻岩碎块，岩心呈土状夹土柱状。强风化片麻岩：褐黄色，岩体极破碎，节理裂隙极发育，铁锰质渲染，岩质较软，岩心多呈碎块状，偶夹短柱状，由于风化差异较大，其厚度变化大，厚2～23 m。中风化片麻岩：青灰色、麻灰色，岩体呈破碎-较破碎，节理裂隙发育，铁锰质填充，岩质坚硬，敲击声脆，变晶结构，片麻状构造，局部夹花岗岩薄层，岩心多呈柱状、短柱状夹碎块状，少量长柱状。

4. 变质砂岩

B2标段路线穿越剥蚀丘陵地貌，沟谷发育，地形起伏较大，海拔200～330 m；地表植被发育，主要是松树灌木丛，通视条件较差。上覆第四系主要为冲积粉质黏土，斜坡地段分布薄层残积粉质黏土，沟谷段局部分布有碎石土，下伏基岩主要为上震旦统乐昌峡群变质砂岩。岩体节理裂隙发育，全风化、强风化带厚10～25 m。

在B2标段K11＋940～K12＋160处深切变质砂岩路堑边坡，变质砂岩风化带从上至下依次为粉质黏土、全风化变质砂岩、强风化变质砂岩、中风化变质砂岩。粉质黏土：黄褐色、红褐色，可塑，土质不均匀，含较多石英颗粒，韧性、干强度中等，广泛分布于山坡上。全风化变质砂岩：灰黄色，岩石风化剧烈，岩心呈土柱状，局部夹强风化碎块，厚3～10 m。强风化变质砂岩：灰黄色，砂质变余结构，块状构造，岩体破碎，岩心以碎块状为主，块状，质软易碎，厚2～17 m。中风化变质砂岩：灰绿、灰褐色，细粒变余结构，致密状构造，节理裂隙发育，岩石层理清晰，见绿泥石条带，岩体较破碎，岩心以块状、短柱状为主，岩质较硬，锤击声清脆。

5. 板岩

B5标段路线穿越剥蚀丘陵地貌，沟谷发育，地形起伏较大，海拔260～350 m；地表植被发育，地表分布灌木和杉树。上覆第四系主要为冲积粉质黏土和残积粉质黏土，沟谷段局部分布有碎石土，下伏基岩主要为震旦系坝里组、沙坝黄组板岩、碳质板岩。岩体节理裂隙发育，全风化、强风化带厚12～35 m。

在B5标段K35＋640～K35＋740处深切板岩路堑边坡，板岩风化带从上至下依次为粉质黏土、全风化板岩、强风化板岩、中风化板岩。粉质黏土：黄褐色，可塑，广泛分布于边坡地表。全风化板岩：红褐色，岩心风化强烈，岩石结构构造基本破坏，岩心呈砂土状，厚1～4 m。强风化板岩：灰黄色，细粒变余结构，板状构造，岩体破碎，岩心以砂土状、碎块状为主，质软易碎，厚4～16 m。中风化板岩：青灰色，细粒变余结构，板状构造，板状劈理发育，见变质矿物条带，岩体较破碎，岩心以块状、短柱状为主。

2.3 深切边坡土体物理力学性质

研究区内第四系主要包含耕植土、淤泥质黏土、粉质黏土、含砾粉质黏土四类。耕植土一般厚0.30～0.60 m，主要分布于河谷冲积盆地及山间沟谷的农田和旱土中；淤泥质黏土一般厚0.50～4.00 m，分布于山间冲沟、水塘和水沟之中；粉质黏土一般厚0.50～10.00 m，主要分布于冲沟和坡麓地带；含砾粉质黏土一般厚1.50～3.50 m，主要分布于坡麓地带。

粉质黏土主要由腐殖质土、坡积土和风化残积土组成，其中风化残积土厚度大，分布广泛且具有较明显的地域特征。其中，花岗岩残积土具有较低压缩性、较低液性指数、较低压缩模量、较高天然含水率、较大孔隙比、较高抗剪强度等工程特点，同时还存在遇水易软化崩解等特征。

为了研究赣南地区残积土体特性，在A2标段山下深切边坡、A7标段田心深切边坡、A9

标段镇田深切边坡采取残积土原状样品。在取样时，为了避免扰动土样，采用如下步骤取样：先开挖试坑，然后用削土刀将土体削成圆柱状，将样品装进 PVC 管中，PVC 管与样品之间用扰动土充填，以减小运输过程中对样品的扰动，在 PVC 管两端用保鲜膜密封，以防水分的散失，然后用胶带进行密封(图 2.5)。

(a) 试样成型　　(b) 密封成样

图 2.5　原状样品采取

2.3.1　残积土母岩成分

为了确定残积土的母岩成分，分别在 A2 标段山下深切边坡、A7 标段田心深切边坡、A9 标段镇田深切边坡基岩出露处，采取新鲜岩石样品，进行薄片制样与岩矿鉴定(表 2.5～表 2.7)。从表 2.5～表 2.7 可知，A2 标段山下深切边坡残积土母岩为凝灰熔岩，A7 标段田心深切边坡残积土母岩为中细粒二长花岗岩，A9 标段镇田深切边坡残积土母岩为中细粒黑云二长花岗岩。

表 2.5　A2 标段残积土母岩岩矿鉴定表

<table>
<tr><td colspan="2">薄片号</td><td>A2-1</td></tr>
<tr><td colspan="2">肉眼观察</td><td>岩石新鲜面呈灰黄色，肉眼可见 0.5～3 mm 的粒状矿物</td></tr>
<tr><td rowspan="2">镜下观察</td><td>矿物组分</td><td>1. 石英斑晶(5%)：多为近等轴粒状，见有自形六边形切面，粒度大者达 1.2 mm；
2. 钾长石斑晶(3%)：部分为较自形板状，见自形多边形切面，粒度大者达 2.0 mm×3.8 mm；
3. 斜长石斑晶(2%)：较自形板条状，粒度大者为 1.0 mm×3.6 mm；
4. 蚀变黑云母斑晶(少量)：岩石中见有褐铁矿化绿泥石和其他矿物的集合体团块，团块粒度小于 0.4 mm；
5. 基质组分：①石英、长石(80%)，多为不规则粒状；②含褐铁矿化绿帘石(5%)、绢云母(3%)及少量的赤铁矿、褐铁矿等</td></tr>
<tr><td>结构构造</td><td>基质显示不太强烈的假流纹构造及凝灰结构的斑状变晶结构</td></tr>
<tr><td colspan="2">鉴定名称</td><td>凝灰熔岩</td></tr>
</table>

表 2.6　A7 标段残积土母岩岩矿鉴定表

<table>
<tr><td colspan="2">薄片号</td><td>A7-1</td></tr>
<tr><td colspan="2">肉眼观察</td><td>岩石新鲜面呈灰绿色，肉眼可见白色、黑色粒状矿物</td></tr>
<tr><td rowspan="2">镜下观察</td><td>矿物组分</td><td>1. 石英(30%)：不规则粒状，粒度多小于 2 mm，极少数者达 3.2 mm，较均匀分布，局部区域见多个颗粒集中一起呈团块状集合体产于长石粒间，显得粒度更大；
2. 钾长石(35%)：多为不规则粒状，少为半自形板状，多半者粒度小于 2 mm，少半者粒度大于 2 mm，个别者达 6.4 mm；
3. 斜长石(30%)：半自形板状、不规则粒状，粒度小于 1.5 mm，极少数者稍大于 2 mm；
4. 含少量石榴子石(2%)、黑云母(1%)；
5. 部分微细粒绿帘石、黝帘石集中一起充填岩石裂隙，形成不规则绿帘石、黝帘石细脉状</td></tr>
<tr><td>结构构造</td><td>中细粒花岗结构</td></tr>
<tr><td colspan="2">鉴定名称</td><td>中细粒二长花岗岩</td></tr>
</table>

表 2.7　A9 标段残积土母岩岩矿鉴定表

<table>
<tr><td colspan="2">薄片号</td><td>A9-1</td></tr>
<tr><td colspan="2">肉眼观察</td><td>岩石新鲜面呈灰绿色，肉眼可见白色、黑色粒状矿物及半金属光泽的黑云母颗粒</td></tr>
<tr><td rowspan="2">镜下观察</td><td>矿物组分</td><td>1. 石英(30%)：不规则粒状，半自形板状，粒度多小于 2 mm，少数者稍大于 2 mm，大者粒度为 2.5 mm，较均匀分布，局部见多个颗粒集中一起形成团块状集合体产出，显得粒度较大；
2. 钾长石(30%)：不规则粒状，半自形板状，粒度多小于 2 mm，少数者粒度大于 2 mm，大者粒度为 2.0 mm×2.7 mm；
3. 斜长石(25%)：半自形板状、不规则粒状，粒度多小于 2 mm，少数者稍大于 2 mm，大者粒度为 2.0 mm×2.7 mm；
4. 蚀变黑云母(10%)：片状假象，粒度大者达 0.8 mm×2.0 mm，强烈蚀变成绿泥石、绢云母的集合体，含少量碳酸盐和绿帘石等，原生黑云母分布不均匀，见它们相对集中，形成富含黑云母的析离体；
5. 白云母(4%)：不规则片状，粒度不等，大者达 1.2 mm 以上，多交代黑云母，部分交代长石并含微细粒石英，为蚀变矿物；
6. 含少量的磁铁矿、褐铁矿及微量的金红石发晶</td></tr>
<tr><td>结构构造</td><td>中细粒花岗结构</td></tr>
<tr><td colspan="2">鉴定名称</td><td>中细粒黑云二长花岗岩</td></tr>
</table>

2.3.2　残积土的基本物理性质

采用环刀法测定各残积土试样的天然密度；采用烘干法测定各残积土试样的天然含水率；采用光电式圆锥液塑限联合测定仪测定各残积土试样的界限含水率；采用 TRA 三轴渗透剪切仪器测定残积土的饱和渗透系数。通过以上试验，测得各类残积土的物理性质指标，如表 2.8 所示。由表 2.8 可知，各类残积土天然密度较小，孔隙率较大。

表 2.8　各类残积土的基本物理性质指标

残积土种类	液限 (ω_L)/%	塑限 (ω_p)/%	塑性指数 (I_p)	土粒密度 (ρ_s)/(g/cm³)	天然密度 (ρ)/(g/cm³)	天然含水率 (ω)/%	孔隙率 (n)	渗透系数 (k)/(cm/s)
凝灰熔岩残积土	35	24	11	2.53	1.61	21.69	0.48	2.25×10^{-5}
二长花岗岩残积土	36	22	14	2.64	1.69	23.44	0.51	2.13×10^{-4}
黑云母二长花岗岩残积土	37	23	14	2.65	1.66	15.50	0.51	4.19×10^{-4}

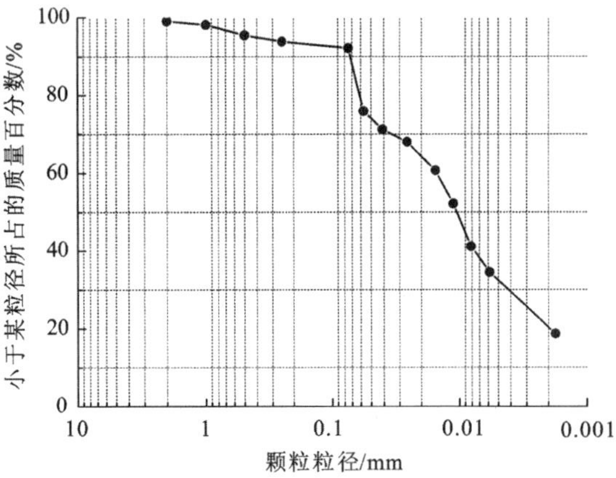

图 2.6　凝灰熔岩残积土颗粒级配累计曲线

采用筛析法和密度计法测定各残积土的粒度成分，分别获得凝灰熔岩残积土颗粒级配累计曲线(图 2.6)、二长花岗岩残积土颗粒级配累计曲线(图 2.7)与黑云母二长花岗岩颗粒级配累计曲线(图 2.8)。

根据各类残积土的颗粒级配累计曲线(图 2.6～图 2.8)，可获得各类残积土的特征粒径如表 2.9 所示。根据《岩土工程勘察规范》(GB 50021—2001)(中华人民共和国建设部，2009)，由不均匀系数和曲率系数可知，凝灰熔岩残积土为均质土，二长花岗岩残积土和黑云母二长花岗岩残积土均为不均匀土。按土的颗粒级配与塑性指数分类，凝灰熔岩残积土可定名为粉质黏土，二长花岗岩残积土和黑云母二长花岗岩残积土可定名为粉砂。

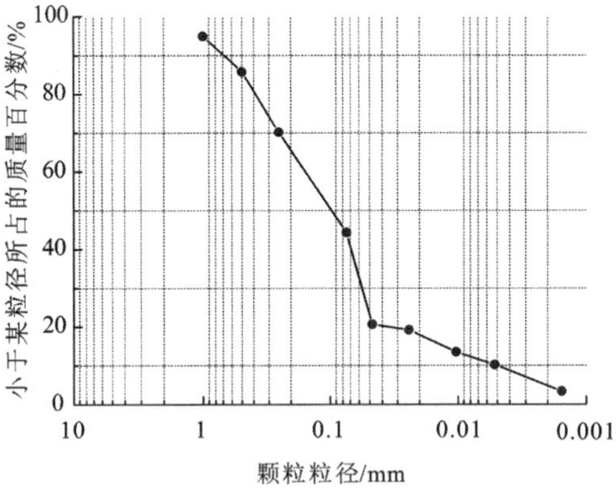

图 2.7　二长花岗岩残积土颗粒级配累计曲线

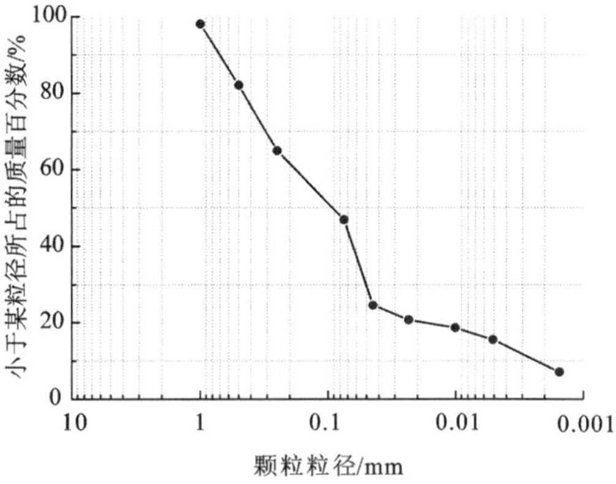

图 2.8　黑云母二长花岗岩颗粒级配累计曲线

表 2.9　各残积土的特征粒径表

试样类型	限制粒径(d_{60})/mm	有效粒径(d_{10})/mm	不均匀系数(C_u)	曲率系数(C_c)
凝灰熔岩残积土	0.015 1	0.001 3	22.5	1.11
二长花岗岩残积土	0.155 6	0.005 1	30.82	4.14
黑云母二长花岗岩残积土	0.180 4	0.002 4	76.75	5.89

2.3.3　残积土的微观结构特征

1. 红外衍射试验

为测定各类残积土的矿物成分，对各类残积土样品进行 X 射线粉晶衍射半定量分析。采用德国 Bruker AXS D8-Focus X 射线衍射仪(图 2.9)对残积土样品进行 X 射线粉晶衍射试验。测试条件为 CuKα 射线，Ni 滤波，40 kV，40 mA，LynxEye 192 位阵列探测器，扫描步长 0.01°2θ，扫描速度每步 0.05 s，λ=1.540 598 Å。样品的制备过程：取样品 50 g，在室温状态下风干，然后用研钵对样品进行研磨使其达到试验要求。采用四分法的方法取得一定量的样品送实验室，被测试的样品如图 2.10 所示。

图 2.9　X 射线衍射仪

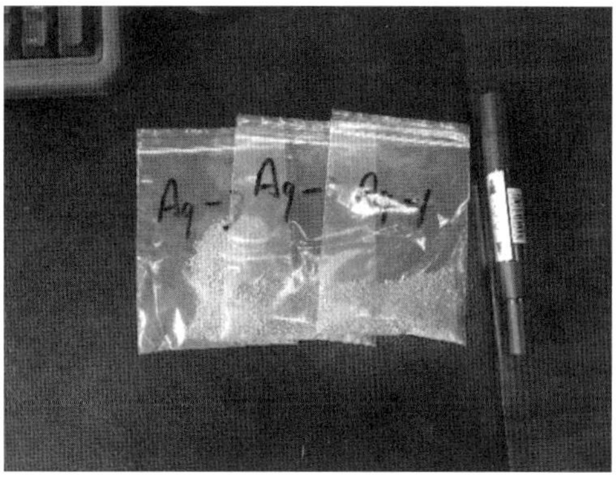

图 2.10　试验样品

测试结果表明(图 2.11～图 2.13，表 2.10)，凝灰熔岩残积土的主要矿物为石英与高岭石，个别样品中含少量的方解石；二长花岗岩残积土的主要矿物成分为石英、高岭石和伊利石，含少量的海泡石；黑云母二长花岗岩的主要矿物成分为石英、高岭石、伊利石和正长石。在二长花岗岩残积土和黑云母二长花岗岩残积土中，黏土矿物(高岭石、伊利石)含量很高，可达 70% 以上。

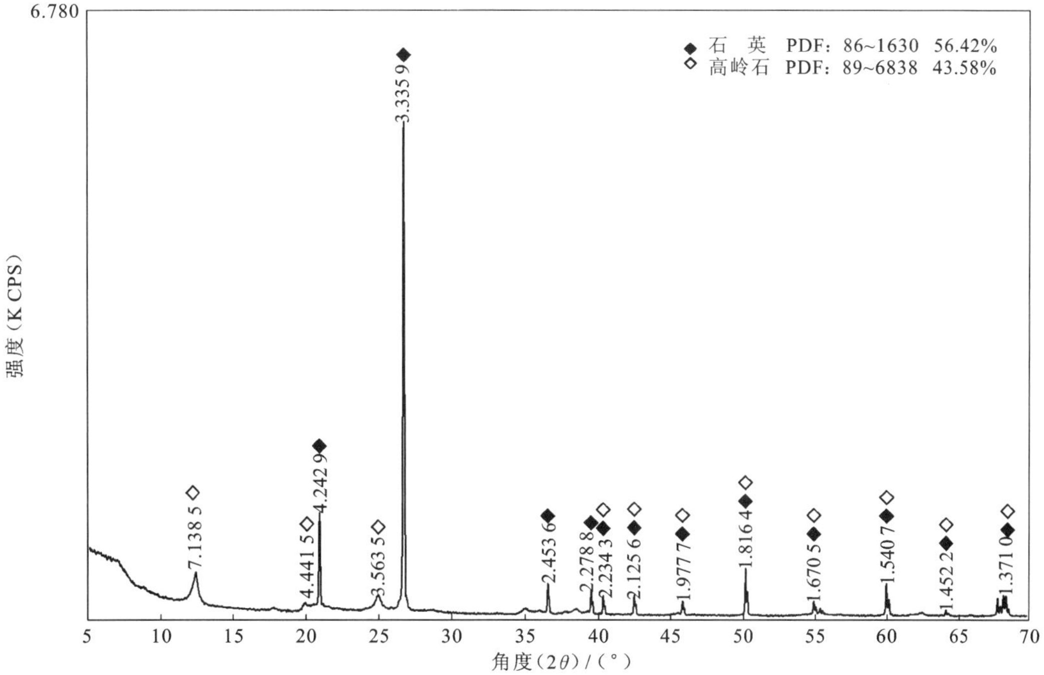

图 2.11　凝灰熔岩残积土 X 射线粉晶衍射图

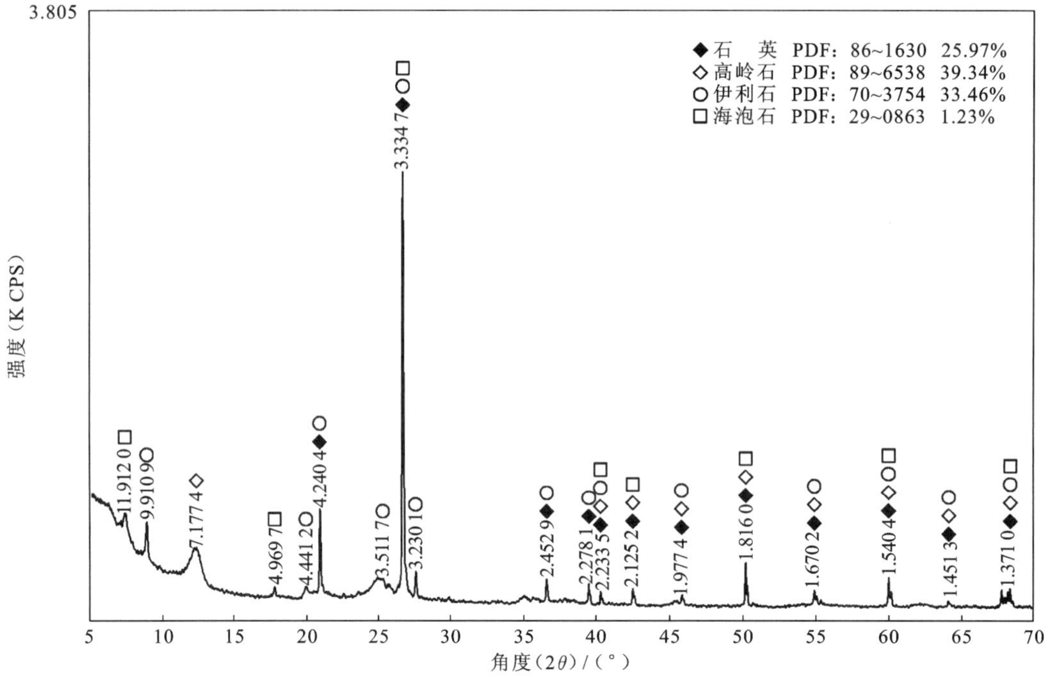

图 2.12　二长花岗岩残积土 X 射线粉晶衍射图

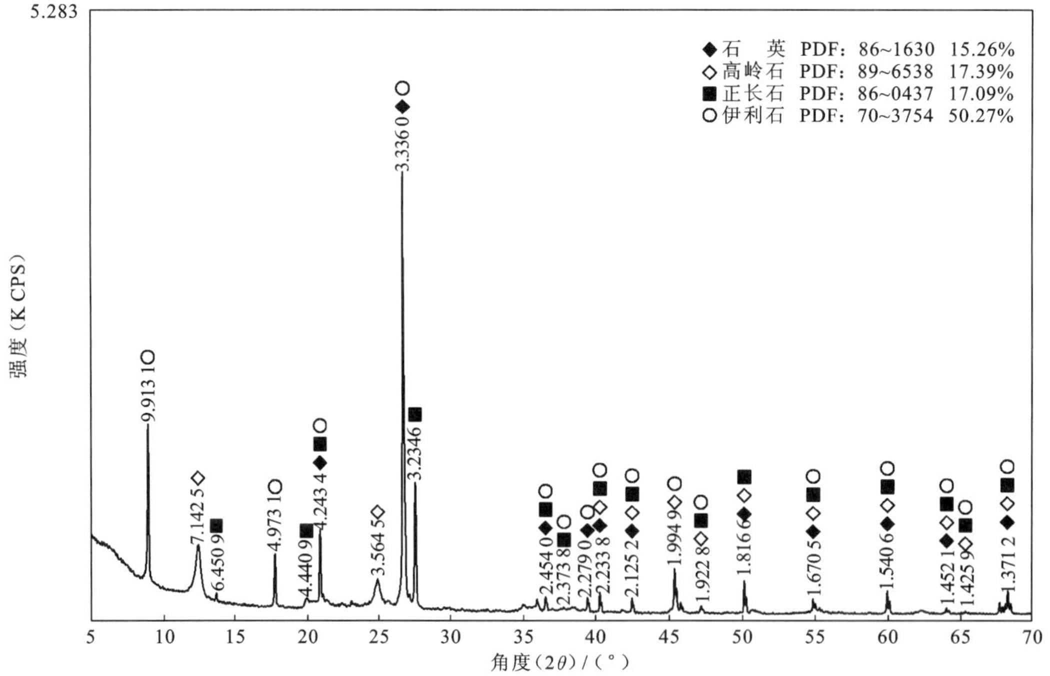

图 2.13　黑云母二长花岗岩残积土 X 射线粉晶衍射图

表 2.10　各类残积土的矿物成分

样品种类	样品编号	石英含量/%	高岭石含量/%	伊利石含量/%	正长石含量/%	方解石含量/%	海泡石含量/%
凝灰熔岩残积土	A2-1	56.42	43.58	—	—	—	—
	A2-2	65.25	34.75	—	—	—	—
	A2-3	62.17	37.22	—	—	0.60	—
二长花岗岩残积土	A7-1	25.97	39.34	33.46	—	—	1.23
	A7-2	26.66	33.88	37.97	—	—	1.48
	A7-3	24.23	30.06	44.12	—	—	1.59
黑云母二长花岗岩	A9-1	15.26	17.39	50.27	17.09	—	—
	A9-2	15.91	19.26	54.86	9.97	—	—
	A9-3	13.96	22.90	51.46	11.67	—	—

2. 场发射扫描电镜试验

为了测试残积土的微观结构特征，采用日本日立公司生产的高分辨率场发射扫描电子显微镜 SU8010 对残积土样品进行了微观结构扫描观察。扫描电镜工作条件为：加速电压为 0.1～30 kV，观测倍率为 20～1 200 000，二次电子分辨率为 1.0 nm(加速电压15 kV)、1.3 nm(加速电压 1 kV)，工作距离为 0.5～30 mm。取天然样品颗粒，采用自然风化法干燥样品，用导电胶将土样固定在样品台上。

从电镜扫描图(图 2.14)观察可知，凝灰熔岩残积土主要由片状碎屑颗粒、微碎屑颗粒及黏粒胶结组成，其中碎屑颗粒的粒径主要为 2～5 μm，呈蠕虫状、书页状。颗粒之间的接触方式包括点接触、边接触、面接触。颗粒之间微孔隙较大，结构较松散。

图 2.14　凝灰熔岩残积土电镜扫描图

从电镜扫描图(图 2.15)中可以看出二长花岗岩残积土颗粒主要由碎屑颗粒、微碎屑颗粒及黏粒胶结组成。碎屑颗粒的粒径为 2～10 μm，呈丝缕状，可能为伊利石集合体，同时可见针叶状矿物微颗粒以点面接触、边面接触、面面接触的形式附着在大颗粒之上，碎屑颗粒之间孔隙较大。

从电镜扫描图(图 2.16)中可以看出黑云母二长花岗岩残积土颗粒主要由碎屑颗粒、微碎屑颗粒和黏粒胶结构成。碎屑颗粒粒径为 2～10 μm，颗粒粒径较大，可见部分矿物颗粒呈书页状、蠕虫状，初步判断为高岭石；部分矿物呈丝缕状，初步判断为伊利石。碎屑颗粒之间为镶嵌结构，微碎屑颗粒的粒径为 0.2～1 μm，微碎屑颗粒呈堆叠状附着于碎屑颗粒上。

图 2.15　二长花岗岩残积土电镜扫描图

图 2.16　黑云母二长花岗岩残积土电镜扫描图

通过以上分析可知，二长花岗岩残积土和黑云母二长花岗岩残积土有相似的结构，主要的不同在于微碎屑颗粒附着于碎屑颗粒上的方式，在二长花岗岩残积土中，微碎屑颗粒（针叶状矿物）主要以点面接触、边面接触、面面接触的形式附着在大颗粒之上，而在黑云母二长花岗岩残积土中，微碎屑颗粒呈堆叠状附着于碎屑颗粒之上。凝灰熔岩残积土矿物颗粒相对于二长花岗岩残积土和黑云母二长花岗岩残积土矿物颗粒小，且结构更加松散。

2.3.4　残积土的饱和抗剪强度

采用 TRA 三轴剪切渗流仪对凝灰熔岩残积土、二长花岗岩残积土和黑云母二长花岗岩残积土进行不同围压下的固结不排水试验，对这三类残积土的力学特性及试验过程中两者的宏观破坏形式进行分析。

1. 试验方法

为了研究不同围压下各类残积土原状土样的应力-应变特性、获取各类残积土原状土样的总应力抗剪强度参数及有效应力抗剪强度参数，对各类残积土原状土样进行常规固结不排水三轴试验。

1）试验仪器

本次试验采用南京泰克奥科技有限公司生产的 TRA 三轴剪切渗流仪（图 2.17），此试验系统采用计算机控制试验进程，自动实时采集数据，且测量精度高，可以满足各种类型的三轴试验的要求。整个实验系统由三个主要部分组成：加载系统（包括三轴压力室及三个标准压力控制器）、数据采集系统（轴向压力、孔隙水压力传感器等）和计算机软件控制系统。

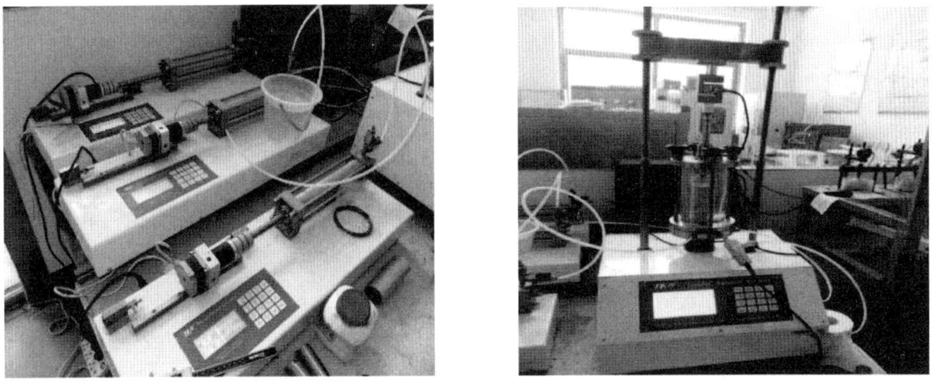

（a）加载系统　　（b）剪切装置

图 2.17　TRA 三轴剪切渗流仪

2）原状土样的制备

本次三轴试验的原状土样直径为 39.1 mm，高为 80 mm。从 PVC 管中取出原状土样，然后用切土刀对原状土样进行初步切削处理，在切土盘上对样品进行精细切样，最后样品成型（图 2.18）。

（a）对样品进行初步处理　　（b）在切土盘上进行精细切削　　（c）样品成型

图 2.18　原状土样制备过程

3）试验样品的饱和

本次试验采用抽气饱和、水头饱和和反压饱和三种方式联合对样品进行饱和。

① 抽气饱和。首先将试样装入橡皮膜中，并在试样两端装好滤纸与透水石；然后放入真空饱和缸中，在 −100 kPa 下抽气 1.5 h，后在保持真空度稳定的情况下缓缓注入无气水至淹没试样，释放饱和缸内的真空，并保持 10 h 以上。

② 水头饱和。由于装样至压力室的过程中不可避免地造成饱和样失水，样品无法达到饱和度的要求，因而在试样安装到位后，再对其进行一定时间的水头饱和。首先，设置 20 kPa 的围压，防止水压力施加在试样中对土体的原有结构造成破坏；其次，将渗流压力控制器接在压力室“孔压”的接口处，并将大气与“反压”接口连接；最后，在渗流压力控制器上设置 10 kPa 的

渗流压力，使无气水从试样底部流入，从试样顶部流出，从而排除试样中的气体，此过程一般进行 12 h 以上。

③ 反压饱和。无论是抽气饱和还是水头饱和都无法达到完全饱和，仍会有一些气体残留于土体孔隙之间，施加反压可以使气体溶解于水中。在控制板上选择饱和模块，为了防止过大的反压及过快的加载速度产生的水流对试样原有结构造成破坏，在施加反压力时将加载速率控制在 0.5 kPa/min，并将总的反压力限定在 20 kPa。值得注意的是：在反压饱和的过程中，围压与反压应当同步增加，以确保土骨架中的有效应力基本不发生变化。当孔压系数 B 等于或大于 0.95 时，即可达到饱和要求。

图 2.19 凝灰熔岩残积土试样的破坏形态

4）试验样品的剪切

分别对前述三种残积土原状土样进行固结不排水试验，每种土样做三组，试样有效围压取 50 kPa、100 kPa、200 kPa、300 kPa、400 kPa，以 0.078 mm/min 的恒定轴向应变速率进行加载，直至试样产生破坏。破坏形态如图 2.19 所示。

2. 三轴固结不排水试验结果

1）凝灰熔岩残积土的抗剪强度

对试验数据进行处理，作凝灰熔岩残积土的应力-应变关系曲线、孔隙水压力-轴向应变关系曲线、强度包络线、有效应力路径曲线（图 2.20～图 2.23）。其中，σ_1 为轴向应力，σ_3 为围压，$\sigma_1-\sigma_3$ 为主应力差，ε 为轴向应变，τ 为剪应力，σ 为正应力。从应力-应变关系曲线（图 2.20）可知，高围压试样的应力-应变关系曲线出现了明显的峰值点，取其峰值作为试样的破坏应力；低围压试样的应力-应变关系曲线没有出现明显的峰值，取 15％应变所对应的应力为破坏应力。从孔隙水压力-轴向应变关系曲线（图 2.21）分析可知：在 50 kPa 的围压下，孔隙水压力开始为 0，然后很快就变为正值；在 100 kPa、200 kPa 与 300 kPa 的围压下，孔隙水压力均为正值。各试样的孔隙水压力达到峰值后，随着应变的增加，孔隙水压力逐渐降低。根据莫尔-库仑破坏准则，可得凝灰熔岩残积土原状土样的总应力强度参数为内摩擦角 $\varphi=16°$，黏聚力 $c=14$ kPa；有效应力强度参数为有效内摩擦角 $\varphi'=28°$，有效黏聚力 $c'=8$ kPa（图 2.22）。

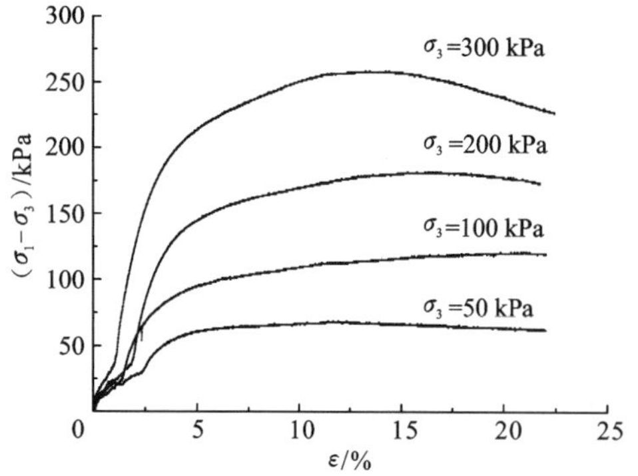

图 2.20 凝灰熔岩残积土的应力-应变关系曲线

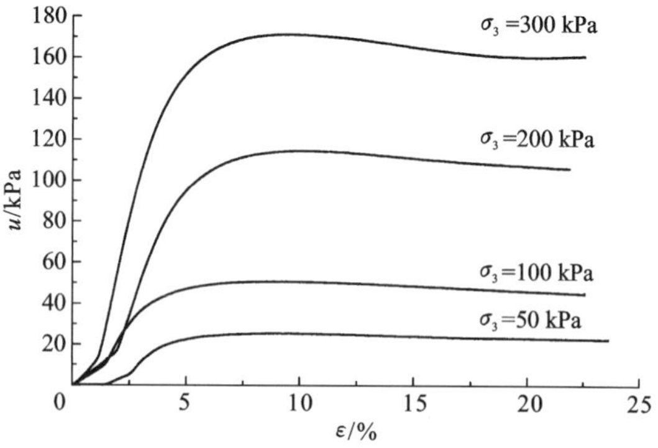

图 2.21 凝灰熔岩残积土孔隙水压力-轴向应变关系曲线

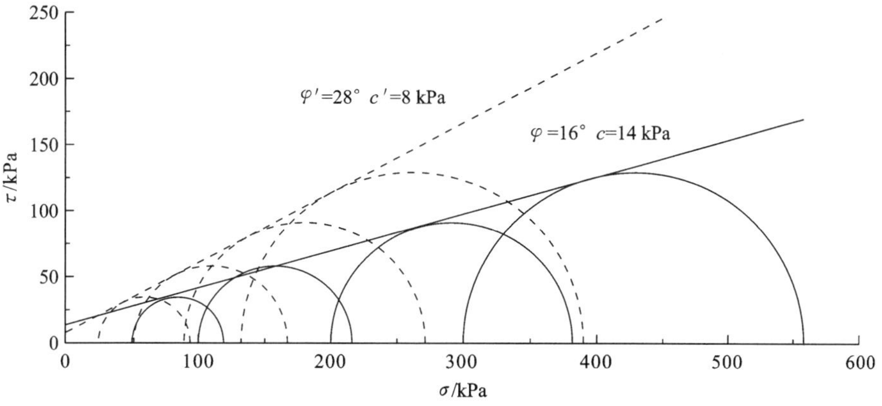

图 2.22 凝灰熔岩残积土强度包络线

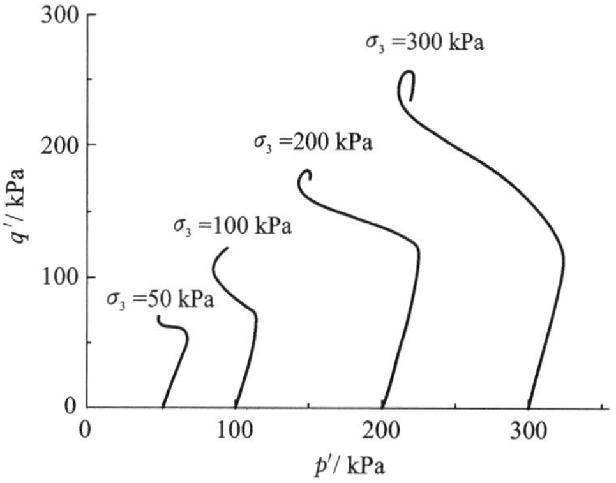

图 2.23 凝灰熔岩残积土有效应力路径曲线

由图 2.23 可知，凝灰熔岩残积土原状土样有效应力路径比较复杂，在低围压(50 kPa、100 kPa)下，有效广义剪应力 q' 一直增加，而有效平均主应力 p' 先增后减，最后再增加；但是在 50 kPa 围压下，有效应力路径曲线最后 q'、p' 同时增加的阶段较短。在高围压(200 kPa、300 kPa)下，q' 先增后减，而 p' 的变化比较复杂，呈现出两次明显的增减交替过程，且 p' 先于 q' 达到峰值。

2）二长花岗岩残积土的分析

对图 2.24 分析可知，二长花岗岩残积土试样在 100 kPa 围压条件下其应力达到峰值后，随着应变的增加应力减小，表现为应变软化型；在 200 kPa、300 kPa 围压的条件下，应力达到峰值后，随着应变的增加应力趋于不变；在 400 kPa 围压的条件下，应力随着应变的增加一直增加，表现为应变硬化型。

对图 2.25 分析可知，二长花岗岩残积土试样的孔隙水压力-轴向应变关系曲线呈现明显的非线性。在前期，随着轴向压力的增大，孔隙水压力不断增大；在孔隙水压力达到峰值后，随着应变的增加，孔隙水压力趋于不变。

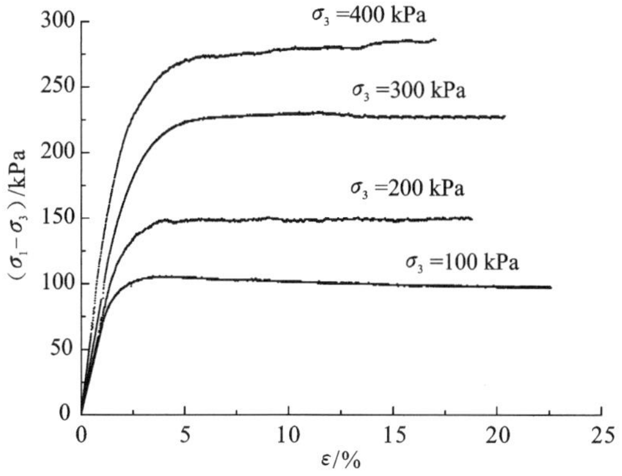

图 2.24 二长花岗岩残积土应力-应变关系曲线

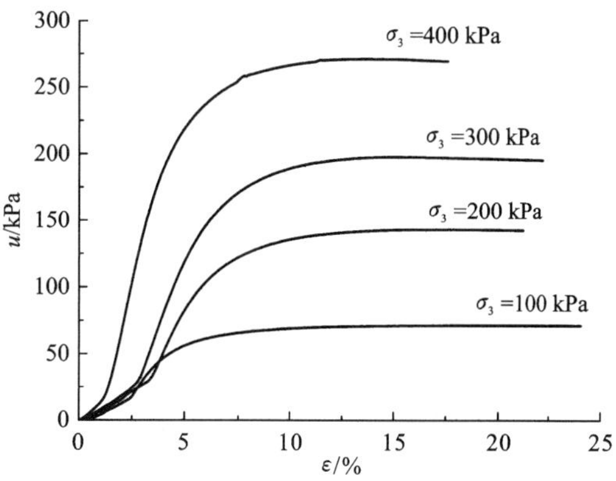

图 2.25 二长花岗岩残积土孔隙水压力-轴向应变关系曲线

由二长花岗岩残积土的强度包络线(图 2.26)可知：总应力抗剪强度参数为 $c=15$ kPa，$\varphi=14°$；有效应力抗剪强度参数为 $c'=8$ kPa，$\varphi'=30°$。

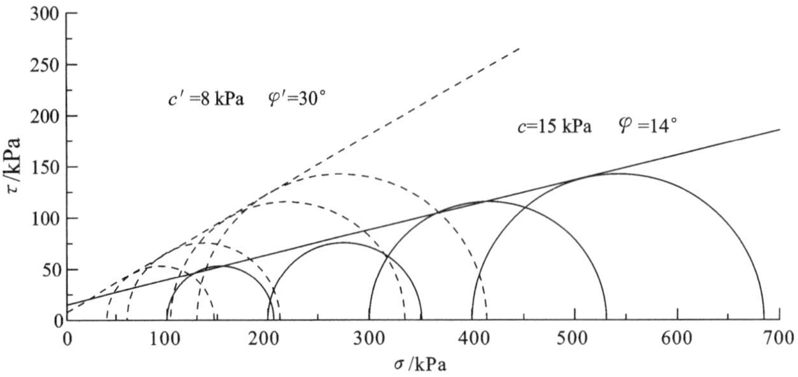

图 2.26 二长花岗岩残积土强度包络线

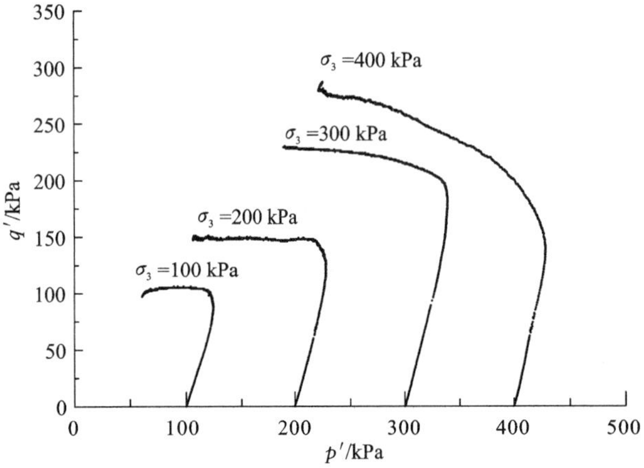

图 2.27 二长花岗岩残积土有效应力路径曲线

对图 2.27 分析可知，二长花岗岩残积土的有效应力路径比较复杂，各试样的 p' 均为先增加后减小；而 q' 在低围压(100 kPa、200 kPa)下先增加后趋于不变；在高围压(300 kPa、400 kPa)下 q' 一直增加，但前期增长速率高，而后期增长速率低。

3）黑云母二长花岗岩残积土

对图 2.28 分析可知，黑云母二长花岗岩残积土试样在 50 kPa 围压条件下，应力达到峰值后，随着应变的增加趋于不变；在 100 kPa 围压条件下，随着应变的增加应力持续增大；在 200 kPa、400 kPa 围压条件下，应力达到峰值后，应力随着应变的增加而逐渐减小。对图 2.29 分析可知，在加载初期，黑云母二长花岗岩残积土试样的孔隙水压力随着应变的增加而快速增加；当孔隙水压力达到峰值后，随着应变的增加，孔隙水压力趋于不变。

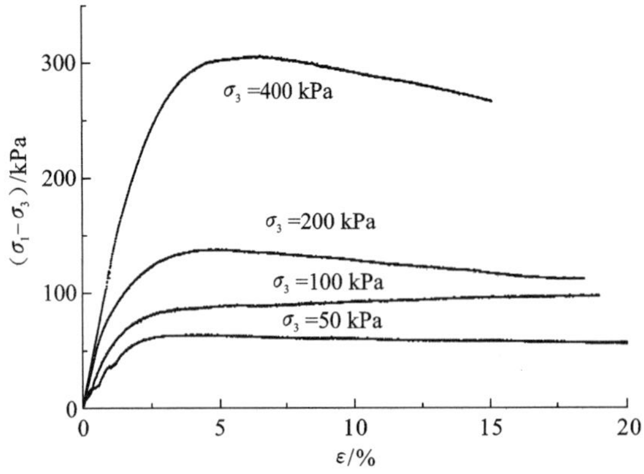

图 2.28 黑云母二长花岗岩残积土应力-应变关系曲线

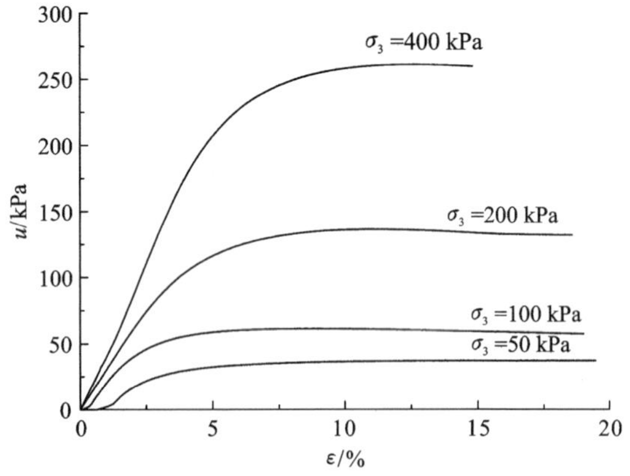

图 2.29 黑云母二长花岗岩残积土孔隙水压力-轴向应变关系曲线

对图 2.30 黑云母二长花岗岩残积土的强度包络线分析可知，其总应力抗剪强度参数为 $c=8$ kPa，$\varphi=15°$；有效应力抗剪强度参数为 $c'=7$ kPa，$\varphi'=30°$。

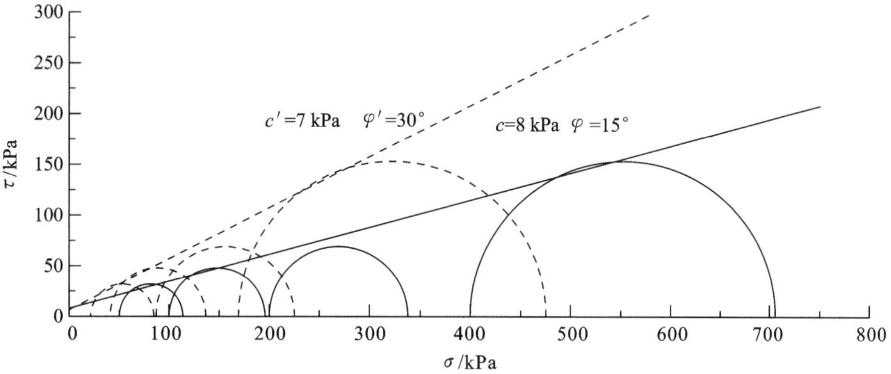

图 2.30　黑云母二长花岗岩残积土强度包络线

从黑云母二长花岗岩残积土的有效应力路径曲线(图 2.31)分析可知，各条应力路径曲线 p' 均为先增加后降低；而 q' 在低围压(50 kPa、100 kPa)下为先增加后减小；在高围压(200 kPa、400 kPa)条件下 q' 先增加，后在一定阶段内保持不变，最后减小。

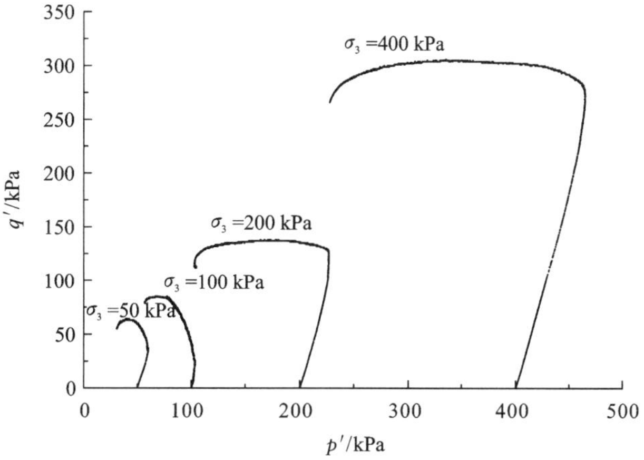

图 2.31　黑云母二长花岗岩残积土有效应力路径曲线

从应力-应变关系曲线来看，三种残积土均存在应变转型问题，其中凝灰熔岩残积土和黑云母二长花岗岩应力-应变关系曲线从低围压到高围压表现为从应变硬化转化为应变软化，而二长花岗岩残积土的应力-应变关系曲线从应变软化转变为应变硬化。

对表 2.11 分析可知，凝灰熔岩残积土、二长花岗岩残积土和黑云母二长花岗岩残积土的总应力抗剪强度指标与有效应力抗剪强度指标很相近。总黏聚力为 8～15 kPa，总内摩擦角为 14°～16°；有效黏聚力为 7～8 kPa，有效内摩擦角为 28°～30°。

表 2.11　三种残积土强度参数统计

残积土种类	总黏聚力(c)/kPa	总内摩擦角(φ)/(°)	有效黏聚力(c')/kPa	有效内摩擦角(φ')/(°)
凝灰熔岩残积土	14	16	8	28
二长花岗岩残积土	15	14	8	30
黑云母二长花岗岩残积土	8	15	7	30

2.3.5 残积土的水-力相互作用特性

采用美国科罗拉多矿业大学 Ning Lu 教授等联合研发的瞬态脱湿与吸湿(transient water release and imbibition method,TRIM)试验系统(采用轴平移技术)对研究区的残积土的水-力相互作用特性进行研究。该试验系统试验周期短(一个样品仅需 5～7 天),且一个样品就可以获得脱湿和吸湿条件下,全吸力范围内土体的土水特征曲线(soil water characteristic curve,SWCC)、渗透系数函数(permeability coefficient function,HCF)和吸应力曲线(suction stress characteristic curve,SSCC)。

TRIM 试验设备有四个主要组成部分(图 2.32),具体包括:①压力室,用于装入试验土样,试验中也用于控制吸力;②控制面板,包含气压控制、水箱和集气瓶;③集液瓶,用于测量流入和流出的水量;④计算机,用于记录数据和实现图形显示。

1. 试验步骤

TRIM 试验一般包括六个步骤:试样准备、系统的饱和、脱湿过程、气泡体积测量、吸湿过程、非饱和特性参数的反演。

1) 试样准备

本试验的试样采用在野外采集的原状环刀样(图 2.33),环刀的规格:直径为 61.8 mm,高为 40 mm。试验时直接拆封包装好的原状土样即可。

图 2.32 TRIM 试验系统

图 2.33 TRIM 试验试样

2) 系统的饱和

在试验开始之前需要对整个试验系统进行饱和,包括陶瓷板、陶瓷板底部的薄水槽、气泡收集管、系统管道及土样。其中陶瓷板和试样可采用抽真空饱和法进行饱和(图 2.34),其他部分可在压力室采用加压法进行饱和。

3）脱湿过程

脱湿过程分为两步，施加小的吸力增量和施加大的吸力增量。首先在压力室顶部施加一个略大于土样进气值的小吸力增量，本试验中采用了 6 kPa、8 kPa 两种小吸力；当试样的渗出水量趋于稳定以后，再施加大的吸力增量，在本试验中采用了 230 kPa 和 260 kPa 两种大吸力，当试样的渗出水量再次稳定后，脱湿过程完成。

4）气泡体积测量

为了准确测量脱湿过程中试样的渗出水量，必须考虑试验中通过陶瓷板析出的气体，需对其进行定量测定。

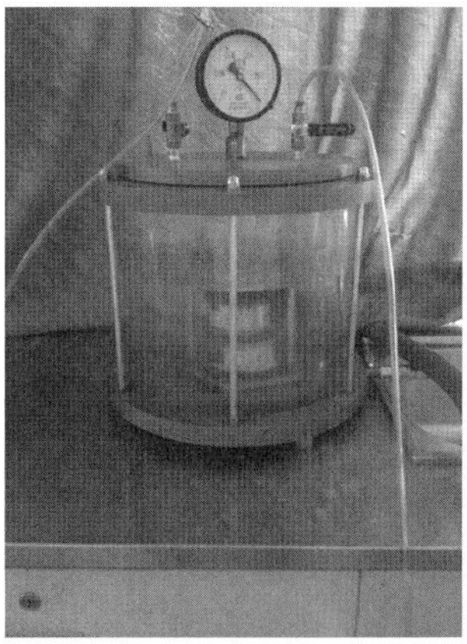

图 2.34　真空饱和缸

5）吸湿过程

当冲刷气泡完成后，将压力室中施加的气压降至零，在土样基质吸力的作用下，集液瓶中的水会流入土样中，当渗入土样中的水量趋于稳定后，此过程结束。根据土样的种类和尺寸的不同，吸湿过程一般持续 24～48 h。

6）非饱和特性参数的反演

水流出或流入的时间序列数据可以在试验时获得，采用数值模拟反演可以获取非饱和土体的水力耦合参数。为了达到这个目的，要使用 SWR，LLC 后处理软件 Hydrus-TWRI。需要两个文本文件：①跟 TWRI. exe 软件一起记录的数据；②文件名为“TWRI parameters. txt”的包含土样和所用的陶土板的信息。两个文件必须放到同一个文件夹内。接着对该软件进行操作，可分别获取脱湿和吸湿路径的水力耦合参数。

2. 试验结果分析

1）残积土的 SWCC 及 HCF 曲线

对采取的凝灰熔岩残积土、二长花岗岩残积土、黑云母二长花岗岩残积土原状土样分别进行多组 TWRI 试验，试验样品的直径为 61.8 mm，高为 40 mm。其中凝灰熔岩残积土试验条件：在脱湿路径下，施加 8 kPa 的小吸力和 260 kPa 的大吸力；吸湿路径的基质吸力为 0 kPa。二长花岗岩残积土和黑云母二长花岗岩残积土试验条件：脱湿路径下，施加 6 kPa 的小吸力和 230 kPa 的大吸力；吸湿路径下的基质吸力为 0 kPa。为方便叙述，对各残积土样品进行了编号，其中凝灰熔岩残积土两个样品编号为 N-1、N-2，二长花岗岩残积土三个样品编号为 EH-1、EH-2、EH-3，黑云母二长花岗岩残积土三个样品编号为 HH-1、HH-2、HH-3。各试样的渗出水量与时间的关系曲线见图 2.35～图 2.42。

通过试验系统的配套数值反演软件，得出各残积土样的水-力相互作用特性参数，如表 2.12 所示。表中 θ_r 与 θ_s 分别为残余体积含水率与饱和体积含水率，K_s 为饱和渗透系数，α 为进气值倒数，n 为与土体孔隙特征有关的参数，上标 d 与 w 分别代表残积土的脱湿与吸湿过程。各类残积土含水率变化区间较大。在三种残积土中，凝灰熔岩残积土的残余体积含水率最高，K_s、α 与 n 最小。各类残积土参数之间的不同体现了其水-力相互作用特性之间的差异。

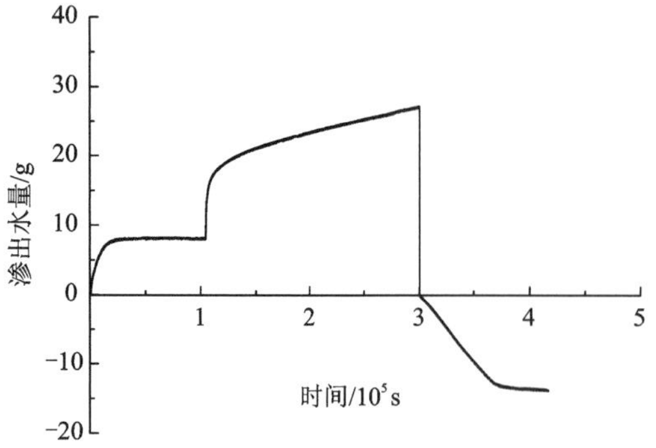

图 2.35　N-1 试样渗出水量与时间关系曲线

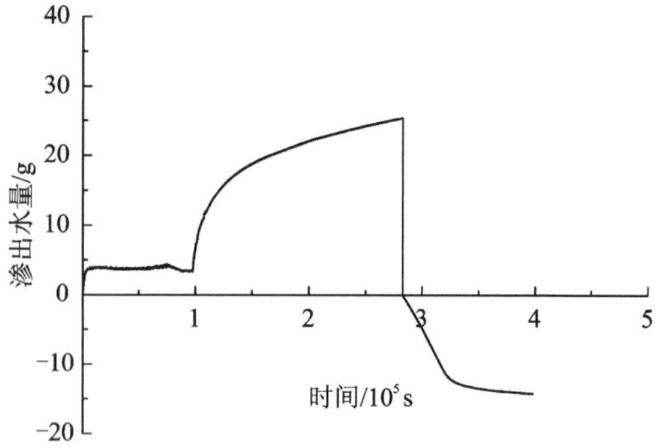

图 2.36　N-2 试样渗出水量与时间关系曲线

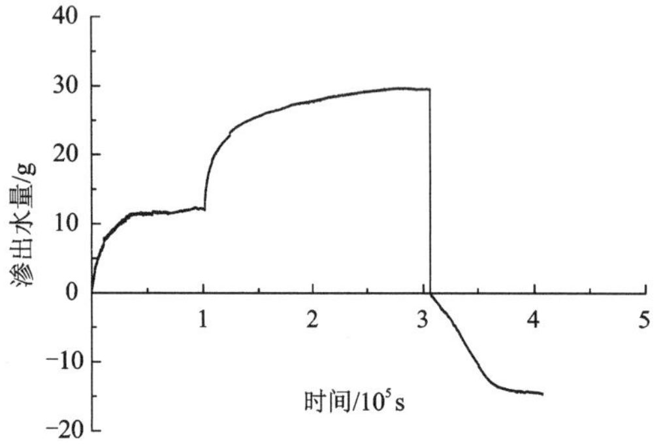

图 2.37　EH-1 试样渗出水量与时间关系曲线

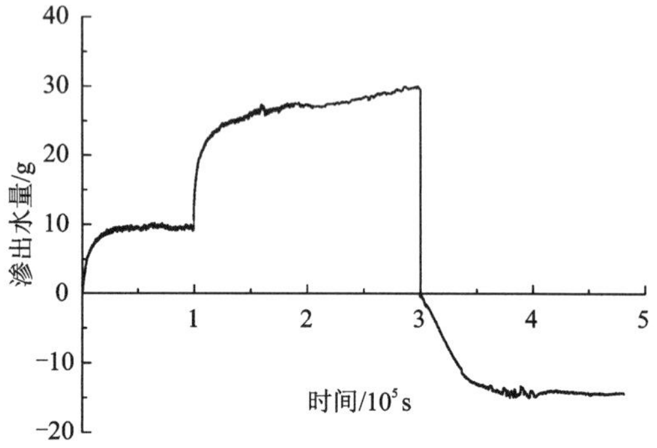

图 2.38　EH-2 试样渗出水量与时间关系曲线

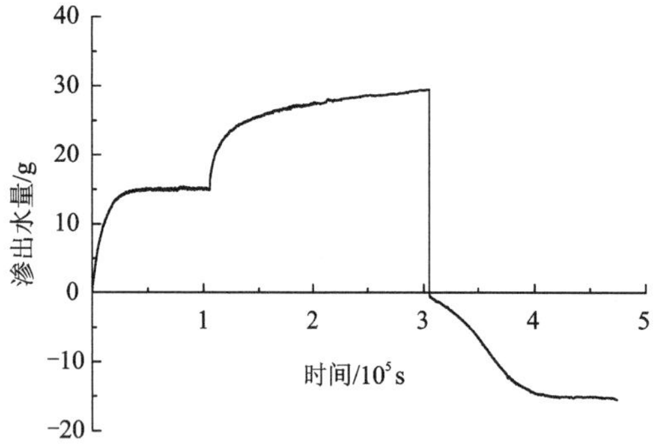

图 2.39　EH-3 试样渗出水量与时间关系曲线

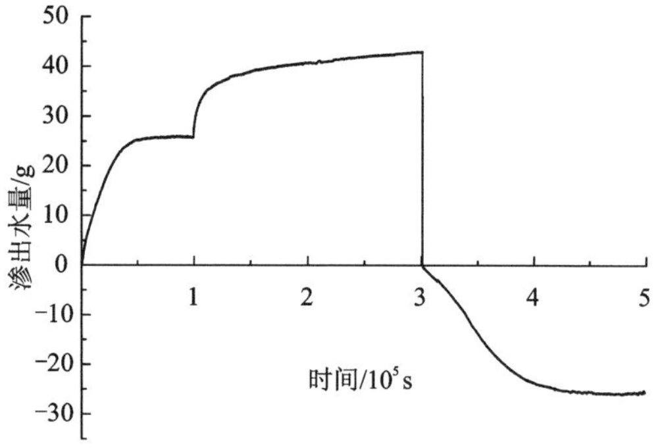

图 2.40　HH-1 试样渗出水量与时间关系曲线

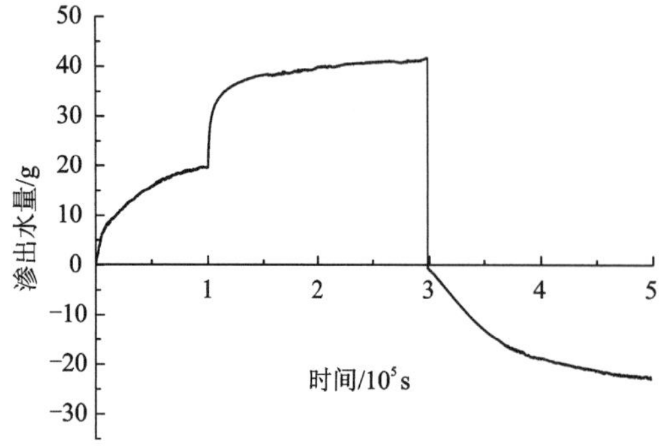

图 2.41　HH-2 试样渗出水量与时间关系曲线

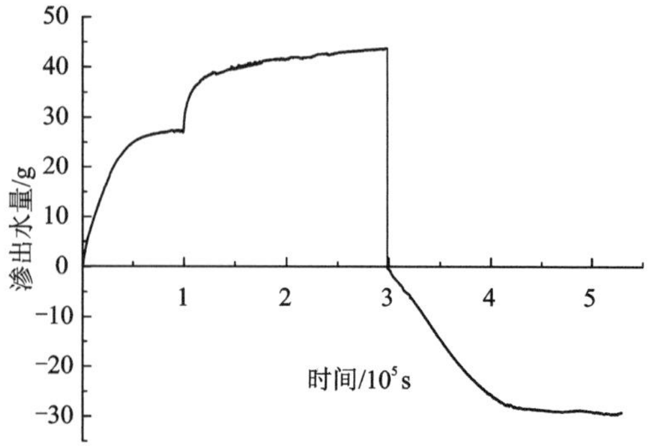

图 2.42　HH-3 试样渗出水量与时间关系曲线

表 2.12 各类残积土的水力参数表

土样编号	θ_r	α^d/kPa^{-1}	n^d	θ_s^d	K_s^d/(cm/s)	α^w/kPa^{-1}	n^w	θ_s^w	K_s^w/(cm/s)
N-1	0.20	0.069	1.25	0.52	2.25×10^{-5}	0.281	1.44	0.44	1.63×10^{-5}
N-2	0.18	0.068	1.27	0.51	2.25×10^{-5}	0.233	1.47	0.45	1.47×10^{-5}
EH-1	0.15	0.324	1.41	0.52	2.13×10^{-4}	0.648	1.71	0.43	7.75×10^{-5}
EH-2	0.15	0.339	1.36	0.51	2.13×10^{-4}	0.673	1.66	0.43	7.80×10^{-5}
EH-3	0.14	0.316	1.37	0.52	2.13×10^{-4}	0.651	1.68	0.43	6.25×10^{-5}
HH-1	0.12	0.222	1.58	0.51	4.19×10^{-4}	0.541	1.81	0.40	9.59×10^{-5}
HH-2	0.10	0.216	1.53	0.51	4.19×10^{-4}	0.481	1.84	0.42	7.39×10^{-5}
HH-3	0.10	0.245	1.65	0.50	4.19×10^{-4}	0.525	1.82	0.41	1.42×10^{-4}

通过试验所得的各残积土样的水-力相互作用特性参数及 V-G 模型、Mualem 模型，做出各试样在脱湿和吸湿条件下的 SWCC 和 HCF 曲线，如图 2.43～图 2.50 所示。

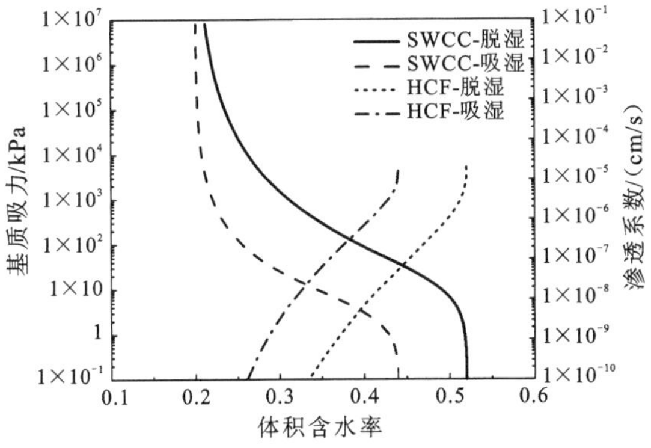

图 2.43 N-1 试样的 SWCC 和 HCF 曲线

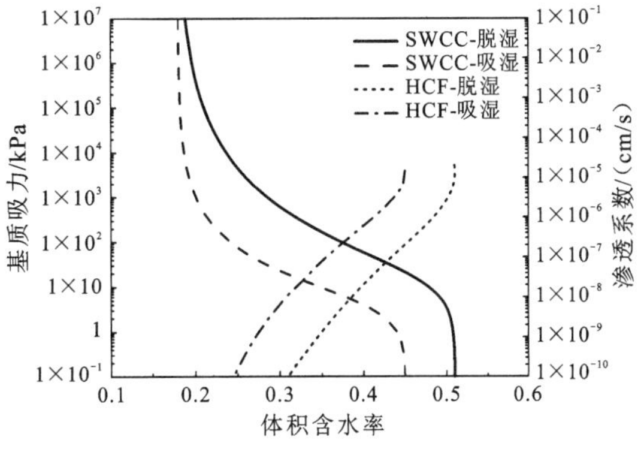

图 2.44 N-2 试样的 SWCC 和 HCF 曲线

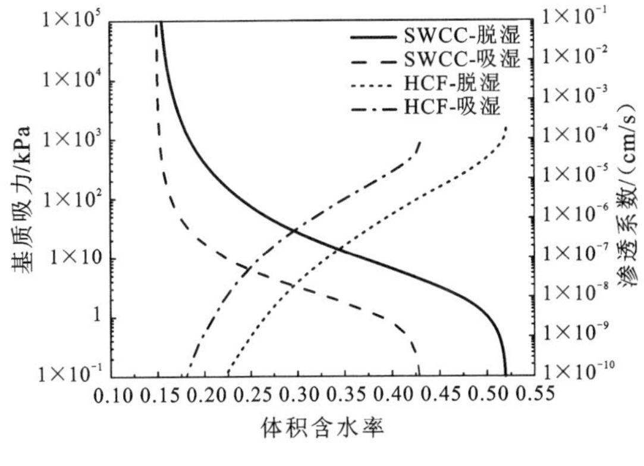

图 2.45 EH-1 试样的 SWCC 和 HCF 曲线

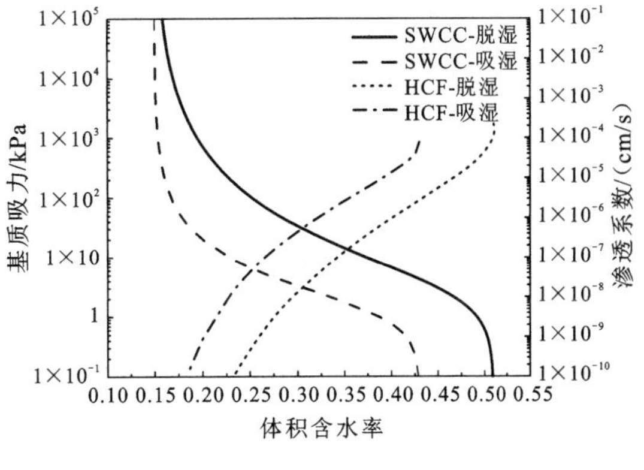

图 2.46 EH-2 试样的 SWCC 和 HCF 曲线

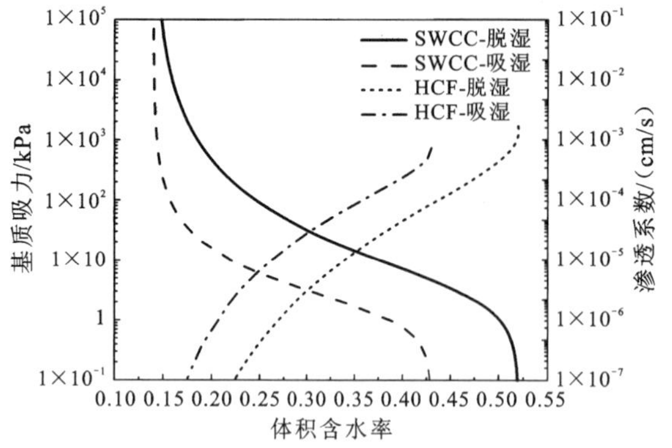

图 2.47　EH-3 试样的 SWCC 和 HCF 曲线

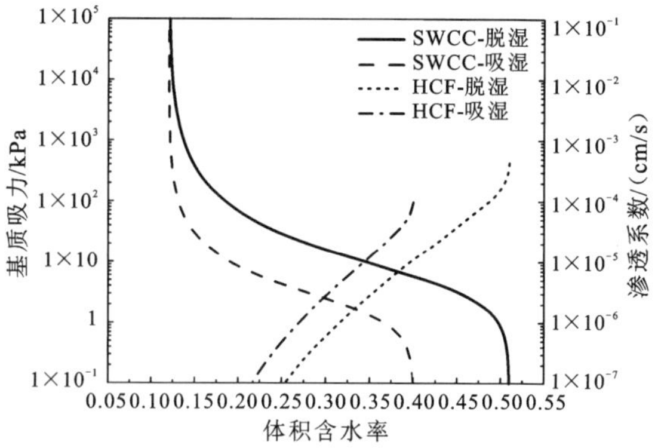

图 2.48　HH-1 试样的 SWCC 和 HCF 曲线

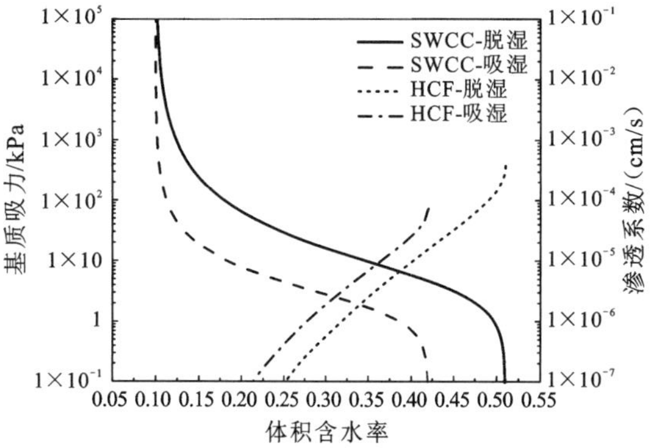

图 2.49　HH-2 试样的 SWCC 和 HCF 曲线

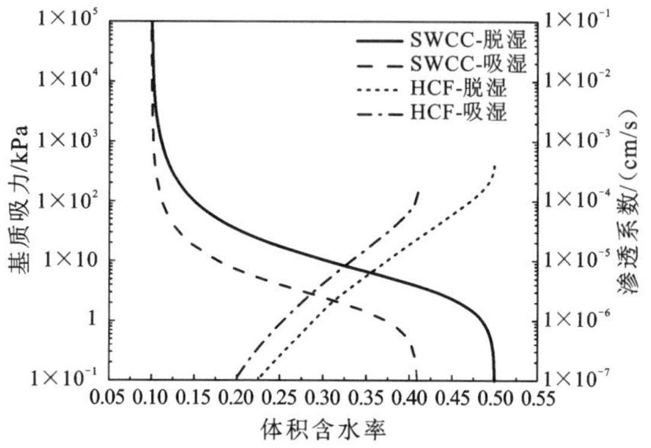

图 2.50　HH-3 试样的 SWCC 和 HCF 曲线

对图 2.43～图 2.50 分析可知，各类残积土试样的 SWCC 整体呈“S”字形，曲线在高吸力和低吸力段较陡，而中间段较为平稳。吸湿路径下的 SWCC 与脱湿路径下的 SWCC 相比，存在明显的滞后性，即在相同的吸力情况下，土体在蒸发或重力排水的脱湿过程中赋存的水量比土体在入渗、毛细上升的吸湿过程中所赋存的水量多。这种滞后性在孔隙水排出或吸收相对迅速的区域最为明显。研究表明，SWCC 的滞后性的作用机理既包括颗粒表面与水相互作用的微观机制，也包括土颗粒之间孔隙特征的宏观机制。其中宏观机制中主要包括“墨水瓶效应”，即在多孔介质中由孔隙的大小和形状的非均匀性分布引起；微观机制中主要包括接触角滞后作用，即在固-液-气交界面中，吸湿过程的固-液接触角往往要大于脱湿过程的接触角，两种接触角之间的差异对非饱和土的持水性能产生很大的影响，进而引起吸湿与脱湿 SWCC 的滞后性。

在同一体积含水率条件下，各类残积土在脱湿路径下的基质吸力明显大于其在吸湿路径下的基质吸力，孔隙水在吸湿途径中的能量低于脱湿时的能量。残积土的基质吸力随体积含水率的增大而不断减小，在残余体积含水率和饱和体积含水率处，基质吸力变化速率较大。在脱湿条件下，残积土含水率为饱和体积含水率时，凝灰熔岩残积土体积含水率为 0.51，二长花岗岩残积土体积含水率为 0.52，黑云母二长花岗岩残积土体积含水率为

0.51，各类残积土基质吸力约为 0 kPa。在脱湿条件下，凝灰熔岩残积土体积含水率为 0.3～0.4 时，其基质吸力变化范围为 80～1 500 kPa；二长花岗岩残积土体积含水率为 0.18～0.26 时，其基质吸力变化范围为 80～3 000 kPa；黑云母二长花岗岩残积土体积含水率为 0.18～0.4 时，其基质吸力变化范围为 5.5～100 kPa。在脱湿条件下，残积土的体积含水率为残余体积含水率时，凝灰熔岩残积土体积含水率为 0.19，基质吸力大于 1×10^{6} kPa，二长花岗岩残积土体积含水率为 0.15，基质吸力约为 5×10^{5} kPa，黑云母二长花岗岩残积土体积含水率为 0.11，基质吸力约为 5×10^{4} kPa。在相同体积含水率条件下，凝灰熔岩残积土的基质吸力相对二长花岗岩残积土和黑云母二长花岗岩残积土大。对比三类残积土的 SWCC 可知，凝灰熔岩残积土的残余体积含水率最大，模型参数 n 值最小，其 SWCC 最陡，基质吸力变化速率最大。

对图 2.43～图 2.50 分析可知，各残积土样在饱和状态开始排水的初期，渗透系数有较明显的降低，初期排水主要是从连通性较好的大孔隙开始的，这些大孔隙承担着大部分水的传导；随着排水过程的持续，在土体孔隙内产生诸多“气包”，阻断了水分的运移通道，土体内水分的传导受阻，土体的渗透系数持续降低，在接近残余体积含水率时，“气包”的数量达到最大，土体内的孔隙水主要以不连续弯液面的形式存在于颗粒之间，孔隙水的运移形式此时以蒸汽相为主，土体的渗透系数接近于 0。

各试样的脱湿与吸湿 HCF 曲线在单对数坐标系下表现出明显的单调变化特征，各类残积土的渗透系数随体积含水率的增大而增大，在相同体积含水率条件下，各类残积土在脱湿路径下的渗透系数均小于在吸湿路径下的渗透系数。脱湿路径下的 HCF 曲线相对于吸湿路径下的 HCF 曲线表现出明显的滞后性，在同一基质吸力下，脱湿路径下土体内被水充填的孔隙占有较大的体积分数，因而相对于吸湿路径，有较大的渗透系数。各类残积土在饱和体积含水率条件下，凝灰熔岩残积土渗透系数为 1.55×10^{-5} cm/s，二长花岗岩残积土渗透系数为 7.27×10^{-5} cm/s，黑云母二长花岗岩残积土渗透系数为 1.04×10^{-4} cm/s。凝灰熔岩残积土的渗透系数相对较小，这与残积土的孔隙结构和矿物成分特征有较大的关系。二长花岗岩残积土与黑云母二长花岗岩残积土具有相似的矿物组成与孔隙结构特征，其渗透系数大小较为接近。

另外，各残积土均有较大的孔隙率，其中主要原因为残积土由各类岩体风化而来，土体中保存有岩体的原生结构，同时土体内的矿物学成分在物理化学作用下分解，部分被雨水冲刷溶解带走。较大的孔隙率使风化残积土区别于其他各类土体，其 SWCC 拥有较大的含水率变化区间，凝灰熔岩残积土 SWCC 体积含水率变化区间为 0.19～0.51，二长花岗岩残积土 SWCC 体积含水率变化区间为 0.15～0.52，黑云母二长花岗岩残积土 SWCC 体积含水率变化区间为 0.11～0.51。

2）残积土的进气值

上述 SWCC 所采用的 V-G 模型为通过下式简化的 V-G 模型：

$$\Theta=S_e=\left[\frac{1}{1+(\alpha\psi)^n}\right]^m \tag{2.1}$$

$$m=1-\frac{1}{n} \tag{2.2}$$

式中：Θ 为体积含水率，%；S_e 为有效饱和度，%；ψ 为基质吸力，kPa；m 为拟合参数，与 SWCC 的整体对称性有关；α 为拟合参数，为土体进气值倒数，kPa^{-1}；n 为拟合参数，为土体孔径尺寸分布参数。将 α 的倒数作为土样的进气压力值，可以计算各土样的进气压力值（表 2.13）。

表 2.13 各试样在脱湿路径与吸湿路径下的进气压力值

土样类型	土样编号	脱湿路径下的进气压力值/kPa	均值/kPa	吸湿路径下的进气压力值/kPa	均值/kPa	滞后效应/kPa
凝灰熔岩残积土	N-1	14.49	14.60	3.56	3.93	10.67
	N-2	14.71		4.29		
二长花岗岩残积土	EH-1	3.09	3.07	1.54	1.52	1.55
	EH-2	2.95		1.49		
	EH-3	3.16		1.54		
黑云母二长花岗岩残积土	HH-1	4.50	4.40	1.85	1.95	2.45
	HH-2	4.63		2.08		
	HH-3	4.08		1.90		

对表 2.13 分析可知，凝灰熔岩残积土与二长花岗岩残积土、黑云母二长花岗岩残积土相比，在脱湿过程和吸湿过程中均有较大的进气值，其应力滞后效应也明显较大，超过 10 kPa，这种滞后效应对边坡的稳定性有较大影响。黑云母二长花岗岩残积土和二长花岗岩残积土的脱湿过程和吸湿过程的进气值均较小，且滞后效应也较小。土体从饱和状态开始排水进入非饱和状态，是从土体内的大孔隙开始的，因而土体的进气值与土体的孔隙结构、颗粒级配、矿物成分等相关。凝灰熔岩残积土中细颗粒含量较高，达到 92%以上，土体内孔隙孔径较小，因而空气进入土体孔隙的吸力值较大。而黑云母二长花岗岩残积土和二长花岗岩残积土中，细颗粒含量较少，分别为 47%和 45%，土体中孔隙孔径较大，因而空气进入土体孔隙中所需的吸力即进气值也较小。

2.3.6 残积土的非饱和抗剪强度

Ning Lu 教授提出了吸应力的概念，用吸应力 σ_s 取代有效应力和基质吸力来代表作用于非饱和土颗粒之间的应力，将吸应力概念与太沙基有效应力关系式相统一，提出了基于吸应力理论的非饱和土抗剪强度公式。

$$\tau_f=c'+[(\sigma-u_a)-\sigma_s]\tan\varphi' \tag{2.3}$$

式中：τ_f 为土体破坏时破坏面上的剪应力，kPa；c' 为有效黏聚力，kPa；φ' 为有效内摩擦角，(°)；u_a 为破坏时在破坏面上的孔隙气压力，kPa；σ_s 为吸应力，kPa。

基于吸应力理论的非饱和抗剪强度公式在形式上与饱和土的莫尔-库仑公式类似，可以采用饱和土的固结排水三轴试验或固结不排水三轴试验获取有效黏聚力和有效内摩擦角，可以通过 TWRI 试验获取吸应力与孔隙气压力值。

1. 残积土的吸应力与 SSCC

在考虑了包括表面张力以及粒间与外力无关的其他物理-化学机制如粉砂和黏土中范德华力的基础上，Lu 和 Likos(2012)提出以吸应力 σ_s 取代有效应力参数 χ 和基质吸力来定义粒间力，并提出了吸应力与基质吸力或饱和度的函数关系式。

$$\sigma_s = -S_e(u_a - u_w) = -\frac{S-S_r}{1-S_r}(u_a - u_w) = -\frac{\theta-\theta_r}{\theta_s-\theta_r}(u_a - u_w) \tag{2.4}$$

式中：S 为饱和度，代表单元体中液体的体积与孔隙体积之比；θ 为体积含水率，%，代表单元体内液体的体积与总体积之比；S_r 为残余饱和度，%；θ_r 为残余体积含水率，%；θ_s 为饱和体积含水率，%；S_e 为有效饱和度，%；u_w 为孔隙水压力，kPa。

Lu 和 Likos 进一步阐释了吸应力的热力学意义：吸应力是土水粒间应力储存的能量。在式(2.4)中使用了“有效饱和度”，其物理意义为，只有一部分表面结合水或由所谓残余含水率储存的能量才是粒间应力储存的能量。

经过公式推导可得以基质吸力($u_a - u_w$)表示的吸应力闭型方程。

$$\sigma_s = -\frac{(u_a - u_w)}{\{1+[\alpha(u_a - u_w)]^n\}^{\frac{(n-1)}{n}}} \tag{2.5}$$

将前述得到的水-力相互作用特性参数代入式(2.5)中即可绘制各类残积土样的 SSCC(图 2.51～图 2.58)。

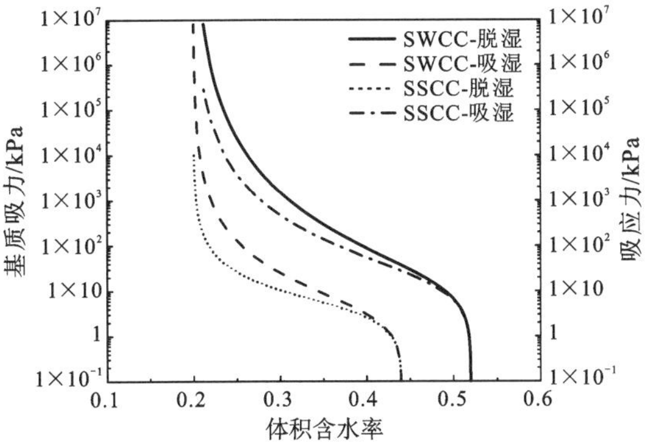

图 2.51 N-1 试样的 SWCC 和 SSCC

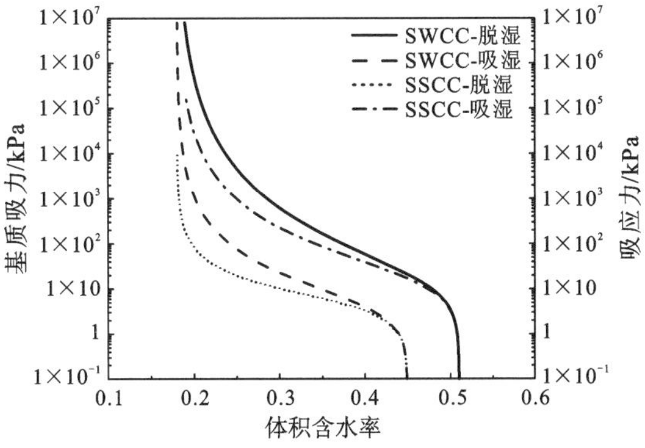

图 2.52 N-2 试样的 SWCC 和 SSCC

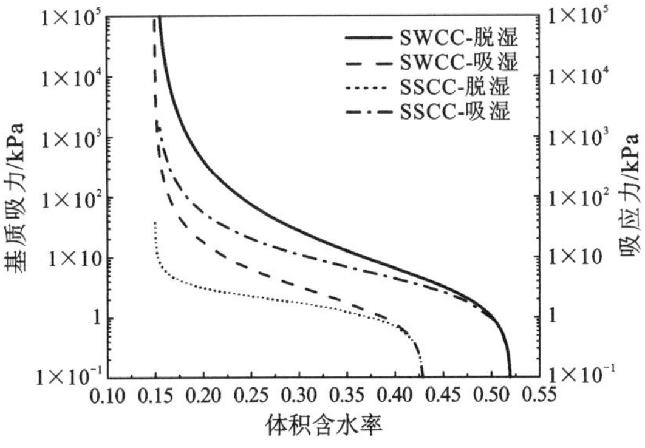

图 2.53 EH-1 试样的 SWCC 和 SSCC

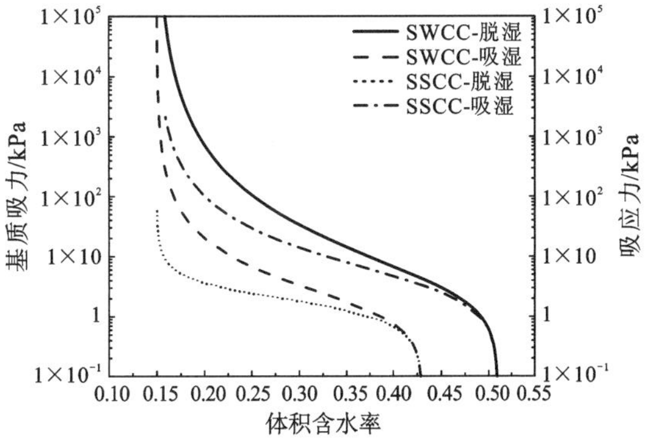

图 2.54 EH-2 试样的 SWCC 和 SSCC

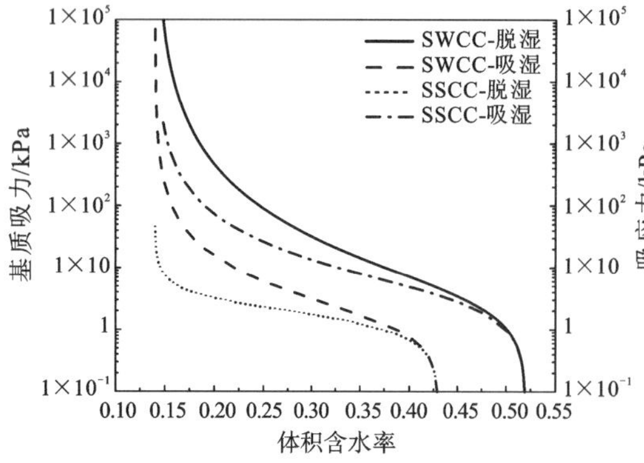

图 2.55 EH-3 试样的 SWCC 和 SSCC

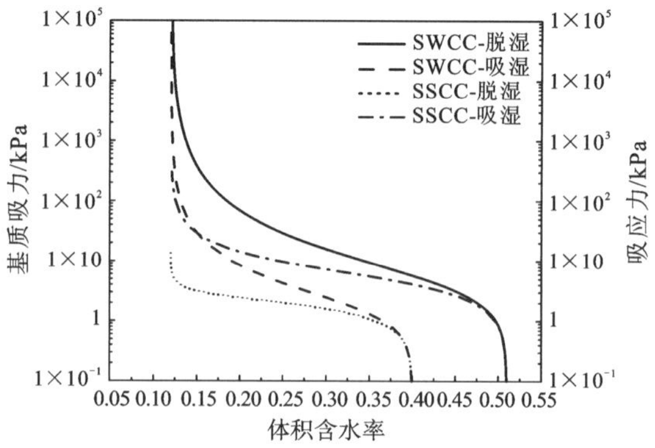

图 2.56 HH-1 试样的 SWCC 和 SSCC

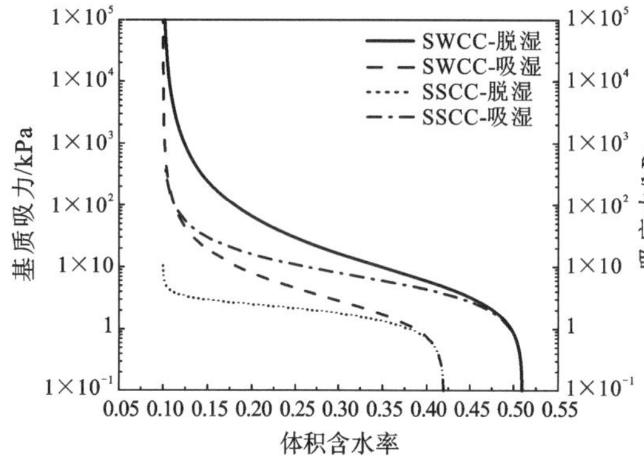

图 2.57 HH-2 试样的 SWCC 和 SSCC

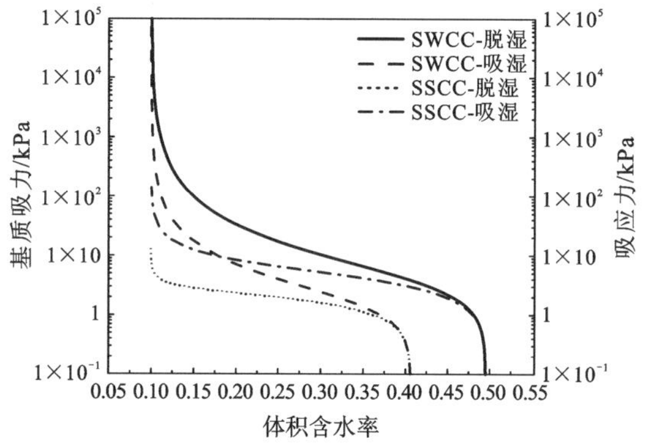

图 2.58 HH-3 试样的 SWCC 和 SSCC

对图 2.51～图 2.58 分析可知，无论是在脱湿状态下还是在吸湿状态下，凝灰熔岩残积土的 SSCC 和 SWCC 具有一一对应的关系，且随着土体体积含水率的增加而不断减小。在脱湿路径下，土样的初始饱和度为 100%，随着含水率的减小，SSCC 与 SWCC 逐渐发生分离。在接近残余体积含水率时，吸应力与基质吸力的差距为 10 倍左右。在吸湿路径下，土样的初始边界条件接近残余体积含水率，此时吸应力与基质吸力的差值为 100 倍左右，随着含水率的增大，吸应力与基质吸力的差距逐渐减小。与凝灰熔岩残积土一样，二长花岗岩残积土和黑云母二长花岗岩残积土的 SSCC 和 SWCC 也具有一一对应的关系，且随着饱和度的减小而增加。不同之处在于各土样在接近残余体积含水率时吸应力的大小及其与基质吸力的差值。对于二长花岗岩残积土，在脱湿路径下，土样的含水率在接近残余体积含水率时吸应力与基质吸力的差距为近百倍；在吸湿路径下，在残余体积含水率处，土样的吸应力仅为几十千帕，与基质吸力的差距达到数千倍。而黑云母二长花岗岩残积土较前两者在接近残余体积含水率处的吸应力要更小，在吸湿过程中，吸应力值小于 20 kPa。

凝灰熔岩残积土的吸应力随着体积含水率的增大而减小，在体积含水率接近残余体积含水率和饱和体积含水率时，吸应力随含水率的变化产生急剧的变化，在曲线中间段吸应力的变化较为平缓。在脱湿路径下，土样的体积含水率接近饱和体积含水率处，凝灰熔岩残积土吸应力约为 0 kPa，对应的体积含水率约为 0.51；在脱湿路径下，残积土体积含水率为 0.3～0.4 时，其吸应力变化范围为 51～470 kPa，土样的体积含水率接近残余体积含水率处，凝灰熔岩残积土吸应力约为 1×10^4 kPa，对应的体积含水率约为 0.1。

二长花岗岩残积土的 SSCC 变化趋势与凝灰熔岩残积土相同，随着体积含水率的增大吸应力不断减小，在体积含水率接近残余体积含水率和饱和体积含水率时，吸应力随含水率的变化产生急剧的变化，在曲线中间段吸应力的变化较为平缓。在脱湿路径下，土样的体积含水率接近饱和体积含水率处，二长花岗岩残积土吸应力约为 0 kPa，对应的体积含水率约为 0.52；在脱湿路径下，残积土体积含水率为 0.18～0.26 时，其吸应力变化范围为 25～250 kPa，残积土的体积含水率接近残余体积含水率处，二长花岗岩残积土吸应力约为 2×10^3 kPa，对应的体积含水率约为 0.15。

黑云母二长花岗岩残积土的 SSCC 变化趋势与凝灰熔岩残积土相同，随着体积含水率的增大吸应力不断减小，在体积含水率接近残余体积含水率和饱和体积含水率时，吸应力随含水率的变化产生急剧的变化，在曲线中间段吸应力的变化则较为平缓。在脱湿路径下，土样的体积含水率接近饱和体积含水率处，黑云母二长花岗岩残积土吸应力约为 0 kPa，对应的体积含水率约为 0.51；在脱湿路径下，残积土体积含水率为 0.18～0.4 时，其基质吸力变化范围为 4.1～19.6 kPa，残积土的体积含水率接近残余体积含水率处，黑云母二长花岗岩残积土吸应力约为 500 kPa，对应的体积含水率约为 0.11。

综上所述，三类残积土中，在同一体积含水率和相同的脱湿与吸湿条件下，凝灰熔岩残积土的吸应力最大，因此其对残积土抗剪强度的影响最大，二长花岗岩残积土次之，黑云母二长花岗岩残积土的吸应力最小，其对土体的抗剪强度的影响也最小。

2. 残积土的非饱和抗剪强度计算

将三轴固结不排水试验中获得的各类残积土的 c' 和 φ'，以及不同含水率条件下的吸应力值代入式(2.3)和式(2.4)中，即可获得各类残积土在不同含水率下的非饱和抗剪强度。分别选取 N-2 试样、EH-2 试样、HH-1 试样进行非饱和抗剪强度的分析。

凝灰熔岩残积土(N-2)的抗剪强度可表示为

$$\tau_f=8+[(\sigma-u_a)-\sigma_s]\tan28^\circ \tag{2.6}$$

二长花岗岩残积土(EH-2)的抗剪强度可表示为

$$\tau_f=8+[(\sigma-u_a)-\sigma_s]\tan30^\circ \tag{2.7}$$

黑云母二长花岗岩残积土(HH-1)的抗剪强度可表示为

$$\tau_f=7+[(\sigma-u_a)-\sigma_s]\tan30^\circ \tag{2.8}$$

图 2.59～图 2.61 分别为 N-2、EH-2、HH-1 试样在不同体积含水率条件下的非饱和抗剪强度计算结果图。图中曲线依次表示净法向应力($\sigma-u_a$)为 100 kPa、200 kPa、300 kPa 时抗剪强度随体积含水率变化而变化的情况。

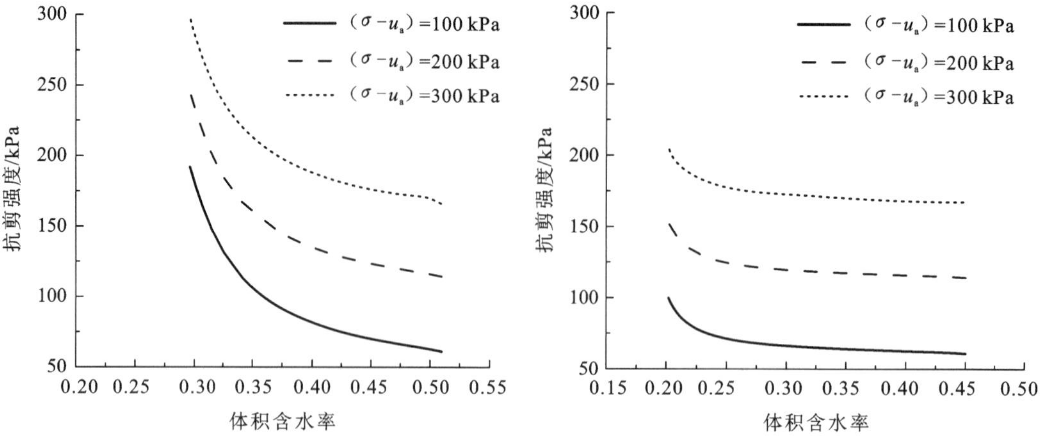

(a) 脱湿过程　　(b) 吸湿过程

图 2.59　N-2 试样非饱和抗剪强度计算结果图

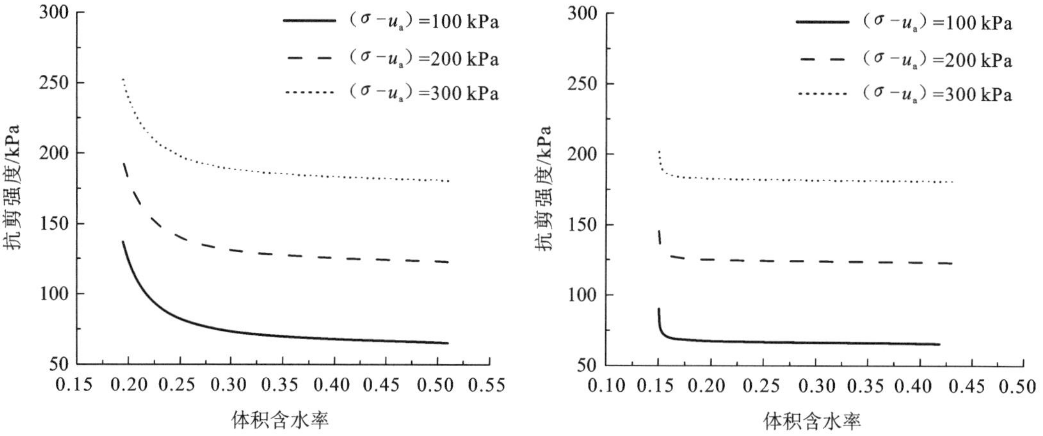

(a) 脱湿过程　　(b) 吸湿过程

图 2.60　EH-2 试样非饱和抗剪强度计算结果图

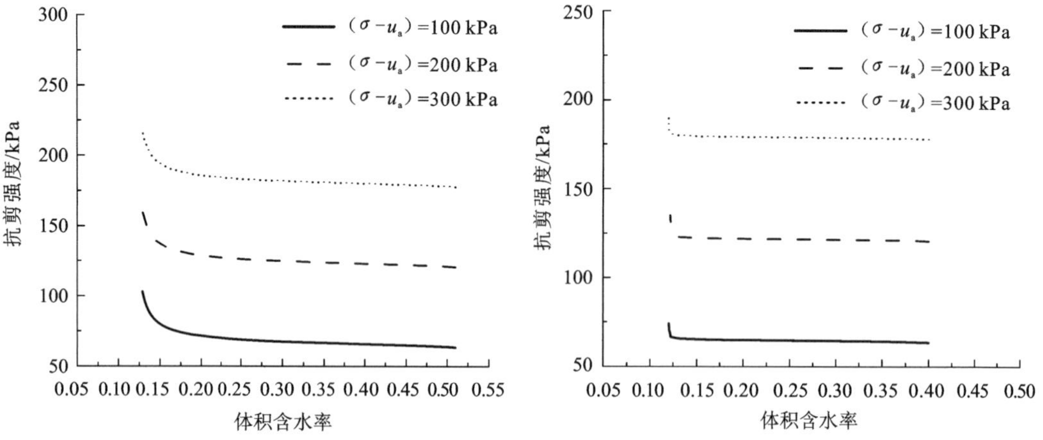

(a) 脱湿过程　　(b) 吸湿过程

图 2.61　HH-1 试样非饱和抗剪强度计算结果图

由图2.59～图2.61可知，各类残积土在脱湿路径和吸湿路径下的抗剪强度随残积土体积含水率的增大而逐渐减小。在各类残积土的含水率接近残余体积含水率时，抗剪强度随含水率的变化而产生较大速率的变化；随着含水率的逐渐增大，抗剪强度的变化逐渐平缓，变化速率减小，随着含水率的增大而趋于线性减小。各类残积土在脱湿和吸湿路径下，施加于土体的净法向应力增大，其抗剪强度相应增大。当土体的体积含水率接近饱和体积含水率时，各类残积土在脱湿条件下的抗剪强度略大于吸湿条件下的抗剪强度；随着含水率的不断减小，各类残积土在脱湿条件下的抗剪强度明显大于吸湿条件下的抗剪强度，且脱湿条件下的抗剪强度与吸湿条件下的抗剪强度之间的差距不断增大。

凝灰熔岩残积土样在脱湿路径下，初始脱湿时，其含水率接近饱和体积含水率0.51，在100 kPa、200 kPa、300 kPa的净法向应力作用下，其抗剪强度分别为61.0 kPa、114.2 kPa、167.3 kPa；随着脱湿过程的不断进行，残积土体积含水率不断减小，其抗剪强度逐渐增大；在接近残余体积含水率时抗剪强度急剧增加，体积含水率为0.30时，在100 kPa、200 kPa、300 kPa的净法向应力作用下，凝灰熔岩残积土抗剪强度分别为178.3 kPa、231.2 kPa、285.6 kPa。在吸湿路径下，在接近残余体积含水率处试样具有较大的抗剪强度，随着含水率的增加，抗剪强度先急剧减小，然后缓慢减小，最终在饱和体积含水率处达到最小值。总之，吸湿过程中土体抗剪强度的变化幅度小于脱湿过程中土体抗剪强度的变化幅度。

二长花岗岩残积土样在脱湿路径下，初始脱湿时，其含水率接近饱和体积含水率0.52，在100 kPa、200 kPa、300 kPa的净法向应力作用下，其抗剪强度分别为65.3 kPa、122.9 kPa、180.6 kPa；随着脱湿过程的不断进行，残积土体积含水率不断减小，其抗剪强度逐渐增大；在接近残余体积含水率时抗剪强度急剧增加，体积含水率为0.19时，在100 kPa、200 kPa、300 kPa的净法向应力作用下，二长花岗岩残积土抗剪强度分别为135.6 kPa、194.5 kPa、252.1 kPa。在吸湿路径下，在接近残余体积含水率处试样具有较大的抗剪强度，随着含水率的增加，抗剪强度先急剧减小，然后缓慢减小，最终在饱和体积含水率处达到最小值。吸湿过程中土体抗剪强度的变化幅度小于脱湿过程中土体抗剪强度的变化幅度。

黑云母二长花岗岩残积土在脱湿路径下，初始脱湿时，其含水率接近饱和体积含水率0.51，在100 kPa、200 kPa、300 kPa的净法向应力作用下，其抗剪强度分别为63.5 kPa、120.6 kPa、177.6 kPa，随着脱湿过程的不断进行，残积土体积含水率不断减小，其抗剪强度逐渐增大；在接近残余体积含水率时抗剪强度急剧增加，体积含水率为0.13时，在100 kPa、200 kPa、300 kPa的净法向应力作用下，黑云母二长花岗岩残积土抗剪强度分别为98.6 kPa、155.5 kPa、213.8 kPa。在吸湿路径下，在接近残余体积含水率处试样具有较大的抗剪强度，随着含水率的增加，抗剪强度先急剧减小，然后缓慢减小，最终在饱和体积含水率处达到最小值。吸湿过程中土体抗剪强度的变化幅度小于脱湿过程中土体抗剪强度的变化幅度。

对比各残积土样的非饱和抗剪强度图可知，凝灰熔岩残积土的抗剪强度随含水率变化的幅度最大，二长花岗岩残积土次之，黑云母二长花岗岩残积土最小。所有残积土的抗剪强度随含水率变化的曲线均是在接近残余体积含水率处变化速率较快，而在中间部分曲线较平缓，这种变化与土体的SSCC的变化一致。残积土抗剪强度随含水率变化的规律，可以解释残积土边坡在干燥时稳定性高，而在降雨作用下，边坡的稳定性有较大降低的现象。

Barden(1965)按照饱和度和干湿程度的不同将非饱和土分为如下五类：$S_r<50\%$为很干或稍湿状态；$50\%\leqslant S_r<90\%$为湿状态；$S_r=90\%$为最优含水率状态；$S_r>90\%$为很湿或近饱和状态；$S_r>95\%$为饱和状态。Barden认为大部分土体在未达到饱和状态时便已发生破坏，而在很干或稍湿的状态下，土体的强度较大，边坡具有较好的稳定性，不易发生破坏。因而土体在50%～90%的饱和度范围内的抗剪强度变化规律的研究对于工程实际意义重大。从图2.59～图2.61的分析可知，在50%～90%的饱和度范围内，二长花岗岩残积土和黑云母二长花岗岩残积土的抗剪强度与饱和度呈近似线性关系；而凝灰熔岩残积土的非饱和抗剪强度在这一范围内随饱和度的增加呈非线性减小的趋势，且抗剪强度的减小速率逐渐降低。

2.4 深切边坡变形破坏机理与模式

通过现场详细调研，可以将赣南一带边坡的变形破坏模式概括为五类：沿原有结构面滑动、沿顶部拉裂滑动、土体拉裂-崩塌、圆弧形滑动和坡面冲刷破坏。

2.4.1 沿原有结构面滑动

此类变形破坏模式通常发生于顺层岩质边坡，或原生结构面倾向与坡面相同的岩质边坡，或类土质边坡中(王小江，2013)。例如，安定高速A8标段K204＋290～K204＋475深切路堑边坡发生滑动。该边坡最大挖深43.8 m，五级边坡，边坡倾向为230°。边坡开挖设计为，一、二级坡率为1∶1，三、四级坡率为1∶1.25，五级坡率为1∶1.5。在开挖过程中岩体顺片麻理方向呈块状滑动。经勘测片麻理面倾向为217°，倾角为33°～39°。片麻理面与坡面倾向相同且片麻理面倾角小于设计坡面倾角，在开挖工程中导致片麻理面临空，从而导致岩体沿片麻理面产生滑动(图2.62、图2.63)。

该类变形破坏模式的机理为，坡体中存在与设计开挖坡面同向且倾角小于设计坡率的软弱结构面(包括片麻理、节理、软弱夹层等)。开挖导致软弱结构面临空，被结构面所切割的块体在重力作用下产生滑动的趋势，在块体与坡体的连接部位产生拉裂缝，随着拉裂缝的扩展，块体与坡体分离，块体产生滑动。在力学模式上可归结为拉裂-滑移。

图2.62　K204＋290高边坡沿片麻理滑动

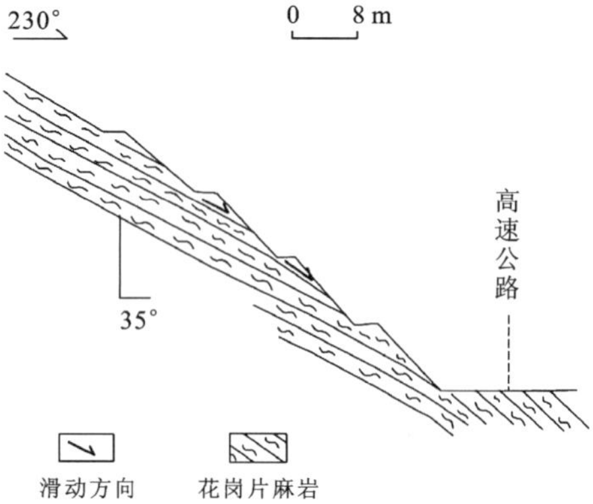

图2.63　K204＋290高边坡沿片麻理滑动剖面图

2.4.2 沿顶部拉裂滑动

此类破坏模式通常发生于类土质边坡中。例如，S327 工业大道旁的金鸡边坡浅层滑动(图 2.64、图 2.65)。边坡高约 10 m，为强风化花岗岩土体，保留原岩结构特征。该类变形破坏的机理为边坡开挖导致坡体顶部产生卸荷裂隙，在降雨过程中，雨水沿边坡后缘卸荷裂隙渗入坡体，产生静水压力，并导致土体强度降低，下部土体在上部土体的推力及雨水等综合作用下，裂隙不断扩展，最终产生滑动。该类变形破坏可归结为推移式滑动。一般此类破坏规模较小，滑动的土体较薄。但是随着前次滑动后卸荷裂隙向后缘发展，会引起下一次滑动。因此，此类破坏模式具有多期次的特点。

图 2.64 金鸡滑坡立面图

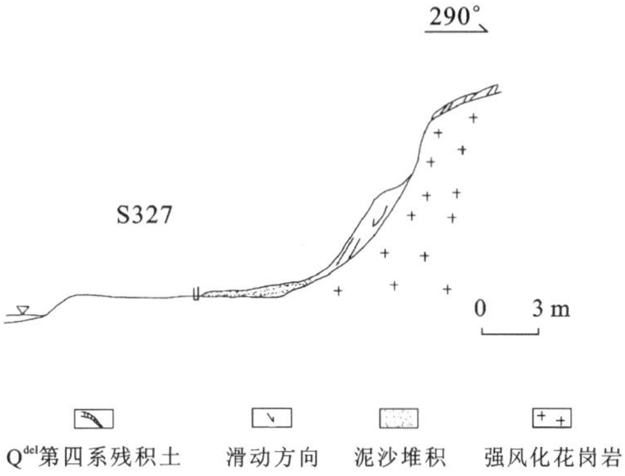

图 2.65 金鸡滑坡剖面图

2.4.3 土体拉裂-崩塌

此类破坏模式多发生于类土质边坡中。例如，工业大道某仓库后边坡，此边坡为强风化花岗岩类土质边坡，边坡分为两级，坡面走向为 98°。坡面有三条大节理与坡面斜交，节理近直立(图 2.66、图 2.67)。该类破坏的机理为节理面切割坡体，使坡体局部形成楔体，降雨时雨水沿节理渗入坡体，土体强度减弱，楔体沿软弱结构面与坡体产生拉裂破坏，最终导致坡体局部失稳(邱海军，2012)。

图 2.66 工业大道某仓库后边坡立面图

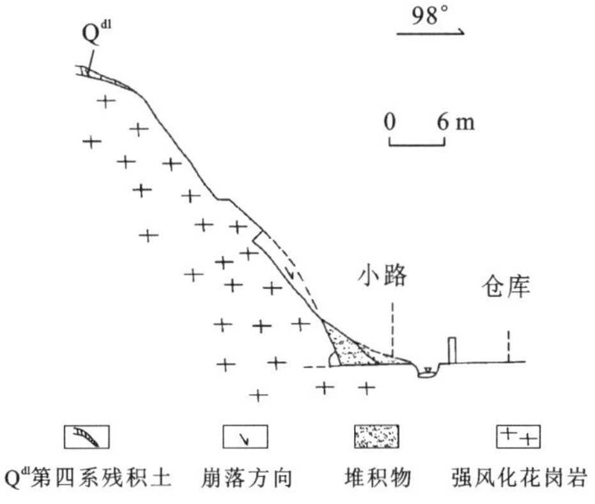

图 2.67 工业大道某仓库后边坡剖面图

2.4.4 圆弧形滑动

此类破坏模式通常发生在土质边坡或较均匀的类土质边坡中。例如，B1 标段 K4＋600 处边坡失稳。该边坡由砂质黏土组成。开挖一段时间后，在降雨的诱发作用下产生了圆弧形滑动(图 2.68、图 2.69)。该边坡的破坏主要原因：一方面由于坡体开挖后，坡脚卸载；另一方面由于坡脚开挖后，沟谷的水聚集在坡脚处，使坡脚浸泡在水中，导致坡脚土体抗剪强度减弱。

图 2.68　K4＋600 处土质滑坡后壁

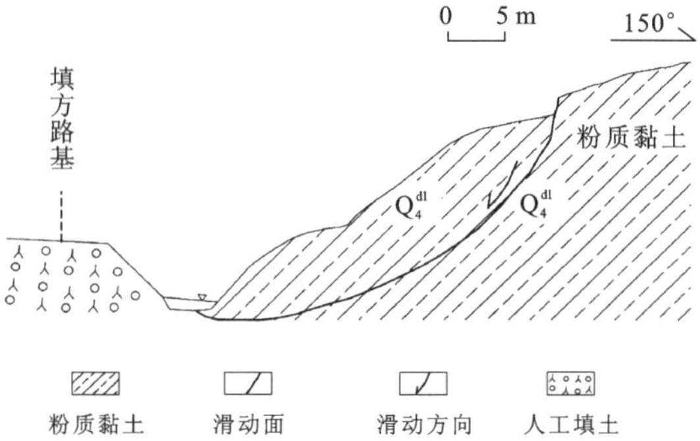

图 2.69　K4＋600 处滑坡剖面图

2.4.5 坡面冲刷破坏

坡面冲刷破坏模式在土质边坡、类土质边坡及岩土二元结构边坡中的土质部分均有发生。赣南一带降水量大，降雨时间长，波及面广，因而赣南地区最常见的边坡变形破坏模式为坡面冲刷破坏。坡面冲刷破坏的特点为下部土体较上部土体冲刷严重。罗斌等(1999)通过研究得出南方花岗岩地区坡面侵蚀的临界坡度为 35°～43°，而在高速公路的路堑、路基边坡坡率一般为 1∶1.0、1∶1.25、1∶1.5，等于或大于坡面侵蚀的临界坡率。因此，在降雨的作用下，坡体开挖后坡面产生强烈的冲刷，形成深大的沟壑。若未能对冲刷的坡面进行及时有效防护，土质边坡将产生崩塌。图 2.70 为 A5 标段 K188＋540～K188＋580 处深切路堑边坡坡面冲刷。

图 2.70　K188＋540～K188＋580 处深切路堑边坡坡面冲刷

第3章　赣南山区高速公路高填边坡土体特征

3.1　高填边坡类型

通过野外调研及对勘察设计资料的分析，将赣南地区的填方边坡类型分为全填路堤（图3.1）和半填路堤（图3.2）两类，以A标段与B标段沿线（共长90.45 km）为例，对其中的高填边坡（填方高度大于20m）的类型及数量进行了统计分析（表3.1）。

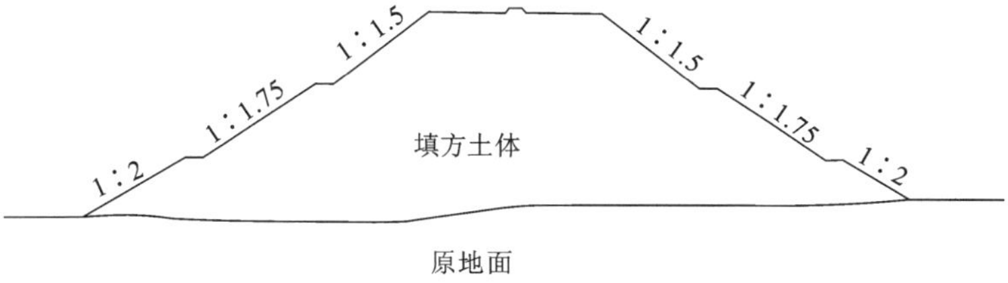

图3.1　LK2＋950全填路堤剖面图

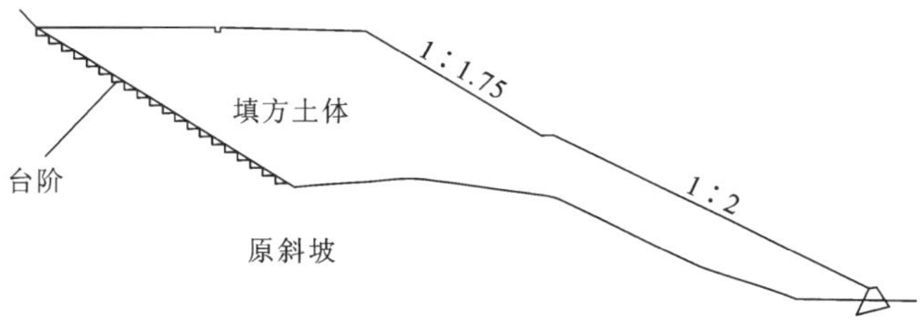

图3.2　K34＋280半填路堤剖面图

表3.1　A标段与B标段高填边坡数量统计表

高填边坡类型	全填路堤	半填路堤
数量/个	48	18
比例/%	73	27

对表3.1分析可知，A标段与B标段沿线全填路堤数量约为半填路堤的3倍。全镇路堤主要存在于山间较平坦的沟谷处，坡高普遍较低；半填路堤以高填边坡为主，坡高较高。

如图3.1、图3.2所示，与全填路堤相比，半填路堤底部凹凸起伏更大。坡度较大，路基填土密实度会出现坡下密实度高、坡上密实度低的现象，因此在雨水作用下，半填路堤更容易产生不均匀沉降，在填方土体与斜坡接触面位置更易产生滑移。

3.2　高填边坡土体物理力学性质

填方边坡是一种人工堆填坡体，具有非均匀性、复杂性、强度低、大变形、多孔隙性、非饱和性等特点。赣南地区风化作用强烈，风化残积土分布广泛，包括岩浆岩残积土、沉积岩残积土与变质岩残积土等多种类型，加之该地区常年有持续性强降雨，因此，此类人工边坡的稳定性问题受到高度重视。

在A标段与B标段高填边坡中，选择A7标段LK2＋900～LK3＋000高填边坡、A8标段木杨高填边坡与B4标段铜锣丘高填边坡为研究对象。这三个高填边坡的填筑土体依次为二长花岗岩残积土、黑云母花岗岩残积土及板岩残积土。在这三个高填边坡内采取扰动土样，依次进行土体的基本物理参数试验与固结不排水三轴压缩试验，获取三种土体的基本物理力学参数。

3.2.1 填土的基本物理性质

1. 颗粒密度

采用比重瓶法测定土颗粒的密度。试验步骤如下：首先，将比重瓶烘干，将15 g烘干试样装入比重瓶，并称此时烘干样加比重瓶的质量；然后，将半瓶纯水注入比重瓶内，混合均匀后放在砂浴上煮沸，将煮沸并冷却的纯水注入装有悬液的比重瓶，将瓶塞塞紧后，使得多余的水分自瓶塞毛细管中溢出，把比重瓶放在恒温水槽内至温度稳定，且观察到澄清的上部悬液；最后将比重瓶取出，擦干瓶外壁，称比重瓶加水加试样的质量，测定瓶内的水温。

土粒的比重，可以按式(3.1)进行计算。

$$G_s=\frac{m_d}{m_{bw}+m_d-m_{bws}}G_{iT} \tag{3.1}$$

式中：m_d 为土粒的质量，g；m_{bw} 为比重瓶与水的总质量，g；m_{bws} 为比重瓶、水和土粒的总质量，g；G_{iT} 为4 ℃时纯水的比重。

各扰动残积土试样的土粒比重见表3.2。

表3.2 各扰动残积土试样的土粒比重测定值

残积土种类	二长花岗岩残积土	黑云母花岗岩残积土	板岩残积土
土粒比重	2.67	2.51	2.63

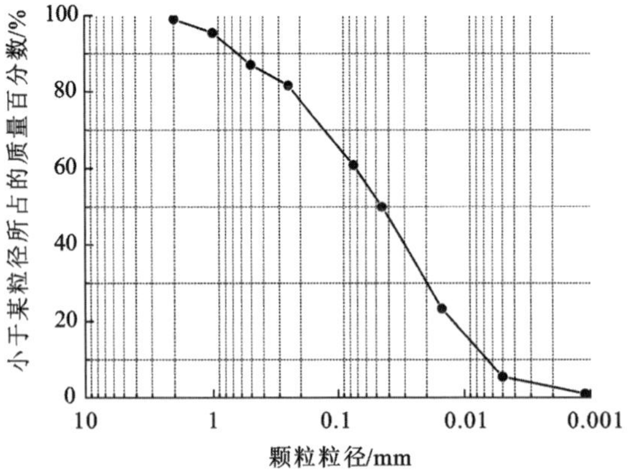

图3.3 二长花岗岩残积土颗粒级配累计曲线

2. 颗粒级配

采用筛析法和密度计法联合测定各土样的颗粒级配。粒径大于0.075 mm的土粒用筛析法来测定，粒径小于0.075 mm的土粒则用密度计法来测定。在上述三种残积土试样中，二长花岗岩残积土、板岩残积土采用筛析法与密度计法联合测定；黑云母花岗岩残积土颗粒较粗，直接采用筛析法测定。

三种残积土的颗粒级配累计曲线如图3.3～图3.5所示。

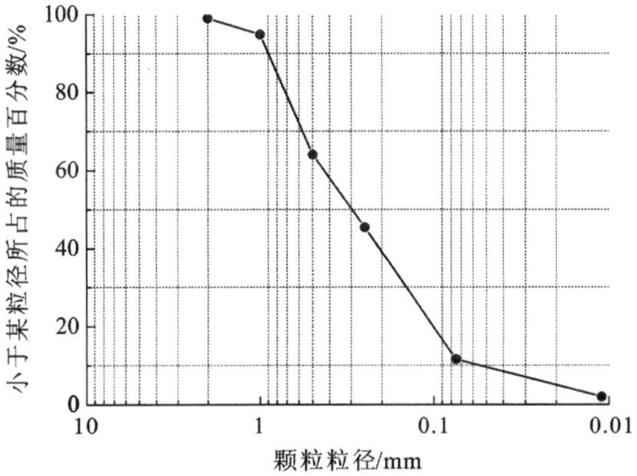

图 3.4 黑云母花岗岩残积土颗粒级配累计曲线

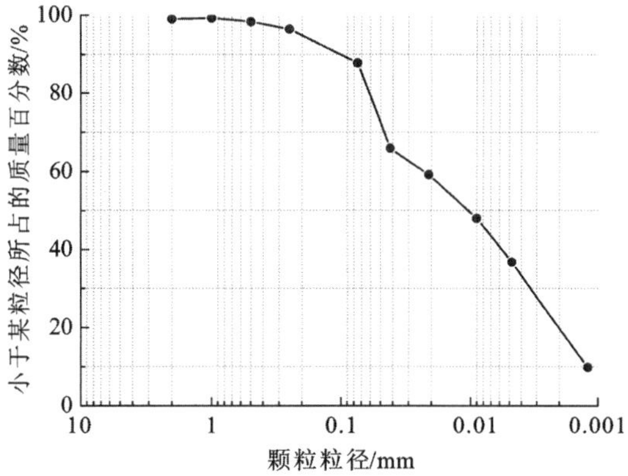

图 3.5 板岩残积土颗粒级配累计曲线

对图 3.3～图 3.5 分析可得出上述三类残积土的特征粒径，如表 3.3 所示。

表 3.3 各残积土的特征粒径表

试样类型	限制粒径 (d_{60})/mm	特征粒径 (d_{30})/mm	有效粒径 (d_{10})/mm	不均匀系数 (C_u)	曲率系数 (C_c)
二长花岗岩残积土	0.072 6	0.022 5	0.007 5	9.68	0.929 7
黑云母花岗岩残积土	0.445 8	0.170 2	0.067	6.65	0.969 8
板岩残积土	0.023	0.003 8	0.001 3	17.69	0.482 9

由不均匀系数和曲率系数可知，二长花岗岩残积土、黑云母花岗岩残积土和板岩残积土均为不均匀土。根据《岩土工程勘察规范》(GB 50021—2001)(中华人民共和国建设部，2009)，将二长花岗岩残积土定名为粉质黏土，黑云母花岗岩残积土定名为细砂，板岩残积土定名为黏土。

3. 界限含水率

试样的液限和塑限采用光电式圆锥液塑限联合测定仪进行测定。按液限试验制备土样的要求，取二长花岗岩残积土，板岩残积土各 300 g，分别制备三种不同含水率的土膏，控制圆锥入土深度在 17 mm、10 mm、3 mm 附近，并测定其含水率。以含水率为横坐标，以圆锥入土深度为纵坐标，在双对数坐标纸上绘制关系曲线，在关系曲线上查得入土深度 17 mm 所对应的含水率，即为液限，入土深度 2 mm 所对应的含水率为塑限，取至整数。

各残积土试样的液限、塑限及塑性指数见表 3.4。

表 3.4 各残积土试样的液限、塑限与塑性指数

残积土种类	二长花岗岩残积土	板岩残积土
液限(ω_L)/%	47	42
塑限(ω_p)/%	30	23
塑性指数(I_p)	17	19

4. 最优含水率与最大干密度

试样的最优含水率和最大干密度采用轻型击实试验进行测定。按轻型击实试验制备土样的要求，取风干土样 15～20 kg，根据土样的塑限预估其最优含水率，并按照含水率依次相差2%配置一组不少于五个的试样；其中，两个大于最优含水率，两个小于最优含水率。将配置好的土样分层倒入击实筒内，整平表面，分三层击实，每层 25 击。击实完成后计算土的密度和干密度，确定重塑残积土的最优含水率。

各残积土试样的最优含水率与最大干密度测定值见表 3.5。

表 3.5　各残积土的最优含水率与最大干密度

残积土种类	二长花岗岩残积土	黑云母花岗岩残积土	板岩残积土
最优含水率(ω_{opt})/%	20.03	13.50	26.86
最大干密度/(g/cm^3)	1.63	1.74	1.92

3.2.2　填土的饱和抗剪强度

采用 TRA 三轴剪切渗流仪对如下三种残积土：二长花岗岩残积土、黑云母花岗岩残积土及板岩残积土进行固结不排水三轴剪切试验，获取这三种残积土的抗剪强度参数。

1. 试验方法

1）试验方案

为研究不同围压下各残积土重塑土样的应力-应变特性，以及获取各残积土重塑土样的总应力抗剪强度参数和有效应力抗剪强度参数，分别对各残积土重塑土样进行固结不排水三轴剪切试验。每种土样做两组，试样有效围压依次取 100 kPa、200 kPa、300 kPa、400 kPa，以 0.078 mm/min 的恒定轴向应变速率进行加载，直至试样产生破坏。

2）试验仪器

本次试验采用南京泰克奥科技有限公司生产的 TRA 三轴剪切渗流仪，此试验系统可以实时采集数据，且测量精度高，适用于多种类型的三轴剪切试验。

3）重塑土样的制备

本次三轴试验的重塑土样规格为直径 39.1 mm，高度 80 mm，其试样制备主要包括调土、制样和密封三个步骤，具体如下。

① 调土。取足量的残积土扰动土样，研磨，放入烘箱内不低于 12 h，保证彻底烘干。取烘干土样，过 2 mm 的筛，使过筛土不低于 2 kg，以保证两组试样（八个试样）的量，放到天平称量。根据轻型击实试验所得的最优含水率，得出所需添加的水的质量，量取称重后，将过筛土及称得的水放入调土盆中进行均匀调拌。

② 制样。制样采用的是规格为直径 80 mm、高度 39.1 mm 的三轴制样仪。制样前在组成制样筒的三片圆弧铁片内壁涂抹一层凡士林，以保证最后顺利卸去封片。将过筛后的调制土，分三次依次填入制样筒内，每层击 25 下，完成后用小刀刮花表面，以保证结合部分咬合，最后一次填土要稍微过量，待击实完成取下护筒后，用刮土刀刮平表面，然后依次取下固定套环和

三块封片，便可得到符合规格的土样。

③ 密封。受三轴仪器数量的限制，所制得的试样不会同时开始试验，需保证所得试样的水分不会丢失，因此，还需要将土样进行密封处理。密封工具采用橡皮套，试样两端依次放入滤纸与透水石，透水石在试样搁置期间还起到保护土样不变形的作用。

4）试验样品的饱和

本次试验采用抽气饱和、水头饱和和反压饱和三种方式联合进行试验样品的饱和。具体步骤与第 2 章原状土样抗剪强度试验的饱和过程一致。

2. 试验结果

1）二长花岗岩残积土的试验结果

通过对试验数据的处理，做出了二长花岗岩残积土的应力-应变关系曲线（图 3.6）、孔隙水压力-轴向应变关系曲线（图 3.7）、强度包络线（图 3.8）、有效应力路径曲线（图 3.9）。

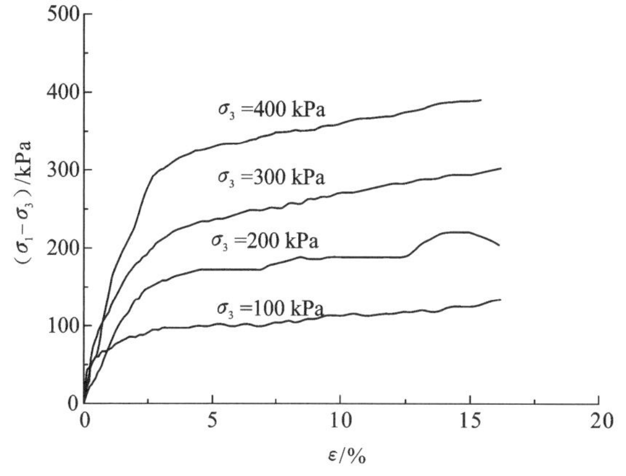

图 3.6 二长花岗岩残积土的应力-应变关系曲线

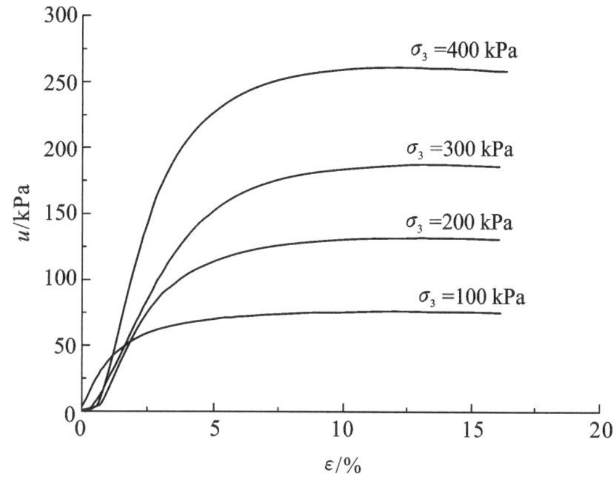

图 3.7 二长花岗岩残积土孔隙水压力-轴向应变关系曲线

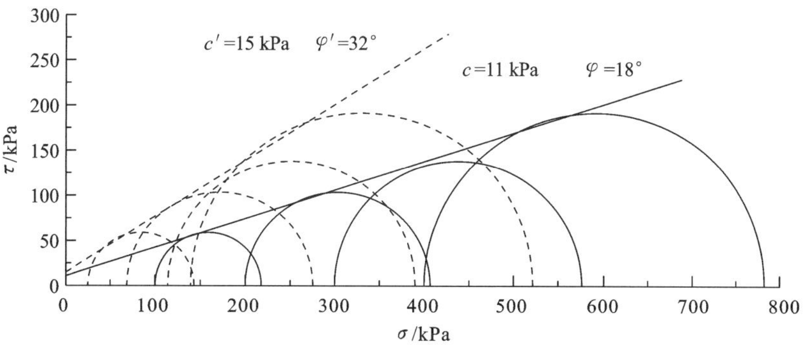

图 3.8 二长花岗岩残积土强度包络线

对应力-应变关系曲线（图 3.6）进行分析可知，A7 标段二长花岗岩残积土重塑试样应力-应变关系曲线具有明显的非线性特征，在前期表现出近似弹性变形的特征，随着围压的逐渐增大，应力也逐渐增大。在四种围压条件下，应力随应变的增加都呈现逐渐增大的趋势，表现为应变硬化型，其中 200 kPa 围压下当应变达到 15%时，应力出现波动。

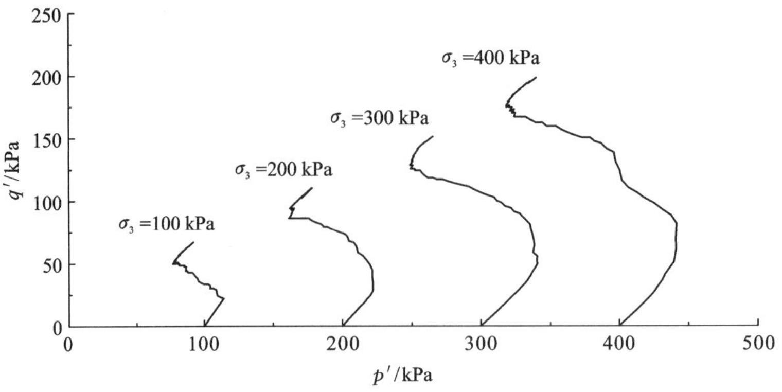

图 3.9　二长花岗岩残积土有效应力路径曲线

对图 3.7 分析可知，A7 标段二长花岗岩残积土重塑试样的孔隙水压力-轴向应变关系曲线呈现明显的非线性。在前期，随着轴向应变的增大，各围压条件下孔隙水压力不断增大；孔隙水压力达到峰值后，随着应变的增加，各围压条件下孔隙水压力趋于一固定值。

图 3.8 为二长花岗岩残积土重塑试样的强度包络线。对图 3.8 分析可知：该土样的总应力抗剪强度参数为 $c=11$ kPa，$\varphi=18°$；有效应力抗剪强度参数为 $c'=15$ kPa，$\varphi'=32°$。

对图 3.9 分析可知，二长花岗岩残积土重塑试样在各围压下的有效应力路径形态为一组“S”字形曲线。各试样的 q' 均一直增加；p' 则是先增大后减小，然后再增大，并且 p' 在首尾两次增长阶段速率近乎相同。

2）黑云母花岗岩残积土的试验结果

通过对试验数据的处理，做出了黑云母花岗岩残积土重塑试样的应力-应变关系曲线（图 3.10）、孔隙水压力-轴向应变关系曲线（图 3.11）、强度包络线（图 3.12）和有效应力路径曲线（图 3.13）。

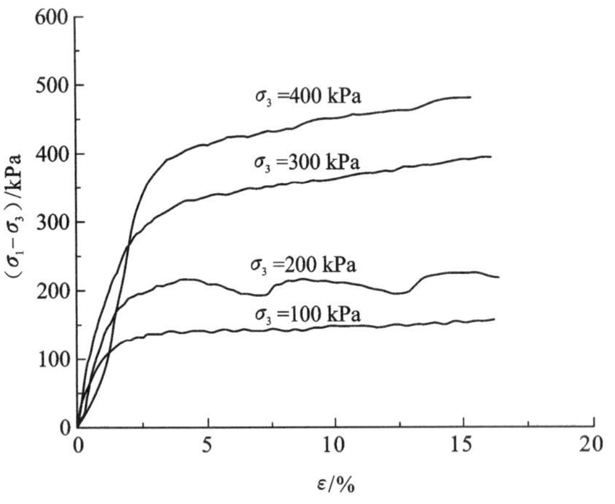

图3.10　黑云母花岗岩残积土的应力-应变关系曲线

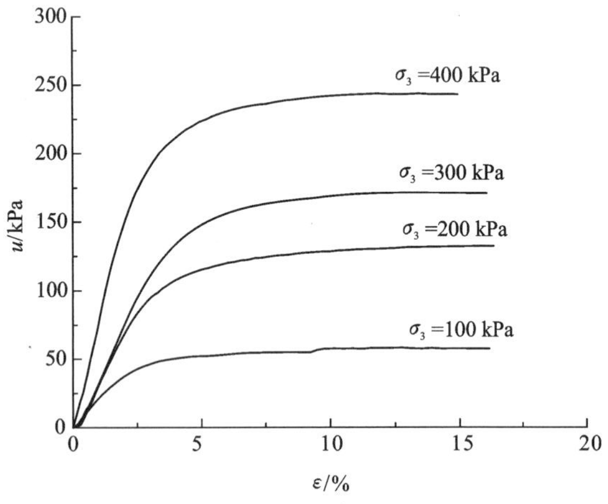

图 3.11　黑云母花岗岩残积土孔隙水压力-轴向应变关系曲线

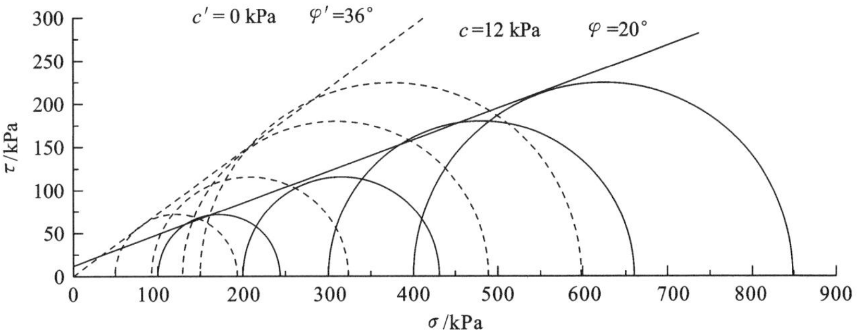

图 3.12 黑云母花岗岩残积土强度包络线

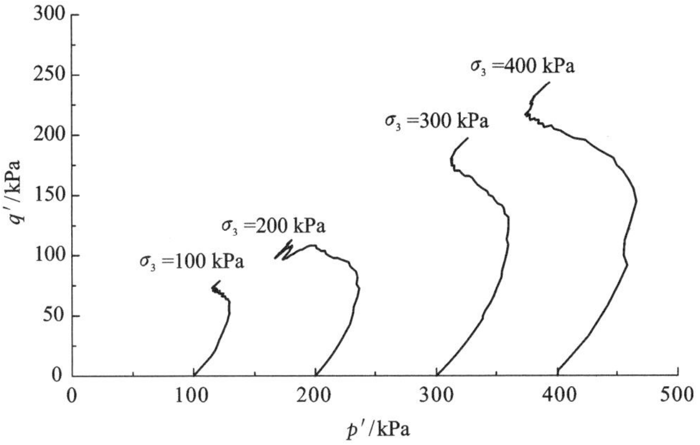

图 3.13 黑云母花岗岩残积土有效应力路径曲线

对图 3.10 分析可知，A8 标段黑云母花岗岩残积土重塑试样在固结不排水三轴剪切条件下，应力-应变关系曲线具有明显的非线性特征。在低围压（100 kPa、200 kPa）条件下，应力达到峰值后随着应变的增加，应力趋于平稳，其中 200 kPa 围压下出现两次应力波动，但总体趋势不再增大，表现为应变硬化型；在高围压（300 kPa、400 kPa）条件下，应力达到峰值后随着应变的增加继续增大，表现为应变硬化型。

对图 3.11 分析可知，黑云母花岗岩残积土重塑试样的孔隙水压力-轴向应变关系曲线呈现明显的非线性。在前期，随着轴向应变的增大，孔隙水压力不断增大；当孔隙水压力达到峰值后，随着应变的增加，孔隙水压力趋于一稳定值。

图 3.12 为黑云母花岗岩残积土重塑试样的强度包络线。对图 3.12 分析可知：该土样的总应力抗剪强度参数为 $c=12$ kPa，$\varphi=20°$；有效应力抗剪强度参数为 $c'=0$ kPa，$\varphi'=36°$。

对图 3.13 分析可知，黑云母花岗岩残积土重塑试样的有效应力路径形态为一组“S”形曲线。各围压下 q' 均一直增大，其中围压为 200 kPa 时后期 q' 有些许波动；p' 则是先增大后减小，然后再次增大，第二次增长阶段规模较小，且增长速率略低于初期。

3）板岩残积土的试验结果

通过对试验数据的处理，做出了板岩残积土重塑试样的应力-应变关系曲线（图 3.14）、孔隙水压力-轴向应变关系曲线（图 3.15）、强度包络线（图 3.16）和有效应力路径曲线（图 3.17）。

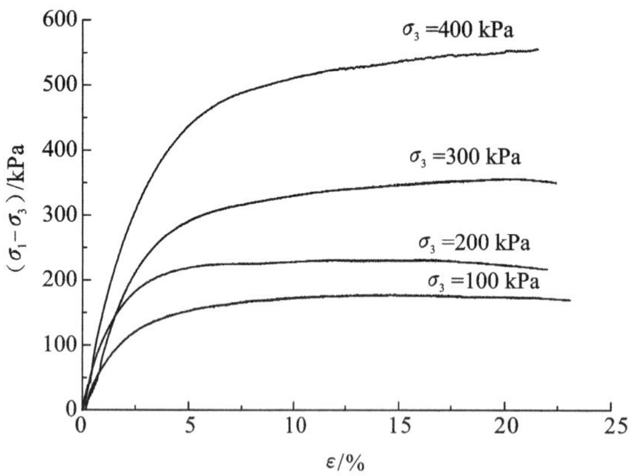

图 3.14　板岩残积土的应力-应变关系曲线

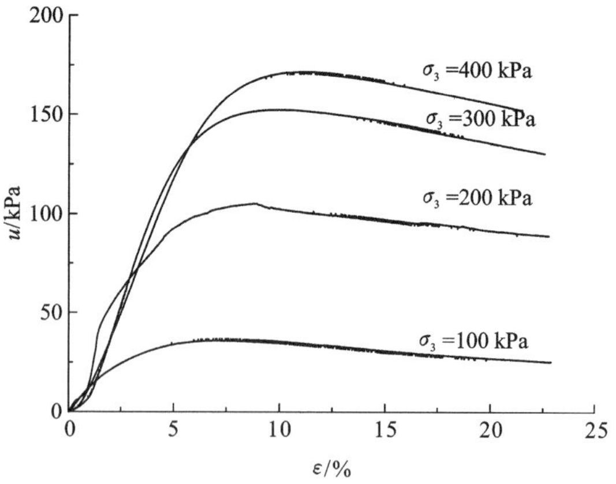

图 3.15　板岩残积土孔隙水压力-轴向应变关系曲线

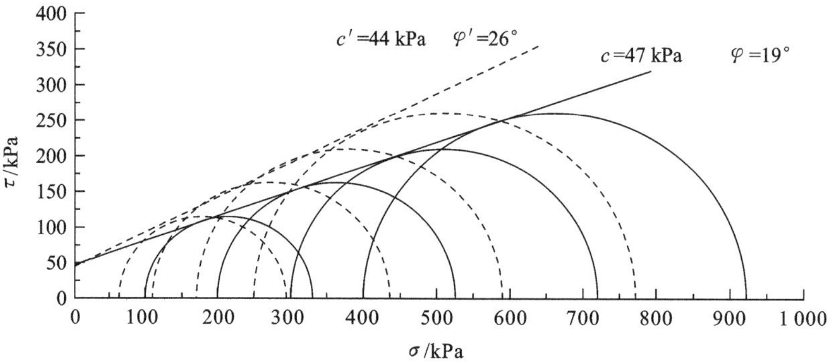

图 3.16　板岩残积土强度包络线

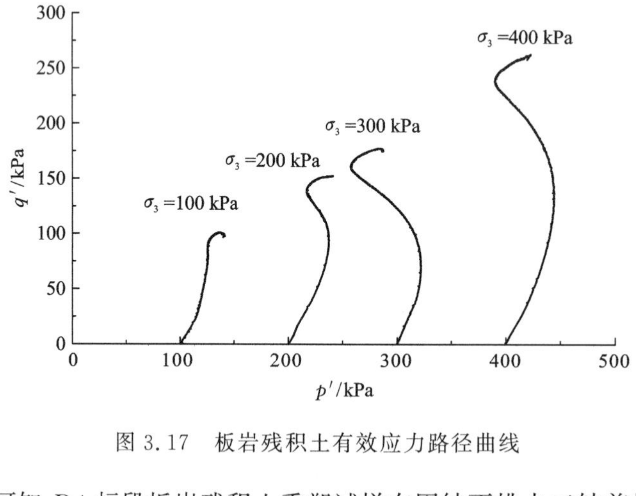

图 3.17　板岩残积土有效应力路径曲线

对图 3.14 分析可知,B4 标段板岩残积土重塑试样在固结不排水三轴剪切试验中,在 100 kPa 和 200 kPa 围压条件下,应力达到峰值后,随着应变的增加应力趋于一稳定值;在 300 kPa、400 kPa 围压的条件下,随着应变的增加,开始时应力快速增加,然后缓慢增加,表现为应变硬化型。

对图 3.15 分析可知,板岩残积土试样的孔隙水压力-轴向应变关系曲线呈现明显的非线性。在前期，孔隙水压力随着轴向应变的增加而增加；当孔隙水压力达到峰值后，随着应变的增加，孔隙水压力逐渐减小。

图 3.16 为板岩残积土的强度包络线。对图 3.16 分析可知：该土样的总应力抗剪强度参数为 $c=47$ kPa，$\varphi=19°$；有效应力抗剪强度参数为 $c'=44$ kPa，$\varphi'=26°$。

对图 3.17 分析可知，板岩残积土重塑样的有效应力路径形态为一组瘦长的"S"字形曲线。在 100 kPa 围压作用下，q'一直增加，p'一直增加；在 200 kPa、300 kPa、400 kPa 围压作用下，q'一直增加，p'则是先增大后减小，然后再增大。

4）三种残积土的抗剪强度参数对比分析

三种残积土的抗剪强度参数统计见表 3.6。对表 3.6 分析可知，在三种残积土中，黑云母花岗岩残积土的有效内摩擦角最大，二长花岗岩残积土的有效内摩擦角次之，板岩残积土的内摩擦角最小；板岩残积土的有效黏聚力最大，二长花岗岩残积土的有效黏聚力次之，黑云母花岗岩残积土的有效黏聚力最小。这种现象和残积土的成分及组成密切相关，板岩残积土较另外两种残积土黏粒含量多，因此有较大的黏聚力；而黑云母花岗岩残积土与另外两种残积土相比，砂粒含量较多，因此黏聚力最小，而摩擦角最大。

表 3.6　各种残积土抗剪强度参数统计表

残积土种类	总黏聚力(c)/kPa	总内摩擦角(φ)/(°)	有效黏聚力(c')/kPa	有效内摩擦角(φ')/(°)
二长花岗岩残积土	11	18	15	32
黑云母花岗岩残积土	12	20	0	36
板岩残积土	47	19	44	26

3.2.3　填土的水-力相互作用特性

采用美国科罗拉多矿业大学 Ning Lu 教授等联合研发的 TRIM 试验系统进行试验，获取各类填土的 SWCC 与 HCF 曲线。该试验系统试验周期短(一个样品仅需 5～7 d)，且一个样品可同时获得脱湿和吸湿条件下全吸力范围内土体的 SWCC、HCF 曲线和 SSCC。

1. 试验步骤

与第 2 章残积土原状土样水-力相互作用试验的步骤一样，TRIM 试验一般包括六个步骤：试样准备，系统的饱和，脱湿过程，气泡体积测量，吸湿过程，以及非饱和特性参数的反演。本节试验中采用的土样为重塑土样，先采用击实试验将样品击实，然后采用环刀切取样品，样品的直径为 61.8 mm，高度为 40 mm。

2. 试验结果分析

1）各试样的 SWCC 及 HCF 曲线

对采取的二长花岗岩残积土、黑云母花岗岩残积土、板岩残积土重塑土样分别进行多组 TWRI 试验，二长花岗岩残积土和板岩残积土试验条件：脱湿路径下施加 12 kPa 的小吸力和 280 kPa 的大吸力；吸湿路径下的基质吸力为 0 kPa。黑云母花岗岩残积土试验条件：脱湿路径下施加 10 kPa 的小吸力和 260 kPa 的大吸力；吸湿路径下的基质吸力为 0 kPa。为方便叙述，对各残积土重塑样品进行了编号，其中二长花岗岩残积土两个重塑样品编号为 HG-1、HG-2，黑云母花岗岩残积土三个重塑样品编号为 HH-1、HH2、HH-3，板岩残积土三个重塑样品编号为 B-1、B-2、B-3。各试样的渗出水量与时间的关系曲线如图 3.18～图 3.25 所示。

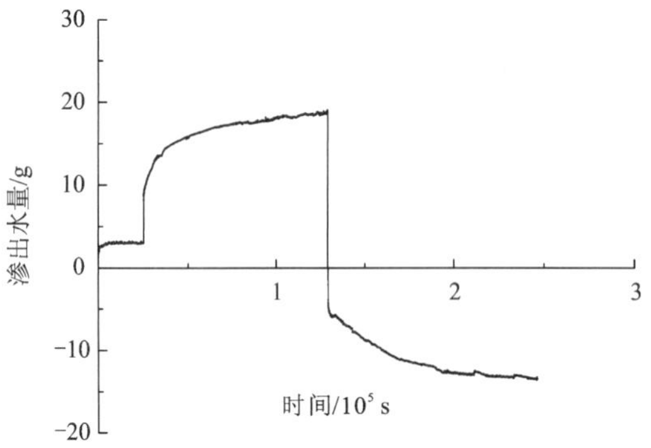

图 3.18　HG-1 试样渗出水量与时间关系曲线

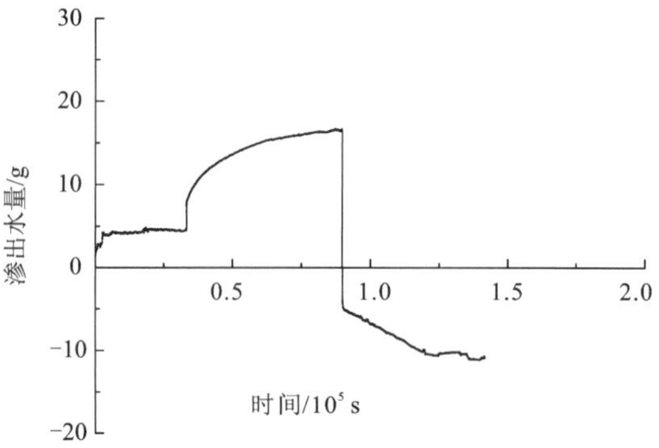

图 3.19　HG-2 试样渗出水量与时间关系曲线

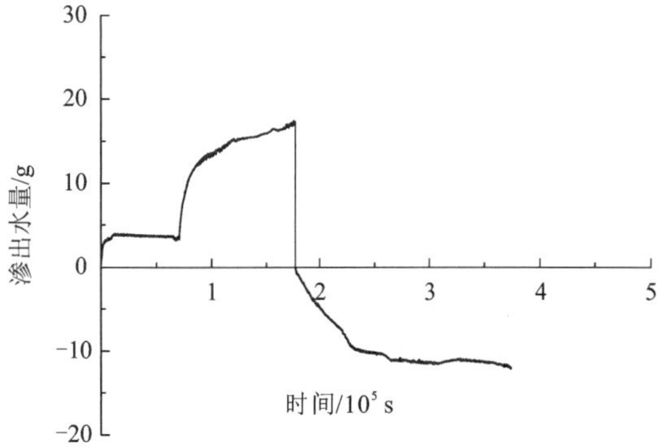

图 3.20　HH-1 试样渗出水量与时间关系曲线

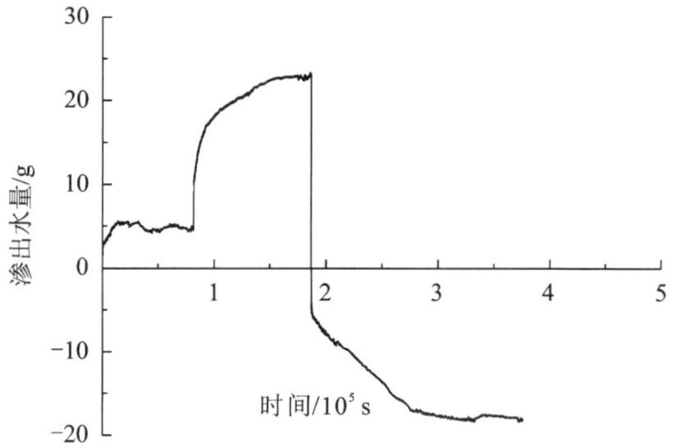

图 3.21　HH-2 试样渗出水量与时间关系曲线

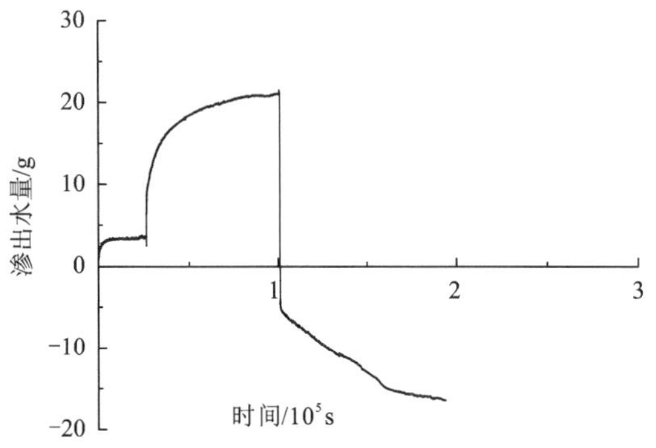

图 3.22　HH-3 试样渗出水量与时间关系曲线

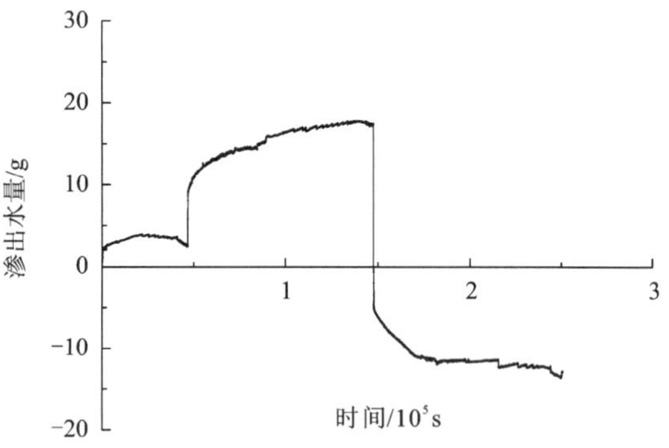

图 3.23　B-1 试样渗出水量与时间关系曲线

通过试验系统的配套数值反演软件，得出各残积土重塑样品的水–力相互作用特性参数，如表 3.7 所示。表中 θ_r 与 θ_s 分别为残余体积含水率与饱和体积含水率，K_s 为饱和渗透系数，α 为土样进气值倒数，n 为与土样孔隙特征有关的模型参数，上标 d 与 w 分别代表残积土的脱湿与吸湿过程。各类残积土含水率变化区间较大。在三种残积土中，二长花岗岩残积土和板岩残积土的残余体积含水率 θ_s 相对较高，n 相对较小。各类残积土参数之间的不同体现了其水-力相互作用特性之间的差异。

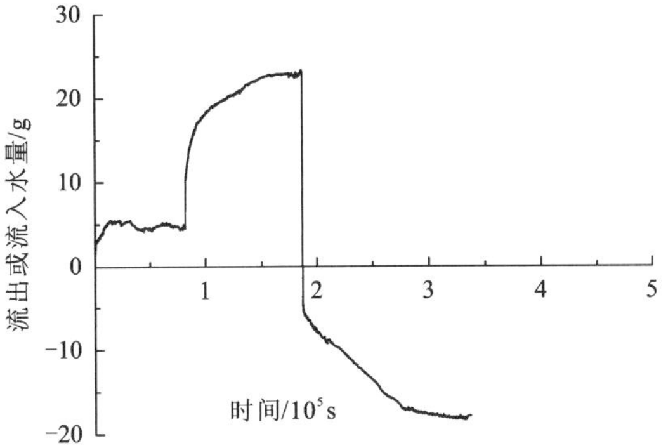

图 3.24 B-2 试样渗出水量与时间关系曲线

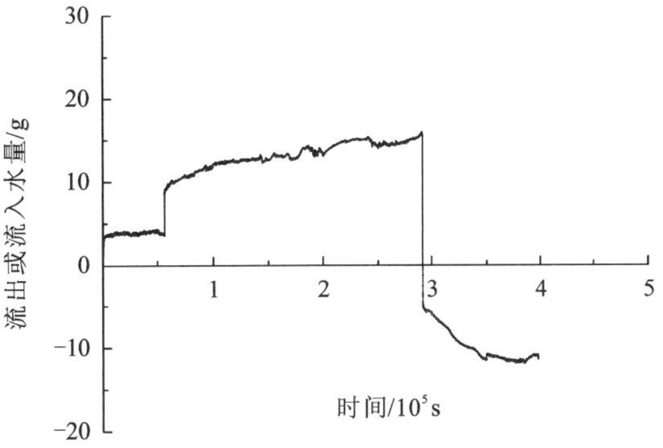

图 3.25 B-3 试样渗出水量与时间关系曲线

表 3.7 各类残积土重塑样品的水-力特性参数表

土样编号	θ_r	α^d/kPa^{-1}	n^d	θ_s^d	K_s^d/(cm/s)	α^w/kPa^{-1}	n^w	θ_s^w	K_s^w/(cm/s)
HG-1	0.24	0.054	1.24	0.44	5.26×10^{-5}	0.158	1.43	0.40	2.32×10^{-5}
HG-2	0.24	0.059	1.25	0.43	5.26×10^{-5}	0.166	1.47	0.39	2.25×10^{-5}
HH-1	0.11	0.068	1.46	0.37	8.16×10^{-5}	0.290	1.58	0.31	7.75×10^{-5}
HH-2	0.10	0.067	1.41	0.37	8.16×10^{-5}	0.310	1.53	0.32	4.62×10^{-5}
HH-3	0.10	0.065	1.40	0.36	8.16×10^{-5}	0.280	1.55	0.32	4.21×10^{-5}
B-1	0.25	0.089	1.29	0.42	6.76×10^{-6}	0.290	1.49	0.39	3.13×10^{-6}
B-2	0.24	0.083	1.32	0.43	6.76×10^{-6}	0.250	1.44	0.40	2.62×10^{-6}
B-3	0.24	0.085	1.34	0.42	6.76×10^{-6}	0.270	1.50	0.39	3.59×10^{-6}

根据试验所得的各残积土重塑土样的水-力相互作用特性参数，采用 V-G 模型、Mualem 模型，可以做出各试样在脱湿和吸湿条件下的 SWCC 和 HCF 曲线，如图 3.26～图 3.33 所示。

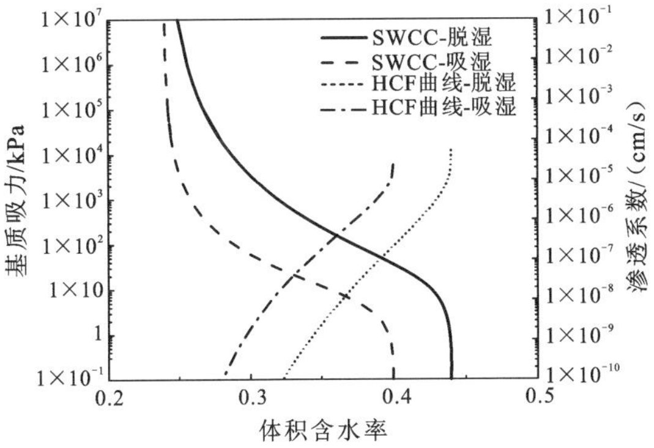

图 3.26 HG-1 试样的 SWCC 和 HCF 曲线

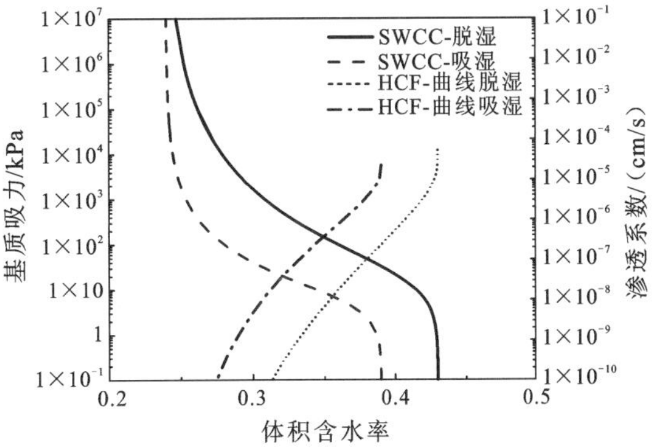

图 3.27 HG-2 试样的 SWCC 和 HCF 曲线

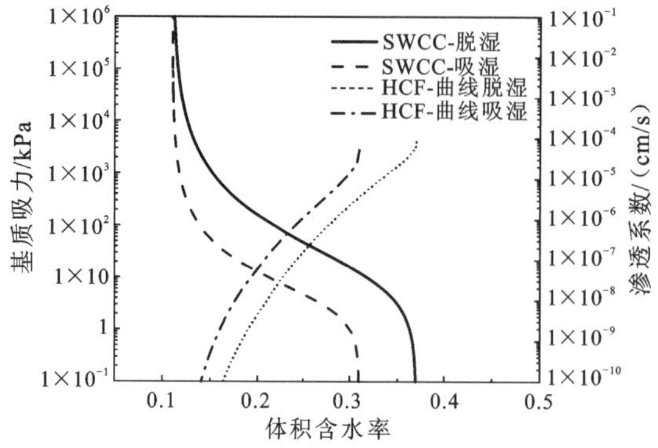

图 3.28　HH-1 试样的 SWCC 和 HCF 曲线

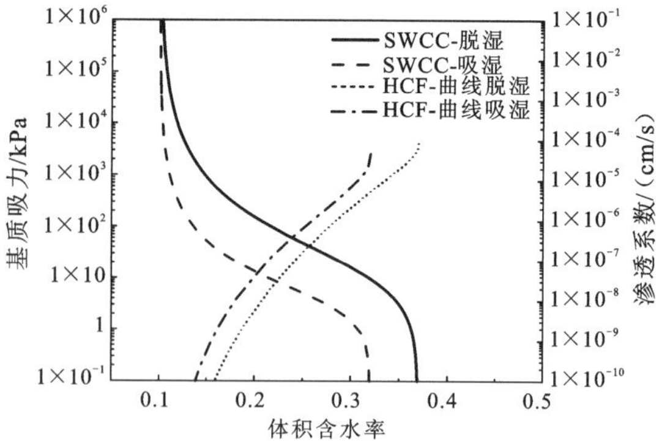

图 3.29　HH-2 试样的 SWCC 和 HCF 曲线

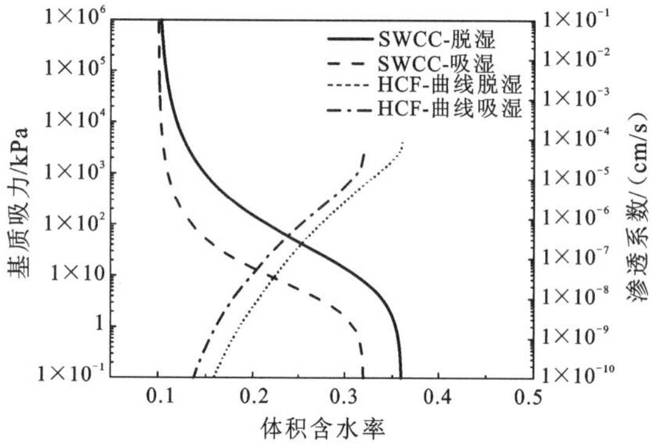

图 3.30　HH-3 试样的 SWCC 和 HCF 曲线

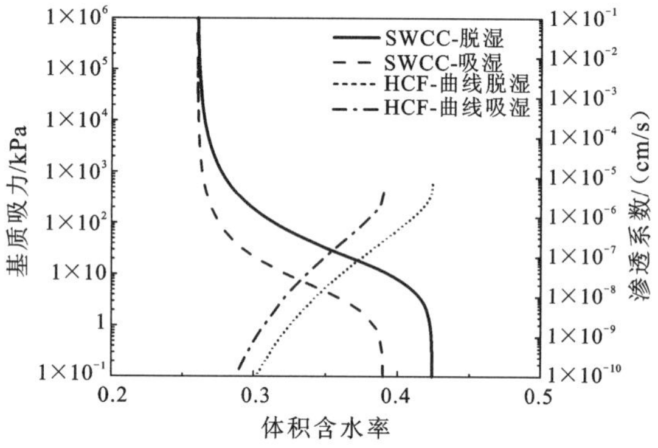

图 3.31　B-1 试样的 SWCC 和 HCF 曲线

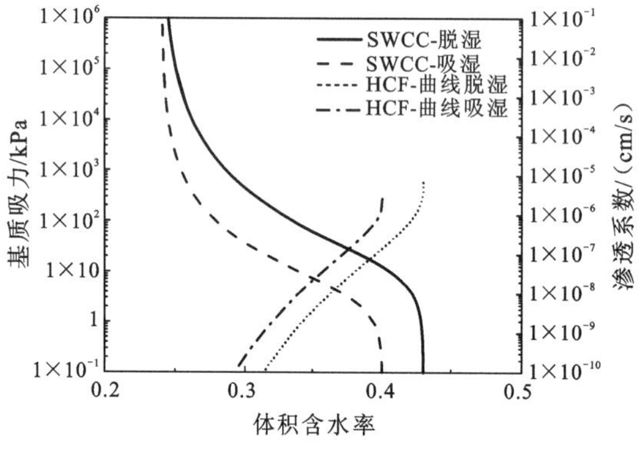

图 3.32　B-2 试样的 SWCC 和 HCF 曲线

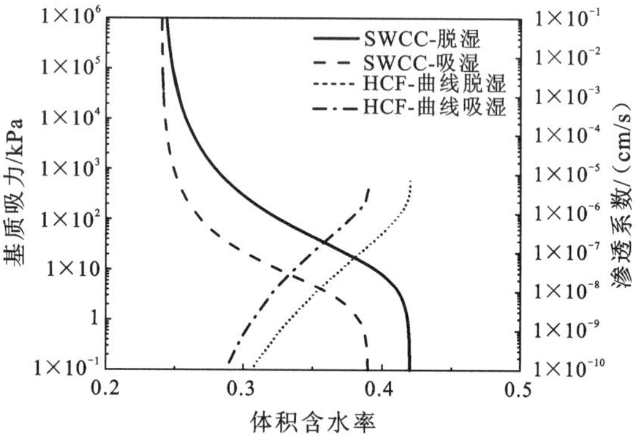

图 3.33　B-3 试样的 SWCC 和 HCF 曲线

二长花岗岩残积土重塑土样的 SWCC 呈“S”字形，曲线在高吸力和低吸力段即初始排水和吸水阶段较陡，而中间段较为平坦。脱湿与吸湿路径下二长花岗岩残积土重塑土样的 SWCC 存在明显的滞后性。在脱湿路径下，基质吸力随体积含水率的减小不断增大；在吸湿路径下，基质吸力随体积含水率的增大而不断减小。脱湿路径下，体积含水率接近饱和体积含水率 0.44 时，基质吸力约为 0 kPa；体积含水率接近残余体积含水率 0.24 时，基质吸力可大于

1×10^7 kPa；当残积土体积含水率变化范围为 0.32～0.40 时，其基质吸力的变化范围为 30～1 000 kPa。在吸湿路径下，体积含水率接近残余体积含水率 0.24 时，基质吸力可大于 1×10^7 kPa；体积含水率接近饱和体积含水率 0.40 时，基质吸力约为 0 kPa；当残积土体积含水率变化范围为 0.26～0.36 时，其基质吸力的变化范围为 9～800 kPa。在同一含水率条件下，二长花岗岩残积土重塑土样在脱湿条件下的基质吸力明显大于吸湿条件下的基质吸力。

黑云母花岗岩残积土重塑土样的 SWCC 在初始排水和吸水阶段较陡，中间段较为平坦，脱湿与吸湿路径下黑云母花岗岩残积土重塑土样的 SWCC 存在明显的滞后性。在脱湿路径下，基质吸力随体积含水率的减小不断增大；在吸湿路径下，基质吸力随体积含水率的增大而不断减小。脱湿路径下，体积含水率接近饱和体积含水率 0.37 时，基质吸力约为 0 kPa；体积含水率接近残余体积含水率 0.1 时，基质吸力约为 1×10^5 kPa；当残积土体积含水率变化范围为 0.19～0.33 时，其基质吸力的变化范围为 7～200 kPa。在吸湿路径下，体积含水率接近残余体积含水率 0.1 时，基质吸力约为 1×10^5 kPa；体积含水率接近饱和体积含水率 0.32 时，基质吸力约为 0 kPa；当残积土体积含水率变化范围为 0.14～0.26 时，其基质吸力的变化范围为 4～80 kPa。在同一含水率条件下，黑云母花岗岩残积土重塑土样在脱湿条件下的基质吸力明显大于吸湿条件下的基质吸力。

板岩残积土重塑土样的 SWCC 在初始排水和吸水阶段较陡，中间段较为平坦。脱湿与吸湿路径下板岩残积土重塑土样的 SWCC 存在明显的滞后性。在脱湿路径下，基质吸力随体积含水率的减小不断增大；在吸湿路径下，基质吸力随体积含水率的增大而不断减小。脱湿路径下，体积含水率接近饱和体积含水率 0.43 时，基质吸力约为 0 kPa；体积含水率接近残余体积含水率 0.24 时，基质吸力大于 1×10^6 kPa；当残积土体积含水率变化范围为 0.29～0.35 时，其基质吸力的变化范围为 60～750 kPa。在吸湿路径下，体积含水率接近残余体积含水率 0.24 时，基质吸力大于 1×10^6 kPa；体积含水率接近饱和体积含水率 0.4 时，基质吸力约为 0 kPa；当残积土体积含水率变化范围为 0.26～0.34 时，其基质吸力的变化范围为 10～500 kPa。在同一含水率条件下，板岩残积土重塑土样在脱湿条件下的基质吸力明显大于吸湿条件下的基质吸力。

二长花岗岩残积土重塑土样的 HCF 曲线在单对数坐标系下表现出明显的单调变化特征，二长花岗岩残积土的渗透系数随体积含水率的增大而增大，HCF 曲线在脱湿和吸湿路径下表现出明显的滞后性。在同一体积含水率条件下，脱湿路径下土体的渗透系数小于吸湿路径下土体的渗透系数。脱湿路径下，二长花岗岩残积土重塑土样含水率为饱和体积含水率 0.44 时，渗透系数为 5.26×10^{-5} cm/s。在吸湿路径下，二长花岗岩残积土重塑土样含水率为饱和体积含水率 0.40 时，渗透系数为 2.32×10^{-5} cm/s。在残积土体积含水率同为 0.39 时，其脱湿路径下的渗透系数为 1.04×10^{-7} cm/s，其吸湿路径下的渗透系数为 3.64×10^{-6} cm/s。接近残余体积含水率时，二长花岗岩残积土重塑土样的渗透系数为 0。在相同体积含水率条件下，二长花岗岩残积土在脱湿路径下的渗透系数均小于在吸湿路径下的渗透系数。

黑云母花岗岩残积土重塑土样的渗透系数随体积含水率的增大而增大。HCF 曲线在脱湿和吸湿路径下表现出明显的滞后性。在同一体积含水率条件下，脱湿路径下土的渗透系数小于吸湿路径下的渗透系数。在脱湿路径下，黑云母花岗岩残积土重塑土样含水率为饱和体积含水率 0.44 时，渗透系数为 8.16×10^{-5} cm/s。在吸湿路径下，黑云母花岗岩残积土重塑土样含水率为饱和体积含水率 0.40 时，渗透系数为 5.52×10^{-5} cm/s。在残积土体积含水率同为 0.29 时，其脱湿路径下的渗透系数为 1.34×10^{-6} cm/s，其吸湿路径下的渗透系数为 4.15×10^{-6} cm/s。接近残余体积含水率时，黑云母花岗岩残积土重塑土样的渗透系数为 0。在相同体积含水率条件下，黑云母花岗岩残积土在脱湿路径下的渗透系数均小于在吸湿路径下的渗透系数。

板岩残积土重塑土样的渗透系数随体积含水率的增大而增大。HCF 曲线在脱湿和吸湿路径下表现出明显的滞后性。在同一体积含水率条件下，脱湿路径下土的渗透系数小于吸湿路径下土的渗透系数。在脱湿路径下，板岩残积土重塑土样含水率为饱和体积含水率 0.43 时，渗透系数为 6.76×10^{-6} cm/s。在吸湿路径下，板岩残积土重塑土样含水率为饱和体积含水率 0.40 时，渗透系数为 3.11×10^{-6} cm/s。在残积土体积含水率同为 0.38 时，其脱湿路径下的渗透系数为 3.6×10^{-8} cm/s，其吸湿路径下的渗透系数为 1.85×10^{-7} cm/s。接近残余体积含水率时，板岩残积土重塑土样的渗透系数为 0。在相同体积含水率条件下，板岩残积土在脱湿路径下的渗透系数均小于在吸湿路径下的渗透系数。

2）各残积土的进气值

上述 SWCC 所采用的 V-G 模型为通过式(2.1)简化的 V-G 模型。将 α 的倒数作为土样的进气压力值，可以计算各土样的进气压力值(表 3.8)。

表 3.8　试样在脱湿路径与吸湿路径下的进气压力值

土样类型	土样编号	脱湿路径下的进气压力值/kPa	均值/kPa	吸湿路径下的进气压力值/kPa	均值/kPa	滞后效应/kPa
二长花岗岩残积土	HC-1	18.52	17.73	6.33	6.18	11.55
	HC-2	16.95		6.02		
黑云母花岗岩残积土	HH-1	14.71	15.01	3.45	3.42	11.59
	HH-2	14.93		3.23		
	HH-3	15.38		3.57		
板岩残积土	B-1	11.24	11.68	3.45	3.72	7.96
	B-2	12.05		4.00		
	B-3	11.76		3.70		

对表 3.8 分析可知，二长花岗岩残积土相对于黑云母花岗岩残积土和板岩残积土，在脱湿过程和吸湿过程中均有较大的进气值，且其应力滞后效应超过 10 kPa，这种滞后效应对边坡的稳定性有较大影响。黑云母花岗岩残积土和板岩残积土的脱湿过程和吸湿过程的进气值均相对较小，黑云母花岗岩残积土滞后效应大于板岩残积土。

3.2.4　填土的非饱和抗剪强度

1. 残积土的吸应力与 SSCC

同 2.3.6 小节中论述，采用 Ning Lu 提出的吸应力与基质吸力的函数关系式[式(2.4)、式(2.5)],将前述得到的水-力相互作用特性参数代入吸应力闭型方程[式(2.5)]中即可绘制各类残积土重塑土样的 SSCC(图 3.34～图 3.41)。

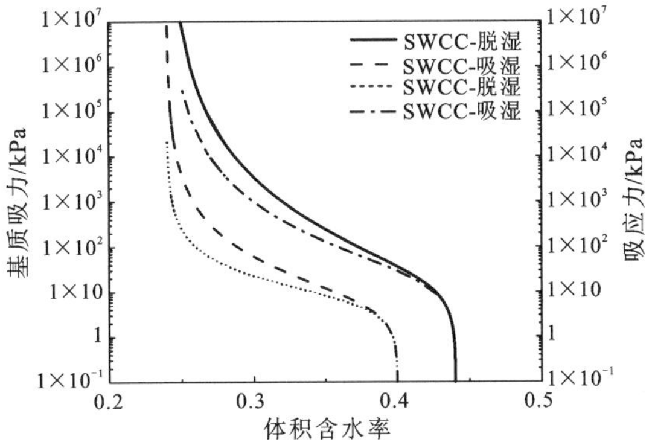

图 3.34　HG-1 试样的 SWCC 和 SSCC

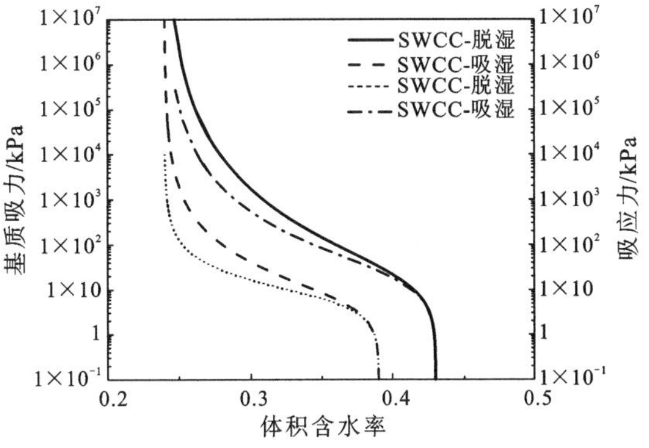

图 3.35　HG-2 试样的 SWCC 和 SSCC

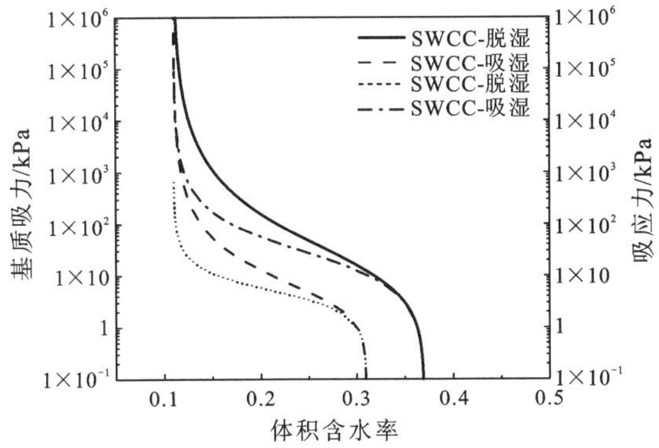

图 3.36　HH-1 试样的 SWCC 和 SSCC

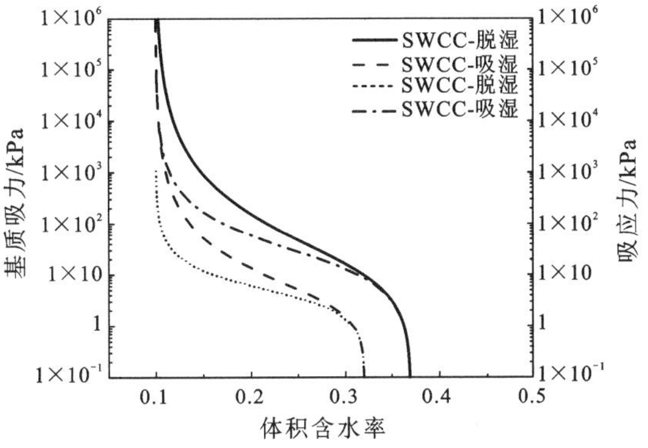

图 3.37　HH-2 试样的 SWCC 和 SSCC

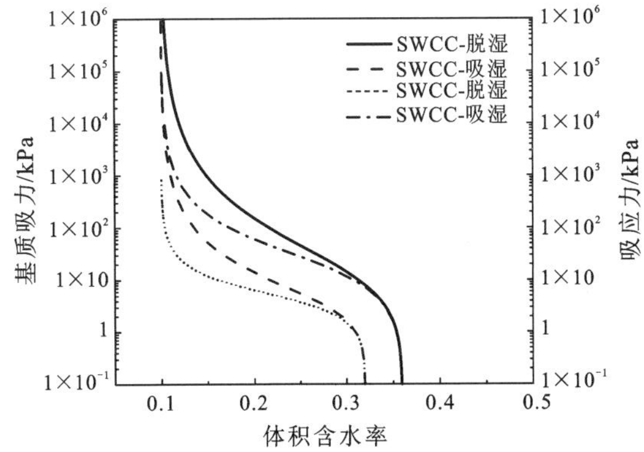

图 3.38　HH-3 试样的 SWCC 和 SSCC

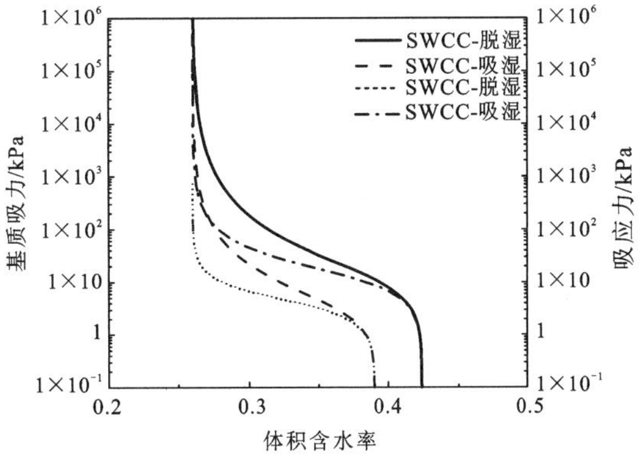

图 3.39　B-1 试样的 SWCC 和 SSCC

对图 3.34～图 3.41 分析可知,无论是在脱湿状态下还是在吸湿状态下,二长花岗岩残积土的 SSCC 和 SWCC 具有一一对应的关系,且均随着含水率的减小而增大。

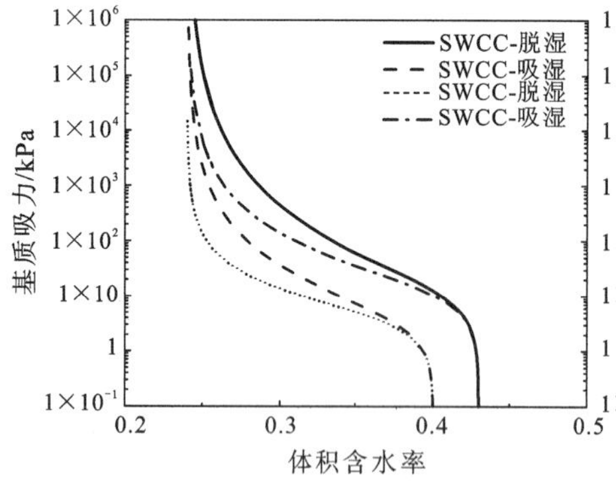

图 3.40　B-2 试样的 SWCC 和 SSCC

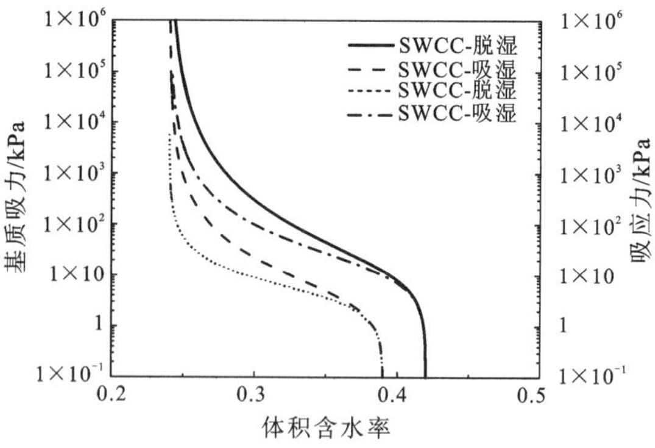

图 3.41　B-3 试样的 SWCC 和 SSCC

二长花岗岩残积土的吸应力随着体积含水率的增大而减小，在体积含水率接近残余体积含水率和饱和体积含水率时，吸应力随含水率的变化产生急剧的变化；在 SSCC 的中间段，吸应力的变化则较为平缓。在脱湿路径下，土样的体积含水率接近饱和体积含水率 0.44 时，二长花岗岩残积土吸应力约为 0 kPa；土样的体积含水率接近残余体积含水率 0.24 时，二长花岗岩残积土吸应力约为 5×10^5 kPa；当残积土体积含水率变化范围为 0.32～0.40 时，其吸应力的变化范围为 24～383 kPa。在吸湿路径下，土样的体积含水率接近残余体积含水率 0.24 时，残积土吸应力约为 8×10^3 kPa；土样的体积含水率接近饱和体积含水率 0.4 时，二长花岗岩残积土吸应力约为 0 kPa；当残积土体积含水率变化范围为 0.26～0.36 时，其吸应力的变化范围为 6.5～100 kPa。

黑云母花岗岩残积土的吸应力随着体积含水率的增大而减小，在体积含水率接近残余体积含水率和饱和体积含水率时，吸应力随含水率的变化产生急剧的变化；在 SSCC 的中间段，吸应力的变化则较为平缓。在脱湿路径下，土样的体积含水率接近饱和体积含水率 0.37 时，黑云母花岗岩残积土吸应力约为 0 kPa；土样的体积含水率接近残余体积含水率 0.1 时，残积土吸应力约为 3×10^4 kPa；当残积土体积含水率变化范围为 0.19～0.33 时，其吸应力的变化范围为 6.4～68.5 kPa。在吸湿路径下，土样的体积含水率接近残余体积含水率 0.1 时，残积土吸应力约为 1.2×10^3 kPa；土样的体积含水率接近饱和体积含水率 0.32 时，黑云母花岗岩残积土吸应力约为 0 kPa；当残积土体积含水率变化范围为 0.14～0.26 时，其吸应力的变化范围为 2.9～14.6 kPa。

板岩残积土的吸应力随着体积含水率的增大而减小，在体积含水率接近残余体积含水率和饱和体积含水率时，吸应力随含水率的变化产生急剧的变化；在 SSCC 中间段，吸应力的变化则较为平缓。在脱湿路径下，土样的体积含水率接近饱和体积含水率 0.43 时，板岩残积土吸应力约为 0 kPa；土样的体积含水率接近残余体积含水率 0.24 时，板岩残积土吸应力约为 1.2×10^5 kPa；当残积土体积含水率变化范围为 0.29～0.35 时，其吸应力的变化范围为 35～200 kPa。在吸湿路径下，土样的体积含水率接近残余体积含水率 0.24 时，板岩残积土吸应力约为 1.5×10^4 kPa；土样的体积含水率接近饱和体积含水率 0.4 时，板岩残积土吸应力约为 0 kPa；当残积土体积含水率变化范围为 0.26～0.34 时，其吸应力的变化范围为 6.2～59.7 kPa。

综上所述，三类残积土重塑土样在同一体积含水率和相同的脱湿或吸湿条件下，二长花岗岩残积土重塑土样的吸应力最大，因此其对残积土抗剪强度的影响最大；黑云母花岗岩残积土重塑土样和板岩残积土重塑土样的吸应力相对较小，其对土体的抗剪强度的影响也较小。

2. 残积土的非饱和抗剪强度计算

将三轴固结不排水试验中获得的各类残积土的 c' 和 φ'，以及不同含水率条件下的吸应力值代入式(2.3)和式(2.4)中，即可获得各类残积土在不同含水率下的非饱和抗剪强度。分别选取 HG-1 试样、HH-2 试样、B-2 试样进行各类残积土非饱和抗剪强度的分析。

二长花岗岩残积土(HG-1)的抗剪强度可表示为

$$\tau_f = 32 + [(\sigma - u_a) - \sigma_s]\tan 15° \tag{3.2}$$

黑云母花岗岩残积土(HH-2)的抗剪强度可表示为

$$\tau_f = [(\sigma - u_a) - \sigma_s]\tan 36° \tag{3.3}$$

板岩残积土(B-2)的抗剪强度可表示为

$$\tau_f = 44 + [(\sigma - u_a) - \sigma_s]\tan 26° \tag{3.4}$$

图 3.42～图 3.44 分别为 HG-1、HH-2、B-2 试样的非饱和抗剪强度计算结果图。图中曲线依次表示净法向应力($\sigma - u_a$)为 100 kPa、200 kPa、300 kPa 时抗剪强度随体积含水率变化而变化的情况。

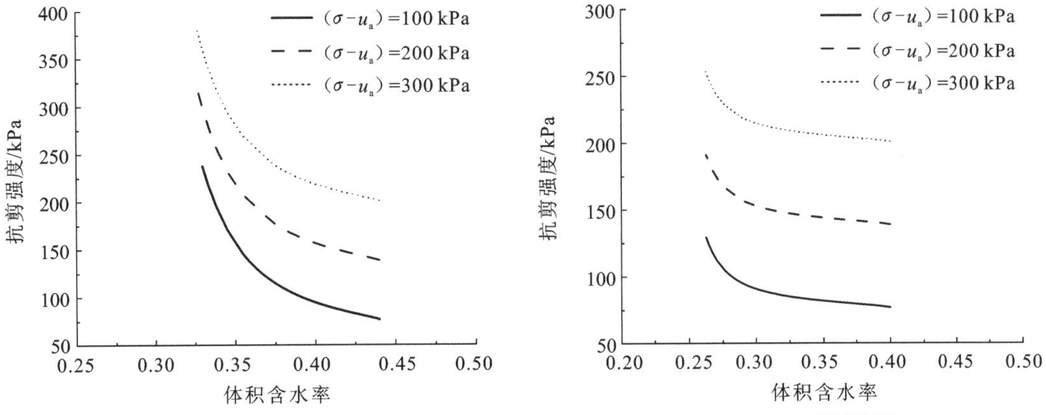

(a) 脱湿过程　　(b) 吸湿过程

图 3.42　HG-1 试样非饱和抗剪强度计算结果图

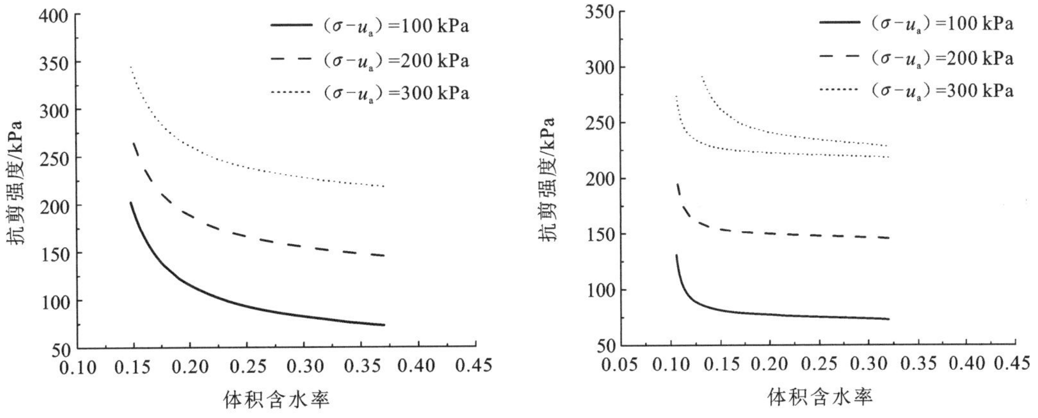

(a) 脱湿过程　　(b) 吸湿过程

图 3.43　HH-2 试样非饱和抗剪强度计算结果图

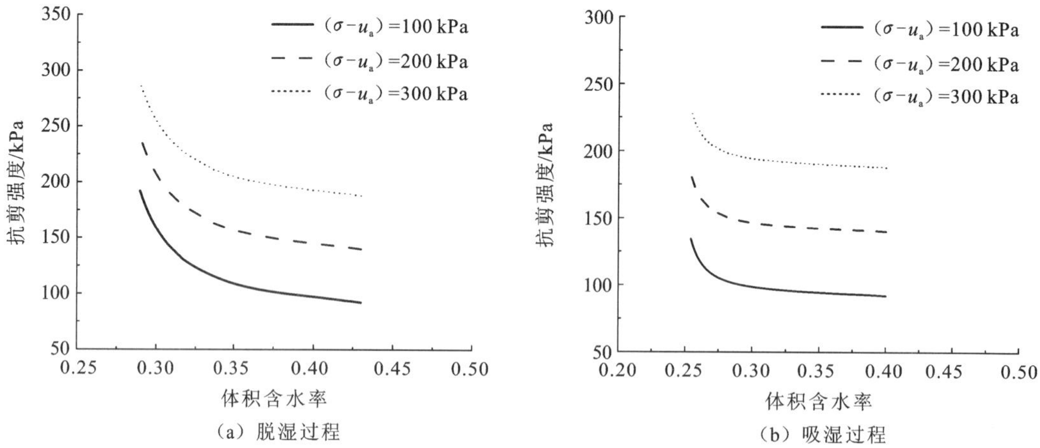

图 3.44　B-2 试样非饱和抗剪强度计算结果预测图

各类残积土在脱湿路径和吸湿路径下的抗剪强度随残积土体积含水率的增大而逐渐减小。在各类残积土的含水率接近饱和体积含水率时，抗剪强度随含水率的变化而产生较大速率的变化。随着含水率的逐渐增大，抗剪强度的变化逐渐平缓，变化速率减小，随着含水率的增大而趋于线性减小。各类残积土在脱湿和吸湿路径下，施加于土体的净法向应力增大，其抗剪强度相应增大。当土体的体积含水率较大，接近饱和体积含水率时，各类残积土在脱湿条件下的抗剪强度略大于吸湿条件下的抗剪强度；随着含水率的不断减小，各类残积土在脱湿条件下的抗剪强度明显大于吸湿条件下的抗剪强度，并且脱湿条件下的抗剪强度与吸湿条件下的抗剪强度之间的差距不断增大。

二长花岗岩残积土重塑土样在脱湿路径下，当含水率接近饱和体积含水率 0.44 时，在 100 kPa、200 kPa、300 kPa 的净法向应力下，其抗剪强度分别为 76.8 kPa、138.7 kPa、200.6 kPa；随着脱湿过程的不断进行，残积土体积含水率不断减小，其抗剪强度逐渐增大；在接近残余体积含水率时抗剪强度急剧增加，当含水率为 0.33 时，在 100 kPa、200 kPa、300 kPa 的净法向应力下，二长花岗岩残积土重塑土样抗剪强度分别为 257.6 kPa、319.5 kPa、381.4 kPa。在吸湿路径下，在接近残余体积含水率时，试样具有较大的抗剪强度；随着含水率的增加，抗剪强度先急剧减小，然后缓慢减小，最终在饱和时达到最小值。总之，吸湿过程中土体抗剪强度的变化幅度小于脱湿过程中土体抗剪强度的变化幅度。

黑云母花岗岩残积土重塑土样在脱湿路径下，当含水率接近饱和体积含水率 0.37 时，在 100 kPa、200 kPa、300 kPa 的净法向应力下，其抗剪强度分别为 72.6 kPa、145.2 kPa、217.8 kPa；随着脱湿过程的不断进行，残积土体积含水率不断减小，其抗剪强度逐渐增大；在接近残余体积含水率时抗剪强度急剧增加，当含水率为 0.15 时，在 100 kPa、200 kPa、300 kPa 的净法向应力下，黑云母花岗岩残积土重塑土样抗剪强度分别为 194.2 kPa、266.8 kPa、339.4 kPa。在吸湿路径下，在接近残余体积含水率时，试样具有较大的抗剪强度；随着含水率的增加，抗剪强度先急剧减小，然后缓慢减小，最终在饱和时达到最小值。吸湿过程中土体抗剪强度的变化幅度小于脱湿过程中土体抗剪强度的变化幅度。

板岩残积土重塑土样在脱湿路径下，当含水率接近饱和体积含水率 0.43 时，在 100 kPa、200 kPa、300 kPa 的净法向应力下，其抗剪强度分别为 92.0 kPa、139.9 kPa、187.7 kPa；随着脱湿过程的不断进行，残积土体积含水率不断减小，其抗剪强度逐渐增大；在接近残余体积含水率时，抗剪强度急剧增加；当含水率为0.29时，在100 kPa、200 kPa、300 kPa的净法向应力下，板岩残积土抗剪强度分别为191.9 kPa、239.7 kPa、287.6 kPa。在吸湿路径下，在接近残余体积含水率时试样具有较大的抗剪强度；随着含水率的增加，抗剪强度先急剧减小，然后缓慢减小，最终在饱和时达到最小值。吸湿过程中土体抗剪强度的变化幅度小于脱湿过程中土体抗剪强度的变化幅度。

综合分析可知，二长花岗岩残积土重塑土样的抗剪强度随含水率变化的幅度最大，板岩残积土重塑土样次之，黑云母花岗岩残积土重塑土样最小。所有残积土的抗剪强度随含水率变化的曲线均是在接近残余体积含水率处变化速率较快，而在曲线中间段变化较平缓。这种变化与土体的SSCC的变化一致。残积土抗剪强度随含水率变化的规律，可以解释残积土边坡在干燥时稳定性高，在降雨入渗等的作用下，边坡的稳定性有较大降低的现象。

3.3 高填边坡变形破坏机理与模式

通过现场详细调研，可以将赣南一带高填边坡的变形破坏模式概括为如下五类：坡面冲刷破坏、表面下沉滑移、沿原斜坡交界面滑移破坏、不均匀沉降破坏和整体下沉破坏。

3.3.1 坡面冲刷破坏

填方边坡在降雨的作用下，坡面被冲刷破坏，这是赣南地区填方边坡最常见的一种破坏模式，其特点是填方边坡底部坡面比上部坡面破坏严重。产生的主要原因是坡面排水设施不完善或者坡面不平，雨水沿低洼处汇聚，在坡面产生面蚀，面蚀发展逐渐形成股流，股流沿坡面薄弱部位产生侵蚀沟，且越往底部，水流能量越大，因而冲沟越大。随着水流的持续增大，小片冲沟逐渐连接成片，并造成局部的垮塌，最后逐渐导致大面积的冲刷破坏。

图3.45所示为B标段K34＋230～K34＋328处高填边坡(半填路堤)坡面冲刷破坏情况。由于施工后没有及时对坡面进行防护，加之填方土体较松散，在持续性降雨作用下坡面受到冲刷侵蚀。因此，雨季施工时，必须对坡面进行及时防护。

图3.45　K34＋230～K34＋328填方边坡坡面冲刷

3.3.2 表面下沉滑移

填方边坡的表层土沿着坡面下沉滑动，这种破坏模式亦是赣南地区一种常见的破坏模式。造成这种破坏的主要原因是填方边坡表面土体压实度不够，土体较松散，而底部土体密实度较高，在降雨作用下，坡面松散土体沿已压实土体面产生向下的滑移。对于此类破坏模式，在土体压实时，应注意压实机的吨位和压实遍数，控制好土体的最优含水率和最大干密度。

图 3.46　K30＋490～K30＋670 处填方边坡下沉滑移破坏

图 3.46 为 B 标段 K30＋490～K30＋670 处填方边坡表面下沉滑移破坏。由于施工时压实面之间土体密实度不均匀，上部松散土体沿已压实土体交界面向下滑移，并造成坡面已施工的“人”字形骨架护坡等防护设施破坏。

3.3.3　沿原斜坡交界面滑移破坏

在半填路堤中，填土沿原斜坡交界面处滑移破坏，是 A 标段与 B 标段沿线高填方路段较为常见的一种破坏方式。由于填土与原坡面不能很好结合，原斜坡土体或岩体强度较高、渗透性低，在雨水入渗的情况下，填方土体与原斜坡表层之间形成分界面，导致填土沿交界面产生滑移。

这种破坏的原理和表面下沉滑移类似，都是交界面上下岩土体性质差别较大，受雨水下渗的影响而产生滑移。区别在于该破坏模式下部为原始斜坡岩土体，坡度更大，也更容易产生向下的滑移。

3.3.4　不均匀沉降破坏

路基的不均匀沉降可分为两种类型：纵向不均匀沉降和横向不均匀沉降。纵向不均匀沉降主要表现为纵向填挖交界处不均匀沉降，致使路基过渡段出现不同程度的台阶，并引起路面平整性受损。横向不均匀沉降主要是由于车载、地下水及自重等作用，路基横向不均匀沉降引起的公路工程病害，这亦是 A 标段与 B 标段沿线填方边坡常见的一种破坏模式。

赣南高速公路填方路基不均匀沉降产生的原因主要有，第一，填方底部为斜坡，同一填方路段，不同区域填土厚度不同，从而造成累计沉降量的不同，产生不均匀沉降；第二，填土路基的地基为软土地基，局部地基承载力不够，地基发生破坏而引起的不均匀沉降；第三，施工过程中，填土压实不均匀，随着渗透固结，造成不同的累计沉降量。

3.3.5　整体下沉破坏

这种破坏模式主要发生在全填路堤中。这种沉降也可分为路基和地基沉降两部分。路基方面主要因素为整体压实度不够，随着时间推移，在上部压力及雨水的作用下发生渗透固结，当达到一定程度时，累计沉降量过大，超出规范要求，产生整体的下沉。地基沉降方面主要因素为软土可压缩性大，强度较低，相应的地基承载力不够，当地基发生破坏时引发上部填方土体的整体下沉。

该破坏模式的原理和不均匀沉降相似，在压实时，填土压实不到位或压实遍数过少，土体密实程度不够，在行车荷载及上部土体重量作用下，发生固结沉降，引发破坏。

第 4 章　赣南山区高速公路边坡坡率

4.1　边坡坡率概述

边坡坡率，是指边坡铅垂方向上的高度与坡面水平方向上的长度的比值。一般边坡坡率都是按 1∶m 的形式表示(其中 m 即为坡度系数)，等于坡角的正切值。填方路基边坡坡率应根据填料种类、边坡高度、水文条件和基底工程地质条件等确定。基底良好时，边坡坡率可按规范确定。

土质路堑边坡坡率设计应根据边坡高度、土的湿度和密实程度、地下水和地表水的情况、土的成因类型及生成年代等因素确定。在一般情况下，土质路堑边坡坡率应根据调查路线附近已建工程的人工边坡及自然山坡稳定状况，参照规范确定。

岩质路堑边坡坡率应根据岩性、地质构造、岩石的风化破碎程度、边坡高度、地下水及地表水等因素综合分析确定(晏鄂川 等，2002)。岩质路堑边坡应注意岩体结构面的情况，如受结构面控制的路堑边坡，则应按结构面的情况设计边坡。当岩层倾向路线时，应避免设计过高的路堑边坡。在一般情况下，岩质路堑边坡坡率可参照规范确定。当挖方边坡高度超过 30 m 时，其边坡坡率，可根据现场情况，调查附近已建工程的人工边坡及自然山坡的情况进行边坡稳定性分析，并参照规范确定。

4.2　岩质路堑边坡坡率

4.2.1　岩质边坡稳定性影响因素

1. 地形地貌

边坡是通过改变自然地形而出现的新的地形形态。因此，它与地形地貌有着直接的关系。从地貌类型分析，在中、高山地区，地形陡峻，自然地质作用强烈，且常常出现高边坡，影响边坡坡率的因素较复杂；在开阔的河谷盆地，地形平缓，自然地质作用缓慢，影响边坡坡率的因素较为单一。总的来说，容易汇集地表水和地下水的山间缓坡地段，易受水流冲刷和淘蚀的山区河流凹岸地段及下陡、中缓、上陡的地形易导致边坡的失稳。从地形地貌分析，自然界中一些不稳定的斜坡或者大量稳定斜坡，都可提供确定边坡坡率的参考或直接借鉴。

评价一个边坡的平衡状态，需要结合整个边坡范围内的地貌特征，根据开挖形成后的坡面形态来综合确定。斜坡坡顶状况是陡坡、缓坡、平坡还是反坡，也是评估路堑开挖坡面稳定性的重要参考，同时也在一定程度上决定了路堑边坡影响的体积规模和需要加固工程量的大小。

一般地，山地地貌是路堑高边坡稳定性问题较为突出的地段，对崩塌、滑坡及其堆积体形成的重力地貌应特别注意查明。因此，在路堑边坡工程的踏勘调查中，应重视场区地形地貌特征的调查，尤其应尽可能查明与路堑边坡稳定性关联紧密的江河库岸条件、地面建筑限界、斜坡坡率与开挖地形等。

2. 地层岩性

地层岩性是影响边坡稳定性的基本因素之一。总体来讲，火成岩一般比较坚硬，节理裂隙不甚发育，一般地质灾害发育程度较低，常表现为崩塌、落石等破坏形式。沉积岩和变质岩岩性相对较为软弱，并发育层理、片理等优势结构面，这些结构面易形成边坡变形破坏的依附面，发育成滑坡、崩塌、倾倒等地质灾害。相间成层的岩层，其厚度、产状及在边坡内所处的部位不同，边坡的稳定性也不一样。

边坡的变形破坏多发育于泥质、粉质、泥灰质、凝灰质等地层及其变质岩系组成的坡体内。在这些地层中开挖边坡，容易产生滑坡，因此，这些地层常称为易滑地层，或称为易滑岩组。在一些坚硬的地层中常夹有物理力学性质差的软弱夹层，当软弱夹层临空且倾向坡外时，边坡容易沿软弱夹层滑动，导致边坡失稳。

3. 地质构造

由岩体的抗剪特征可知，岩体变形常常不是沿受力最大的预定剪切平面发生的，而是沿着这个平面以下由各类结构面组成的折曲面发生。这一现象说明，沿结构面的抗剪断强度要比完整岩石的抗剪断强度小得多。边坡岩体变形也是这样，总是沿低强度的层面、片理面、节理面及断层发生。因此，岩质边坡变形主要受地质构造控制。实质上，其他各类因素也通过构造面起作用。

边坡岩体内层理、片理、断层等结构普遍存在，并相互交切，不但破坏了岩体的完整性，而且降低了岩石的力学强度。边坡岩体的稳定性与各类结构面的空间分布及其与边坡的位置关系是密切相关的。层理面、片理面在通常情况下是大量地、有规律地出现在坡体内，是一种最普遍的软弱结构面。节理裂隙面虽然在数量、分布均匀程度和方向、规律性等方面不如层理面那样多和规律性强，但其黏结性多较层理面差，因此也是一种重要的软弱结构面。断层破碎带，就其断裂面本身而言，具有延伸较长、固结性较差、常夹有断层泥等特点，是一种最不利的软弱结构面；整个断裂带则是一个软弱带，与其他软弱岩性的夹层类似。

边坡上任何一块岩体，要想变形移动，必须脱离周围岩体，不但要有底部滑动面，而且要有后方及左右两侧的分割面。在基岩斜坡上，这些滑动面和分割面一般都由上述各种软弱结构面构成，只有在个别情况下才由运动体自身造成新的破裂面构成。软弱结构面对边坡稳定性的影响，主要取决于下列因素。

1）结构面产状与边坡产状的几何关系

从结构面与边坡的走向关系分析，有垂直、斜交与平行于边坡三类结构面。垂直于边坡走向的结构面，无论其倾向何方、倾角陡缓，都只能起到分割面的作用；只有同那些产状较缓、与之斜交、向外倾的结构面相配合，才有充当一部分滑动面的可能。所以这种垂直于边坡走向的结构面，对边坡的影响较小。平行于边坡走向的结构面，由于其倾向、倾角不同，有逆向坡、横向坡与顺向坡之分。一般条件下，逆向坡有利于边坡的稳定；横向坡稳定性介于逆向坡与顺向坡之间；顺向坡的稳定性最差。当顺向坡主要软弱结构面的倾向与边坡临空面倾向一致时，根据结构面的倾角与坡角的相对大小，边坡的稳定性大不一样。当边坡坡角大于结构面倾角时，边坡稳定性最差，容易发生顺层滑坡，自然界中这类滑坡最为常见。当结构面倾角大于边坡坡角时，边坡较稳定，若边坡还存在向坡外缓倾的结构面组合，边坡仍可能发生滑坡。公路工程建设过程之中，遇有倾向坡外的陡倾角结构面时，可直接利用其最发育的一组作为边坡坡面，则有利于边坡稳定。因为在这种情况下，边坡岩层不被切断，由底部岩层顶托支持，不易变形。

2）结构面的性质

边坡岩体的稳定性，在很大程度上取决于结构面的抗剪强度，而结构面的抗剪强度，则又取决于结构面的成因类型和力学特性。一般情况下，沉积成因的结构面（如层理）抗剪强度比构造成因的要高，而构造成因的结构面的抗剪强度又视力学特性不同而有差异。张性断裂面粗糙，延伸性差，但开启程度好，有利于黏土充填及地表水下渗；压性断裂面，尽管常是闭合的，但沿断裂两侧常形成节理密集带，使岩体力学强度大为降低；扭性断裂面平直且延伸性好，切割能力强，相应地较上述断裂面的抗剪强度小。张扭性断裂最不利于边坡稳定，因其裂面光滑，延伸性好，且张开程度好，有利于地下水活动，裂面内常有泥质充填，岩体最易沿此类结构面坍塌、滑坡、变形。另外，各种结构面受内、外营力作用产生的次生变异现象及其充填情况（特别是含泥、含水）和胶结程度不同，也对结构面的抗剪强度有一定影响。例如，具有软塑性充填物的结构面，其抗剪强度主要取决于充填物的强度，所以夹泥含水的层面、断裂面最不利于边坡的稳定。

3）结构面的发育程度

结构面对边坡稳定性的影响程度，除了取决于产状与性质外，还取决于发育程度。同一位置、同样性质的结构面，延展性越强，切割范围越大，密度越大，被切割机会越多，岩体稳定性越差，越不利于边坡的稳定。

4）结构面的组合关系

不同方向结构面之间的不同组合关系，决定着变形体的形状、大小、稳定程度和位移方向。在走向与边坡斜交或直交的各结构面之间，常组合成各种垂直或斜交于边坡的棱形体，在结构面其他条件相同的条件下，稳定程度主要取决于底部棱面产状与边坡产状之间的几何关系。

4. 水文地质

绝大多数边坡都处于地下水循环带内，直接接受大气降水渗入。边坡变形多与水的作用有关，在边坡岩体的裂隙内运动着的地下水，不但可使岩石发生溶解、软化，降低其力学强度，而且还可以产生渗透压力作用于边坡，使边坡稳定性大大降低。因此，边坡岩体的透水性、含水性、软化性及水的补给、径流、排泄条件不一，对边坡稳定性影响程度也不相同。

地下水存在于岩体的裂隙中，对岩体产生静水压力，其作用方向与裂隙面垂直，作用大小与水头有关，水头越高，静水压力越大。静水压力对岩体产生一个下滑推力或向上的托浮力，从而降低边坡的稳定性。当排水不畅，裂隙水压力剧增时，将引起边坡失稳。

地下水在渗流过程中对边坡岩体产生动水压力，其大小与流动水的体积、水的容重和水力梯度有关，其方向与水流方向一致。当地下水顺着坡体向下时，其对坡体施加向下的动水压力，使坡体的稳定性下降。在地下水的渗流作用下，岩体还会产生渗透破坏，岩质边坡结构面的充填物在水的浮力作用下，重量降低，动水压力稍大时，就会带走结构面中的充填物颗粒，侵蚀掏空岩块之间的充填物。

当边坡岩体亲水性较强或含有易溶矿物成分时，如含易溶岩类黏土质页岩、钙质页岩、凝灰质页岩、泥灰岩或断层角砾岩等，边坡岩体浸水易软化、泥化或崩解，导致边坡变形或破坏。

5. 气象水文

边坡失稳多在降雨后发生。边坡的稳定性与所处地区的降水量、降雨的季节性和集中性有关,气温、干湿度的交替变化,可使边坡岩石发生膨胀、收缩,改变边坡岩体性质,也能影响边坡的稳定性。对边坡而言,降雨的不利作用主要表现在降低岩体强度、抬高地下水位和加大边坡内孔隙水压力三个方面。对于岩质边坡稳定性而言,起控制作用的是岩体结构面的强度,当软弱结构面遇水后,充填的软弱物质进一步软化,其抗剪强度则显著降低,从而导致边坡的失稳。水文、气象因素具有周期性,是一个反复无穷的自然作用,在确定边坡坡率时,具有一定的参考意义。

4.2.2 岩质边坡稳定性分析方法

山区公路的岩质路堑边坡占比较大,由于地质成因千变万化,岩体结构及力学性质比较复杂,如何恰当地解决岩质路堑边坡的稳定性计算,是路堑边坡设计中一个亟待研究的课题。近年来随着岩土工程学科的发展,岩石力学的不断发展和完善,为岩质路堑边坡稳定性定量分析和计算提供了有利条件。

岩质路堑边坡稳定性分析方法,可以分为工程地质类比法、岩体结构分析法、极限平衡分析法和数值分析法。

1. 工程地质类比法

工程地质类比法是指把所要研究的边坡与已取得勘察资料、经验且地质条件类似的边坡进行对照,并做出工程地质评价的方法,又称工程地质比拟法。该方法主要是对已有边坡的岩性、结构、自然环境、变形破坏主导因素和发育阶段等做全面分析,并与拟建边坡做出相似性比较,评价拟建边坡的稳定性或确定边坡的坡角和坡高。类比时必须全面分析研究边坡的工程地质条件和影响边坡稳定性的各项因素,比较其相似性和差异性。相似性越高,则类比依据越充分,所得的类比结果越可靠。类比的基础是相似,只有相似程度较高时才可以进行类比。所以工程地质类比法一定要充分做好工程地质调查研究工作,而且要有丰富的实践经验。

工程地质类比法实际上是一种经验方法,边坡设计前对沿线的工程地质条件、岩体特点(结构、产状及岩性等)进行综合调查,根据工程的需求(如公路技术等级、边坡高度及施工条件等),参照当地已建路基的边坡稳定性状况,选定边坡的设计坡率。根据多年的工程实践经验,针对不同岩体,按照岩质路堑边坡的高度,已在相应规范中给出了岩质路堑边坡坡率的建议值,可供设计时对比选用。

工程地质类比法使用较为方便,一般性工程可以采用,但由于灵活性大,在很大程度上因人的经验不同而难免有选用不当的情况。

2. 岩体结构分析法

岩质边坡的各种破坏形态主要受结构面控制,把握结构面的几何特征是正确判断边坡可能失稳模式的关键。在工程地质界,常用结构面的倾向和倾角表现结构面的空间形态。采用极射赤平投影技术,可以合理地在一个平面上同时显示倾向和倾角两个参数,同时还可以确定两个面交线的产状，以进一步对边坡的失稳模式做出判断。

赤平投影是极射赤道平面投影的简称，它是一个物体几何要素（点、线、面）在空间方位和角度关系的平面投影，用平面图形表达物体的面积大小、线段绝对长度和两点之间的绝对距离。赤平投影把节理岩体中结构面的空间几何信息表现在平面上，其特点是，只反映物体线和面的产状和角距的关系，而不涉及它们的具体位置、长短、大小和距离远近。它将一个参考球作为投影工具，以参考球的中心为比较物体几何要素（点、线、面）方向和角距的圆点，以通过球心的一个水平面（通常称为赤道平面）作为投影平面。球体的上、下两个球极分别称为北极和南极。根据赤平投影的方式不同（射线由北极或南极发出）又分为上半球和下半球投影。在赤平投影方法中，倾向和倾角这两个参数可用一个大圆或一个极点唯一地表示，然后通过不同的投影方式投影在赤道平面上，这样的做法可以非常直观地反映岩体中结构面的分布情况。

在岩质边坡中，岩体的失稳模式与破坏主要受岩体内结构面的控制，它们相互之间的空间分布位置、组合关系（包括自然边坡或边坡开挖面的产状）和结构面的物理力学性质等，对边坡的稳定性都起着至关重要的作用。赤平投影方法正是基于这一点来进行的。岩质边坡常见的三种破坏类型：双滑面楔形破坏、平面滑移破坏和倾倒破坏，其赤平投影图如图 4.1 所示。

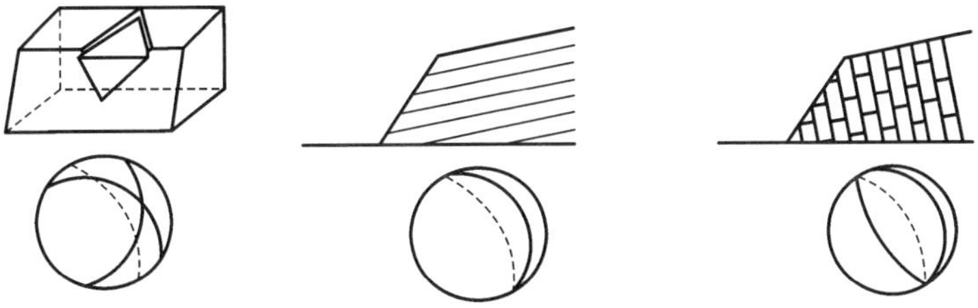

(a) 双滑面楔形破坏　(b) 平面滑移破坏　(c) 倾倒破坏

图 4.1　岩质边坡三种典型破坏模式及其赤平投影图

在平面滑移破坏和双滑面楔形破坏两种类型中，其失稳或滑动的判别一般取决于边坡坡面的倾角、结构面在坡面倾向上的视倾角及结构面摩擦角三者之间的关系。根据国内外有关文献资料及已有的工程经验，倾倒破坏一般来说要满足以下条件：①边坡坡面的倾角≥30°；②边坡坡面的倾向与结构面的倾向相反，且两者夹角应≥120°；③倾倒区的范围一般为：(120°－坡面倾角)～90°的倾角范围。

3. 数值分析法

1）有限元法

有限元法不但能够对边坡的稳定性进行定量评价，而且可以考虑岩体的不连续性、岩体应力-应变关系的非线性特征、力学性质方面的各向异性及复杂边界问题；不但能够计算岩体的弹性变形状态，也可以计算岩体的破坏状态；不但可以考虑岩体中的地应力或区域构造应力条件，也可以考虑一些特定条件的作用与影响，如地下水的渗流问题、蠕变问题等。由于有限元法具有上述优点，它在边坡岩体的稳定性评价方面得到了比较广泛的应用。

采用有限元法进行边坡稳定性分析的基本步骤如下。

① 边坡分析对象的确定及其离散化。选定计算范围，进行网格剖分。

② 单元分析。选择适当的位移模式，用单元函数表示单元内任一点的应变，求单元应力。再利用能量原理，求出单元内应力状态等效的节点力，建立等效节点力与节点位移的关系，对总体结构中每一个节点建立平衡方程，采用直接刚度法将各单元刚度矩阵进行组集得到总刚度矩阵。将作用于结构上的荷载按静力等效原则移置到节点上。通过静力平衡方程，便可求得各节点的位移，进而得到各个单元的应力、应变等。

有限元法计算得到的是计算平面上各单元的应力，需将这种应力转换成作用在滑动块体结构面上的应力。根据弹性力学理论，已知一点的应力状态，则可以得到任一斜截面上的法向应力及剪应力。

2）有限差分法

有限差分法不但能处理一般的大变形问题，而且能模拟岩体沿某一软弱结构面产生的蠕动变形；另外，它能针对不同材料特性，使用相应的本构方程来比较真实地反映实际材料的动态行为，还可以考虑锚杆、挡土墙等支护结构与岩土体的相互作用，因此，它在边坡工程中应用较为普遍。

有限差分法的基本思想是将连续的定解区域用有限个离散点构成的网格来代替，把连续的定解区域上的连续变量函数用在网格上定义的离散变量函数来近似，把原方程和定解条件中的微商用差商来近似，积分用积分和来近似，于是原微分方程和定解条件就近似地代之以代数方程组，解方程组，再利用插值方法得到整个区域上的近似解。

边坡稳定性分析计算过程如下。

① 建立模型。根据边坡工程地质条件，简化处理边坡形成抽象模型，其中包括建立概化模型、设置材料单元组和边界条件、网格划分。

② 建立原始平衡。若运行结果不理想应修改模型。

③ 运用强度折减法，降低边坡强度，用快速拉格朗日分析法自动得到每一组强度参数，并进行计算，直到边坡产生破坏面，即得到安全系数。

3）离散元法

在边坡稳定性研究中，由于离散元法在模拟过程中能考虑边坡失稳破坏的动态过程，允许岩体存在滑动、平移、转动和岩体的断裂及松散等复杂过程，具有宏观上的不连续性和单个岩块体运动的随机性，它可以较真实地、动态地模拟边坡在形成和开挖过程中应力、位移和状态的变化，预测边坡的稳定性，因此在边坡稳定性研究中得到广泛应用。

将边坡假定为离散块体的集合体，而节理、裂隙和断层等结构面被当作这些离散体之间相互作用的接触面。块体之间相互作用的力可以根据力和位移的关系求出，单个块体的运动由其所受的不平衡力和不平衡力矩的大小按牛顿运动定律确定。

应用离散元程序，具体计算步骤如下。

① 首先按照整理后的边坡实测结果及节理几何特性划分离散单元。

② 按照实测的应力分布在选定研究区域的边界上施加应力，计算出初始地应力场。

③ 将研究区域周边固定，维持区域内的应力分布，计算开挖过程中的应力场变化。

④ 给出要求截面上的应力场、位移场的分布图。

⑤ 利用位移收敛、速度回零及整个系统的不平衡力值这三个判据判断边坡是否稳定，稳定性系数则常用临界位移法确定。通过改变影响边坡稳定的主要因素如黏聚力和内摩擦角，可以找到使边坡处于临界稳定状态的临界值，两者前后之比即为边坡的临界稳定系数。

4.2.3 岩质边坡坡率探讨

1. 设计坡角与岩体质量的关系

有关统计分析表明，岩石回弹值和岩体块度关系最为紧密，相关性最好，能够比较全面地反映岩体特征对边坡坡角的影响(蒋爵光，1989)。回弹值和块度大小可以表示岩体的强度和完整性特征，这种特征可用岩体质量来表述。软而破碎岩体质量较差，硬而完整岩体质量较好。实践证明，质量很差的岩体和质量很好的岩体之间的差别很大，具有几何级数的差别。用回弹值和块度来定量描述岩体质量时，回弹值与块度的乘积正好反映了不同强度和块度组合时的岩体质量，因而将此作为岩体质量的定量描述指标。统计曲线上显示，块度呈对数正态分布，将块度用它的自然对数表示，岩体质量(RQ)可定义为

$$\mathrm{RQ}=R\lg D \tag{4.1}$$

式中：R 为岩石回弹值；D 为岩体块度，cm。

利用稳定和基本稳定边坡的回弹值和块度按式(4.1)计算出 RQ，并将 RQ 与边坡坡角 α 建立对应的关系，可确定 RQ 与岩质边坡坡角的计算式，为

$$\alpha=14.7\ln(R\lg D)+13 \tag{4.2}$$

除了回弹值与块度外，还有地下水通过软化作用影响岩质边坡坡角。因此，岩质边坡坡角设计必须考虑地下水的影响。但迄今为止，对地下水的作用仍难以做出有效的量化，因此仍沿用工程中实用的折减系数的方法处理地下水的作用问题。

据有关研究(李秉生，1991)，地下水的作用由四个描述性指标表示。这四个描述性指标是：干燥、湿润、滴水、流水。根据岩质边坡多年设计和修建的实践，当有地下水作用时，边坡设计坡角可以降低 4°～8°。地下水作用折减系数如表 4.1 所示。

表 4.1 地下水作用折减系数

地下水状态	干燥	湿润	滴水	流水
折减系数 γ_w	1.00	0.85	0.70	0.50

地下水的作用导致岩体质量降低，因此，它的折减对象是 RQ。于是利用 RQ 计算坡角的定量关系式为

$$\alpha=14.7\ln(\gamma_w R\lg D)+13 \tag{4.3}$$

式中：α 为设计坡角，(°)；γ_w 为地下水折减系数；R 为岩石回弹值；D 为岩体块度，cm。

2. 规范对岩质边坡坡率的规定

1）建筑边坡工程技术规范

《建筑边坡工程技术规范》(GB 50330—2013)(中华人民共和国住房和城乡建设部，2013)

规定，在边坡保持整体稳定的条件下，岩质边坡开挖的坡率允许值应根据工程经验，按工程类比的原则，结合已有稳定边坡的坡率分析确定。对于无外倾软弱结构面的边坡，边坡坡率可按表 4.2 确定。

表 4.2 岩质边坡坡率允许值

边坡岩体类型	风化程度	坡率允许值(高宽比)		
		$H<8$ m	8 m$\leqslant H<15$ m	15 m$\leqslant H<25$ m
I 类	未(微)风化	1∶0.00～1∶0.10	1∶0.10～1∶0.15	1∶0.15～1∶0.25
	中等风化	1∶0.10～1∶0.15	1∶0.15～1∶0.25	1∶0.25～1∶0.35
II 类	未(微)风化	1∶0.10～1∶0.15	1∶0.15～1∶0.25	1∶0.25～1∶0.35
	中等风化	1∶0.15～1∶0.25	1∶0.25～1∶0.35	1∶0.35～1∶0.50
III 类	未(微)风化	1∶0.25～1∶0.35	1∶0.35～1∶0.50	—
	中等风化	1∶0.35～1∶0.50	1∶0.50～1∶0.75	—
IV 类	中等风化	1∶0.50～1∶0.75	1∶0.75～1∶1.00	—
	强风化	1∶0.75～1∶1.00	—	—

注：1. I 类、II 类、III 类和 IV 类岩体的分类根据岩体完整程度、结构面结合程度、结构面产状等进行确定；
2. 当地下水发育时，II、III 类岩体可视具体情况降低一档；
3. 完整的极软岩可划为 III 类或 IV 类岩体。
4. H 为坡高。

对于边坡高度超过表中规定范围的岩质边坡，其坡率允许值应通过稳定性计算分析确定。

2）铁路路基设计规范

《铁路路基设计规范》(TB 10001—2016)(国家铁路局，2016)规定，岩石路堑边坡形式及坡率应根据工程地质、水文地质条件和气象条件、岩性、边坡高度、施工方法，并结合岩体结构、结构面产状、风化程度及自然稳定边坡和人工边坡的调查等因素综合确定，必要时可采用稳定分析方法予以验算。

岩石路堑边坡高度小于 20 m 时，边坡坡率可按表 4.3 的规定设计。岩石路堑边坡高度大于 20 m 时，边坡坡率、形式等应通过稳定性分析计算确定。

表 4.3 岩石路堑边坡坡率

岩石类型	风化程度	边坡坡率
硬质岩	未风化、微风化	1∶0.1～1∶0.5
	弱风化、强风化	1∶0.3～1∶0.75
	全风化	1∶0.75～1∶1.0
软质岩	未风化、微风化	1∶0.3～1∶0.75
	弱风化、强风化	1∶0.5～1∶1.0
	全风化	1∶0.75～1∶1.5

注：1. 特殊岩石路堑边坡形式及坡率应符合《铁路特殊路基设计规范》(TB 10035—2006)的相关规定。
2. 存在不利结构面的岩质边坡应通过稳定计算确定。
3. 有可靠的资料和经验时，可不受本表限制。

3）公路路基设计规范

《公路路基设计规范》(JTG D30—2015)（中华人民共和国交通运输部，2015）规定，岩质路堑边坡形式及坡率应根据工程地质条件与水文地质条件、边坡高度、排水防护措施、施工方法等，结合自然稳定边坡和人工边坡的调查综合确定。必要时可采用稳定性分析方法予以验算。对于高度小于 30 m、无外倾软弱结构面的边坡，边坡坡率可按表 4.4 确定。

表 4.4　岩质路堑边坡坡率

边坡岩体类型	风化程度	坡率允许值(高宽比)	
		$H<15$ m	15 m$\leqslant H\leqslant$30 m
I 类	未风化、微风化	1∶0.1～1∶0.3	1∶0.1～1∶0.3
	弱风化	1∶0.1～1∶0.3	1∶0.3～1∶0.5
II 类	未风化、微风化	1∶0.1～1∶0.3	1∶0.3～1∶0.5
	弱风化	1∶0.3～1∶0.5	1∶0.5～1∶0.75
III 类	未风化、微风化	1∶0.3～1∶0.5	—
	弱风化	1∶0.5～1∶0.75	—
IV 类	弱风化	1∶0.5～1∶1	—
	强风化	1∶0.75～1∶1	—

注：1. I 类、II 类、III 类和 IV 类岩体的分类根据岩体完整程度、结构面结合程度、结构面产状等进行确定；

2. I 类岩体性质最好，IV 类岩体性质最差；

3. IV 类强风化包括各类风化程度的极软岩。

对有外倾软弱结构面的岩质边坡、坡顶边缘附近有较大荷载的边坡、边坡高度大于 30 m 的边坡等，边坡坡率应按规范有关规定通过稳定性分析计算确定。

4.3　土质路堑边坡坡率

土质路堑边坡坡率设计应根据边坡高度、土的湿度和密实程度、地下水和地表水的情况、土的成因类型及生成时代等因素确定。在一般情况下，土质路堑边坡坡率应根据调查路线附近已建工程的人工边坡及山坡稳定状况，参照规范确定。

影响土质边坡稳定性的因素有很多，可分为内在因素与外在因素，其中内在因素主要包括土体的力学、水-力相互作用等特性，外在因素主要包括降雨、人类活动、地震等因素。赣南地区雨量充沛，在本地区的滑坡中，降雨诱发性滑坡占 79.67%以上。降雨入渗一方面会使土体含水率增大，降低其强度参数；另一方面降雨入渗产生的动、静水压力对边坡的稳定性产生不利影响。

4.3.1　规范对土质边坡坡率的规定

1. 建筑边坡工程技术规范

《建筑边坡工程技术规范》(GB 50330—2013)（中华人民共和国住房和城乡建设部，2013）

规定，土质边坡的坡率允许值应根据工程经验，按工程类比的原则，结合已有稳定边坡的坡率分析确定。当无经验且土质均匀良好、地下水贫乏、无不良地质作用和地质环境条件简单时，边坡坡率允许值可按表 4.5 确定。对于边坡高度超过表 4.5 中规定范围的土质边坡，其坡率允许值应通过稳定性计算分析确定。

表 4.5　土质边坡坡率允许值

边坡土体类别	状态	坡率允许值(高宽比)	
		坡高小于 5 m	坡高 5～10 m
碎石土	密实	1∶0.35～1∶0.50	1∶0.50～1∶0.75
	中密	1∶0.50～1∶0.75	1∶0.75～1∶1.00
	稍密	1∶0.75～1∶1.00	1∶1.00～1∶1.25
黏性土	坚硬	1∶0.75～1∶1.00	1∶1.00～1∶1.25
	硬塑	1∶1.00～1∶1.25	1∶1.25～1∶1.50

注：1. 碎石土的充填物为坚硬或硬塑状态的黏性土；

2. 对于砂土或充填物为砂土的碎石土，其边坡坡率允许值应按砂土或碎石土的自然休止角确定。

2. 铁路路基设计规范

《铁路路基设计规范》(TB 10001—2016)(国家铁路局，2016)规定，土质路堑边坡形式及坡率应根据工程地质、水文地质和气象条件、边坡高度、防排水措施、施工方法等，结合自然稳定山坡和人工边坡的调查及力学分析综合确定。

土质路堑边坡高度小于 20 m 时，边坡坡率可按表 4.6 确定。当存在不利地层分界面、滑动面、地下水出露等特殊情况，需通过稳定性分析计算确定。路堑边坡高度大于 20 m 时，边坡坡率、形式等应通过稳定性分析计算确定。

表 4.6　土质路堑边坡坡率

土的类别		边坡坡率
黏土、粉质黏土、塑性指数大于 3 的粉土		1∶1.00～1∶1.50
中密以上的中砂、粗砂、砾砂		1∶1.50～1∶1.75
漂石土、卵石土、碎石土、粗砾土、细砾土	胶结和密实	1∶0.50～1∶1.25
	中密	1∶1.25～1∶1.50

注：1. 特殊土路堑边坡形式及坡率应符合《铁路特殊路基设计规范》(TB 10035—2006)的相关规定；

2. 有可靠的资料和经验时，可不受本表限制。

3. 公路路基设计规范

《公路路基设计规范》(JTG D30—2015)(中华人民共和国交通运输部，2015)规定，土质路堑边坡形式及坡率应根据工程地质与水文地质条件、边坡高度、排水防护措施、施工方法等，并结合自然稳定斜坡、人工边坡的调查及力学分析综合确定。边坡高度不大于 20 m 时，边坡坡率不宜陡于表 4.7 的规定值。路堑边坡高度大于 20 m 时，其边坡形式及坡率应通过边坡稳定性计算分析确定。

表 4.7　土质路堑边坡坡率

土的类别		边坡坡率
黏土、粉质黏土、塑性指数大于 3 的粉土		1∶1
中密以上的中砂、粗砂、砾砂		1∶1.5
卵石土、碎石土、粗砾土、圆砾土、角砾土	胶结和密实	1∶0.75
	中密	1∶1

注：黄土、红黏土、高液限土、膨胀土等特殊土质路堑边坡形式及坡度按本规范有关规定确定。

4.3.2　土质路堑边坡坡率探讨

从 2.4 节边坡破坏模式分析可知，边坡的失稳主要发生在残积土和全风化岩体中，本节着重讨论 A 标段与 B 标段沿线土体与全风化岩体组成的边坡的坡率。根据赣南地区的地质、气象等条件，在 A 标段沿线选取深切岩土二元结构路堑边坡（A9 标段 K206＋700 右侧路堑边坡，见图 4.2）、中低岩土二元结构路堑边坡（A8 标段 K204＋900 右侧路堑边坡，见图 4.3）和类土质路堑边坡（A6 标段 K196＋380 左侧路堑边坡，图 4.4）作为研究的对象，采用 GeoStudio 软件中的渗流分析模块 SEEP/W、边坡稳定性分析模块 SLOPE/W，计算边坡在降雨入渗和不同组合坡率下这三个边坡的稳定性，探讨土质（类土质）路堑边坡的设计坡率。

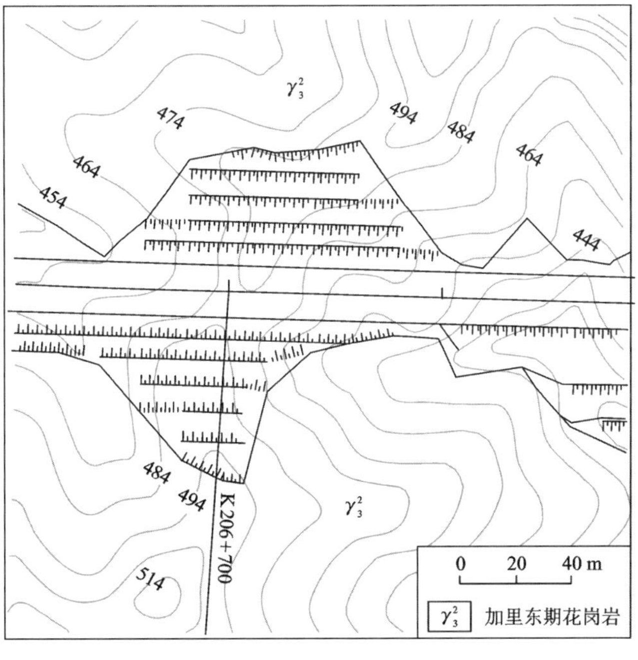

图 4.2　A9 标段 K206＋700 右侧路堑边坡平面图

1. 模拟边坡概况及计算模型

1）模拟边坡概况

所选边坡均为花岗岩岩体及其风化带边坡，据勘察报告及野外地质调研，这三个边坡的物质组成从上往下可分为如下四类。

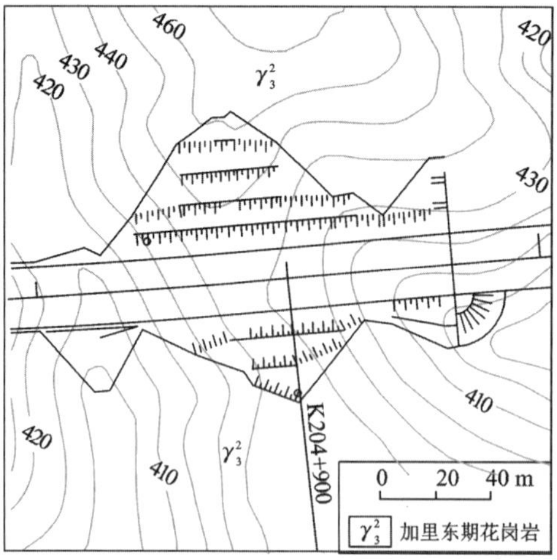

图 4.3　A8 标段 K204＋900 右侧路堑边坡平面图

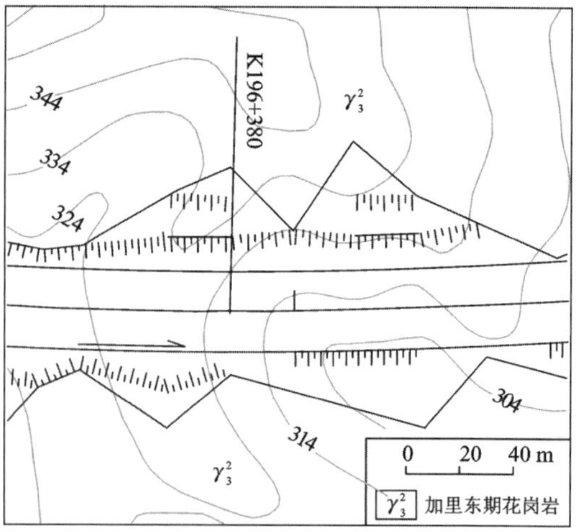

图 4.4　A6 标段 K196＋380 左侧路堑边坡平面图

① 粉质黏土：灰褐、黄褐色，硬塑，成分以黏粒为主，粉砂粒次之，为地表薄层，厚度 1 m 左右。

② 全风化花岗岩：黄褐色或麻灰色，原岩组织结构基本被破坏，原岩矿物已经风化成黏土、石英颗粒、花岗岩碎块石，岩心呈砂土状夹碎石，与砂土类似；厚度因所处地质环境不同而有较大的差异。

③ 强风化花岗岩：灰褐色，岩体极破碎，节理裂隙极发育，呈碎块状，厚度因所处的地质环境不同而有较大差异。

④ 中风化花岗岩：深灰色，节理裂隙较发育，碳酸盐填充，岩质较硬，厚度很大。

2）模型及参数设置

（1）模型设置

A9 标段 K206＋700 右侧路堑边坡以设计施工图件为基础，模型左侧边界为 K196＋380 左侧边坡剖面的最高点，右侧边界为高速公路的中间隔离带（图 4.2）。边坡设计坡率为一、二级边坡坡率为 1∶1，三、四级边坡坡率为 1∶1.25，五、六、七级边坡坡率为 1∶1.5。每级边坡高 8 m，两级边坡之间设置 2 m 宽的坡间平台，坡间平台倾向坡外的倾角为 2°（图 4.5）。

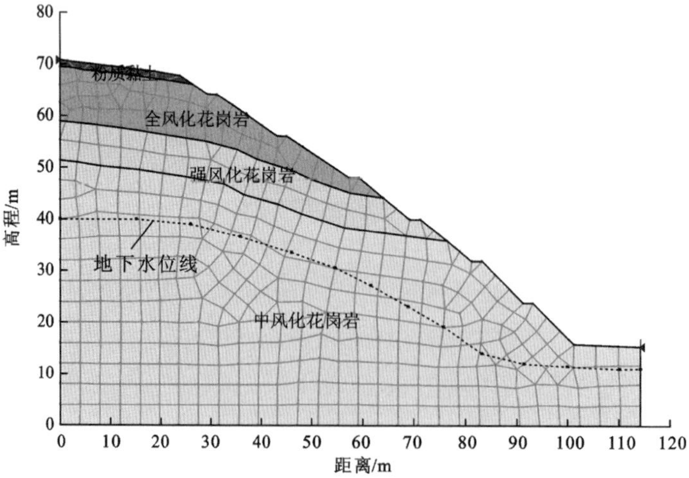

图 4.5　A9 标段 K206＋700 路堑边坡模型图

A8 标段 K204＋900 右侧路堑边坡模型的选取原则同上。边坡设计坡率为一、二级边坡坡率为 1∶1，三级边坡坡率为 1∶1.25。每级边坡高 8 m，两级边坡之间设置 2 m 宽的坡间平台，坡间平台倾向坡外的倾角为 2°（图 4.6）。

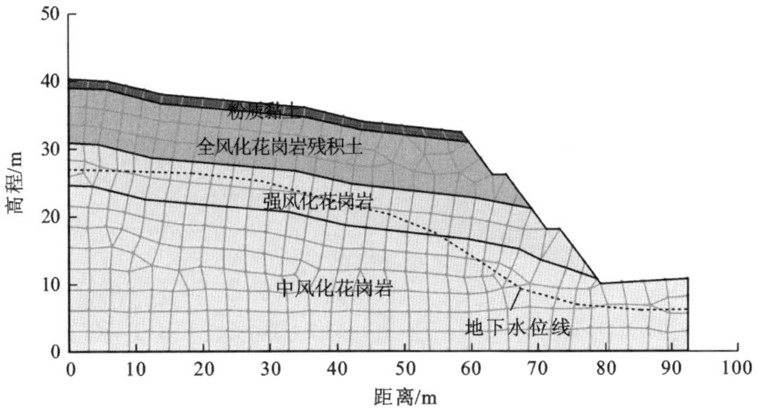

图 4.6　A8 标段 K204＋900 路堑边坡模型图

A6 标段 K196＋380 左侧路堑边坡模型的选取原则同上。边坡设计坡率为一级边坡坡率为 1∶1.25，二级、三级边坡坡率为 1∶1.5。每级边坡高 8 m，两级边坡之间设置 2 m 宽的坡间平台，坡间平台倾向坡外的倾角为 2°（图 4.7）。

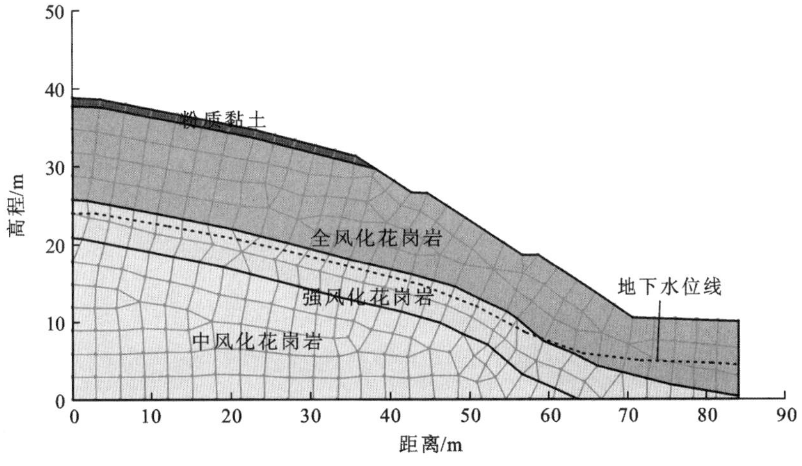

图 4.7　A6 标段 K196＋380 路堑边坡模型图

（2）模型参数选取

① 重度、黏聚力、内摩擦角：全风化花岗岩参考第 2 章试验获取的参数，粉质黏土、强风化花岗岩、中风化花岗岩参考“宁定高速安远至定南段（A 标段）施工设计工程地质报告”中岩土体物理力学参数。

② 渗透系数：粉质黏土层参考第 2 章试验获取的参数，全风化花岗岩参考了文献《花岗岩类全风化带的工程地质特性》（陈洪江，1995），强风化花岗岩、中风化花岗岩参考“宁定高速安远至定南段（A 标段）施工设计工程地质报告”中岩土体物理力学参数。

③进气值、拟合参数：全风化花岗岩参考第 2 章试验获取的参数，粉质黏土、强风化花岗岩、中风化花岗岩则采用了软件自带参数。

模拟最终所采用的岩土体物理力学参数如表 4.8 所示。

表 4.8　岩土体物理-力学参数

岩性	重度/KN^3	黏聚力/kPa	内摩擦角/(°)	渗透系数/(m/s)	进气值/kPa	拟合参数(n)
粉质黏土	18	22	17	2.25×10^{-7}	软件自带参数	
全风化花岗岩	16.6	6.5	30	4.19×10^{-6}	1.905	1.82
强风化花岗岩	23	200	25	7.5×10^{-6}	软件自带参数	
中风化花岗岩	26	4 000	30	4.1×10^{-6}	软件自带参数	

将表 4.8 中各岩土体的参数输入 GeoStudio 软件中的岩土体饱和与非饱和模型，可得各岩土体的渗透系数函数曲线(图 4.8)。从图 4.8 分析可知，随着基质吸力的增大，各岩土体的渗透系数迅速降低。当基质吸力较大时，粉质黏土与全风化层的渗透系数比强风化和中风化层的渗透系数大。

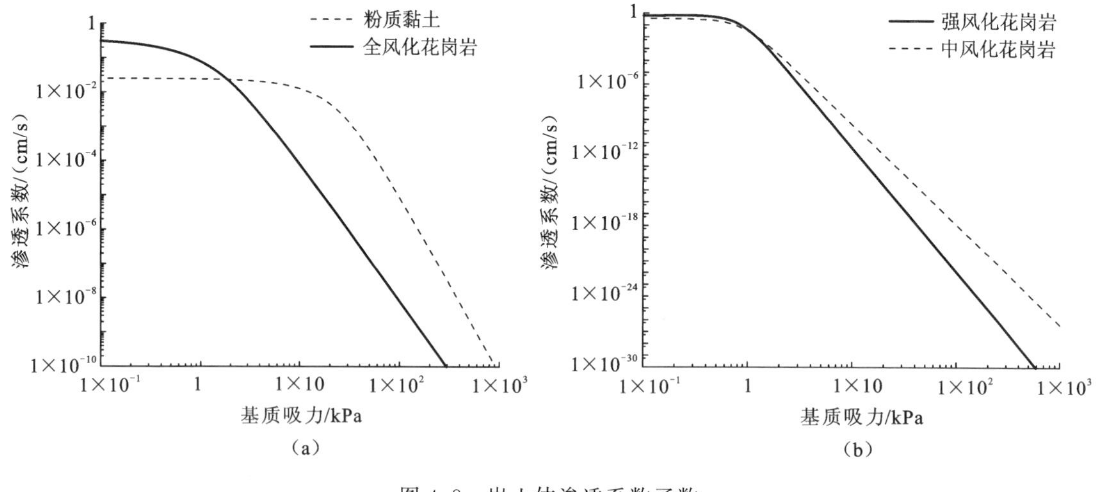

图 4.8　岩土体渗透系数函数

3）模型的初始条件、边界条件

边坡的初始地下水位根据前期勘察资料确定，如图 4.6～图 4.8 所示。模型的左、右边界及底部边界均设定为零流量边界，坡面边界条件根据降水量的不同可分为两种情况：①当 $q<S_{sat}$时，边界条件设定为单位流量边界，大小为降雨强度；②当 $q>S_{sat}$时，将边界条件设定为正压力水头，水头大小为 $h=q\times t$。

以上三个边坡中，所有坡面边界条件均为单位流量边界。

A9 标段 K206+700 右侧路堑边坡：本次计算采用 4 m 的间距对模型进行网格划分，共产生 406 个节点和 379 个单元。

A8 标段 K204+900 右侧路堑边坡：采用 3 m 的间距对模型进行网格划分，共产生 364 个节点和 328 个单元。

A6 标段 K196+380 左侧路堑边坡:采用 3 m 的间距对模型进行网格划分,共产生 310 个节点和 283 个单元。

2. 不同坡率下典型路堑边坡稳定性

选择两种工况进行稳定性计算:①天然工况,即无降雨,地下水位处于初始水位条件。②暴雨工况,根据定南县历史降雨数据和近三年的降雨数据可知,在 2015 年 5 月月降水量达到了 565.1 mm,且历史最大日降水量为 199 mm。因此,在探讨路堑边坡在降雨作用下的稳定性时,将暴雨工况假定为第一天 85 mm、第二天 100 mm、第三天 190 mm、第四天 100 mm、第五天 85 mm,降雨时长为 5 d,并在降雨结束后继续计算 8 d。在边坡坡率的设置中,保持每一级边坡高度 8 m 不变,坡间平台 2 m 宽度不变,且平台有倾向坡外 2°的倾角。

1)深切岩土二元结构路堑边坡坡率探讨

以 A9 标段 K206+700 右侧路堑边坡为例进行探讨,该边坡为岩土二元结构边坡,其中全风化花岗岩厚度大于 10 m,根据勘察资料可知,未开挖前在非雨季时钻孔未见地下水位,在坡顶处地下水位在地表以下 30 m 的位置,因而将高水位在度 40 m 处作为雨季模拟的初始水位条件。共设置了四种组合坡率进行稳定性计算。

组合坡率一:设计施工的边坡坡率,即一、二级边坡坡率为 1∶1,三、四级边坡坡率为 1∶1.25,五、六、七级边坡坡率为 1∶1.5。

组合坡率二:设置思路为在中风化花岗岩中,边坡坡率设置为 1∶0.75,在强风化花岗岩中,边坡坡率设置为 1∶1,在表层粉质黏土和全风化花岗岩中,边坡坡率设置为 1∶1.25。在本边坡中,坡率设置为一、二级边坡坡率设置为 1∶0.75,三、四级边坡坡率设置为 1∶1,五、六级边坡坡率设置为 1∶1.25。

组合坡率三:设置思路为在中风化花岗岩中,边坡的坡率设置为 1∶0.75,在强风化花岗岩、全风化花岗岩和表层粉质黏土中边坡坡率均设置为 1∶1。在本边坡中,坡率设置为一、二、三级边坡坡率设置为 1∶0.75,四、五级边坡坡率设置为 1∶1。

组合坡率四:设置思路为从坡顶至坡底坡率均采用 1∶0.75。

图 4.9~图 4.12 为 A9 标段 K206+700 右侧路堑边坡各种组合坡率在暴雨工况下最小稳定安全系数计算剖面(Morgenstern-Price 法)及最危险滑动面的位置。

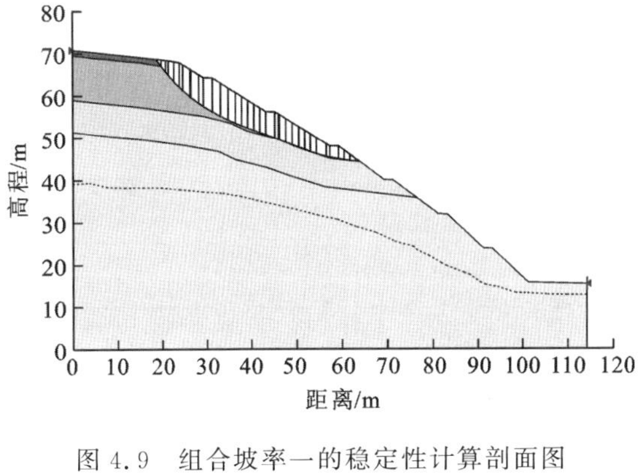

图 4.9 组合坡率一的稳定性计算剖面图

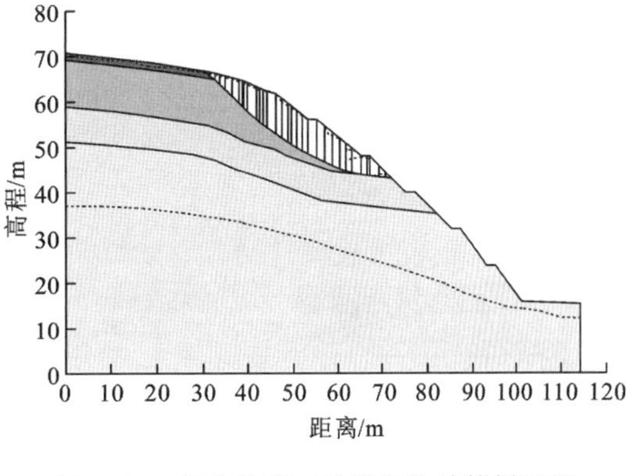

图 4.10 组合坡率二的稳定性计算剖面图

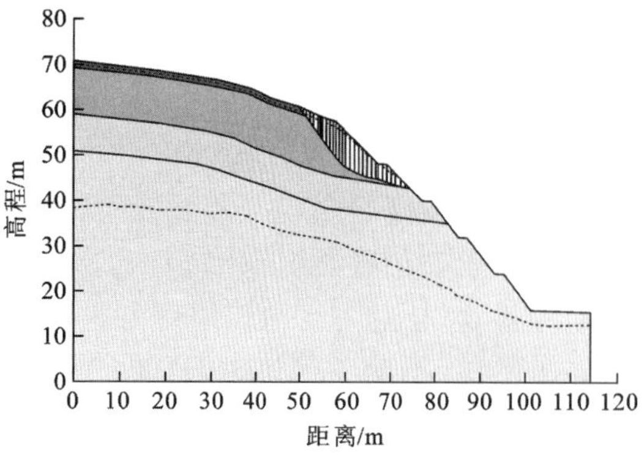

图 4.11　组合坡率三的稳定性计算剖面图

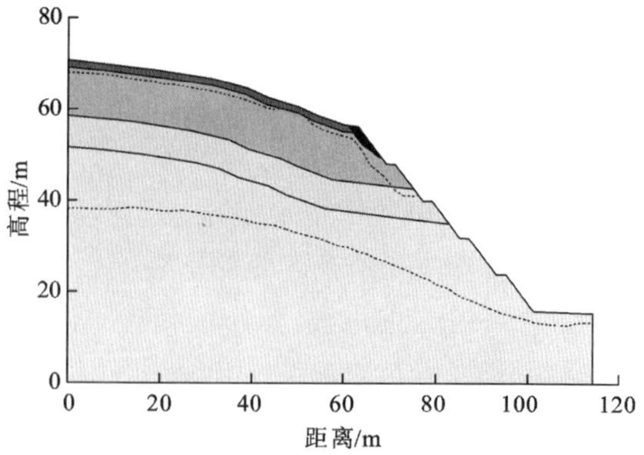

图 4.12　组合坡率四的稳定性计算剖面图

各种工况和不同组合坡率下，采用各种计算方法计算的边坡稳定安全系数如表 4.9 所示。

表 4.9　各种组合坡率下边坡的稳定安全系数表

计算工况	计算方法	组合坡率一	组合坡率二	组合坡率三	组合坡率四
天然工况	Morgenstern-Price 法	1.947	1.759	1.748	1.491
	简化 Bishop 法	2.060	1.830	1.796	1.486
	简化 Janbu 法	1.895	1.693	1.697	1.463
暴雨工况	Morgenstern-Price 法	1.936	1.687	1.482	0.879
	简化 Bishop 法	2.058	1.735	1.483	0.883
	简化 Janbu 法	1.892	1.647	1.466	0.881

对图 4.9～图 4.13 分析可知，四种组合坡率下边坡的最危险滑动面均从坡顶表层粉质黏土中剪入，前三种组合坡率下从全风化花岗岩和强风化花岗岩交界带处剪出，第四种组合坡率下从全风化层上部剪出。从水位线的分布分析，边坡稳定性受降雨入渗的影响较大；从最危险滑动面的分布分析，上部的粉质黏土和全风化花岗岩处于较为危险的状态，下部的强风化花岗岩与中风化花岗岩，抗剪强度较大，且受降雨影响较小，处于稳定状态。

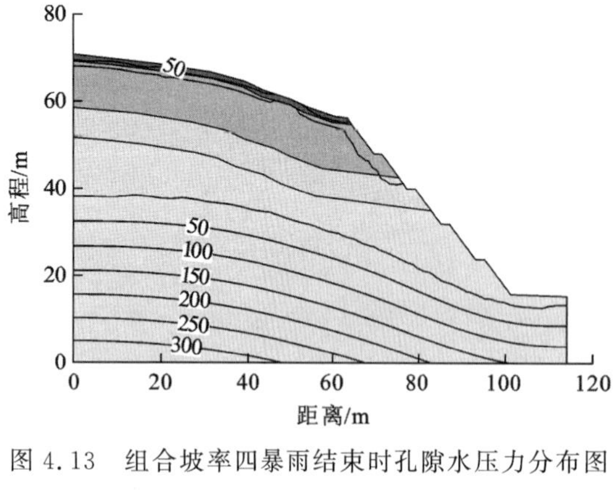

图 4.13　组合坡率四暴雨结束时孔隙水压力分布图

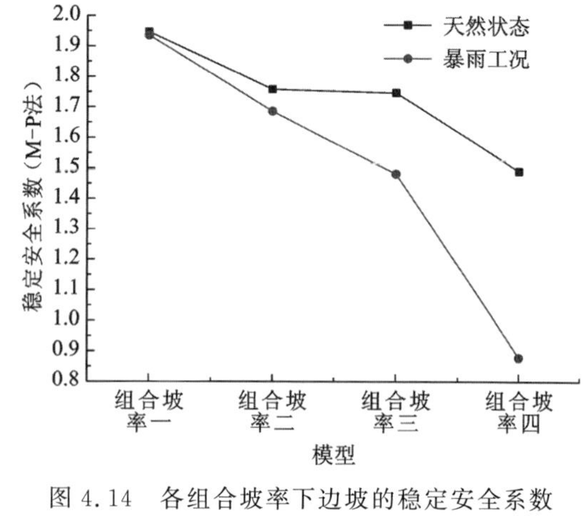

图 4.14　各组合坡率下边坡的稳定安全系数

从计算结果分析，随着边坡坡率增大，稳定安全系数逐步降低。天然工况时，各种组合坡率下边坡的安全系数都比较高，处于稳定状态；暴雨工况下，边坡在组合坡率四时安全系数为0.879，处于失稳状态，其余三种组合坡率下边坡处于相对稳定状态。对图4.14分析可知，暴雨工况下，边坡从组合坡率三到组合坡率四稳定安全系数下降了0.603，下降幅度很大。由于计算模型中考虑的是均质的土体与均质的岩体，并未考虑裂隙等条件，计算的稳定安全系数偏高。因此实际条件下，四种组合坡率下边坡稳定安全系数可能出现一定幅度的降低，组合坡率三仍然不是安全的设计坡率。

综上所述，组合坡率一、组合坡率二相对较为稳定，皆可以考虑选用。从表4.9可知，暴雨工况下组合坡率一的稳定安全系数与组合坡率二的稳定安全系数有较大差值，但是，按照组合坡率一与组合坡率二开挖，实际的开挖工程量非常接近。因此，对于此类边坡推荐选用组合坡率一作为设计坡率。

2）中低岩土二元结构路堑边坡坡率探讨

以A8标段K204＋900右侧路堑边坡为例进行探讨，该边坡为岩土二元结构边坡，其中全风化花岗岩厚度为8 m左右，未开挖前非雨季时在坡顶处，地下水位在地表以下12 m的位置，因而将水位在高度28 m处作为雨季模拟的初始水位条件。共设置四种组合坡率进行稳定性计算。

组合坡率一：一级边坡坡率设置为1∶1，二级边坡坡率设置为1∶1.25，三级边坡坡率设置为1∶1.5。

组合坡率二：一、二级边坡坡率设置为1∶1，三级边坡坡率设置为1∶1.25。

组合坡率三：一级边坡坡率设置为1∶0.75，二、三级边坡坡率设置为1∶1。

组合坡率四：一、二、三级边坡坡率均设置为1∶0.75。

图4.15～图4.18为该边坡各种组合坡率在暴雨工况下的稳定安全系数计算剖面（Morgenstern-Price法）及最危险滑动面的位置。

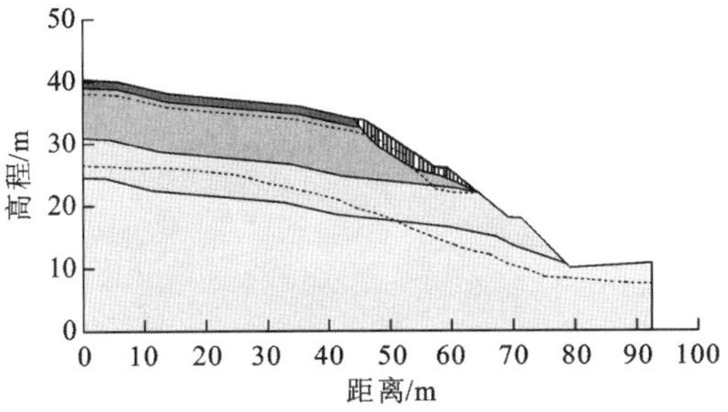

图4.15　组合坡率一的稳定性计算剖面图

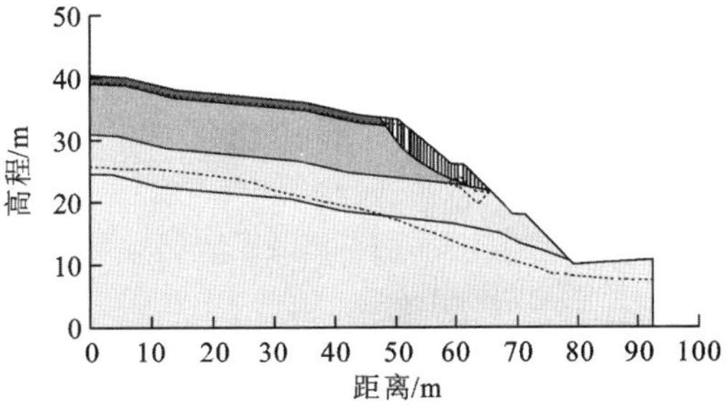

图4.16　组合坡率二的稳定性计算剖面图

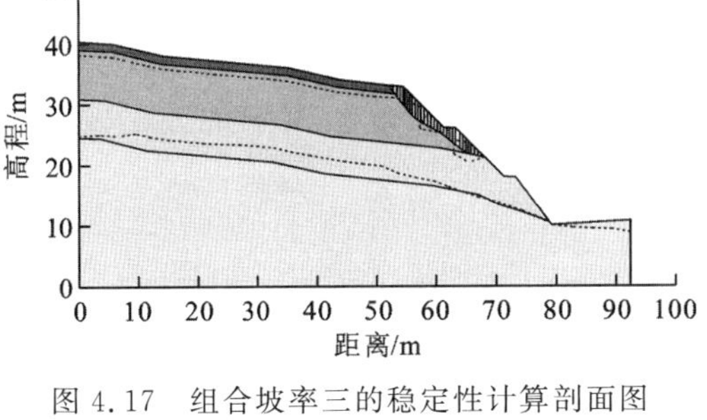

图4.17　组合坡率三的稳定性计算剖面图

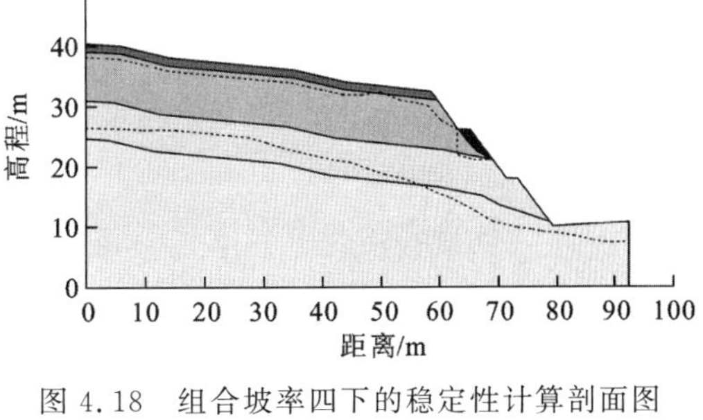

图4.18　组合坡率四下的稳定性计算剖面图

各工况和不同组合坡率下，采用各种计算方法计算的边坡稳定安全系数如表 4.10 所示。

表 4.10 各种工况下边坡的稳定安全系数表

计算工况	计算方法	组合坡率一	组合坡率二	组合坡率三	组合坡率四
天然工况	Morgenstern-Price 法	2.298	2.093	1.948	1.746
	简化 Bishop 法	2.391	2.156	1.992	1.755
	简化 Janbu 法	2.201	2.016	1.872	1.698
暴雨工况	Morgenstern-Price 法	1.597	1.438	1.173	1.005
	简化 Bishop 法	1.642	1.487	1.199	1.013
	简化 Janbu 法	1.570	1.393	1.154	0.993

对图 4.15～图 4.19 分析可知，前三种组合坡率下边坡的最危险滑动面均为从坡顶表层粉质黏土中剪入，从全风化花岗岩和强风化花岗岩交界带处剪出，第四种组合坡率下边坡最危险滑动面在全风化层剪入，从全、强风化层交界处剪出。从水位线的分布分析，边坡稳定性受降雨入渗的影响较大；从最危险滑动面的分布分析，上部的粉质黏土和全风化花岗岩处于较为危险的状态，下部的强风化花岗岩与中风化花岗岩，抗剪强度大，受降雨影响较小，处于稳定状态。

从计算结果分析，随着边坡坡率的增大，稳定安全系数逐渐降低。天然工况时，各种组合坡率下边坡的安全系数都比较高，处于稳定状态；暴雨工况下，第三、四种组合坡率稳定安全系数较低，边坡不稳定，第一、二种组合坡率下稳定安全系数较大，边坡稳定。对图 4.20 分析可知，暴雨工况下，四种组合坡率下，相较于天然工况边坡的稳定安全系数降低了 0.7 左右，暴雨对边坡的稳定性影响很大。由于计算模型中将岩土体考虑为均质体，未考虑到裂隙等条件，因此计算出来的稳定安全系数偏大。组合坡率二边坡的安全储备不高，因此，对于此类边坡推荐选用组合坡率一作为设计坡率。

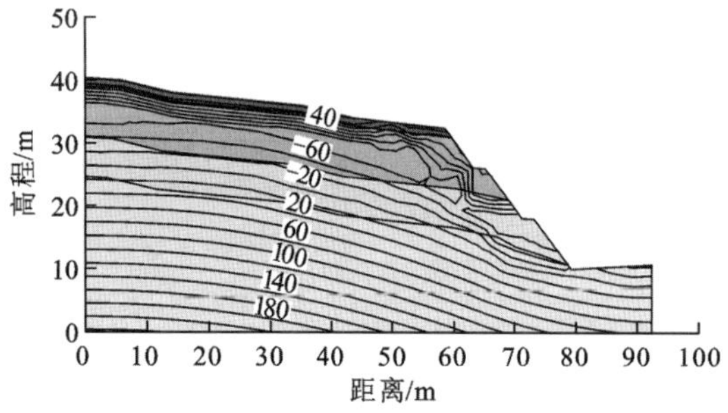

图 4.19 组合坡率四暴雨结束时孔隙水压力分布图

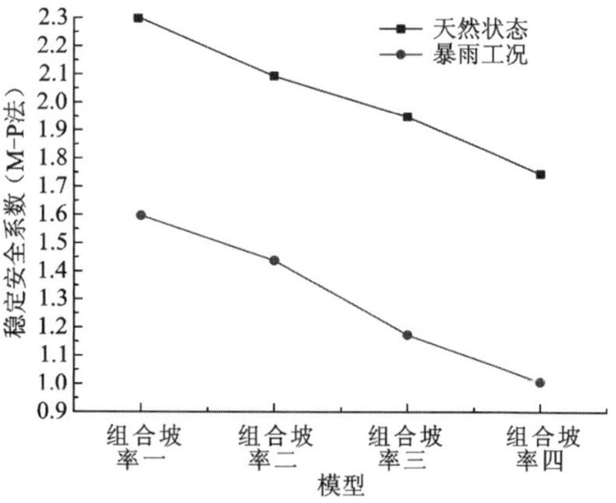

图 4.20 各组合坡率下边坡的稳定安全系数

3）类土质路堑边坡坡率探讨

以 A6 标段 K196+380 左侧路堑边坡为例进行坡率探讨。该边坡为类土质边坡，其中全风化花岗岩的厚度约为 12 m，根据勘察资料可知，未开挖前在非雨季时，地下水位在坡顶处地表以下 14 m 的位置，因而将水位在高度 24 m 处作为雨季模拟的初始地下水位条件。共设置六种组合坡率进行稳定性计算：

组合坡率一：一、二、三级边坡坡率均设置为 1∶1.5。

组合坡率二：一级边坡坡率设置为 1∶1.25，二、三级边坡坡率设置为 1∶1.5。

组合坡率三：一、二、三级边坡坡率均设置为 1∶1.25。

组合坡率四：一级边坡坡率设置为 1∶1，二级边坡坡率设置为 1∶1.25。

组合坡率五：一、二级边坡坡率均设置为 1∶1。

组合坡率六：一级边坡坡率设置为 1∶0.75，二级边坡坡率设置为 1∶1。

图 4.21～图 4.26 为该边坡各种组合坡率在暴雨工况下的稳定安全系数计算剖面（Morgenstern-Price 法）及最危险滑动面的位置。

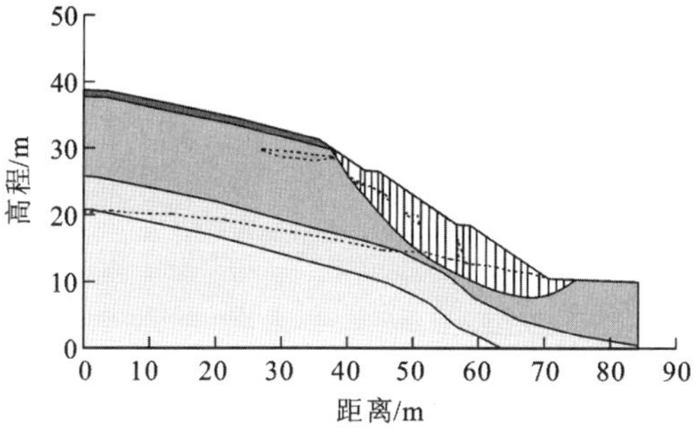

图 4.21　组合坡率一的稳定性计算剖面

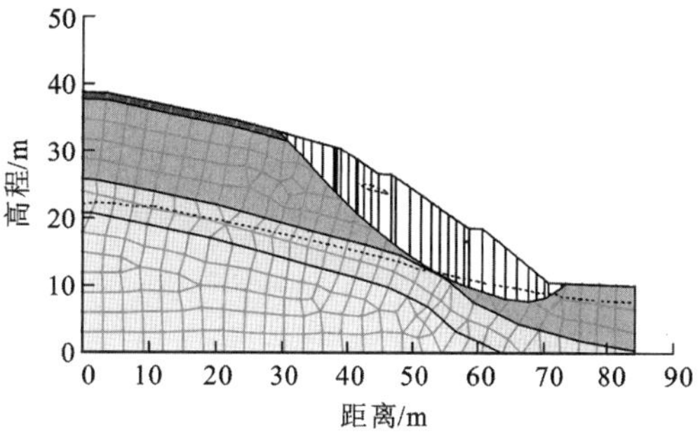

图 4.22　组合坡率二的稳定性计算剖面

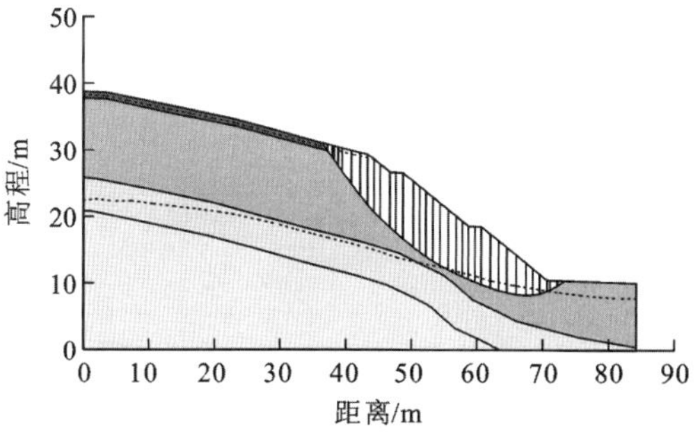

图 4.23　组合坡率三的稳定性计算剖面

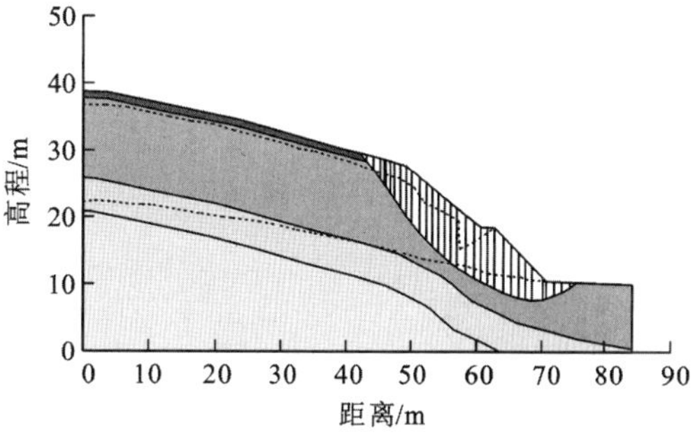

图 4.24　组合坡率四的稳定性计算剖面

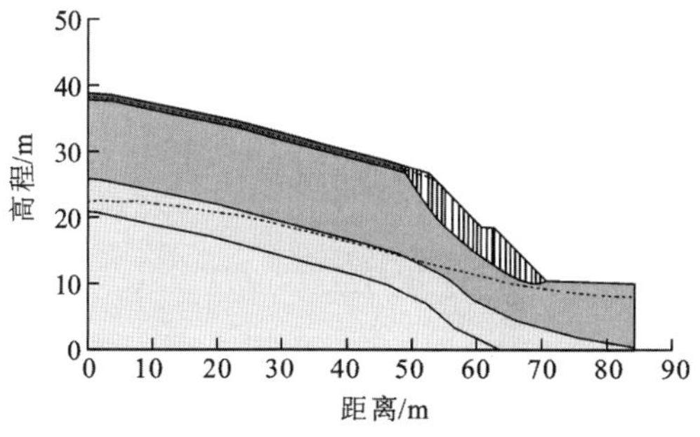

图 4.25　组合坡率五的稳定性计算剖面

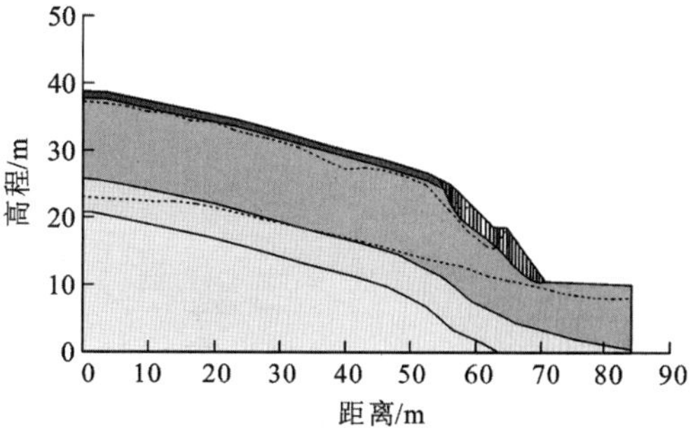

图 4.26　组合坡率六的稳定性计算剖面

各种工况和不同组合坡率下，采用各种计算方法计算的边坡稳定安全系数如表 4.11 所示。

表 4.11 各种工况下边坡的稳定安全系数表

计算工况	计算方法	组合坡率一	组合坡率二	组合坡率三	组合坡率四	组合坡率五	组合坡率六
天然工况	Morgenstern-Price 法	1.637	1.632	1.570	1.480	1.453	1.389
	简化 Bishop 法	1.707	1.692	1.622	1.512	1.483	1.405
	简化 Janbu 法	1.546	1.540	1.487	1.426	1.400	1.353
暴雨工况	Morgenstern-Price 法	1.312	1.199	1.141	1.082	1.049	0.970
	简化 Bishop 法	1.313	1.238	1.124	1.077	1.030	0.957
	简化 Janbu 法	1.212	1.158	1.070	1.036	1.001	0.961

对图 4.21～图 4.27 分析可知，这六种组合坡率下边坡的最危险滑动面均为从坡顶表层粉质黏土中剪入，从坡脚附近剪出，边坡整体稳定性较低。从地下水位线的分布分析，边坡稳定性受降雨入渗的影响较大；从最危险滑动面的分布分析，上部的粉质黏土和全风化花岗岩很厚，处于不稳定的状态，下部的强风化花岗岩与中风化花岗岩，抗剪强度大，受降雨影响小，且不处于切坡范围内，处于稳定状态。

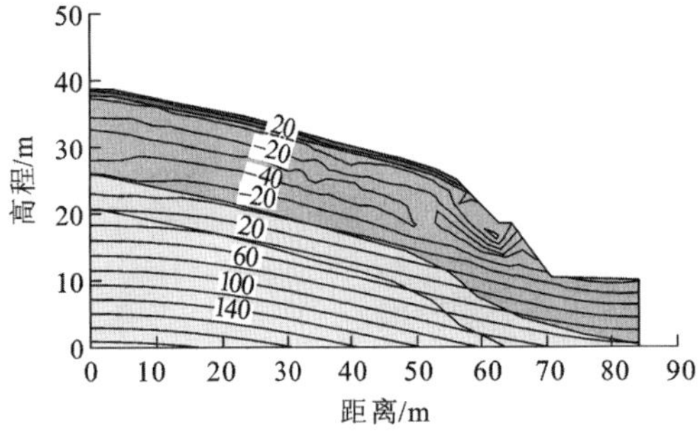

图 4.27 组合坡率六暴雨结束时孔隙水压力分布图

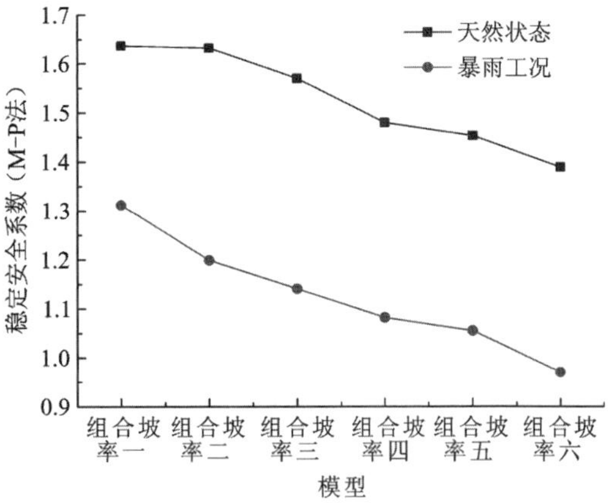

图 4.28 各组合坡率下边坡的稳定安全系数

从计算结果分析，随着边坡坡率的增大，稳定安全系数逐渐降低。天然工况下，前三种组合坡率时边坡的安全系数都比较高，处于稳定状态；后三种组合坡率时稳定安全系数相对较低。从图 4.8 分析可知，暴雨工况下，后五种组合坡率的边坡稳定安全系数几乎都在 1.2 以下，安全储备低，不符合高速公路的安全等级。第一种组合坡率时边坡稳定性相对较高，但考虑到计算中将岩土体考虑为均质，计算所得的稳定安全系数偏高，组合坡率一仍然不是安全的设计坡率。因此，建议实际施工时在组合坡率一的基础上再次放缓坡率，以保证边坡稳定性。

4.4 安远至定南段试验深切边坡坡率分析

4.4.1 山下深切边坡

山下深切边坡地处安远县南部的孔田镇(图 1.1)，其表层覆盖有粉质黏土，边坡开挖深度范围内岩体可分为强风化凝灰熔岩、中风化凝灰熔岩。强风化凝灰熔岩岩体破碎，节理裂隙发育;中风化凝灰熔岩岩体为块状构造,裂隙较发育,岩质坚硬。

山下深切边坡采用分级开挖的方式进行切坡,边坡共分为六级。各级边坡过渡部分设有边坡台阶。第一级边坡岩体为中风化凝灰熔岩与强风化凝灰熔岩,边坡高度为 8 m,边坡岩体类型为 IV 类,参照《公路路基设计规范》(JTG D30—2015)(中华人民共和国交通运输部,2015),边坡坡率设置为 1∶1 比较合理。第二级边坡岩体为强风化凝灰熔岩,边坡岩体类型为 IV 类,边坡高度为 8 m,参照规范,边坡坡率设置为 1∶1 比较合理。第三级与第四级边坡处于强风化凝灰熔岩风化带内,边坡高度均为 8 m。相对于第二级边坡,第三级与第四级边坡岩体风化作用更为强烈,岩体工程性质相对较差,赣南地区降水量丰富,降水入渗对第三级与第四级边坡的稳定性有一定影响,故第三级与第四级边坡坡率设置为 1∶1.25 可以确保边坡稳定。第五级边坡下部为全风化凝灰熔岩,上部为含砾粉质黏土;第六级边坡为含砾粉质黏土,第五级与第六级边坡每级边坡的高度为 8 m,赣南地区当地降水量较多,降水对边坡上部含砾粉质黏土的影响较大,参照规范,第五级与第六级边坡的坡率设置为 1∶1.5 有利于边坡的稳定。山下深切边坡开挖坡率剖面见图 4.29,其整体稳定性分析计算参见第 8 章。

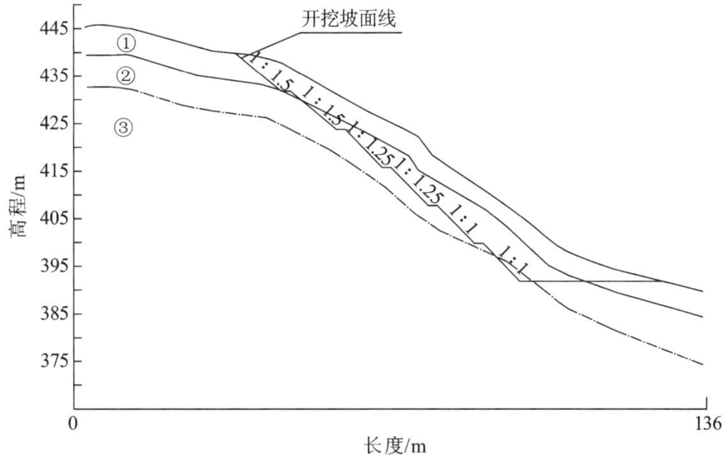

图 4.29　山下深切边坡开挖坡率剖面图

①粉质黏土;②强风化凝灰熔岩;③中风化凝灰熔岩

4.4.2　田心(李子光)深切边坡

田心深切边坡与李子光深切边坡分别地处定南县镇田乡与鹅公镇(图 1.1),表层覆盖有粉质黏土,边坡开挖深度范围内岩体可划分为全风化花岗岩、强风化花岗岩与中风化花岗岩。全风化花岗岩呈砂土状;强风化花岗岩裂隙极发育;中风化花岗岩为块状构造,裂隙较发育,岩质坚硬。

田心深切边坡采用分级开挖的方式进行切坡,边坡共分为六级。各级边坡过渡部分设有边坡台阶。第一级边坡与第二级边坡处于中风化花岗岩岩体之中,边坡高度为 8 m,边坡岩体类型为 IV 类,参照《公路路基设计规范》(JTG D30—2015)(中华人民共和国交通运输部,2015),边坡坡率设置为 1∶1 较为合理。第三级边坡下部为中风化花岗岩,上部为强风化花岗岩,边坡岩体类型为 IV 类,边坡高度为 8 m,参照规范,边坡坡率设置为 1∶1.25 比较合理。第四级边坡下部处于强风化花岗岩中,上部处于全风化花岗岩中,边坡高度为 8 m,考虑到全风化花岗岩风化程度剧烈,呈砂土状,且降雨入渗对岩土体强度的劣化作用,参照规范,边坡坡率设置为 1∶1.25 较为合理。第五级边坡处于全风化花岗岩中,边坡高度为 8 m,全风化花岗岩风化程度极高,已经成砂土,遇水易崩解,参照规范,其坡率设置为 1∶1.5 比较合适。第六级边坡处于粉质黏土中,边坡高度较小,依据规范,边坡坡率可设置为 1∶1.5。田心深切边坡开挖坡率剖面图见图 4.30,其整体稳定性分析计算参见第 8 章。

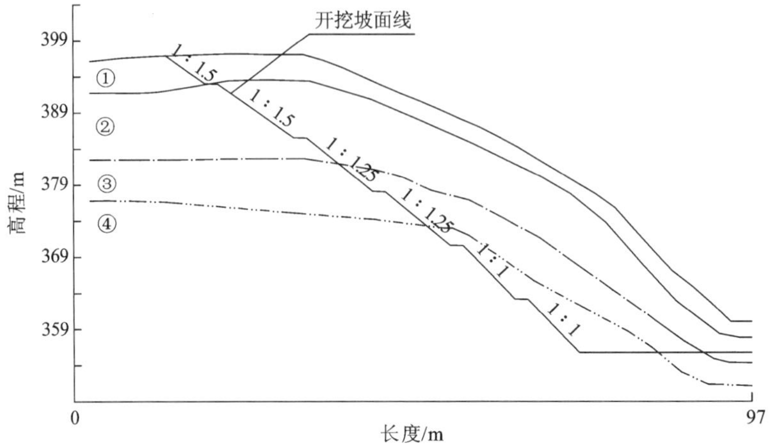

图 4.30　田心深切边坡开挖坡率剖面图

①粉质黏土;②全风化花岗岩;③强风化花岗岩;④中风化花岗岩

李子光深切边坡采用分级开挖的方式进行切坡,边坡共分为六级。与田心深切边坡类似,参照规范《公路路基设计规范》(JTG D30—2015)(中华人民共和国交通运输部,2015),第一级和第二级边坡坡率设为 1∶1,第三级和第四级边坡坡率设为 1∶1.25,第五级和第六级边坡坡率设为 1∶1.5。李子光深切边坡开挖坡率剖面见图 4.31,其整体稳定性分析计算参见第 8 章。

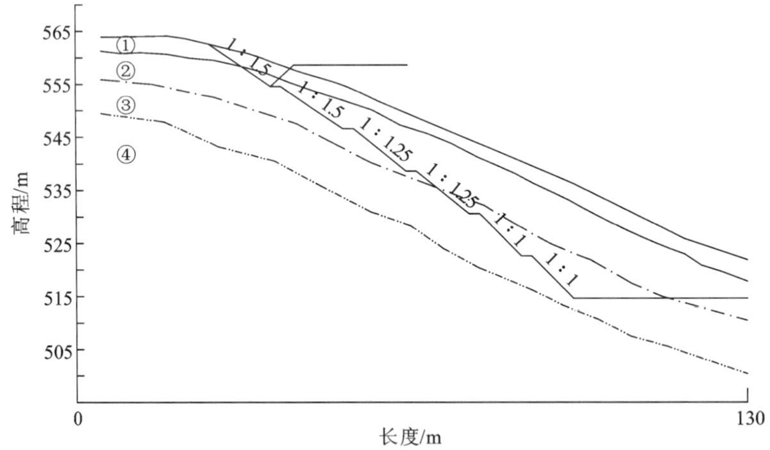

图 4.31　李子光深切边坡开挖坡率剖面图

①粉质黏土;②全风化花岗岩;③强风化花岗岩;④中风化花岗岩

4.4.3　镇田深切边坡

镇田深切边坡地处定南县鹅公镇(图 1.1),表层覆盖有粉质黏土,边坡开挖深度范围内岩体可划分为全风化花岗片麻岩、强风化花岗片麻岩与中风化花岗片麻岩。全风化花岗片麻岩呈砂土状；强风化花岗片麻岩岩体极破碎，节理裂隙极发育；中风化花岗片麻岩岩体较破碎-较完整，节理裂隙发育，岩质坚硬。

镇田深切边坡采用分级开挖的方式进行切坡，边坡共分为七级。各级边坡过渡部分设有边坡台阶。第一级边坡与第二级边坡处于中风化花岗片麻岩中，边坡高度为 8 m，边坡岩体类型为 IV 类，参照《公路路基设计规范》(JTG D30—2015)(中华人民共和国交通运输部，2015)，边坡坡率设置为 1∶1 较为合理。第三级边坡下部为中风化花岗片麻岩，上部为强风化花岗片麻岩，第四级边坡处于强风化花岗片麻岩地层内，边坡高度均为 8 m，相对于第一级与第二级边坡，岩体风化作用更为强烈，参照规范，第三级与第四级边坡坡率设置为 1∶1.25 比较合理。第五级与第六级边坡处于强风化花岗片麻岩中，边坡高度为 8 m，岩体破碎，且边坡稳定性易受降雨作用的影响，参照规范，边坡坡率应设置为 1∶1.5。第七级边坡为全风化花岗片麻岩与粉质黏土，岩石风化作用强烈，全风化花岗片麻岩呈砂土状，遇水易软化、崩解，在降雨入渗等作用下，边坡岩土体抗剪强度下降，对其稳定性较为不利，依据规范，其坡率设置为 1∶1.75 较为合理。镇田深切边坡开挖坡率剖面见图 4.32，其整体稳定性分析计算参见第 8 章。

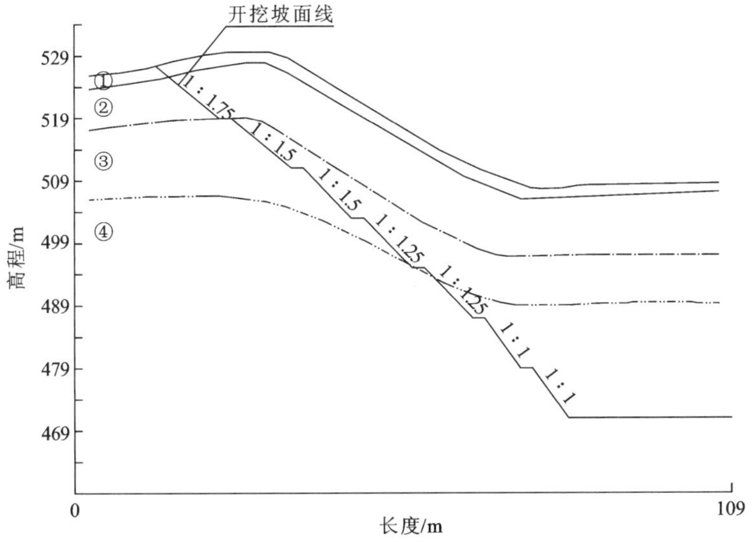

图 4.32　镇田深切边坡开挖坡率剖面图

①粉质黏土；②全风化花岗片麻岩；③强风化花岗片麻岩；④中风化花岗片麻岩

4.4.4　围上深切边坡

围上深切边坡地处定南县天九镇(图 1.1)，表层覆盖有粉质黏土，边坡开挖深度范围内岩体可划分为全风化变质砂岩、强风化变质砂岩。全风化变质砂岩结构构造基本破坏，岩心呈坚硬土柱状；强风化变质砂岩为致密状构造，岩体破碎，岩质较硬。

围上深切边坡采用分级开挖的方式进行切坡，边坡共分为六级。各级边坡过渡部分设有边坡台阶。第一级边坡处于强风化变质砂岩之中，边坡高度为 8 m，边坡岩体类型为 IV 类，参照《公路路基设计规范》(JTG D30—2015)(中华人民共和国交通运输部，2015)，边坡坡率设置为 1∶1 较为合理。第二级与第三级边坡处于强风化变质砂岩内，边坡岩体类型为 IV 类，边坡高度为 8 m，第二级与第三级边坡相对于第一级边坡岩体风化程度更大，岩体工程性质相对较差，故参照规范，边坡坡率设置为 1∶1.25 比较合理。第四级与第五级边坡为强风化变质砂岩，边坡高度为 8 m，同第二级与第三级边坡一样，边坡坡率设置为 1∶1.25。第六级边坡为全风化变质砂岩和粉质黏土，边坡高度为 4.7 m，岩土体工程性质较差，在降雨入渗等作用下，边坡稳定性较差，依据规范，其边坡坡率可设置为 1∶1.5。围上深切边坡的开挖坡率剖面见图 4.33，其整体稳定性分析计算参见第 8 章。

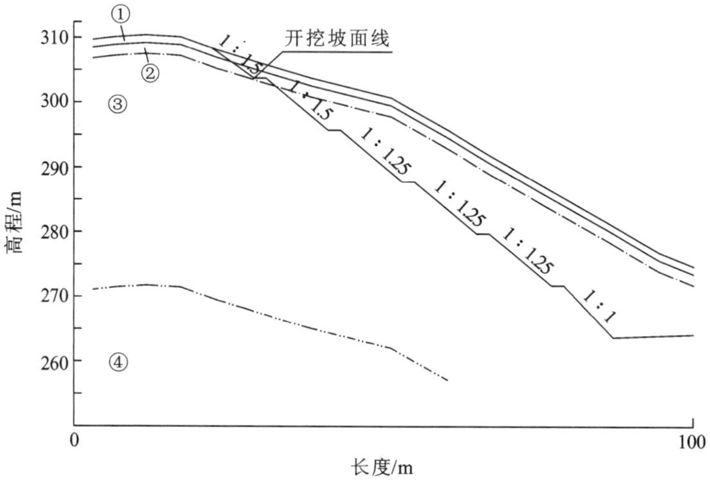

图 4.33　围上深切边坡开挖坡率剖面图

①粉质黏土；②全风化变质砂岩；③强风化变质砂岩；④中风化变质砂岩

4.4.5　竹园深切边坡

竹园深切边坡地处定南县老城镇竹园村（图 1.1），表层覆盖有粉质黏土，边坡开挖深度范围岩体可划分为全风化板岩、强风化板岩与中风化板岩。全风化板岩结构构造基本破坏，岩心以土柱状为主；强风化板岩为板状构造，岩体破碎，岩质易碎；中风化板岩为细粒变余结构，板状构造，岩体破碎，岩心以块状为主，岩质较软。

竹园深切边坡采用分级开挖的方式进行切坡，边坡共分为六级。各级边坡过渡部分设有边坡台阶。第一级边坡为中风化板岩，第二级边坡为全风化板岩，边坡高度均为 8 m，边坡岩体类型为 IV 类，边坡坡面与板岩岩层层面近似垂直，边坡总体较稳定，参照《公路路基设计规范》（JTG D30—2015）（中华人民共和国交通运输部，2015），第一级与第二级边坡坡率设置为 1∶1 较为合理。第三级边坡为强风化板岩，第四级边坡基本为全风化板岩，边坡总体较为稳定，但第三级与第四级边坡板岩的风化程度较大，岩体较为破碎，边坡高度均为 8 m，参照规范，第三级与第四级边坡坡率宜设置为 1∶1.25。第五级与第六级边坡为粉质黏土，粉质黏土主要由全风化碎块状变质砂岩组成，粉质黏土充填其中，土体抗剪强度较大。第五级边坡高度为 8 m，第六级边坡高度约为 1.5 m，参照规范，第五级边坡坡率可设置为 1∶1.25，第六级边坡坡率宜设置为 1∶1.5。竹园深切边坡开挖坡率剖面见图 4.34，其整体稳定性分析计算参见第 8 章。

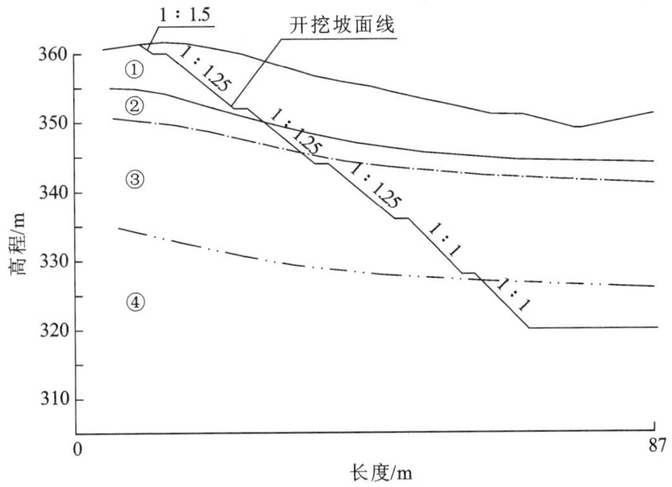

图 4.34　竹园深切边坡开挖坡率剖面图

①粉质黏土；②全风化板岩；③强风化板岩；④中风化板岩

4.5　安远至定南段试验高填边坡坡率分析

4.5.1　规范对高填边坡坡率的规定

1. 铁路路基设计规范

《铁路路基设计规范》(TB 10001—2016)(国家铁路局，2016)规定，填方路堤边坡的边坡形式和边坡坡率应根据轨道类型和车辆荷载、填料的物理力学性质、边坡高度及地基工程地质条件等由稳定分析计算确定。当地基条件良好，边坡高度不大于表 4.12 的规定，其边坡形式和坡率可按表 4.12 选用。

表 4.12　路堤边坡形式和坡率

填料名称	边坡高度/m			边坡坡率		边坡形式
	全部高度	上部高度	下部高度	上部坡率	下部坡率	
细粒土、易风化的软块石土	20	8	12	1∶1.50	1∶1.75	折线形或台阶形
粗粒土(细砂、粉砂除外)、漂石土、卵石土、碎石土、不易风化的软块石土	20	12	8	1∶1.50	1∶1.75	折线形或台阶形
硬块石土	8	—	—	1∶1.30		直线形
	20	—	—	1∶1.50		直线形

注：1. 如有可靠资料和经验时，可不受本表限制；

2. 路基边坡浸水或填料为粉细砂、膨胀土、盐渍土等时，其边坡形式和坡率应符合《铁路特殊路基设计规范》(TB 10035—2006)的规定。

2. 公路路基设计规范

《公路路基设计规范》(JTG D30—2015)(中华人民共和国交通运输部，2015)规定，路堤边坡形式和坡率应根据高填边坡填料的物理力学性质、边坡高度和工程地质条件确定。当地质条件良好，边坡高度不大于 20 m 时，其边坡坡率不宜陡于表 4.13 规定值。

表 4.13　路堤边坡坡率

填料类别	边坡坡率	
	上部高度（$H \leqslant 8$ m）	下部高度（$H \leqslant 12$ m）
细粒土	1∶1.50	1∶1.75
粗粒土	1∶1.50	1∶1.75
巨粒土	1∶1.30	1∶1.50

对于边坡高度大于 20 m 的路堤边坡，形式宜采用阶梯形，边坡坡率可由稳定性分析计算确定。浸水路堤在设计水位以下的边坡坡率不宜陡于 1∶1.75。

4.5.2　试验高填边坡坡率分析

1. 木杨高填边坡

木杨高填边坡地处定南县鹅公镇（图 1.1），区内覆盖层以残坡积粉质黏土为主，下伏黑云母花岗岩。全风化花岗岩遇水易软化、崩解，呈砂土状；强风化花岗岩裂隙极发育，岩心呈碎块状；中风化花岗岩呈似斑状结构，块状构造，岩质较硬。

木杨高填边坡采用的填筑材料主要为取自边坡附近的深切路堑边坡土石方作业过程中开挖后得到的花岗岩残积土、全风化花岗岩和强风化花岗岩。边坡所用的粗粒土填料用强风化花岗岩处理而成；所用的细粒土填料用全风化花岗岩和花岗岩残积土处理而成。路堤边坡距离路床顶面 12 m 以下的部分用粗粒土填料进行填筑，以增强路堤边坡的强度和稳定性。粗粒土填料最大颗粒粒径不得大于 150 mm，填料采用 50 t 以上的振动压路机进行碾压，填料压实度≥93%，碾压后填料的承载比 CBR 值不得小于 3%。木杨高填边坡从边坡顶面至距离边坡顶面 12 m 以上的部分用细粒土填料进行填筑（图 4.35）。高填路堤边坡各层填料采用 50 t 以上的振动压路机进行碾压。路堤边坡距离路床顶面以下 1.5～12 m 的下路堤所用填料的最大颗粒粒径不得大于 150 mm，填料压实度≥93%，碾压后填料的承载比 CBR 值不得小于 3%；

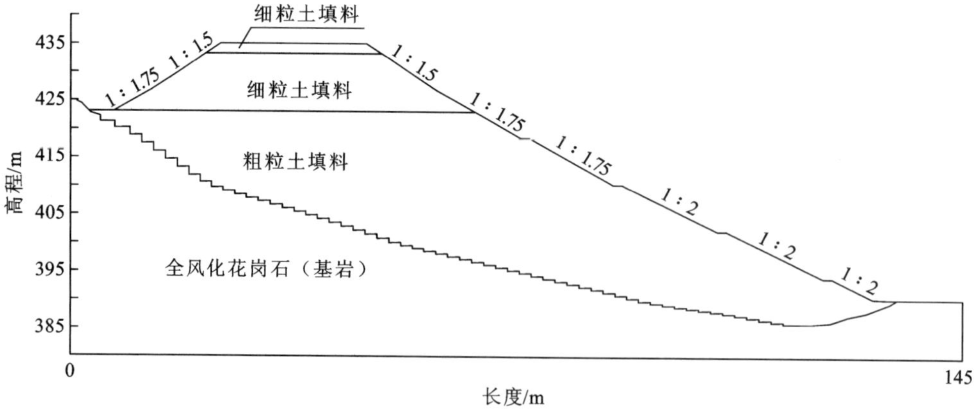

图 4.35　木杨高填边坡填筑坡率剖面图

距离路床顶面以下 0.8～1.5 m 的上路堤所用填料的最大颗粒粒径不得大于 150 mm，填料压实度≥94%，碾压后填料的承载比 CBR 值不得小于 4%；距离路床顶面以下 0.3～0.8 m 的下路床所用填料的最大颗粒粒径不得大于 100 mm，填料压实度≥96%，碾压后填料的承载比 CBR 值不得小于 5%；距离路床顶面以下 0～0.3 m 的上路床所用填料的最大颗粒粒径不得大于 100 mm，填料压实度≥96%，碾压后填料的承载比 CBR 值不得小于 8%。

木杨高填边坡经分层填筑、分层压实形成边坡。木杨高填边坡为半填路堤边坡，在进行边坡的填筑施工之前，应将边坡场地原始坡面处的粉质黏土层、上部物理力学性质比较差的全风化花岗岩清除，在物理力学性质比较好的全风化花岗岩上进行填筑，填筑前应在作为路堤边坡基底的全风化花岗岩上逐级开挖水平长度为 2 m 的台阶，台阶平面向内坡度为 3%。根据《公路路基设计规范》(JTG D30—2015)(中华人民共和国交通运输部，2015)，木杨高填边坡形式宜采用阶梯形加折线形，共分为六级边坡。第一边坡坡率为 1∶1.5，坡高为 8 m；第二级与第三级边坡坡率均为 1∶1.75，边坡高度均为 8 m，第一级与第二级边坡呈折线形过渡；第四级、第五级与第六级边坡坡率均为 1∶2，第四级与第五级边坡高度均为 8 m，第六级边坡高度为 5.3 m。除第一级与第二级边坡呈折线形过渡外，其余各级边坡之间均设置平台相连。木杨高填边坡填筑坡率剖面见图 4.35，边坡的整体稳定性分析计算参见第 8 章。

2. 铜锣丘高填边坡

铜锣丘高填边坡位于定南县中部历市镇(图 1.1)。场区内覆盖层以残坡积粉质黏土为主，下伏震旦系坝里组、沙坝黄组板岩地层。上段强风化板岩岩心呈砂土状，质软易碎；下段强风化板岩为细粒变余结构，板状构造，岩体破碎，质软易碎。

铜锣丘高填边坡采用的填筑材料主要取自边坡附近的深切路堑边坡土石方作业过程中开挖后得到的板岩残积土、强风化板岩。边坡所用的粗粒土填料由下段强风化板岩处理而成，所用的细粒土填料由上段强风化板岩和板岩残积土处理而成。路堤边坡距离路床顶面 12 m 以下的部分用粗粒土填料进行填筑，以增强路堤边坡的强度和稳定性。粗粒土填料最大颗粒粒径不得大于 150 mm。填料采用 50 t 以上的振动压路机进行碾压，填料压实度≥93%，碾压后填料的承载比 CBR 值不得小于 3%。铜锣丘高填边坡中从边坡顶面至距离边坡顶面 12 m 以上的部分用细粒土填料进行填筑(图 4.36)。高填路堤边坡各层填料采用 50 t 以上的振动压路机进行碾压。路堤边坡距离路床顶面以下 1.5～12 m 的下路堤所用填料最大颗粒的粒径不得大于 150 mm，填料压实度≥93%，碾压后填料的承载比 CBR 值不得小于 3%；距离路床顶面以下 0.8～1.5 m 的上路堤所用填料的最大颗粒粒径不得大于 150 mm，填料压实度≥94%，碾压后填料的承载比 CBR 值不得小于 4%；距离路床顶面以下 0.3～0.8 m 的下路床所用填料的最大颗粒粒径不得大于 100 mm，填料压实度≥96%，碾压后填料的承载比 CBR 值不得小于 5%；距离路床顶面以下 0～0.3 m 的上路床所用填料的最大颗粒粒径不得大于 100 mm，填料压实度≥96%，碾压后填料的承载比 CBR 值不得小于 8%。

铜锣丘高填边坡经分层填筑、分层压实形成边坡。铜锣丘高填边坡为半填路堤边坡，边坡所在场区从上往下地层中的粉质黏土、强风化板岩上部风化层的岩土体工程性质较差，上部的板岩风化程度高，质软易碎。若在之上直接进行填土压实成坡，则其下粉质黏土、上部的强风化板岩会成为填筑边坡的软弱层。在降雨入渗、地下水及上部荷载作用下，铜锣丘高填边坡容易沿软弱层产生整体失稳破坏。因此，在进行边坡的填筑施工之前，应将边坡场地原始坡面处

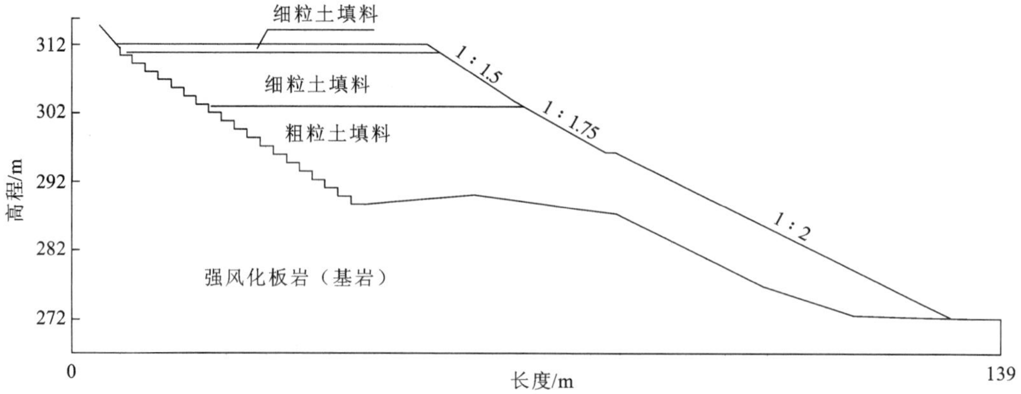

图 4.36　铜锣丘高填边坡填筑坡率剖面图

的粉质黏土层、强风化板岩上部岩质较差的风化层全部清除，在岩质较好的强风化板岩上进行填土压实。填筑前应在作为路堤边坡基底的强风化板岩上逐级开挖水平长度为 2 m 的台阶，台阶平面向内坡度为 3%。根据《公路路基设计规范》(JTG D30—2015)（中华人民共和国交通运输部，2015），木杨高填边坡宜采用阶梯形加折线形边坡形式，共分为三级边坡。第一级边坡坡率为 1∶1.5，边坡高度为 8 m；第二级边坡坡率为 1∶1.75，边坡高度为 8 m，第一级边坡与第二级边坡采用折线的形式相连；第二级边坡以下的路堤边坡部分粗粒土填料层填筑厚度相对较小，填料易于压实，压实后的粗粒土填料抗剪强度较大，且下部作为基岩的强风化板岩坡度较小，因此此部分坡体总体较为稳定，故将此部分填方边坡部分设置为第三级边坡，边坡坡率为 1∶2，边坡高度为 26.4 m，第二级边坡与第三级边坡之间设置平台。铜锣丘高填边坡填筑坡率剖面见图 4.36，边坡的整体稳定性分析计算参照第 8 章。

第5章　赣南山区高速公路深切高填边坡排水防护技术

5.1　高速公路边坡排水技术研究现状

5.1.1　国外研究现状

边坡排水是公路排水系统中的一个重要组成部分，目前国外在公路排水相关方面已做了大量研究和探索。美国、澳大利亚、德国、法国、日本等发达国家，公路建设起步比较早，公路等级也比较高，在公路排水研究方面积累了比较丰富的理论和实践经验，并在广泛研究和工程实践的基础上提出了一系列设计规范或指南。例如，1987年德国提出《公路排水设施规范》，1987年日本提出《道路排水工指南》，1996年英国出版《路边地面排水沟槽出口设计》等。

美国在公路排水设计上比较注重环境保护。从保护生态环境方面优先考虑，边沟设置较少，雨水主要流向路肩外的草坪凹形处或暗沟，然后将水排入小河，这样处理对水土保持和减少冲刷起到了较好的作用。公路边沟的外形基本都是坦三角形或浅蝶形，边沟较少用圬工铺砌，而是铺土工织物种草，真正的排水系统在地下。公路范围内植被好，滞留系数大，水流缓慢，雨水通过边坡漫流至边沟，再渗至边沟下面的暗沟里，由地下排水系统排泄。即使大雨也很难看到两侧边沟大量流水，地表径流对边坡冲蚀力很小。对未设地下排水系统的一般公路边沟，则在沟内铺碎石和天然砂砾，以减慢水流速度，防止水土流失。公路工程施工本身就是对周边环境的一种破坏，因而美国政府对工程承包商在环境保护方面的要求非常严格，施工时尽量减少对原有土壤的扰动，开始施工前首先根据原有地表径流并结合设计的永久排水设施的设置做好临时排水系统，对周围环境有较大影响的路段重点防护。在路基施工中对边坡暂时裸露的地表采用覆盖人工草皮或塑料薄膜等方法，以防止雨水冲刷引起周边环境的污染。对弃土场的处理采取不规则堆弃的办法，无须对其进行整平，但必须进行绿化。

美国在公路排水研究中侧重于研究公路排水的水质污染、对下游河流泥沙的影响及技术在排水设计上的应用。例如，对路面排水的水质进行长期监测，建立了全国的水文计算模型，在大比例尺的数字化地理模型上设计铁路、公路排水，编制成计算机应用软件，运用GIS及MATLAB等应用软件设计排水系统，自动化程度高，一些思路可供我国排水设计参考。

澳大利亚东部沿海地势平坦，高速公路路基基本沿原地形布设，路面平坦，边坡与自然环境融合一致。公路排水系统设计别具一格，十分注重环境保护和生态保护，在表面看不到有什么深边沟，同时边沟被植被充分覆盖，十分讲究与自然的融合。公路边沟既能排除地表水，又能蓄存雨水。边沟设计断面尺寸不是很大，节约土地，同时边沟每150 m左右设一集水井，集水井与边沟下的排水暗沟相接，该暗沟可以直通水厂的蓄水池，由水厂加工消毒后作为生活用水。

德国在公路排水方面的技术也比较成熟。在路面排水设计上，路面横坡一般不小于2.5%，而且要求路面横坡的变化应该有足够长的路段来过渡，在纵坡很小的路段上，超高缓和段路面的超高方式要求以路面内边线为轴旋转，使其在每一处都具有最小的合成坡度；道路经过地区的天然排水系统尽可能少受破坏，天然的河沟尽可能保留；边坡高度大于2.0 m时，路堤与路堑边坡采用同一边坡值，标准的边坡值规定为1∶1.5。高度小于2.0 m的边坡，其坡比均小于1∶1.5，冲刷问题不大；尽量不设路缘石。在公路排水系统设计时优先考虑地表排水，地下排水只在不得已时才使用，这与我国的做法一致。

法国的公路专家提出，在高速公路排水沟的设计上应采取灵活的方案，法国公路排水系统充分利用公路两侧地形，顺应地形的变化，设计美观实用，节省了工程造价，避免了圬工对环境的破坏。

总之，美国、德国、法国、澳大利亚等发达国家的公路边坡设计起步比较早，也比较成熟，公路边坡排水设施完善，公路两侧植被比较好，绿化覆盖十分全面。他们的排水设计思想是比较重视自然环境与公路设计的融合，以减少灾害、保护环境为目的，这符合公路排水设计的目的。另外，国外的排水设计都是依照自己国家的实际情况而制定的，其中一些适合中国国情和水文地质等条件的做法和研究成果值得我国借鉴和参考。

5.1.2 国内研究现状

我国的公路建设起步较晚，在公路排水方面的研究成果相对较少，随着近年来国家对交通基础设施领域投资的加大，我国公路里程急速增加，公路排水问题也越来越引起国内学者和专家的重视。他们在借鉴国外成熟经验的基础上，结合我国的工程实际条件，开展了相应的研究工作，提出了相应的设计方法，这对于减少我国公路水毁起到了很大的作用。

1992年，西安公路学院与陕西省公路局共同承担了交通部行业联合攻关项目“山区公路路基排水与水毁防治技术研究”，主要研究了沿河公路路基的冲刷与防护措施，并对暴雨洪水引起的挖方边坡的稳定性，以及山区公路边坡范围的地面水和地下水的防排水措施进行了分析研究，提出了相应的计算方法。2002年，蒋焕章编著了《公路水文勘测设计与水毁防治》一书，该书主要侧重于桥梁与沿河路基的水毁防治技术。2002年，姚祖康编著了《公路排水设计手册》，为我国公路排水设计者提供了更加详尽的指导。2003年，同济大学谈至明在“公路排水系统设计方法的研究”中也提出了山区公路排水设施设计及冲刷防治措施。2004年，武汉理工大学王慧觉以湖北省一年公路系统水毁量和降雨因子的数据为依据，找出了水毁量同降雨因子的相关关系，建立了数学模型，对降雨因子和水毁量影响的大小进行了定性与定量的分析和研究，对公路排水研究起到了一定作用。

在以上研究的基础上，多名学者对路基边坡排水作了进一步研究。任加国等(2003)建立了路基排水的数学模型，对影响路基排水的降雨强度、渗沟间距、排水时间等因素进行了敏感分析；魏云杰等(2003)运用连续降雨入渗模型和降雨停止后渗流模型，计算了路基边坡内部盲沟的设置间距和排水时间；韩文涛(2004)结合南邓高速公路实体工程，对路基路面排水、分隔带排水、路面内部排水进行了对比分析和优化设计；罗文君等(2005)在分析宁明盆地膨胀土路堑边坡破坏原因的基础上，结合支撑渗沟的设计原理，论述了支撑渗沟在膨胀土地区路堑边坡处治中的应用机理；方萍等(2005)从宁杭高速公路的中央分隔带、坡面排水、路面边缘排水系统、路面表面排水几个方面做了详细的研究；沈波等(2006)通过对多雨土石山区高速公路排水系统进行水毁调查发现，排水系统中急流槽破坏严重，并分析了多雨土石山区高速公路排水系统中急流槽、排水出口及自然土沟溪破坏的主要成因；齐洪亮等(2009)建立了公路边坡排水系统易损性评价模型和易损等级划分体系，为公路边坡排水系统水毁灾害的减灾防灾提供指导和依据；张辰辰等(2005)参照渗沟水力计算，提出平孔单孔排水能力计算模型，分析了孔长、孔径、孔间距与其排水能力之间的关系；尹超等(2013)对陕北黄土地区公路排水设施进行了实地调查，分析了截水沟、边沟、急流槽和小桥涵等排水设施水毁的形式及原因，并提出排水设施设计的优化方案。

综上所述，目前国内外在公路排水研究方面，国外比较注重生态环境与公路排水设计的融合，国内将公路边坡防排水和生态环境、水土保持结合起来的系统研究比较少，这将是今后公路排水研究的重点。

5.2 高速公路边坡排水技术

边坡排水系统是将汇集的地表径流和地下水排出坡体，以减少流向坡面的水流，提高坡体内部的稳定性，一般可分为地表排水和地下排水两类。

5.2.1 地表常规排水设施

地表排水的主要目的是拦截地表径流，防止入渗和冲刷坡面。挖方路段主要由截水沟、平台沟、边沟排水沟、急流槽等组成，填方路段主要由排水沟和急流槽组成，排水量较大时可设涵洞。截水沟、平台沟与边沟之间设急流槽，边沟下设排水盲沟，内置纵向软式透水管，将渗水排出路基，边沟渐进段设置窨井，以急流槽或跌水的方式连接。主要设施简介如下。

1. 截水沟

截水沟主要是拦截边坡外的地表水，通常应设在边坡边界 5 m 以外，根据需要截水沟可设置数条，以分段拦截地表水。截水沟应与侧沟、排水沟、桥涵相通，达到沟涵相连，以便有效、全面地控制地表水，使之迅速引离边坡范围。

截水沟平面布置时，应尽量顺直，并垂直于径流方向。如遇到山坡有凹地或小沟时，应将凹地填平或于外侧作挡土墙，内侧与水沟密贴联结，避免水沟内的水射流越出或渗入截水沟从沟底流过，导致水沟破坏。

截水沟横断面形式和尺寸大小应根据当地地形和地质情况、汇水面积和地表水的大小及流速和土壤中水的分布情况，进行汇流量的计算后确定。设计时应对水沟断面，尤其是沟底进行防渗处理，对地质软弱地段进行加固措施的设计，保证截水沟的正常工作。

2. 边沟

边沟是为汇集和排除路面、路肩及边坡的流水，在路基两侧设置的水沟，通常设置于挖方地段和填土高度小于边沟深度的填方路段，又分为明沟和加设盖板的暗沟等多种形式，多为石块砌成，边沟可与路缘石结合为一整体。

从结构形式来看，可分为“L”字形边沟、梯形边沟、蝶形边沟、三角形边沟、矩形边沟或“U”字形边沟等多种形式(图 5.1)。较为常用的是矩形边沟和梯形边沟，其中矩形边沟通常采用底宽 60 cm、深 60 cm 的尺寸形式(视实际流量适当调整，流量由规范公式计算)，沟身一般采用

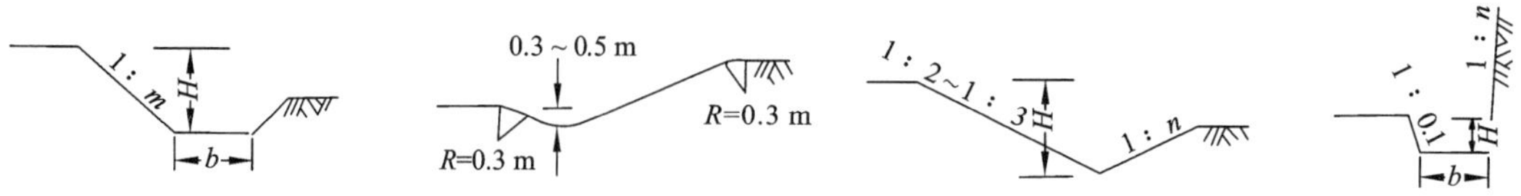

（a）梯形　　（b）流线形　　（c）三角形　　（d）矩形

图 5.1　边沟横断面的几种形式

H 为边坡高度，b 为边沟底宽，R 为曲线半径

30 cm 厚 M7.5 浆砌片石（也有采用混凝土预制块的形式）加固，现我国公路实际设计施工均要求设混凝土预制的盖板以保证行车安全，而梯形边沟也通常采用上宽 180 cm、下底宽 60 cm、深 60 cm、坡度 1∶1 的尺寸形式，沟身同样常常采用 30 cm 厚 M7.5 的浆砌片石加固，一般不盖板，采用这种形式通常是为了应对水流量较大的情况。

3. 排水沟

排水沟是将边沟、截水沟和路基附近汇集的水引向坡体以外的水沟。排水沟设计应遵循排水系统工程布局和工程标准，并通过流量计算，确定排水沟深度、间距及断面尺寸。排水沟可用石砌水沟、混凝土水沟、“U”字形槽、半圆形波纹槽等。

排水沟顺着地形向山谷或洼地排水，故纵坡不能太陡，尤其应注意拐角处，暴雨时排水沟中的急流顺陡坡而下，在转折处向沟处溢水，常常引起边坡滑坍。因此，平面转折处的曲线半径不应小于 5 m，外侧沟壁应加高，其加高的数值根据流速和曲线半径来计算。

排水沟的断面要根据汇水面积最大的降水量来验算，沟底的宽度一般不应小于 0.40 m，深度不应小于 0.60 m。在干燥少雨地区或岩石路堑中，深度可减至 0.40 m，多雨地区，汇水面积大，同时有集中水流进入该地段，其水沟断面应进行水力计算后确定，并应采取防冲或防渗的加固措施。

4. 急流槽

急流槽指的是具有较陡坡度的水槽，可用片（块）石浆砌或水泥混凝土浇筑，常连接于平台沟与平台沟或边沟之间（图 5.2），主要作用是在很短的距离内、水面落差较大的情况下排水。急流槽一般可分为进口、槽身和出口，槽底粗糙，起到消能减速的作用。在公路工程中，急流槽常被建在坡路两边，用来排水及达到减缓水流速度的目的，对公路路基起到很大的保护作用。通常下接跌水槽防止水流过早冲坏下部水流通道。

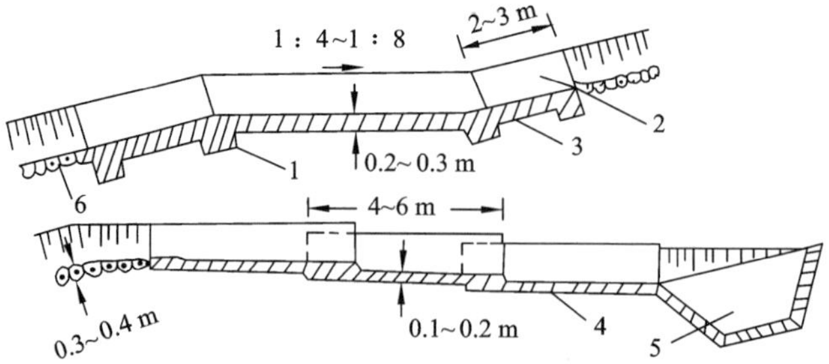

图 5.2　急流槽剖面图

1. 耳墙；2. 消力池；3. 混凝土槽底；4. 钢筋混凝土槽底；5. 横向沟渠；6. 砌石护底

5.2.2 地下常规排水设施

地下排水的主要目的是排出坡体内的地下水，降低地下水位，包括浅层排水和深层排水。浅层排水主要是针对地下水埋藏浅或无固定含水层地段，常设渗沟、盲沟；深层排水可采用泄水孔、排水洞、渗井等方法。具体介绍如下。

1. 渗沟

渗沟适用于地下水埋藏浅或无固定含水层的地层，渗沟顶部应设置封闭层，封闭层宜采用浆砌片石或干砌片石水泥砂浆勾缝，基底应埋入不透水层，沟壁的一侧应设置反滤层汇集水流，另一侧用黏土夯实或浆砌片石拦截水流。

渗沟可分为填石式、管式、洞式三种形式（图 5.3），三种渗沟均应设置排水层（或管、洞）、反滤层、封闭层。这些渗水设施只要设计正确，布置得当，施工质量好，勤养细修，一般都能起到良好的排水效果。

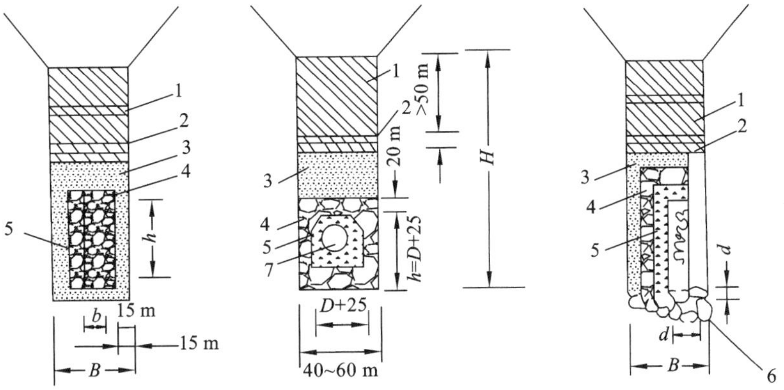

（a）填石式　　（b）管式　　（c）洞式

图 5.3 三种渗沟形式

1.黏土夯实；2.双层反铺草皮；3.粗砂；4.石屑；5.碎石；6.浆砌片石沟洞；7.预制混凝土管

填石渗沟通常为矩形或梯形，在渗沟的底部和中间用较大碎石或卵石（粒径 3～5 cm）填筑，在碎石或卵石的两侧和上部，填筑较细的粒料（中砂、粗砂、砾石）作为反滤层；管式渗沟适用于地下水引水较长、流量较大的地区，当管式渗沟长度为 100～300 m 时，其末端宜设横向泄水管，分段排除地下水；洞式渗沟适用于地下水流量较大的地段，洞壁宜采用浆砌片石砌筑，洞顶应用盖板覆盖，盖板之间应留有空隙，使地下水流入洞内。

2. 盲沟

盲沟与渗沟作用及内容基本相同，是一种地下排水渠道，用以排除地下水，降低地下水位。盲沟通常指的是在路基或地基内设置的充填碎石、砾石等粗粒材料并铺以反滤层（有的其中埋设透水管）的排水、截水暗沟，部分盲沟根据需要常内置透水管。盲沟排水可根据地下工程的外轮廓布置管网，确定盲沟构造反滤层的选材，以及盲沟与基础的最小距离。

盲沟又称暗沟，有集水暗沟和排水暗沟两种。集水暗沟用来汇集它附近的地下水；而排水暗沟的主要目的是与地表排水沟连接起来，把汇集的地下水作为地表水排除。

塑料盲沟是引进国外先进技术生产的土工合成材料新产品，是将热塑性合成树脂加热熔化后，将通过喷嘴挤压出的纤维丝叠置在一起，并将其相接点溶结而成的三维立体多孔材料(图5.4)。在主体外包裹土工布作为滤膜，具有多种尺寸规格，广泛应用于隧道防渗排水及铁路公路的路基排水，受到工程界的普遍欢迎。

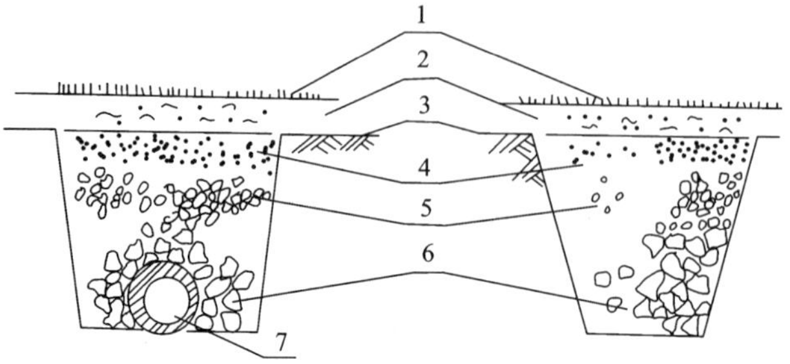

图 5.4　盲沟结构示意图

1.天然草；2.种植土；3.土基层；4.粗砂层；5.细砾石层；6.粗砾石层；7.滤水管

3. 泄水孔

泄水孔常与边坡挡土墙结合使用，一般位于挡墙的中下部，根据水量的大小设置一排或多排，材料多为PVC管，预埋在挡墙体中(图5.5)。一般做成向外倾斜3%～5%，以利于排水，墙背需要设置滤水层或滤水包，利于地下水汇集至泄水孔里，同时不会堵塞泄水孔。泄水孔的主要作用是排出坡体内的水，保障土方的稳定性和挡土墙的安全。

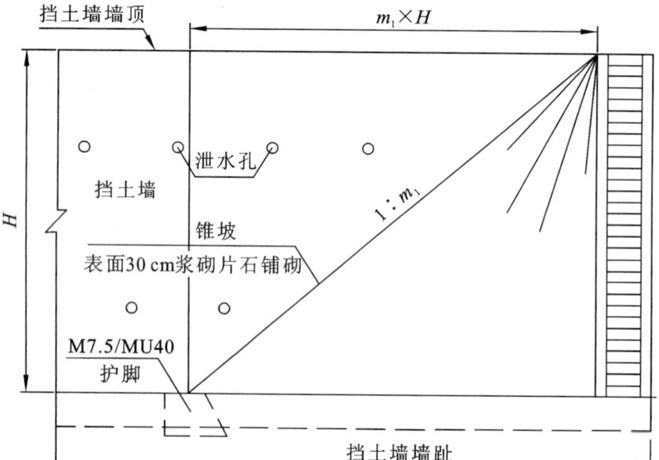

图 5.5　泄水孔铺设示意图

m_1 为坡宽/坡高

4. 排水洞

排水洞适用于地下水埋藏较深(大于15 m)、含水层有规律且水量较大的岩质边坡和土质边坡内地下水较多区域。修筑排水洞，一方面可截断地下水流，疏干边坡体，以增加其稳定性；另一方面又可避免明开挖太深而引起的施工困难。排水隧洞应尽可能避免在活动的土体中开挖，洞身设置方向最好垂直于地下水流向，出口应置于边坡体外部的稳定区域。当排水洞通过破碎岩体和软弱层带时，应作必要的衬砌保护。

5. 渗井

渗井属于水平方向的地下排水设施，当地下存有多层含水层，其中影响路基的上部含水层较薄，排水量不大，且平式渗沟难以布置时，可采用立式(竖向)排水，设置渗井(图 5.6)。渗井穿过不透水层，将路基范围内的上层地下水，引入更深的含水层中，以降低上层地下水位或者全部排除。渗井开挖应根据土质选用合理的支撑形式，并应随挖随支撑、及时回填，顶部四周用黏土填筑围护，井顶应加盖封闭。下层透水层范围内宜填碎石或卵石，上层不透水范围内宜填砂或砾石，井壁与填充料之间应设反滤层。

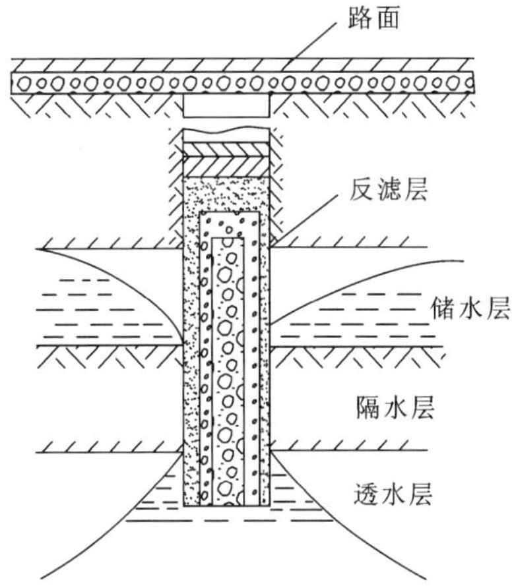

图 5.6 渗井示意图

5.3 赣南高速公路深切高填边坡排水系统

5.3.1 边坡地表排水系统

1. 地表水汇流量的确定

进行地表排水工程设计时，要确定排水量大小，以合理确定排水工程的有效断面。根据 5.2.1 节介绍，地表排水工程主要是拦截、引离边坡范围外的地表水和排除降落或出露在边坡范围内的雨水。对于雨水等降水形成的地表水则需根据当地的气象条件、地形地质状况等因素，通过相关计算方法确定其汇流量。地表水汇流量的计算方法很多，可用推理法、统计分析法、地区分析法或现场评判法等方法。路基边坡的地表水设计汇流量可按下式计算确定。

$$Q=16.67\psi qF \tag{5.1}$$

式中：Q 为设计地表水汇流量，m^3/s；q 为设计重现期和降雨历时内的平均降雨强度，mm/min；ψ 为径流系数；F 为汇水面积，km^2。

① 降雨强度的计算。当赣南地区气象部门有 10 年以上自记雨量记录资料时，可利用气象部门的观测资料按下式整理分析得到设计重现期的降雨强度(q)。

$$q=\frac{a}{t+b} \tag{5.2}$$

式中：t 为降雨历时，min；a、b 为地区性参数。

② 径流系数的确定。径流系数按汇水区域内的地表种类由表 5.1 确定。当汇水区域内有多种地表时，应分别为每种类型选取径流系数后，按相应的面积大小取加权平均值。

表 5.1 径流系数表

地表种类	粗粒土坡面	细粒土坡面	硬质岩石坡面	软质岩石坡面
径流系数(ψ)	0.10～0.30	0.40～0.65	0.70～0.85	0.50～0.75

2. 地表排水设施

在安远至定南段高速公路边坡排水系统中，挖方路段主要由截水沟、平台沟及边沟组成(图 5.7)，填方路段主要由排水沟、平台沟和急流槽等组成(图 5.8)。平台沟与边沟之间设急流槽，槽底粗糙，起到消能减速的作用，填挖交界较陡处通过急流槽引导边沟水流入排水沟或天然河沟。

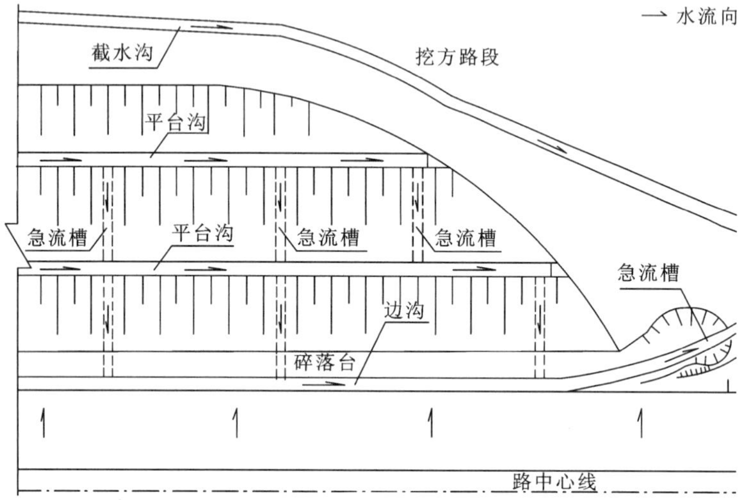

图 5.7　挖方路段坡面排水系统

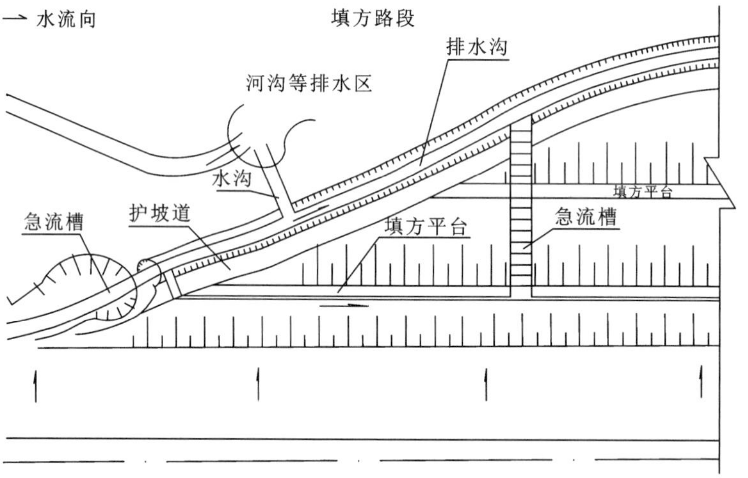

图 5.8　填方路段坡面排水系统

1）急流槽

为了便于坡面雨水的迅速排出并消除水的能量，平台沟与平台沟、边沟之间设置急流槽是很有必要的。槽身过长时，应隔 5～10 m 分段砌筑，并以防水材料填筑。槽身砌成粗糙面，嵌入 10 cm×10 cm 的坚硬小石块，用于消力和减小流速，根据需要经过消力的水可直接排入边沟、水沟或天然河沟，如图 5.9 所示。

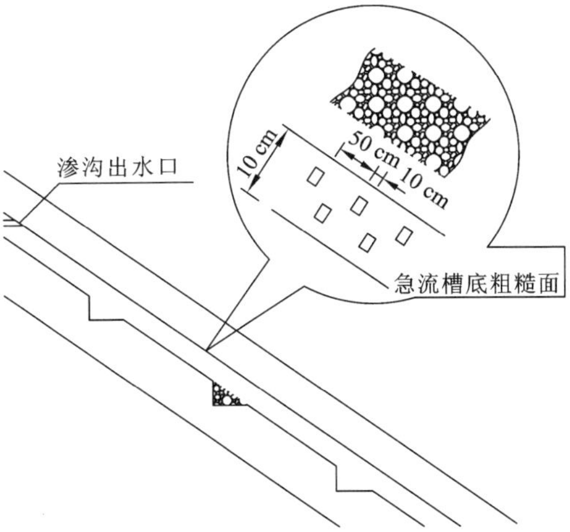

图 5.9　坡面急流槽示意图

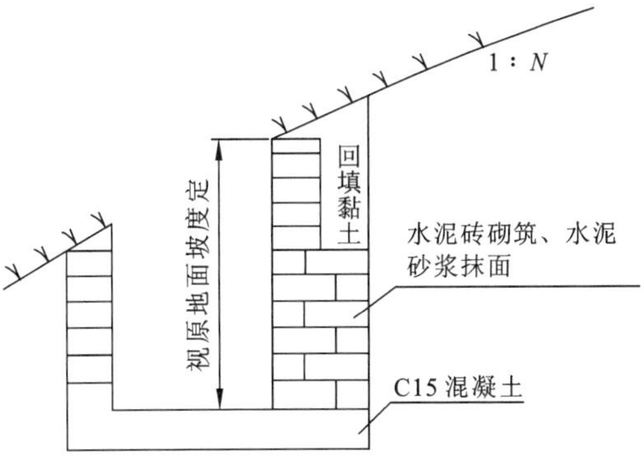

图 5.10　截水沟示意图

2）截水沟

截水沟的主要作用是拦截流向路基边坡的地表径流，截水沟的设计应满足以下几点要求：①能保证快速排出地面水，沟底纵坡一般不应小于 0.5%；②若因地形限制，绕行不易，可分段处理，中间以急流槽衔接；③截水沟长度一般不宜超过 500 m，一般应避免与边沟相连。

安定高速截水沟沟底采用 C15 混凝土，侧墙采用水泥砂浆砌筑水泥砖，沟内侧及顶面采用 M12.5 水泥砂浆抹面，抹面厚度为 2 cm（图 5.10）。

3）平台沟

当边坡较高时，常需要分级，各分级平台上用来汇集和排出坡面水流的沟称为平台沟。对于填方高度大于 20 m 的边坡，可每 8 m 设置平台沟。平台沟多与急流槽结合使用，常见混凝土预制型和水泥砖砌筑型两种类型（图 5.11），可根据需要选用。

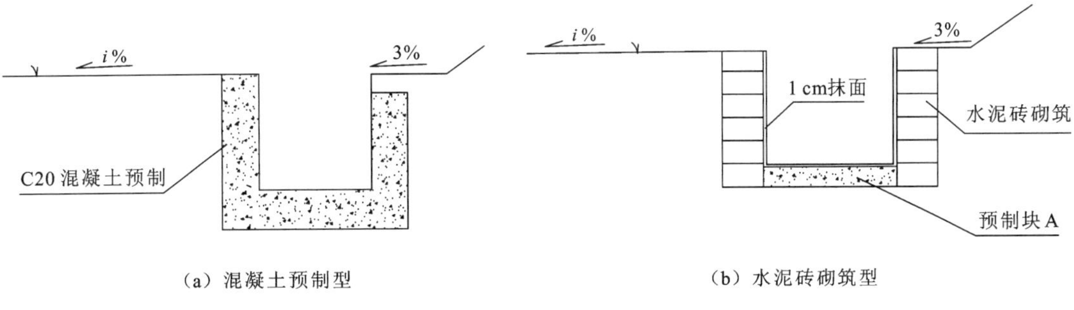

图 5.11　平台沟示意图

从平台沟的结构分析，混凝土预制型为全预制混凝土块，施工更为方便，且节约时间，但是在工程造价上要更高，单位时间内可通过流量也稍小一些，总体来说当项目工期比较紧张时可选择用此种类型。水泥砖砌筑型底部为混凝土预制块，两侧则是用砖砌筑而成，虽然水泥砖砌筑型施工时间较长，且应保证现场地形利于施工，但经济性更好，流量也比混凝土预制型略大，当工期不紧张且地形利于施工时可优先考虑。

4）边沟

边沟常设于路基路肩外侧及填方路基坡脚外侧，主要功能是汇集和排除路基范围内及流向路基的少量地面水，以保证路基稳定。边沟多采用梯形或矩形横断面，顶面可加带槽孔的盖板。

边沟的纵坡坡度应结合路线纵坡、地形、土质及出水口位置等情况选定，尽可能与路线纵坡坡度保持一致。边沟出水口应结合地形、地质条件及桥涵水道位置，将水排引到路基范围外。

5）排水沟

排水沟的主要目的是将边沟、截水沟和路基附近汇集的水引向天然河沟，排出坡外。排水沟的布置必须结合地形条件，因势利导，平面上以直线为宜，必须转向时，应徐缓改变方向。

排水沟距离路基坡脚的距离一般不宜小于 3 m，沟底纵坡以 1%～3%为宜。断面形式一般为梯形，主要包括如图 5.12 所示两种类型。

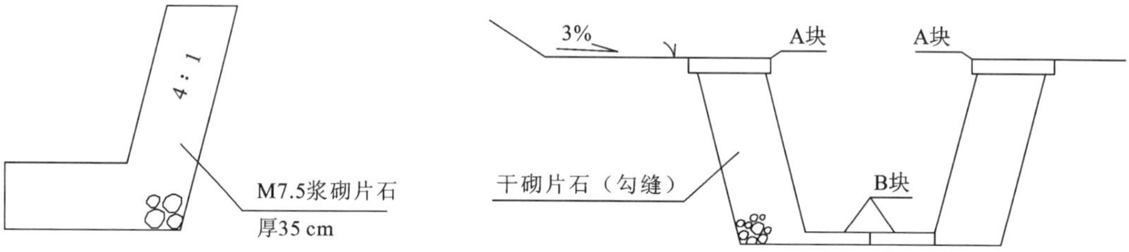

（a）浆砌片石型　　（b）干砌片石型

图 5.12　排水沟示意图

浆砌片石型排水沟应结合构筑物一起使用，材料为浆砌片石，用水泥砂浆在石材的接缝处进行填充，凸缝要求缝高超过砌体平面，平缝应与砌体面基本在一个平面，主要用于挡土墙外的排水沟。干砌片石型排水沟材料为干砌片石，即直接用石材按内外搭砌、上下错缝的方式进行砌筑，砌体勾缝一般可采用凸缝或平缝，主要用于主线及互通匝道等处排水，施工过程应保证预制块强度和边沟稳固。

5.3.2　边坡地下排水系统

1．挖方路段

由 2.1.1 节可知，按岩土的构成，A 标段与 B 标段沿线上的路堑边坡可分为四种类型：土质边坡、类土质边坡、岩土二元结构边坡及岩质边坡。对于这四类路堑边坡，边沟下应设置排水盲沟，路基下方应设置渗沟，最后通过排水沟排出坡体范围内。对于坡体内部的地下水，四类边坡的防水措施如下。

① 岩质边坡：岩质边坡多节理裂隙，可排出坡体内部的地下水。对于低矮的岩质边坡，没有必要进行专门的地下排水；对于深切的岩质边坡，当坡体内地下水埋藏较浅时，可在边坡的一级、二级设泄水孔排出地下水。

② 岩土二元结构边坡：此类边坡上部为土体或类土质体，下部为岩体。对于高路堑边坡，

在一级、二级进行防护的同时，可设泄水孔以排出坡体内的地下水，上部应加强坡面防护，防止雨水入渗。

③ 类土质边坡：类土质边坡在中、低边坡中比例较大，受降雨入渗的影响较大。对于此类边坡，高边坡应在一级、二级设泄水孔，上部应对坡面进行积极防护；中、低边坡在地下水位较高时应设排水管涵，以排出地下水。

④ 土质边坡：在A标段与B标段沿线多数土质边坡为低边坡，施工坡率较缓，如无特殊地质情况，以地表排水为主。

总之，在A标段与B标段沿线路堑边坡的地下排水设计中，对于挖方路段，主要采用的地下排水设施为盲沟、渗沟和泄水孔，下面对这三类排水设施作简单论述。

1）盲沟

挖方路段坡底常设边沟，边沟下部设置纵向盲沟，盲沟内设置纵向10 cm软式透水管，软式透水管通过排水沟排出地下渗水。对于填挖交界处的过渡段，应等过渡段两端的边沟与排水沟施工完以后，再进行施工，确保盲沟水顺畅排出。边沟与盲沟连接如图5.13所示。

2）渗沟

渗沟主要是采用渗透方式，将路基工作区或以下较浅的大面积地下水汇集于沟内，并沿沟把水排到指定地点(图5.14)。渗沟的埋置深度按地下水的高程(为保证路基或边坡稳定)、地下水位需降低的深度及含水层介质的渗透系数等因素确定，排水管可采用带槽孔的塑料管或水泥管，周围回填透水性材料。考虑到含水层的细粒可能随渗流堵塞渗沟，渗沟两侧及底部用土工布包裹。

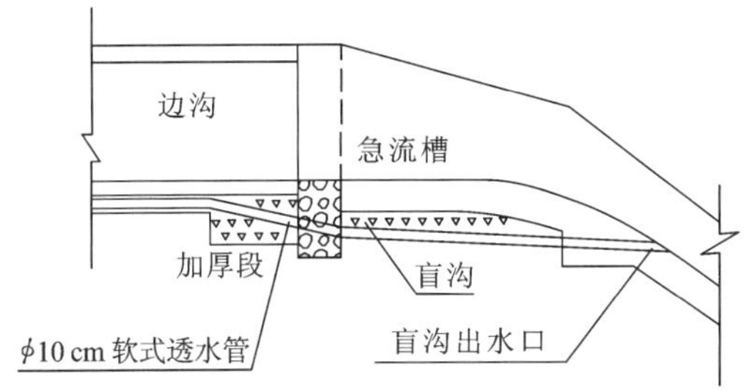

图5.13　边沟下盲沟设置图

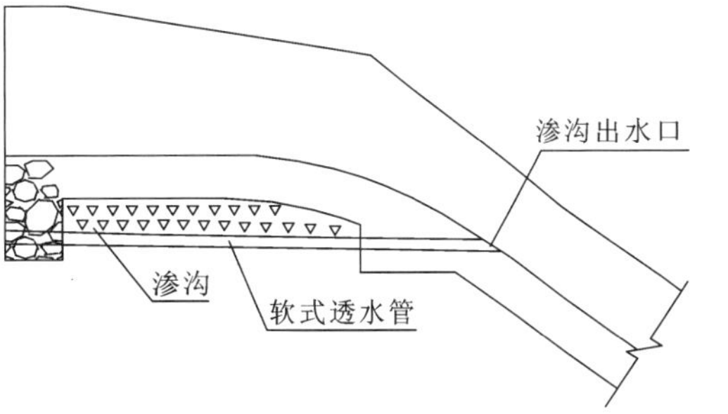

图5.14　路基下渗沟示意图

3）泄水孔

泄水孔常与边坡防护框格梁结合使用，以疏干坡体内部的水，保证边坡的稳定，是一种十分常见的边坡地下排水方法，挖方路段应用很普遍。泄水孔尺寸依泄水量大小而定，多采用10 cm PVC管，呈梅花形上下交错布设，一般间距2～3 m，遇渗水区可适当加密，其进出口周围应用塑料网袋装级配碎石填筑，防止细粒土堵塞管道。为保证顺利泄水，泄水孔应向外倾斜，最下一排泄水孔的出水口应高于地面或在排水沟及积水地区常水位以上0.3 m。

2. 填方路段

1）全填式路堤

全填式路堤下部较为平缓，对于填方边坡，地下排水相对简单，多在坡体底部设排水涵洞，以排除坡体外的沟谷水流。路基下部可设横向排水管，排出渗入路基内的水；坡面应注意防护，防止雨水通过坡面入渗至坡体内。

2）半填式路堤

与全填式路堤相比，半填式路堤底部的填土与原坡体的岩土体物质成分和结构构造不同，路基填土密实度和原边坡岩土体密实度相差较大，两者的渗透性能差别大。因此，在雨水作用下，在填方土体与原边坡接触面容易产生地下水富集，因此应极度重视此类填方边坡的排水。

对于此类边坡应采取如下排水措施：两侧坡底设排水沟，并与河流或大型管涵相连；填方土体与原坡面交界处设横向碎石盲沟，盲沟外部用防渗土工布包裹，内部铺设渗管，渗管由数根 HDPE 渗管并排组成（图 5.15、图 5.16）。当排水量较大时，可设涵洞进行排水。

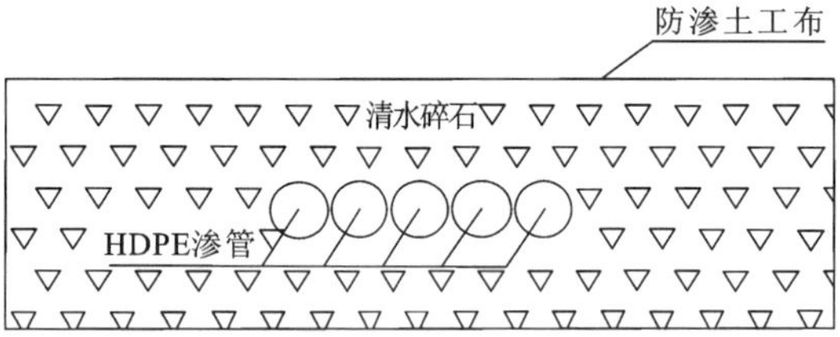

图 5.15　碎石盲沟内部结构示意图

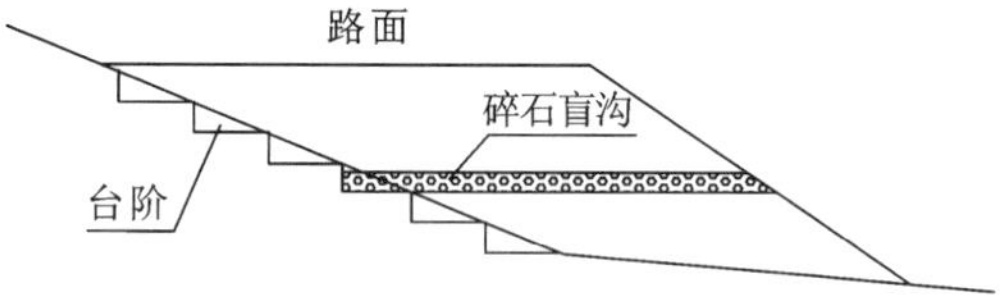

图 5.16　碎石盲沟埋设示意图

5.3.3　安远至定南段排水优化建议

对安远至定南段高速公路建设的实时进展进行分析，发现赣南高速公路原排水设计方案取得了良好的效果。以区域工程地质条件为基础，本书根据边坡的破坏模式、赣南地区地质特征与降雨特点，提出如下优化建议，旨在为赣粤地区高速公路排水设计提供参考依据。主要包括以下三点建议。

① 变坡点及弯道附近，将边沟适当加宽或增设横向排水管，并增加槽身粗糙度。赣南地区降水量大，对排水要求比较高，对于路堑边坡坡底边沟，在变坡点和弯道处可将其适当加宽或增设横向排水管，分担水流量压力，防止漫溢；增加槽身粗糙度可减速消能，防止水流冲刷和路基软化。

② 土质高边坡地下水丰富路段增设砂井，泄水孔穿连砂井。对于地下水丰富的土质边坡，可采用泄水孔-砂井结构，其中砂井可以聚集坡体地下水及入渗的水流，与泄水孔相连，进而将汇集的水排出坡外。

③ 多节理裂隙岩质破碎路段进行注浆处理，将泄水孔加密，并使其与节理裂隙面大角度相交，以 21°～36°最佳。边坡多节理裂隙时，宜采用砂浆、混凝土沥青等填实封闭，将泄水孔优先布置于裂隙发育、渗水严重部位，并适当加密，泄水孔与节理裂隙面大角度相交，以 21°～36°排水效果最佳。

5.4　不同破坏模式下边坡排水对策

根据实地调研：安定高速沿线深切边坡常见的破坏模式为沿原有结构面滑动、沿顶部拉裂滑动、土体拉裂-崩塌、圆弧形滑动、坡面冲刷破坏;高填边坡常见的破坏模式为坡面冲刷破坏、表面下沉滑移、沿原斜坡交界面滑移破坏、不均匀沉降破坏、整体下沉破坏。下面将分析水在深切高填边坡破坏模式中所起的作用,有针对性地提出相应的排水对策。

5.4.1 深切边坡排水对策

(1) 针对沿原有结构面滑动的排水对策

如 2.4.1 节所述,此类破坏通常发生于顺层岩质边坡、原生结构面倾向与坡面相同的岩质边坡、类土质边坡中,这类边坡破坏是在降雨的诱发作用下,坡体沿顺坡向的软弱结构面滑动所致。雨水是诱发边坡失稳的主导因素,主要起了如下作用:①雨水沿节理、裂隙等结构面渗入,在这些结构面上汇集,软化结构面的抗剪强度;②雨水在垂直的节理、裂隙等结构面中汇集,产生静水压力。此类边坡可以采用如下排水对策:坡顶后缘设截水沟,采用注浆法对张裂隙进行充填封闭,防止雨水入渗;坡面设仰斜排水孔,将入渗的地下水及时排出;降低坡率,将坡率刷至小于软弱结构面的倾角;对坡面及时采取护坡、护墙、封闭措施,防止雨水冲刷导致的下部临空变陡。

(2) 针对沿顶部拉裂滑动的排水对策

如 2.4.2 节所述,此类破坏模式通常发生于类土质边坡中,开挖导致类土质边坡产生卸荷裂隙,雨水沿后缘渗入坡体,导致类土质体结构破坏,下部类土质体在上部土体推力及雨水作用下发生进一步滑动。这类边坡可采用如下排水方案:多级切坡放缓坡率,移除顶端入渗通道;在顶部后缘设截水沟,铺砌防水材料封闭坡面,阻断渗透路径;坡面设置仰斜排水孔,排出地下水。

(3) 针对土体拉裂-崩塌的排水对策

如 2.4.3 节所述,此类破坏模式多发生于类土质边坡中,雨水沿优势入渗通道(节理、裂隙等)渗入坡体,直至与坡面贯通,最终产生崩塌。坡体开挖后,要做好截水、排水工作,重点要防止雨水沿节理、裂隙流动,可采用如下排水方案:采用注浆法充填、封闭节理裂隙,堵塞入渗通道;坡顶后缘设截水沟,两侧设边沟,拦截并排出地表水;坡面采取综合防护措施,排水孔与节理裂隙呈大角度相交,渗水严重部位适当加密。

(4) 针对圆弧形滑动的排水对策

如 2.4.4 节所述,此类破坏模式通常发生于土质或较均匀的类土质边坡中,雨水沿坡体后缘裂隙渗入土体,同时坡脚受雨水浸泡及降雨作用造成土体饱水,土体强度减弱,滑动体沿坡体内易滑面(圆弧面)发生滑动。水对坡脚的浸泡是发生破坏的重要因素,可采用如下排水方案:在坡体后缘设置截水沟并封闭后缘表层,减小雨水入渗量;对坡脚进行隔水处理,并设排水边沟,加大尺寸,必要时可人工疏水,及时排出坡脚附近的水,防止坡脚土体软化;对坡面及时防护,降低降雨对坡体表层产生的"增重效应"。

(5) 针对坡面冲刷破坏的排水对策

如 2.4.5 节所述,此类破坏模式在土质边坡、类土质边坡及岩土二元结构边坡土质部分均有发生,主要原因是雨水在坡面汇聚,工程进行时未能对坡面进行及时防护,特点是下部土体较上部土体冲刷严重,因此应防止上一级的坡面水在下一级坡面汇聚,对坡面造成冲刷。这类边坡可采用如下排水方案:坡顶设截水沟,平台设平台沟,坡面设急流槽,坡体两侧设边沟,及时修建边坡的排水系统;坡面用植物纤维毯防护或喷植生态混凝土,尤其应注意中下部坡体,使坡面免遭冲刷。赣南地区降水量大,持续时间长,预防冲刷关键在于及时修建排水设施。

5.4.2 高填边坡排水对策

(1) 针对坡面冲刷破坏的排水对策

如 3.3.1 节所述,造成坡面冲刷破坏的原因主要为坡面不平整或排水设施不完善,其破坏模式与深切边坡类似,主要是雨水沿低洼处汇聚,使坡面土体饱和,强度降低,在坡面产生面蚀,随着面蚀发展形成股流,股流沿多细颗粒的薄弱部位产生侵蚀沟,且越往底部,水流能量越大,因而冲沟越大。主要的防治对策为:施工时要将坡面平整,防止局部出现低洼,引起水流汇聚,同时及时建立完整的坡面排水系统,在坡面设置急流槽,在两侧设置排水沟,在平台处设立平台沟。

(2) 针对表面下沉滑移的排水对策

如 3.3.2 节所述,产生表面下沉滑移的主要原因为施工过程中边坡侧边的土压实没有达到施工要求,且未对这部分土进行清理,当遇到较大强度降雨时,松散土体遇水产生一定程度沉陷。这类破坏主要是针对边缘表层土体,应注意夯实,及时设置排水沟,路面下可铺设横向排水管,将水排出路面范围内。

(3) 针对沿原斜坡交界面滑移破坏的排水对策

如 3.3.3 节所述,原斜坡体表面土体强度较高、渗透性低,在雨水入渗的情况下,填方土体与原斜坡表层之间形成分界面,导致填土沿交界面产生滑移。对于这种破坏方式,应注意路面土体的平整和压实,不给雨水下渗形成软弱面提供渗透通道,在坡体内设置碎石排水盲沟,及时排除坡体内的水。

(4) 针对不均匀沉降破坏的排水对策

如 3.3.4 节所述,不均匀沉降破坏的主要原因为填土压实不均匀或填方底部为斜坡,不同区域填土厚度不均。这种破坏模式下雨水并不是主导因素,但会加剧路面的不均匀沉降,应注意路面路基的排水工作,及时修建排水系统,路面下可设置排水渗沟,及时将路面汇聚的水排出坡体范围内。

(5) 针对整体下沉破坏的排水对策

如 3.3.5 节所述,整体下沉破坏的主要原因为土体的含水率、填料的粒度等不符合要求,或施工的夯击、压实度不够,或地基承载力不足。降雨会引起土体含水率的变化,因此在这种破坏模式中,应避免雨水下渗所导致的土体含水率增大,可在路面下方铺设横向排水管和排水渗沟,并提高压实机吨位,提高土体压实度,减少雨水入渗量。

第6章 赣南山区高速公路深切高填边坡支挡防护技术

6.1 边坡支挡防护技术研究现状

6.1.1 边坡常用支挡防护技术研究现状

目前高速公路边坡防治常用的支挡方法主要包括挡土墙、加筋挡土墙、土钉墙、抗滑桩、锚杆-钢筋网-喷射混凝土护坡、框锚结构等。我国20世纪50年代滑坡治理的重点是考虑地表及地下排水措施,支挡结构主要采用挡土墙;60～70年代主要以排水、抗滑工程为主,广泛应用了抗滑桩,取得了良好的效果;80年代以后,随着锚固技术逐渐得到发展,可以优化支挡结构受力的锚索抗滑桩及锚索地梁逐步得到应用(周春梅等,2006;刘新荣等,2006;吕庆等,2006;徐胜林,2003;张发明,2000;王恭先,1998)。刘凤宣等(2002)对广邻高速公路K24+609～K24+850段深切路堑采用了抗滑桩加箱型抗滑明洞整合支挡结构,并应用仿真模拟技术对支挡结构及其施工过程、边界条件及其变化过程进行了模拟。苏兴钜等(2004)对G319线上杭边坡提出了预应力锚索抗滑桩、路肩墙外预应力锚索框架、地表排水相结合的综合整治措施,经监测检验效果显著。汤振宏等(2007)提出采用导管注浆、黏结式锚杆锚固、预应力锚索锚固、坡脚砌筑挡墙及对雨水采用上拦下排的综合治理方案,对雒洛高速K37处膨胀岩滑坡进行治理。黄志怀等(2008)对粤赣高速公路K35处高边坡加固效果进行监测,结果表明采用菱形锚杆框架补强加固措施是有效的。

6.1.2 边坡玻璃钢锚杆防护技术研究现状

玻璃钢(glass-fiber reinforced plastic,GFRP)为全螺纹式树脂玻璃纤维增强塑料,是由高强度玻璃纤维,辅以多种添加剂,再经特殊工艺加工而成的复合材料。新型玻璃钢锚杆优点颇多,如抗腐蚀性能强、耐久性好、抗拉强度高、低松弛性、载荷损失较小、结构简单、重量轻等。由于锚杆在边坡防护中主要受到轴向拉力、剪切力与弯曲力的作用,能否在边坡防护中使用新型玻璃钢锚杆,取决于新型玻璃钢锚杆的抗拉强度、抗剪强度、抗弯强度。

德国慕尼黑的DSI公司最早研制与开发玻璃钢锚杆,该锚杆主要被用于隧道及煤矿巷道的支护。1996年,以英国为首的欧洲诸国成立了联合攻关组织,将玻璃钢锚杆支护应用于海峡隧道中。苏联于20世纪90年代初制作玻璃钢锚杆,并展开了井下工业性试验。瑞士有效地推出了注浆锚杆、全螺纹锚杆及全螺纹锚索,并将其成功地应用于隧道工程及矿山工程中等。在20世纪90年代中期,英国、西班牙、澳大利亚等国对玻璃钢锚杆进行了试验研究,取得了不错的成果。日本近年来在GFRP材料方面的研究也很迅速。

GFRP作为一种新型材料,国外诸多学者对其进行了大量研究工作。Malvarl和Bergeron(2003)研究了玻璃纤维增强塑料筋与混凝土之间的黏结力,对表面形式不同的筋材采用不同的约束条件,进行了黏结强度的试验。研究结果表明,玻璃钢筋表层的螺纹增加时,黏结强度也会有所提高。并且对钢筋与混凝土黏结力的对比结果表明，两者相差不大。Nanni(1993)对玻璃钢预应力筋及锚固系统进行了拉伸试验研究，分析了10种锚固系统，试验结果表明：结构的极限承载力受玻璃钢预应力筋的影响不大，而是由锚具的承载力来决定。Larralde等(1993)采用同直径的玻璃钢筋进行拉拔试验，并用不同锚固长度进行研究以探索其破坏状态。

在我国，众多学者对玻璃钢锚杆的性能、黏结强度等进行了大量的研究工作。薛伟辰(2005)通过试件的拉拔试验，分析了玻璃纤维锚杆与多种材料的黏结强度，证明了玻璃钢锚杆具有较高的界面黏结强度。范世平等(1996)对玻璃钢锚杆材质的性能、锚杆的结构特点、拉力试验、黏结力及抗扭力试验情况进行了介绍。杨振茂等(2002)对玻璃钢锚杆杆体原材料、生产工艺与杆体的拉伸性能及锚尾性能进行了试验研究，结果表明该锚杆性能良好，能满足煤帮支护的要求。周红安等(2003)介绍了水泥灌浆玻璃钢锚杆的拉拔试验，通过加载端滑移量外加荷载曲线分析了其受力和破坏机理。袁勇等(2004)对玻璃钢锚杆加固边坡、大型洞室等进行了可行性研究。樊永东等(2004)对大断面玻璃钢锚杆支护在平顶山煤矿的应用进行了研究。闫富有等(2004)通过对直径为25 mm的玻璃钢螺纹杆的材性试验和灌浆锚固下的拉拔力测试试验，研究了玻璃钢的锚固性能。韩洪亮(2005)对有代表性的几种玻璃钢锚杆的抗拉强度、抗剪强度、尾部连接部位及螺纹承载力的试验结果进行了分析，指出了目前国内玻璃钢锚杆在主要力学性能上存在的不足。刘忠玉等(2008)将玻璃钢筋埋入砂浆体中实施拉拔试验，对玻璃钢筋直径、锚固深度及砂浆体强度对玻璃钢筋和砂浆体间黏结强度的影响进行研究。郝庆多等(2008)对玻璃钢筋黏结强度进行室内试验研究，研究表明整体试件的破坏形式为玻璃钢筋表面剪切破坏、变形脱落及肋间混凝土剪碎破坏。高原等(2010)对具有较长锚固长度的玻璃钢筋锚杆的黏结滑移特征及其工作原理进行研究，结果表明：玻璃钢锚杆的黏结滑移特征曲线和钢筋锚杆之间存在一定的差别。李国维等(2010)在粤赣高速边坡研究玻璃钢筋锚杆框架梁加固永久性边坡结构的可行性。经过现场测量玻璃钢锚杆的拉拔力、边坡坡面的变形和坡体位移，证明玻璃钢筋锚杆作为永久性结构加固材料是可靠的。黄生文等(2012)对某软岩公路边坡采用玻璃钢土钉和钢筋土钉共同支护，两种土钉的应变监测结果表明，玻璃钢土钉与对应高度的玻璃钢钢筋土钉的应变值基本一致。张明义等(2014)通过光纤光栅传感测试技术对玻璃钢锚杆的界面应力分布、荷载传递规律及破坏机制进行了研究，最终证明使用玻璃钢锚杆是可靠的。

6.2 边坡常用支挡防护技术

边坡防护加固工程技术是在边坡地质基础、开挖卸荷松弛区、变形破坏机理及潜在失稳模式等研究的基础上，结合其稳定性分析和评估，对特定边坡工程对象进行防护加固处理。根据工程目的与设计要求，边坡常用支挡防护技术主要分为三种类型：第一类是对于稳定或基本稳定的边坡工程，仅需对边坡浅表层或局部出现的可能变形破坏采取工程防护措施，称为边坡普通防护工程；第二类是对于不稳定或稳定性较差的边坡工程，即可能潜在失稳变形或破坏的边坡，需要采取有效的支挡或加固措施进行处理，改善边坡的力学平衡条件，确保边坡的稳定和安全，即边坡支挡防护技术；第三类是考虑设计边坡存在不稳定的因素情况，主要针对水对边坡稳定性的作用和影响，即去除不稳定因素，采用防排水等工程措施提高边坡的稳定性，即边坡防排水工程措施。

本节主要对高速公路边坡常用支挡防护技术进行论述。边坡常用支挡防护技术按其防护技术手段主要有两种类型：一类为支挡工程技术，主要有路堑挡墙（或脚墙）、预加固桩、微型桩群等；另一类为锚固技术，主要有锚杆（索）框架、锚杆（索）地梁、锚杆（索）墩垫（或十字面板类），以及锚杆（索）撞墙等。

6.2.1 挡土墙

1. 重力式挡土墙

重力式挡土墙是各国较早采用的一种刚性挡土结构。其断面尺寸通常较大，主要依靠墙身的自重来保证墙体的稳定性，以抵抗墙后土体侧向土压力作用引起的墙身滑移和倾覆（图6.1）。我国多用浆砌片（块）石砌筑重力式挡土墙，在缺乏石料地区可用混凝土，当地基承载力低时，可在墙底设钢筋混凝土板，以减薄墙身。由于重力式挡土墙依靠自身重量维持平衡，墙身截面大，圬工数量较大，对地基承载力要求高，不适于在软弱地基上修建。目前国外多采用钢筋混凝土材料，利用工厂预制成块体，并辅助以特殊杆件现场拼装成为墙体，因而极大地提高了施工速度，且造型美观，具有明显的经济效益。但当墙体过高时，耗材过多，因此墙体高度一般在 6 m 以下。重力式挡土墙便于就地取材，施工简便，经济效果好，所以在公路工程中得到广泛的使用。

2. 薄壁式挡土墙

薄壁式挡土墙是由钢筋混凝土材料构成的轻型挡土墙，包含悬臂式和扶壁式两种形式。它依靠墙身的重量及底板以上填土的重量来维持平衡。悬臂式挡土墙由立臂、墙趾板、墙踵板组成[图 6.2(a)]；扶壁式挡土墙由板面、墙趾板、墙踵板、扶壁组成[图 6.2(b)]。所设的墙趾板增大了抗倾覆稳定性，减小了基底应力。其主要特点是厚度小，自重轻，可充分发挥钢筋混凝土材料的强度性能，挡土高度可以很高，而且经济指标也比较好，墙身高度在 6 m 以内多采用悬臂式，6 m 以上采用扶壁式。其适用于填方路段，多应用于承载力较低的地基上或有抗震要求的地区。近年来，悬臂式挡土墙、扶壁式挡土墙在国内已开始大量应用，其示意图如图 6.2 所示。

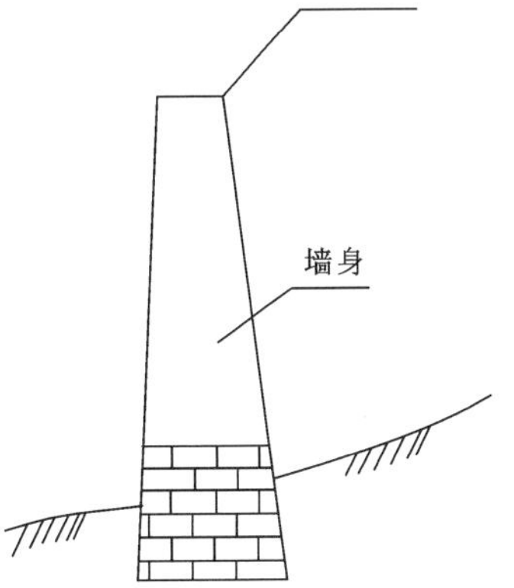

图 6.1　重力式挡土墙

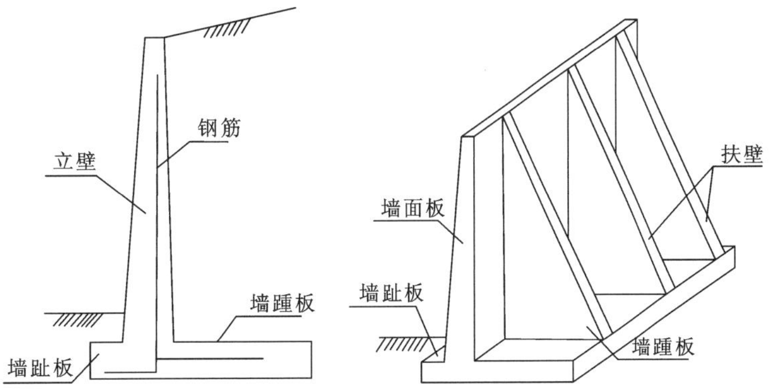

(a) 悬壁式挡土墙　　(b) 扶壁式挡土墙

图 6.2　薄壁式挡土墙

3. 锚杆式挡土墙

锚杆式挡土墙是由钢筋混凝土面板及锚杆组成的支挡结构物，由肋柱、挡土板、锚杆组成(图 6.3)。锚杆技术是一种把受拉杆件埋入稳定地层从而对结构物进行加固的技术，按其锚固机理可分为黏结型、摩擦型、端头锚固型和混合型等。

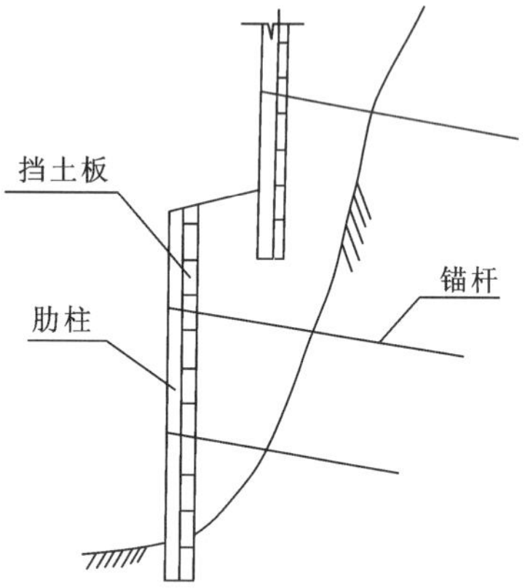

图 6.3　锚杆式挡土墙

锚杆式挡土墙靠锚固在稳定土层中的锚杆所提供的拉力来保证挡土墙的稳定，其通过锚杆的锚固作用充分调用和提高了岩土的自身强度和自稳能力，大大减轻了结构物的自重，起到了节约工程材料、确保施工安全与工程稳定的作用，有着显著的经济效益和社会效益。锚杆式挡土墙多应用在有稳定岩体的地区；土层锚固则要求土层有较高稳定性，可作为山边的支挡结构物，适用于挡土墙高大于 12 m 的结构。在墙较高时，它可以自上而下分级施工，避免坑壁及填土的坍塌。

目前我国常见的锚杆式挡土墙有两种主要形式：柱板式和板壁式。柱板式挡土墙由锚杆连接在肋柱上，肋柱间加挡土板；板壁式挡土墙由钢筋混凝土面板和锚杆组成。锚杆式挡土墙在国外应用很早而且广泛，在我国也已得到广泛应用。

4. 锚定板式挡土墙

锚定板式挡土墙是我国铁道部门首创的一种新型的支挡结构形式，发展于 20 世纪 70 年代初期，目前也在公路支挡工程中得到应用。锚定板式挡土墙是一种适用于填方路段的轻型支挡结构，该结构由墙面系、钢拉杆、锚定板和填土共同组成，钢拉杆的一端与工程构造物联结，另一端埋置于路基中，承受由土压力所产生的拉力(图 6.4)。锚定板技术可视为锚杆技术的一个衍变形式，其抗拔力来源于锚定板前填土的被动土压力，因此对墙后填料及埋设锚定板后的土方压实要求较高，且在填土压实时，钢拉杆易弯曲，产生次应力。

锚定板式挡土墙中构件多为预制构件，现场安装。设计单级墙高一般为 6 m 左右，多级挡土墙应采用阶梯形进行布置。锚定板式挡土墙主要有两种类型：肋柱式和壁板式两种。肋柱式锚定板式挡土墙的墙面由肋柱和挡土板组成，一般为双层拉杆，锚定板的面积较大，拉杆较长，挡土墙变形较小。壁板式锚定板式挡土墙由钢筋混凝土面板做成，外观美观、整齐，施工简便。

5. 加筋土式挡土墙

加筋土式挡土墙技术发展于 20 世纪 60 年代，是一种在土中加入高模量筋材的复合材料的土体加固技术，主要由墙面板、拉筋及填土组成(图 6.5)。1965 年首次应用加筋土理论在法国修建了第一座加筋土式挡土墙。其工作原理是依靠填料与拉筋之间的摩擦力来平衡墙面所承受的水平土压力，并以拉筋、填料的复合结构抵抗拉筋尾部填料所产生的土压力，从而保证挡土墙的稳定。加筋土式挡土墙一般为条带式挡土墙，多应用于地形平坦且有充足布筋空间

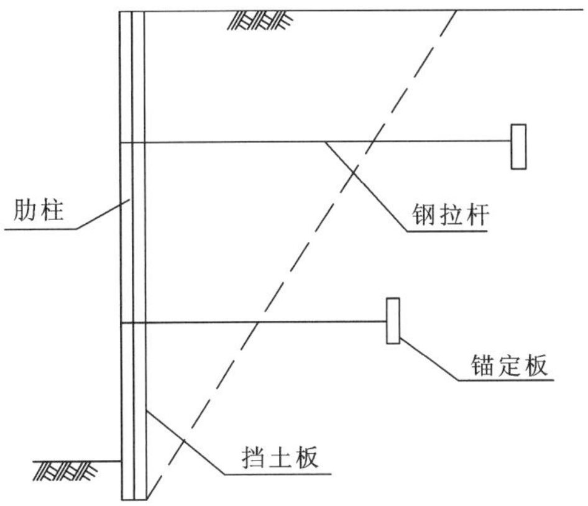

图 6.4 锚定板式挡土墙

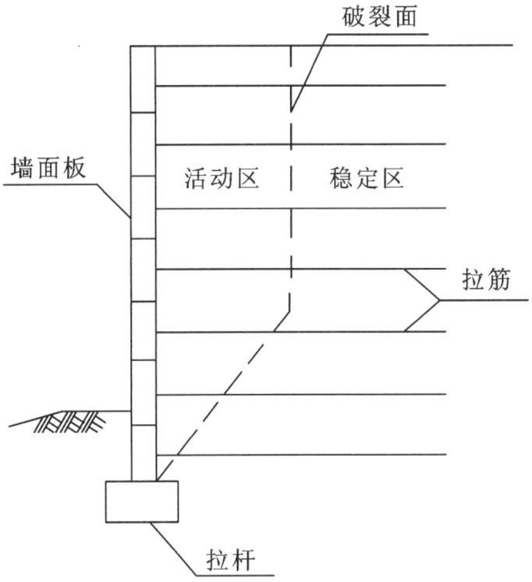

图 6.5 加筋土式挡土墙

的填方路段,在公路支挡结构中应用较多,但在地震烈度八度以上地区和具有强烈腐蚀特性的环境中不宜使用,在浸水条件下应慎重应用。

加筋土式挡土墙优点是墙体可以做得很高。它对地基承载力要求低,适合于在软弱地基上建造。加筋土式挡土墙施工简便,且可保证质量,施工速度快,造价低,有实例证明它可减少圬工 90%以上,节省投资 20%～65%,占地少,外形也美观。该技术发展迅速,现已被许多国家所采用。

6.2.2 抗滑桩

1. 单根抗滑桩

单根抗滑桩,又分为全埋式和半埋式两种。全埋式为自由段和嵌固段全部埋入地层中。半埋式为自由段出露地表,嵌固段埋入稳定地层中。

单根抗滑桩为悬臂梁式受力(图 6.6),其经济长度一般为 10～20 m,抵抗滑坡推力 500～1 500 kN/m。全埋式抗滑桩的优点是桩前土体能提供一定的抗力,但挖孔深度较大,在地质情

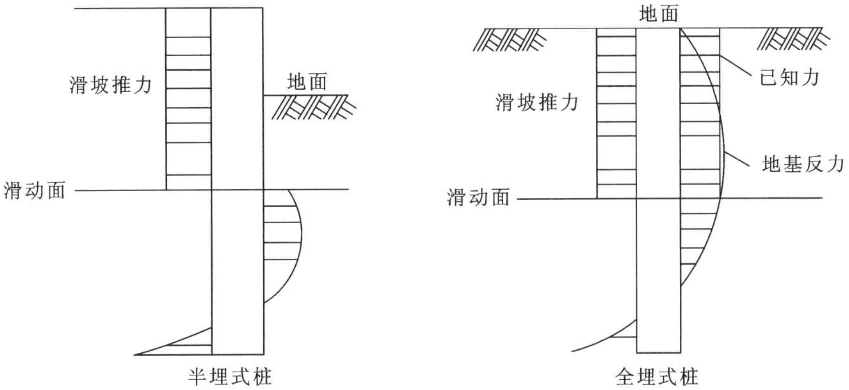

图 6.6 单根抗滑桩受力示意图

况较差时，施工困难。半埋式抗滑桩常置于公路路基边缘，外露自由段可采用变截面，半埋式抗滑桩的挖孔深度一般为桩长的 1/3～1/2，因此，其配筋、混凝土方量和挖孔深度均较全埋式经济节约。

2. 桩板抗滑桩

边坡土体较为松散且承载力较差时，如果采用单根抗滑桩，桩间土体有可能从桩间挤出，造成公路边坡变形，甚至局部坍塌。桩板抗滑桩是在桩与桩之间采用平板或拱板形式连接的抗滑挡土结构(图 6.7)，桩间板可采用现浇或预制，施工方便，外形美观，行车导向效果好，桩间可作绿化场地。

3. 框架式抗滑桩

将前后两根抗滑桩用一根或多根横梁连接，使之成为一刚架结构(图 6.8)，一般前后排桩均为直立。在地形条件允许的情况下，前排桩可采用斜桩，结构内力计算表明，其斜度越大，造价越经济。框架式抗滑桩最大的优点是抗滑能力大，一般可抵抗 2 000～5 500 kN/m 的滑坡推力，这种结构形式的受力方式明确，计算结果精确可靠。

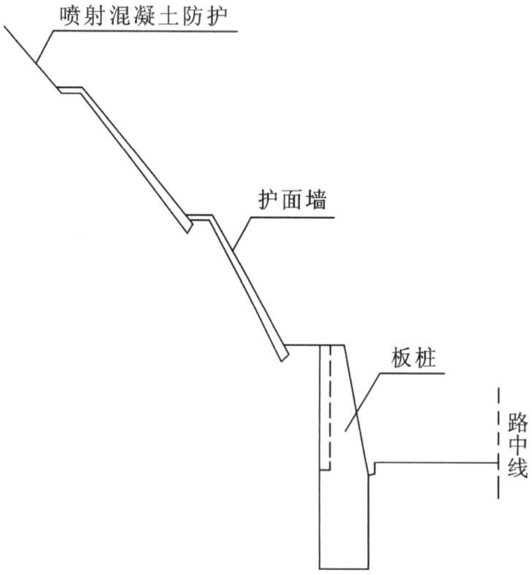

图 6.7 桩板抗滑桩示意图

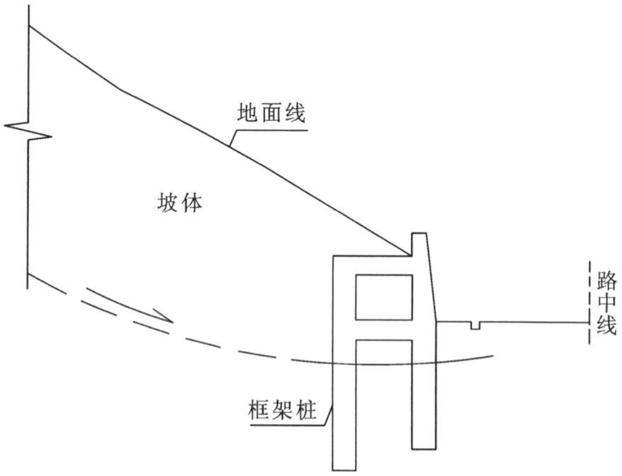

图 6.8 框架式抗滑桩

4. 锚索抗滑桩

锚索抗滑桩由钢筋混凝土抗滑桩和预应力锚索或锚杆组成(图 6.9)。把桩嵌入稳定岩层，在桩顶端用锚杆或锚索锚入稳定岩层并进行张拉，使抗滑桩形成简支梁受力系统。这使抗滑桩避免了悬臂梁式受力，从而使桩截面、桩长度、配筋量大大减小，节省投资，并且可根据滑坡推力的大小，控制拉力，从而改变抗滑桩的被动受力方式。

6.2.3 锚杆(索)

锚杆是一种将拉力传至稳定岩层或土层的结构体系，主要由锚头、自由段和锚固段组

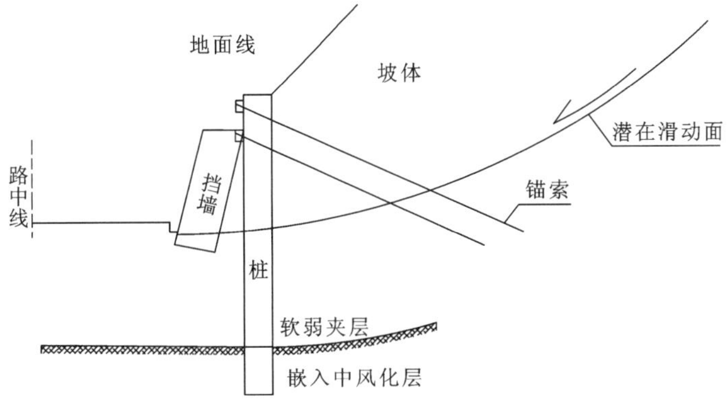

图 6.9　锚索抗滑桩断面图

成(图 6.10)。由于这种技术能大大减轻结构物的自重,节约工程材料并确保工程的安全和稳定,具有显著的经济效益和社会效益,目前在工程中得到了广泛的应用。其基本原理是利用锚杆(索)周围地层岩土的抗剪强度来传递结构物的拉力以保持地层开挖面的自身稳定,锚杆(索)可以提供作用于结构物上用来承受外荷的抗力,可以使锚固地层产生压应力区并对加固地层起到加筋作用,可以增强地层的强度,改善地层的力学性能,可以使结构与地层连锁在一起,形成一种共同工作的复合体,使其能有效地承受拉力和剪力。

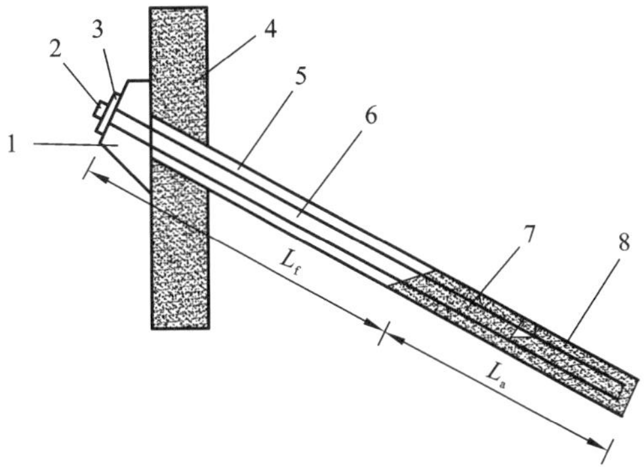

图 6.10　锚杆结构示意图

1. 台座;2. 锚具;3. 承压板;4. 支挡结构;5. 钻孔;6. 自由隔离层;7. 钢筋;8. 注浆体;L_f. 自由段长度;L_a. 锚固段长度

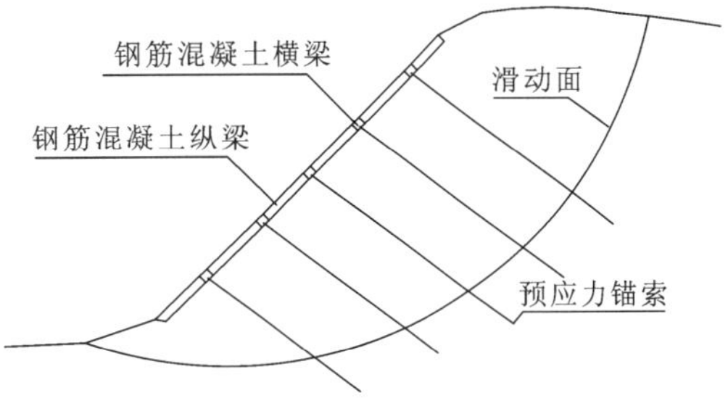

图 6.11　钢筋混凝土格架式锚杆挡墙

采用锚杆(索)加固边坡,能够提供足够的抗滑力,并能提高潜在滑移面上的抗剪强度,有效地阻止坡体位移,这是一般支挡结构所不具备的力学作用。此外,锚杆在边坡加固中通常与其他支挡结构联合使用,如上述与挡土墙联合使用的锚杆挡土墙、锚定板式挡土墙以及与桩联合使用的锚索桩。其与其他支挡结构联合使用的例子有:锚杆与钢筋混凝土格架联合使用形成的钢筋混凝土格架式锚杆挡墙(图 6.11),锚杆锚点设在格架结点上,锚杆可以是预应力锚杆(索)或非预应力锚杆(索)。

通过总结山区高速公路边坡支挡防护加固工程设计实践经验,针对深切边坡潜在失稳模式设计的支挡防护对策如表 6.1 所示。

表 6.1　支挡加固工程对策模型

边坡破坏机理	防治对策
陡倾裂面松弛	系统锚杆
缓倾裂面松弛	挡土墙支护锚杆加固
陡倾裂面松弛(楔形体)	系统锚杆锚索加固支护
浅层滑移	锚杆加固挡土墙支护
深层滑移	桩土墙支护锚索加固锚杆加固

6.3　安远至定南段高速公路玻璃钢锚杆防护技术

玻璃钢锚杆是一种新型的复合材料，一方面具有较强的耐腐蚀性，能较好地适应具有腐蚀性的工作环境；另一方面玻璃钢杆体具有轻质高强的特点，密度较小，便于运输和施工作业。但是，能否在高速公路边坡防护中使用玻璃钢锚杆，取决于玻璃钢锚杆是否具有足够的抗拉强度、抗剪强度、抗弯强度，并且锚杆在轴向与水泥砂浆之间具有足够的黏结力。

本书采用万能材料试验机对国内生产的四种玻璃钢锚杆进行了力学性能试验，测定玻璃钢锚杆的抗拉强度、抗剪强度、抗弯强度；采用室内拉拔试验测定玻璃钢锚杆与水泥砂浆的黏结特性，并将玻璃钢锚杆应用于赣南安定高速路堑高边坡防护中，进一步探讨这种新型材料在边坡防护中的可行性，为高速公路边坡永久防护设计提供参考依据。

6.3.1　玻璃钢锚杆力学性能试验

采用长春华科试验仪器有限公司生产的 WAW-1000c 型号万能材料试验机(图 6.12)进行力学性能试验。该试验仪器为油缸下置式结构，拉伸空间位于主机的上方，压缩、弯曲试验空间位于主机下方下横梁和工作台之间，通过下横梁的移动调整试验空间，采用电机、蜗轮蜗杆、螺母转动带动下横梁升降。测控系统采用微机控制电液伺服测控系统，传感器测力，微机屏幕显示试验力、变形和各种试验曲线，能够实现等速试验力、等速变形、等速位移、负荷保持、位移保持等多种控制方式，试验机能够按照《金属材料室内拉伸试验方法》(GB/T 228—2010)

图 6.12　试验仪器

自动计算各种数值。WAW-1000c 型号万能材料试验机主要相关参数如表 6.2 所示。

表 6.2 WAW-1000c 型号万能材料试验机主要相关参数

项目名称	参数
最大试验力/kN	1000
试验力示值相对误差	小于等于示值的±1%
试验力测量范围	最大试验力的 2%~100%
应力(力)速率控制相对误差	小于等于±2%
应变(变形)速率控制相对误差	小于等于±2%
夹紧方式	液压夹紧
圆试样夹持直径范围/mm	12~60
扁试样夹持厚度范围/mm	0~55
扁试样夹持宽度/mm	70
最大拉伸试验空间/mm	600
最大压缩试验空间/mm	500
活塞压向最大移动速度/(mm/min)	约 50
活塞拉向最大移动速度/(mm/min)	约 150

1. 拉伸试验

1）试样制备

由于玻璃钢锚杆属于脆性材料，在万能材料试验机上做拉伸试验时，如果用夹具直接夹玻璃钢锚杆，将有可能夹碎玻璃钢锚杆，导致试验无法进行。因此，在试验前需要对玻璃钢锚杆试样进行如下处理：在玻璃钢锚杆试样两段套内螺纹钢管，玻璃钢锚杆与内螺纹钢管用 618 环氧树脂与 651 固化剂按 2∶1 比例调制的黏合剂黏结，应保证玻璃钢锚杆居中，黏合剂在常温下固结超过 24 h 后试验。经过处理的玻璃钢锚杆试件如图 6.13 所示。

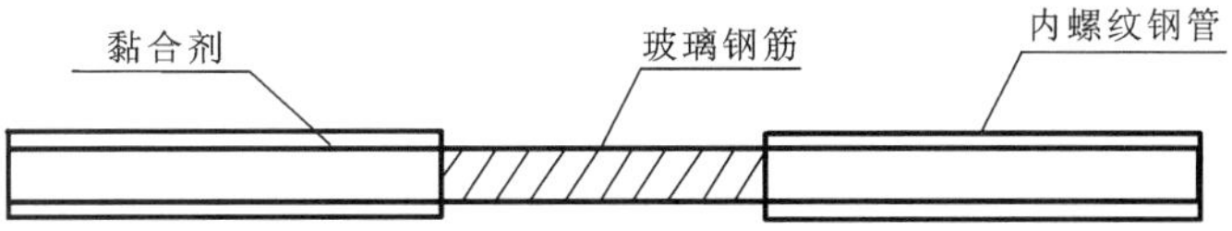

图 6.13 玻璃钢锚杆试样图

在本次试验中，玻璃钢锚杆采用两种直径：①直径 25 mm 的试样，长度为 55 cm，两端套长度为 20 cm 的内螺纹钢管；②直径 32 mm 的试样，长度为 75 cm，两端套长度为 30 cm 的内螺纹钢管。为了能与钢筋锚杆抗拉性能进行对比，分析钢筋锚杆的抗拉性能，选用同样规格的钢筋锚杆进行试验，钢筋试样采用工程锚杆常用的 HRB400 钢筋，试样直径为 25 mm，长度为 55 cm。本次试验加荷采用荷载控制，对试样施加稳定连续荷载，同时在玻璃钢锚杆拉伸试验过程中为了宏观了解加荷速率对玻璃钢锚杆的影响，对 3 kN/s 与 0.5 kN/s 两种加荷速率进行对比。玻璃钢锚杆试样采用国内南京奥沃科技有限公司与南京锋晖科技有限公司生产的、两种不同基体材料的玻璃钢锚杆试样，共进行 8 组玻璃钢锚杆拉伸试验，1 组 HRB400 钢筋锚杆拉伸试验，每组试样均为 3 根，9 组共 27 根。试样相关参数见表 6.3。

表 6.3　玻璃钢锚杆拉伸试样参数

组号	试样编号	筋材	直径/mm	试样长度/cm	生产厂家	基体材料
1	AL-1、AL-2、AL-3	玻璃钢锚杆	25	55	南京奥沃	普通树脂
2	AL-4、AL-5	玻璃钢锚杆	25	55	南京奥沃	环氧树脂
3	BL-1	玻璃钢锚杆	25	55	南京锋晖	环氧树脂
4	BL-2、BL-3、BL-4	玻璃钢锚杆	25	55	南京锋晖	普通树脂
5	BL-5、BL-6	玻璃钢锚杆	32	75	南京锋晖	普通树脂
6	BL-8、BL-9	玻璃钢锚杆	32	75	南京锋晖	普通树脂
7	BL-10	玻璃钢锚杆	32	75	南京锋晖	普通树脂
8	BL-11、BL-12、BL-13	玻璃钢锚杆	32	75	南京锋晖	普通树脂
9		钢筋	25	55	—	—

2）试验步骤

① 试样准备。切割玻璃钢锚杆与钢筋锚杆试样，用环氧树脂与固化剂配制黏合剂，在玻璃钢锚杆两端套内螺纹钢管，并用黏合剂填充，在常温下养护 24 h。

② 调整试验机。通过万能材料试验机电脑伺服仪设置相关数据，并且将电脑伺服仪位移等数据置零。检查并调整万能材料试验机，确认试验机相关组件都完好，确保试验安全进行。

③ 装夹试样。先将试件装夹在上夹头内，再将下夹头移动到合适的夹持位置，最后夹紧试件下端。

④ 检查与试用。在检查以上步骤完成的情况下，开动试验机，预加少量载荷(载荷对应的应力不能超过材料的比例极限)，然后卸载到零，以检查试验机工作是否正常。

⑤ 进行试验。开动试验机，缓慢而均匀地加载，仔细观察绘图装置的绘图情况。试件断后立即停机，记录最大荷载值。

3）试验结果与分析

(1) 破坏形态

玻璃钢锚杆与钢筋锚杆试样在稳定连续拉伸荷载作用下破坏。钢筋试样在薄弱处截面显著缩小，产生“缩颈”现象，直至断裂。玻璃钢锚杆与钢筋锚杆破坏有较大区别，玻璃钢锚杆试样破坏形态分为四种：①试样树脂拉裂，纤维部分拉断，整个试样破坏断面呈劈裂破坏形式[图 6.14(a)]；②试样表层纤维断裂，出现层剪现象，最终导致玻璃钢锚杆“抽芯”破坏[图 6.14(b)]；③对于抗拉强度较高的玻璃钢锚杆试样，锚固端内螺纹钢管会沿夹具的夹痕断裂破坏[图 6.14(c)]；④玻璃钢锚杆与黏合剂沿内螺纹钢管内壁滑脱[图 6.14(d)]。在四种破坏中，第①种破坏属于有效破坏，第②、③、④种破坏属于无效破坏。

(2) 破坏过程

为了进一步了解玻璃钢锚杆的拉伸力学性能，通过电脑伺服仪收集的试验过程数据，绘制玻璃钢锚杆试样的典型时间-荷载曲线，如图 6.15 所示。

对图 6.15 分析可知：玻璃钢锚杆在均匀加荷作用下，荷载-时间曲线基本上呈直线形状上升，直至破坏，在加载过程中伴有“噼噼啪啪”的声音；当荷载加载到一个定值时，伴随着巨大的响声，玻璃钢锚杆沿杆体瞬间劈裂破坏。两幅图中都有两条曲线先达到峰值，试件破坏；后一

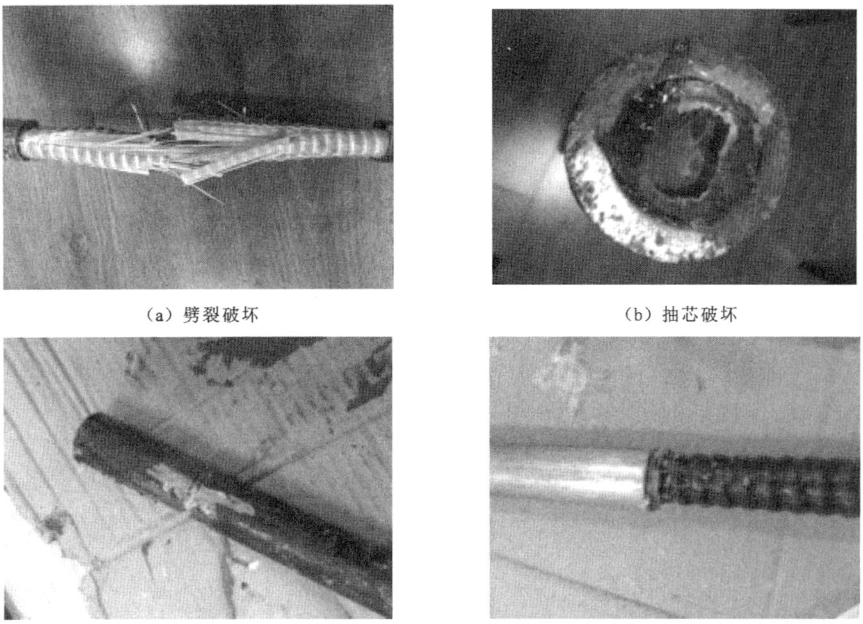

（a）劈裂破坏　（b）抽芯破坏

（c）钢管断裂　（d）钢管脱落

图 6.14　玻璃钢锚杆试样破坏形态

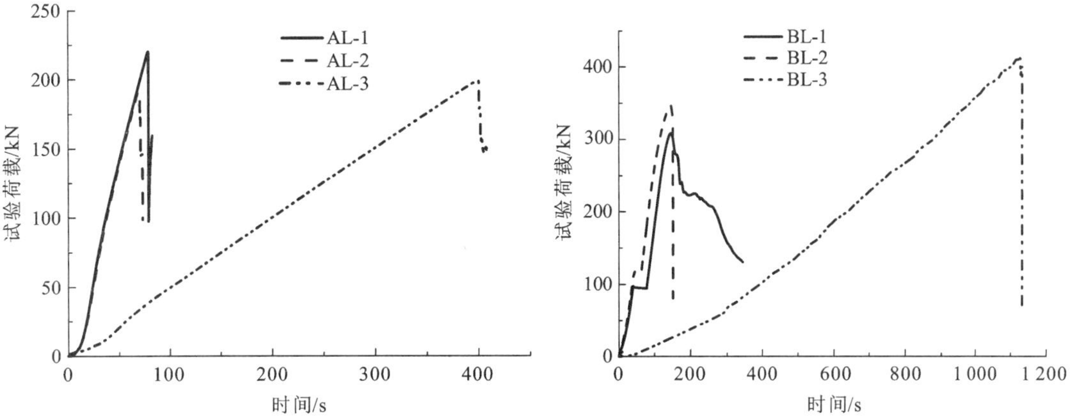

（a）南京奥沃玻璃钢锚杆　（b）南京锋晖玻璃钢锚杆

图 6.15　玻璃钢锚杆荷载-时间曲线图

条曲线达到峰值所用的时间大约是前两条的六倍，这是因为每幅图当中的前两条曲线是在加载速率 3 kN/s 下进行的，后一条曲线是在加载速率 0.5 kN/s 的速率下进行的。这样加荷载的目的是为了验证在其他条件相同的情况下，加载速率是否影响玻璃钢锚杆的抗拉强度，结果表明，在不同加荷速率下玻璃钢锚杆拉伸破坏时的最大力基本接近，因此，加荷速率对玻璃钢锚杆的抗拉性能影响不大。

（3）抗拉性能指标

根据测量数据中的最大剪切荷载和《土木工程用玻璃纤维增强筋》(JG/T 406—2013)（中华人民共和国住房和城乡建设部，2013），对有效破坏的玻璃钢锚杆试样的相关力学指标进行计算，弹性模量按式(6.1)计算。

$$E_f=\frac{F_1-F_2}{(\varepsilon_1-\varepsilon_2)A} \tag{6.1}$$

式中：E_f 为玻璃钢锚杆弹性模量，MPa；A 为玻璃钢锚杆试件的横截面积，mm^2；F_1 为 60%±5%的玻璃钢锚杆拉伸弹性阶段的荷载最大值，N；F_2 为 20%±5%的玻璃钢锚杆拉伸弹性阶段的荷载最大值，N；ε_1 为 60%±5%的玻璃钢锚杆拉伸弹性阶段的荷载最大值对应的应变；ε_2 为 20%±5%的玻璃钢锚杆拉伸弹性阶段的荷载最大值对应的应变。

玻璃钢锚杆抗拉性能指标计算结果如表 6.4 所示。

表 6.4　玻璃钢锚杆抗拉性能指标

组号	试样编号	极限抗拉强度/MPa	弹性模量/GPa	伸长率/%	备注
1	AL-1	448.63	43.96	1.26	ϕ25(A－)
	AL-2	391.64	42.63	1.04	ϕ25(A－)
	AL-3	404.32	38.92	1.21	ϕ25(A－)
2	AL-4	857.44	75.77	1.73	ϕ25(A＋)
	AL-5	872.94	72.14	1.84	ϕ25(A＋)
3	BL-1	844.98	54.97	1.67	ϕ25(B＋)
4	BL-2	702.76	63.03	1.85	ϕ25(B－)
	BL-3	686.22	57.99	2.01	ϕ25(B－)
	BL-4	672.20	61.77	1.92	ϕ25(B－)
5	BL-5	651.08	57.36	1.71	ϕ32(B－)
	BL-6	647.36	61.26	1.59	ϕ32(B－)
6	BL-8	691.53	61.56	1.64	ϕ32(B－)
	BL-9	670.44	54.43	1.72	ϕ32(B－)
7	BL-10	677.72	57.84	1.67	ϕ32(B－)
8	BL-11	692.53	57.31	2.07	ϕ32(B－)
	BL-12	678.59	59.61	1.97	ϕ32(B－)
	BL-13	694.80	63.07	1.62	ϕ32(B－)

注：A 代表南京奥沃科技有限公司，B 代表南京锋晖科技有限公司，“－”代表普通树脂基体材料，“＋”代表环氧树脂基体材料。

对表 6.4 分析可知：玻璃钢锚杆的极限抗拉强度为 391～873 MPa，极限抗拉强度最大可以达到 873 MPa；南京奥沃科技有限公司与南京锋晖科技有限公司两厂家采用环氧树脂材料生产的玻璃钢锚杆极限抗拉强度都可以达到 850 MPa 左右。为了探讨同一厂家采用不同材料配方生产的玻璃钢锚杆的力学性能之间的差距，通过第 1 组与第 2 组试样、第 3 组与第 4 组试样力学指标的对比可以发现，同一厂家采用不同材料配方生产的玻璃钢锚杆力学性能指标存在差距，其中南京锋晖科技有限公司采用不同材料配方生产的玻璃钢锚杆力学性能之间差距较小，南京奥沃科技有限公司采用不同材料配方生产的玻璃钢锚杆存在较大差距，采用环氧树脂材料生产的玻璃钢锚杆的极限抗拉强度是普通树脂材料生产的玻璃钢锚杆的两倍左右，弹性模量也接近两倍。

对表 6.4 分析可知：南京锋晖科技有限公司普通树脂材料生产的直径为 25 mm 的玻璃钢

锚杆极限抗拉强度平均值为 687.08 MPa，弹性模量平均值为 60.93 GPa；直径为 32 mm 的玻璃钢锚杆极限抗拉强度平均值为 671.45 MPa，弹性模量平均值为 59.05 GPa。对比发现，直径为 32 mm 的玻璃钢锚杆极限抗拉强度和弹性模量与直径为 25 mm 的大小基本相同。

表 6.5 所示 HRB400 钢筋锚杆的抗拉性能指标。从表 6.5 可知，HRB400 的极限抗拉强度约为 630 MPa，下屈服强度约为 500 MPa，钢筋抗拉强度取下屈服强度。对比表 6.4 中玻璃钢锚杆的抗拉性能可知：在八组玻璃钢锚杆中，有七组玻璃钢锚杆的抗拉强度大于钢筋锚杆的极限抗拉强度；只有一组玻璃钢锚杆的极限抗拉强度略小于钢筋锚杆的极限抗拉强度。

表 6.5　HRB400 钢筋锚杆抗拉性能指标

试样编号	极限抗拉强度/MPa	弹性模量/GPa	伸长率/%	上屈服强度/MPa	下屈服强度/MPa
G-1	631	200	14	505	500
G-2	637	200	14	509	508
G-3	632	200	14	505	499

（4）应力-应变曲线

图 6.16 为南京奥沃科技有限公司生产的各类玻璃钢锚杆的应力-应变曲线；图 6.17 为南京锋晖科技有限公司生产的各类玻璃钢锚杆的应力-应变曲线；图 6.18 为不同基体材料、不同直径的玻璃钢锚杆的应力-应变曲线。这些应力-应变曲线非常相似。

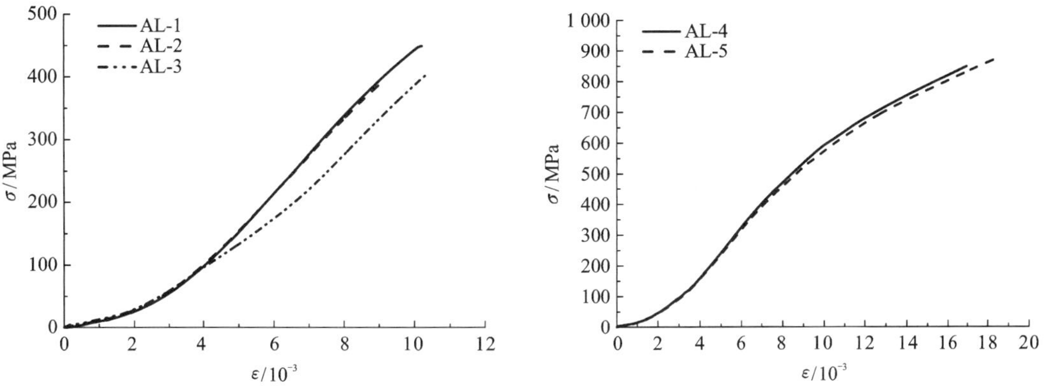

（a）第 1 组试样　　（b）第 2 组试样

图 6.16　南京奥沃玻璃钢锚杆试样应力-应变曲线

对所有玻璃钢锚杆试验的应力-应变曲线进行归纳总结，可得玻璃钢锚杆典型的应力-应变曲线（图 6.19）。从图 6.19 可知，玻璃钢锚杆在整个拉伸过程中可以分为两个阶段：①0—b 段弹性变形阶段（0—a 段为试样趋向于受拉均匀的过程），当应力达到最大应力（σ_{μ}）的 10%左右时，应力-应变曲线变为一条直线，在此阶段纤维受荷均匀，应力应变成正比，为弹性变形；②b—c 段弹塑性变形阶段，当应力达到最大应力的 70%左右时，应变增量明显变大，该阶段部分纤维脱离环氧树脂基体，部分纤维出现断裂，应力重分布到未断裂的纤维上，随着荷载增加，断裂纤维增多，未断裂的纤维不能承受施加的荷载，杆体整体断裂破坏。玻璃钢锚杆在 b—c 阶段已经趋向于断裂破坏，因此为保证玻璃钢锚杆在工程中应用的安全性，建议其抗拉强度设计值应控制在极限抗拉强度的 70%以内。

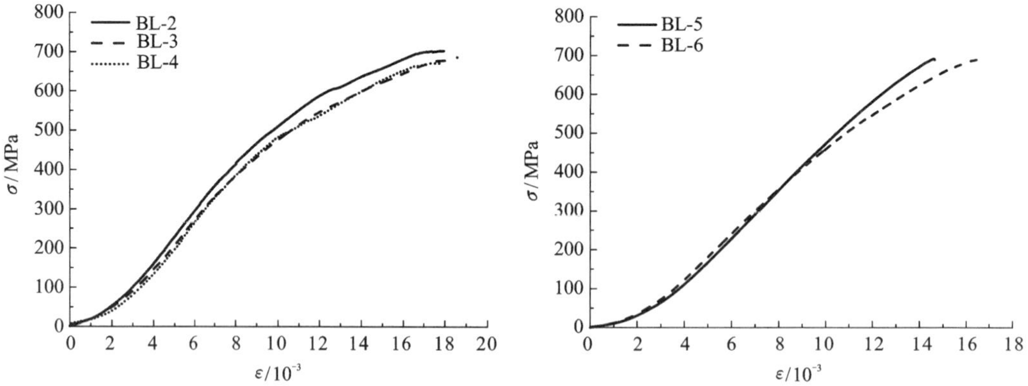

（a）第4组试样　　（b）第5组试样

图 6.17　南京锋晖玻璃钢锚杆试样应力-应变曲线

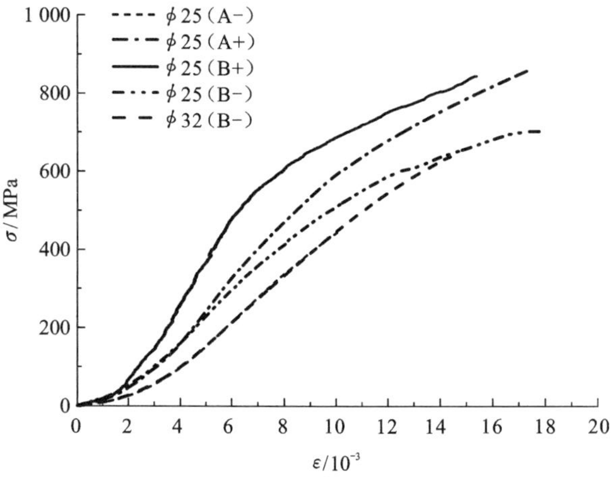

图 6.18　玻璃钢锚杆试样应力-应变曲线

与钢筋典型的应力-应变曲线(图 6.20)对比,可以发现玻璃钢锚杆的应力-应变曲线与钢筋锚杆的应力-应变曲线完全不同,玻璃钢锚杆没有明显的屈服阶段,从其应力-应变曲线可知玻璃钢锚杆属于脆性材料,其破坏机理与荷载传递方式均与钢筋锚杆有较大的区别。

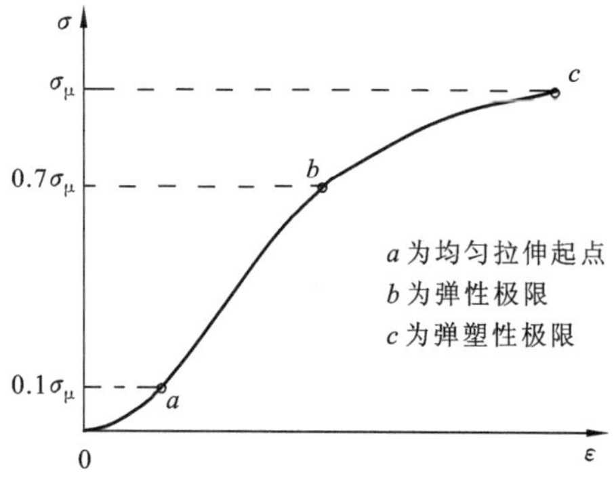

图 6.19　玻璃钢锚杆典型应力-应变曲线

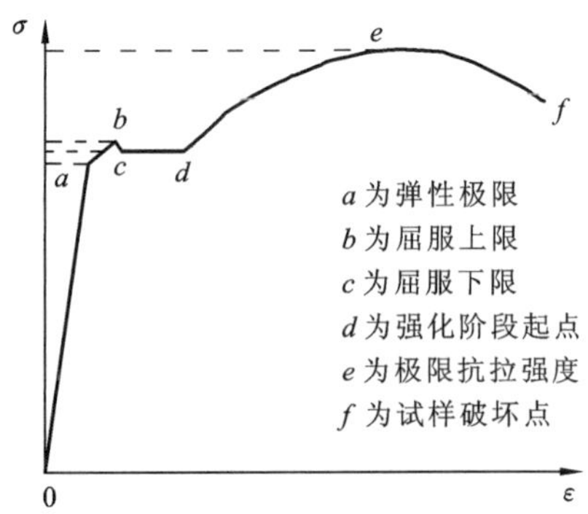

图 6.20　钢筋典型应力-应变曲线

2. 剪切试验

1）试样准备

玻璃钢锚杆剪切试验在万能材料试验机上操作，试验的玻璃钢锚杆直径分为 25 mm 和 32 mm。本试验采用垂直于锚杆轴向位置进行双剪试验(图 6.21)，电脑伺服仪控制万能材料试验机均匀加荷载。根据玻璃钢锚杆生产的厂家、基体材料、直径，将玻璃钢锚杆试样分为 10 组，每组 3 根，共 30 根。玻璃钢锚杆试样规格见表 6.6。

图 6.21 玻璃钢锚杆剪切试验

表 6.6 玻璃钢锚杆剪切试验试样规格

试样组号	试样编号	试样形状	直径/mm	厂家	基体材料
1	JQ-1、JQ-2、JQ-3	圆柱状	25	南京奥沃	普通树脂
2	JQ-4、JQ-5、JQ-6	圆柱状	25	南京奥沃	普通树脂
3	JQ-7、JQ-8、JQ-9	圆柱状	25	南京奥沃	环氧树脂
4	JQ-10、JQ-11、JQ-12	圆柱状	25	南京奥沃	环氧树脂
5	JQ-13、JQ-14、JQ-15	圆柱状	25	南京锋晖	环氧树脂
6	JQ-16、JQ-17、JQ-18	圆柱状	25	南京锋晖	环氧树脂
7	JQ-19、JQ-20、JQ-21	圆柱状	25	南京锋晖	普通树脂
8	JQ-22、JQ-23、JQ-24	圆柱状	25	南京锋晖	普通树脂
9	JQ-25、JQ-26、JQ-27	圆柱状	32	南京锋晖	普通树脂
10	JQ-28、JQ-29、JQ-30	圆柱状	32	南京锋晖	普通树脂

2）试验步骤

① 切割玻璃钢锚杆试样至要求尺寸，选择合适的剪切环，将剪切环安装于底座上，并且固定在万能材料试验机上。

② 将试样安装到剪切环上，调整万能材料试验机上部压头，使压头接触锚杆，压头轻轻接触即可，禁止有较大荷载施加在锚杆杆体上。

③ 启动万能材料试验机自动施加荷载，加荷载过程中要观察电脑伺服仪显示的相关试验图表，直至玻璃钢锚杆剪切破坏。

3）试验结果与分析

(1) 剪切过程

图 6.22 为玻璃钢锚杆剪切过程中荷载随时间的变化图。从图 6.22 可知，荷载-时间曲线开始呈曲线形状，后面逐渐趋近于直线，直至破坏。其原因是：在剪切过程中，由于一开始锚杆与剪

切环接触不充分，曲线阶段是玻璃钢锚杆与剪切环的接触咬合阶段。随着玻璃钢锚杆与剪切环的充分接触，受力逐渐均匀，直至试样破坏。当试样发生破坏时，发出巨大响声，玻璃钢锚杆瞬间剪切断裂，破坏剪切环面整齐(图 6.23)。由此可知，玻璃钢锚杆剪切破坏属于脆性破坏。

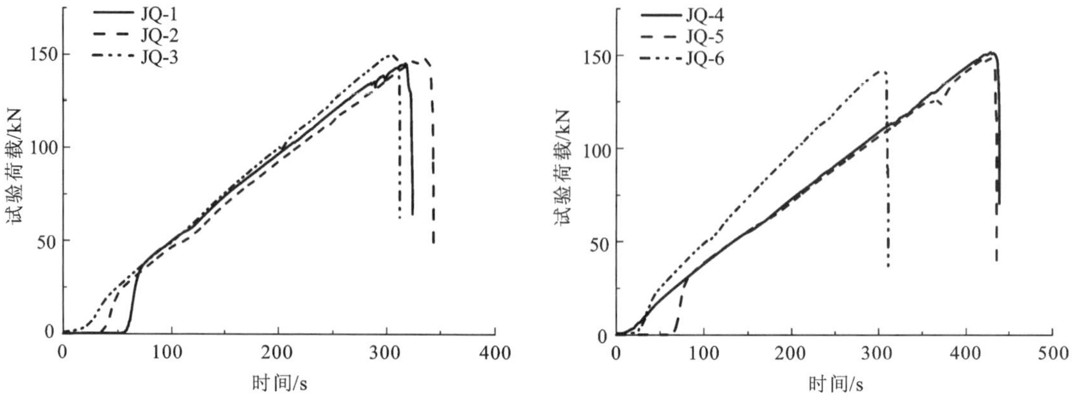

图 6.22　玻璃钢锚杆剪切试验荷载-时间图

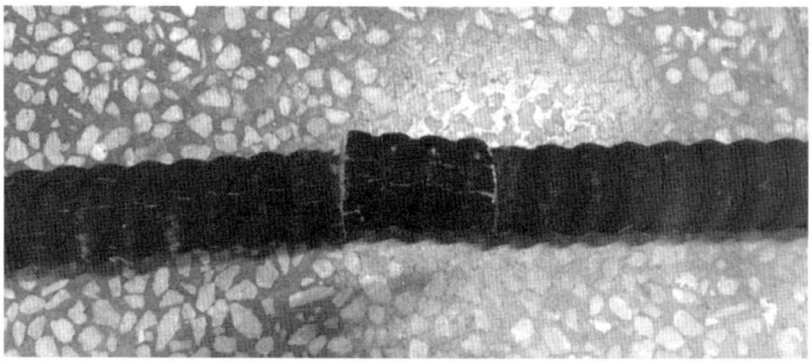

图 6.23　玻璃钢锚杆剪切破坏图

(2) 剪切性能指标

根据试验测量的最大剪切荷载和《土木工程用玻璃纤维增强筋》(JG/T 406—2013)(中华人民共和国住房和城乡建设部，2013)规范，采用式(6.2)计算玻璃钢锚杆的抗剪强度：

$$f_v = \frac{P}{2A} \tag{6.2}$$

式中：f_v 为玻璃钢锚杆的剪切强度，MPa；P 为试件的最大破坏荷载，N。

各玻璃钢锚杆的抗剪强度如表 6.7～表 6.11 所示。

表 6.7　南京奥沃 ϕ25 普通树脂玻璃钢锚杆抗剪性能指标

试样编号	最大剪切力/kN	截面积(A)/mm^2	抗剪强度/MPa	厂家	基体材料
JQ-1	147.88	490.625	150.71	南京奥沃	普通树脂
JQ-2	145.24	490.625	148.02		
JQ-3	149.39	490.625	152.24		
JQ-4	151.83	490.625	154.73		
JQ-5	148.55	490.625	151.39		
JQ-6	144.01	490.625	146.76		

表 6.8　南京锋晖 ϕ 25 环氧树脂玻璃钢锚杆抗剪性能指标

试样编号	最大剪切力/kN	截面积(A)/mm²	抗剪强度/MPa	厂家	基体材料
JQ-7	183.38	490.625	186.79	南京锋晖	环氧树脂
JQ-8	170.84	490.625	174.02		
JQ-9	156.91	490.625	159.83		
JQ-10	164.19	490.625	167.24		
JQ-11	132.83	490.625	135.30		
JQ-12	162.09	490.625	165.10		

表 6.9　南京奥沃 ϕ 25 环氧树脂玻璃钢锚杆抗剪性能指标

试样编号	最大剪切力/kN	截面积(A)/mm²	抗剪强度/MPa	厂家	基体材料
JQ-13	151.59	490.625	154.41	南京奥沃	环氧树脂
JQ-14	193.61	490.625	197.21		
JQ-15	170.30	490.625	173.47		
JQ-16	160.32	490.625	163.30		
JQ-17	165.45	490.625	168.53		
JQ-18	180.95	490.625	184.31		

表 6.10　南京锋晖 ϕ 25 普通树脂玻璃钢锚杆抗剪性能指标

试样编号	最大剪切力/kN	截面积(A)/mm²	抗剪强度/MPa	厂家	基体材料
JQ-19	134.87	490.625	137.38	南京锋晖	普通树脂
JQ-20	139.17	490.625	141.76		
JQ-21	137.49	490.625	140.05		
JQ-22	135.91	490.625	138.44		
JQ-23	121.87	490.625	124.14		
JQ-24	149.43	490.625	152.21		

表 6.11　南京锋晖 ϕ 32 普通树脂玻璃钢锚杆抗剪性能指标

试样编号	最大剪切力/kN	截面积(A)/mm²	抗剪强度/MPa	厂家	基体材料
JQ-25	184.35	804.248	114.61	南京锋晖	普通树脂
JQ-26	211.36	804.248	131.40		
JQ-27	187.14	804.248	116.34		
JQ-28	177.55	804.248	110.38		
JQ-29	190.26	804.248	118.28		
JQ-30	170.41	804.248	105.94		

对表 6.7～表 6.11 分析可知：玻璃钢锚杆的抗剪强度范围为 110～197 MPa；南京奥沃科技有限公司生产的普通树脂基体材料玻璃钢锚杆的抗剪强度平均值为 150.64 MPa，环氧树脂基体材料玻璃钢锚杆的抗剪强度平均值为 173.54 MPa；南京锋晖科技有限公司生产的普通树脂基体材料玻璃钢锚杆的抗剪强度平均值为 139.00 MPa，环氧树脂基体材料玻璃钢锚杆的抗

剪强度平均值为173.54 MPa。由此可知,环氧树脂基体材料玻璃钢锚杆的抗剪强度大于普通树脂基体材料玻璃钢锚杆的抗剪强度。

对表6.7～表6.11分析可知,南京锋晖科技有限公司两种直径的普通树脂基体材料玻璃钢锚杆中,ϕ 25的抗剪强度平均为139.00 MPa,ϕ 32的抗剪强度平均为116.16 MPa。由此可知,ϕ 32的玻璃钢锚杆的抗剪强度略小于ϕ 25的玻璃钢锚杆的抗剪强度。

常用的HRB400钢筋的抗剪强度为370～620 MPa。与钢筋锚杆的抗剪强度对比,玻璃钢锚杆抗剪强度明显低于钢筋锚杆的抗剪强度。但是,根据《土木工程用玻璃纤维增强筋》(JG/T 406—2013)(中华人民共和国住房和城乡建设部,2013)的要求,玻璃钢锚杆抗剪强度大于110 MPa即可满足工程要求。所以,以上试验的所有玻璃钢锚杆的抗剪强度均能够满足规范要求,均可应用于边坡防护工程中。由于玻璃钢锚杆的抗剪强度远远小于钢筋锚杆的抗剪强度,在顺层边坡、结构面发育的边坡等容易产生较大剪切力的边坡防护中,仍需要通过计算,验证玻璃钢锚杆的抗剪强度是否满足工程的实际要求。

图6.24　玻璃钢锚杆弯曲试验装置

3. 弯曲试验

1）试样准备

玻璃钢锚杆的弯曲试验在万能材料试验机上进行。万能材料试验机上有三点弯曲和四点弯曲两种加载荷方式。本次试验采用三点弯曲法,试验装置如图6.24所示。在万能材料试验机上分别设置三种跨度:200 mm、250 mm和300 mm,每组试样3根玻璃钢锚杆,共完成12组试样(表6.12)。

表6.12　弯曲试验玻璃钢锚杆试样

组号	试样形状	直径/mm	跨距/mm	厂家	基体材料
1	圆柱状	25	300	南京奥沃	普通树脂
2	圆柱状	25	250		
3	圆柱状	25	200		
4	圆柱状	25	300	南京奥沃	环氧树脂
5	圆柱状	25	250		
6	圆柱状	25	200		
7	圆柱状	25	300	南京锋晖	普通树脂
8	圆柱状	25	250		
9	圆柱状	25	200		
10	圆柱状	32	300	南京锋晖	普通树脂
11	圆柱状	32	250		
12	圆柱状	32	200		

2）试验步骤

① 将已切割好的试样编号，在中点位置画线，调节跨距及加载上压头的位置，准确至0.5 mm。

② 加载上压头位于支座中间，且使加载上压头与支座的圆柱面轴线平行，必要时在试样表面与加载上压头间放置薄片或者薄垫块，防止试样受压失效。

③ 变形可以通过万能材料试验机进行测量，变形数据可以通过万能材料试验机的电脑自动记录。施加初荷载（约为破坏荷载的5%），检查试样装置及电脑伺服仪的数据，使整个系统处于正常状态。

④ 施加荷载直至试样破坏。挠度小于或等于1.5倍试样直径时破坏的试样，记录其最大荷载或者破坏荷载；挠度等于1.5倍试样直径仍不出现破坏的试样，记录该挠度下的荷载。

3）试验结果与分析

玻璃钢锚杆在万能材料试验机上均匀加荷直至破坏，通过电脑伺服仪获得弯曲试验数据，按式(6.3)计算玻璃钢锚杆的抗弯强度：

$$\sigma_f = \frac{8FL}{\pi d^3} \tag{6.3}$$

式中：σ_f为玻璃钢锚杆的抗弯强度，MPa；F为试件的最大破坏荷载，N；L为跨距，mm；d为玻璃钢锚杆直径，mm。

通过式(6.4)计算玻璃钢锚杆的弯曲弹性模量：

$$E_{wf} = \frac{4FL^3}{3\pi \Delta L d^4} \tag{6.4}$$

式中：E_{wf}为玻璃钢锚杆的弯曲弹性模量，MPa；F为试件的最大破坏荷载，N；L为跨距，mm；ΔL为跨距中点处的挠度增量，mm；d为玻璃钢锚杆直径，mm。

计算可得各组玻璃钢锚杆的抗弯性能指标，如表6.13～表6.16所示。

表6.13 南京奥沃ϕ25普通树脂玻璃钢锚杆抗弯性能指标

试样编号	跨距/mm	最大弯曲力/kN	弯曲弹性模量/GPa	抗弯强度/MPa	直径/mm	厂家	基体材料
WQ-1	300	3.85	7.24	94.12	25	南京奥沃	普通树脂
WQ-2	300	3.9	7.43	95.34			
WQ-3	300	3.8	7.43	92.90			
WQ-4	250	4.35	7.03	88.62			
WQ-5	250	4.4	7.62	89.64			
WQ-6	250	4.37	7.20	89.02			
WQ-7	200	5.1	7.15	83.12			
WQ-8	200	5.23	7.45	85.24			
WQ-9	200	5.19	7.40	84.58			

表 6.14 南京奥沃 ϕ25 环氧树脂玻璃钢锚杆抗弯性能指标

试样编号	跨距/mm	最大弯曲力/kN	弯曲弹性模量/GPa	抗弯强度/MPa	直径/mm	厂家	基体材料
WQ-10	300	10.77	18.91	261.57	25	南京奥沃	环氧树脂
WQ-11	300	10.49	19.05	256.44			
WQ-12	300	10.6	18.79	259.13			
WQ-13	250	12.01	18.69	244.67			
WQ-14	250	11.87	18.57	241.81			
WQ-15	250	12.07	18.89	245.89			
WQ-16	200	15.03	18.32	244.95			
WQ-17	200	14.79	18.23	241.04			
WQ-18	200	14.68	18.28	239.25			

表 6.15 南京锋晖 ϕ25 普通树脂玻璃钢锚杆抗弯性能指标

试样编号	跨距/mm	最大弯曲力/kN	弯曲弹性模量/GPa	抗弯强度/MPa	直径/mm	厂家	基体材料
WQ-19	300	4.51	10.46	120.03	25	南京锋晖	普通树脂
WQ-20	300	5.12	10.84	125.16			
WQ-21	300	5.17	10.80	126.39			
WQ-22	250	5.47	10.13	111.43			
WQ-23	250	5.6	10.50	114.08			
WQ-24	250	5.76	10.88	117.34			
WQ-25	200	6.67	10.60	108.70			
WQ-26	200	6.87	10.74	111.96			
WQ-27	200	7.01	10.52	114.25			

表 6.16 南京锋晖 ϕ32 普通树脂玻璃钢锚杆抗弯性能指标

试样编号	跨距/mm	最大弯曲力/kN	弯曲弹性模量/GPa	抗弯强度/MPa	直径/mm	厂家	基体材料
WQ-28	300	17.41	10.77	202.95	32	南京锋晖	普通树脂
WQ-29	300	17.80	10.98	207.49			
WQ-30	300	17.44	10.59	203.30			
WQ-31	250	20.92	10.38	203.22			
WQ-32	250	20.35	10.40	197.68			
WQ-33	250	21.09	10.55	204.87			
WQ-34	200	23.42	10.93	182.00			
WQ-35	200	22.97	10.73	178.51			
WQ-36	200	23.37	11.24	181.61			

对表 6.13～表 6.16 分析可知，玻璃钢锚杆三点弯曲试验中，随跨距的减小所承受的最大弯曲力增大，但相对应的抗弯强度均呈减小趋势。通过对比南京奥沃科技有限公司生产的普通树脂基体材料和环氧树脂基体材料的两种玻璃钢锚杆发现，在相同跨距下，环氧树脂基体材料的抗弯强度明显大于普通树脂基体材料的抗弯强度。对比南京锋晖科技有限公司 ϕ 25 与 ϕ 32 的普通树脂基体材料的玻璃钢锚杆发现，在相同跨距下，ϕ 32 的抗弯强度大于 ϕ 25 的抗弯强度。

对表 6.13～表 6.16 分析可知：南京奥沃科技有限公司生产的环氧树脂基体材料的玻璃钢锚杆的弯曲弹性模量明显大于普通树脂基体材料的；南京锋晖科技有限公司生产的 ϕ 25 与 ϕ 32 的普通树脂基体材料的玻璃钢锚杆弯曲弹性模量基本相同。

6.3.2 玻璃钢锚杆黏结性能试验

在边坡防护中，玻璃钢锚杆与水泥砂浆的黏结性能也是边坡防护中的关键问题。由于玻璃钢锚杆是一种由玻璃纤维和树脂合成的新型材料，在拉伸试验过程中，若不加内螺纹钢管，拉伸力在 80 kN 左右时，锚杆杆体表面会被万能材料试验机夹具夹碎而沿着夹具滑脱。那么，玻璃钢锚杆在水泥砂浆黏结的情况下，是否会在较小的荷载作用下沿着锚杆与水泥砂浆界面产生破坏呢？因此，对玻璃钢锚杆与水泥砂浆之间的黏结性能进行研究非常重要。本小节采用室内拉拔试验，在不同锚固长度、不同养护时间等条件下对同等直径的玻璃钢锚杆和钢筋锚杆与水泥砂浆的黏结力、黏结强度进行探讨，分析影响玻璃钢锚杆与水泥砂浆之间黏结性能的因素。

1. 玻璃钢锚杆与水泥砂浆黏结理论

1）黏结力理论

锚杆在边坡防护中，主要是靠锚杆与水泥砂浆、水泥砂浆与岩土体间的黏结力形成整体，从而达到加固边坡的作用。这不仅要求锚杆有较高的抗拉强度，还要求锚杆与水泥砂浆之间有可靠的黏结力。目前玻璃钢锚杆与水泥砂浆的黏结理论认为，玻璃钢锚杆与水泥砂浆之间的黏结力主要由三个部分组成：

① 玻璃钢锚杆表面与砂浆中水泥胶凝体间的化学胶着力。化学胶着力是砂浆中的水泥砂浆与玻璃钢锚杆表面产生的吸附胶着作用力，并且随着玻璃钢锚杆与砂浆之间的相对滑动而消失。

② 玻璃钢锚杆与水泥砂浆接触面间的摩擦力。摩擦力由水泥砂浆在养护过程中硬化收缩对玻璃钢锚杆所产生的挤压作用力综合形成。

③ 玻璃钢锚杆与砂浆体之间的机械咬合力。对于光面玻璃钢锚杆，机械咬合力主要由杆体表面的凹凸不平所致；对于全螺纹的玻璃钢锚杆，机械咬合力则主要由杆体肋与砂浆的相互嵌套形成。

2）界面受力理论

玻璃钢锚杆与水泥砂浆界面的受力分析，常用的方法是将玻璃钢锚杆与水泥砂浆界面间的黏结-滑移关系简化为线性或者非线性切向弹簧（图 6.25）。该方法的基本思想是把锚杆划分为许多弹性单元，每个单元与水泥砂浆之间用弹簧联系，此种方法称为荷载传递法。

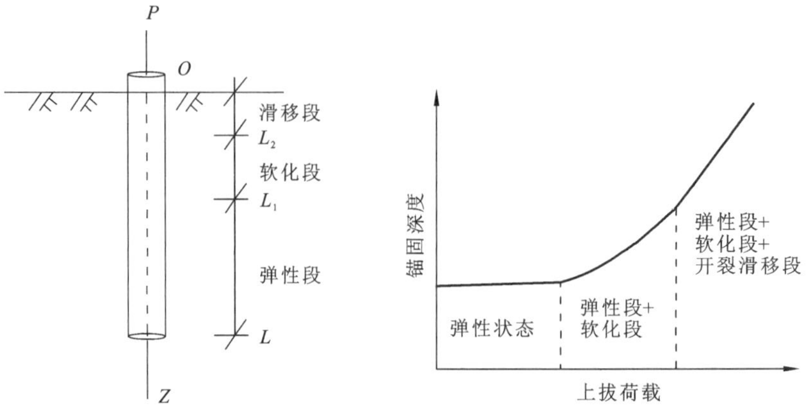

图 6.25　玻璃钢锚杆与水泥砂浆界面间的黏结-滑移关系模型

在锚杆受拉拔初期，锚杆与水泥砂浆界面处于弹性阶段，当锚杆顶部位移达到弹性极限位移时，此时界面处于弹性极限状态；当锚杆顶部位移超过弹性极限位移时，锚杆顶部部分界面产生塑性屈服，此时锚杆界面处于塑性状态；当锚杆顶部位移达到塑性极限位移时，此时锚杆界面处于塑性极限状态。如果拉拔荷载继续增大，锚杆上部界面将产生滑移，此时锚杆界面处于部分开裂滑移状态，同时软化段和弹性段继续向深处发展，直至锚杆完全从水泥砂浆中拔出。

2. 试验原理与方法

1）试验装置

试验仪器是长春华科试验仪器有限公司生产的全自动电液伺服系统 WAW-1000c 型号万能材料试验机(图 6.26)，最大试验力 1 000 kN，拉伸过程可以通过荷载控制与位移控制实现，本试验均采用荷载控制，对试样施加稳定连续荷载。由于本次试验中的试样不能直接固定在万能材料试验机上，因此，自制了一个反力架固定试验样品，这个反力架上下钢板之间的间距为 160 mm(图 6.27)。

图 6.26　试验仪器

图 6.27　样品固定反力架

2）试样制备

（1）试样模型

本书参照规范《土木工程用玻璃纤维增强筋》(JG/T 406—2013)(中华人民共和国住房和城乡建设部，2013)中锚杆的现场拉拔试验要求和过程，按照《混凝土结构试验方法标准》(GB 50152—2012)(中华人民共和国住房和城乡建设部，2012)设计出经过改进后的拉拔模型（图6.28)。玻璃钢锚杆一端套内螺纹钢管，另一端浇注在混凝土内。图中 d 指的是玻璃钢锚杆的直径，根据国内规范要求，在玻璃钢锚杆拉拔试验中，埋深为其直径的3～5倍，未黏结长度部分用塑料套管包裹分隔，混凝土试块尺寸为150 mm×150 mm×150 mm。

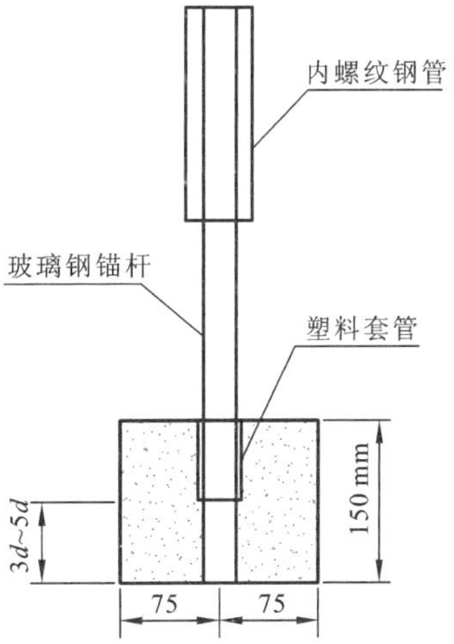

图6.28　试样模型图

（2）制备过程

玻璃钢锚杆试样为带肋筋材，肋宽0.5 cm，肋间距1 cm。玻璃钢锚杆一端套内螺纹钢管，玻璃钢锚杆与内螺纹钢管之间用618环氧树脂与651固化剂按2：1比例调制的黏合剂黏结[图6.29(a)]。玻璃钢锚杆另一端浇注在水泥砂浆中，水泥砂浆采用C30型号，按灰：砂：水＝1：2.75：0.47进行配比，在模具内制成尺寸为150 mm×150 mm×150 mm的立方体混凝土块，混凝土在水中养护[图6.29(b)]。

(a)

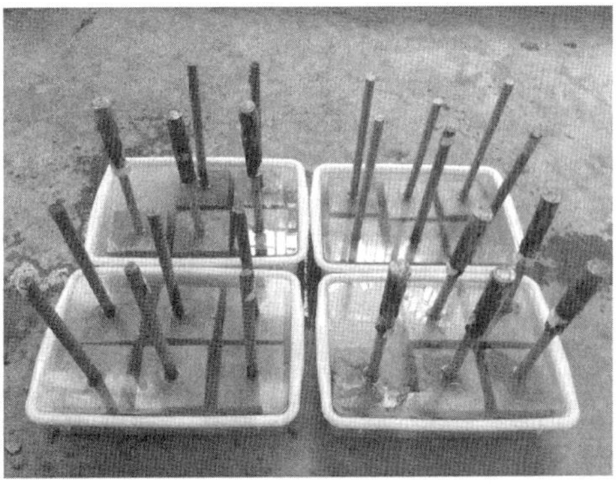

(b)

图6.29　试样制备及养护

本次试验设置了 $3d$、$4d$、$5d$（d 为玻璃钢锚杆直径）三种玻璃钢锚杆埋深，通过水泥砂浆黏结将玻璃钢锚杆锚固在试块中。养护时间分为7天（初凝）和28天（终凝）。为了对比玻璃钢锚杆与钢筋锚杆的黏结性能，将锚固工程中常用的HRB400型号钢筋锚杆制成与玻璃钢锚杆相同的试样（表6.17）。

表 6.17　各组试样的试验设计数据

组别	试件编号	锚杆类型	锚固长度	养护时间/天	备注
I	B-7-3-1	玻璃钢锚杆	$3d$	7	南京奥沃普通树脂基体材料
	B-7-4-1	玻璃钢锚杆	$4d$	7	
	B-7-5-1	玻璃钢锚杆	$5d$	7	
II	B 28-3-1	玻璃钢锚杆	$3d$	28	南京奥沃普通树脂基体材料
	B-28-4-1	玻璃钢锚杆	$4d$	28	
	B-28-5-1	玻璃钢锚杆	$5d$	28	
III	B-28-3-2	玻璃钢锚杆	$3d$	28	南京奥沃普通树脂基体材料
	B-28-4-2	玻璃钢锚杆	$4d$	28	
	B-28-5-2	玻璃钢锚杆	$5d$	28	
IV	B-28-3-3	玻璃钢锚杆	$3d$	28	南京奥沃环氧树脂基体材料
	B-28-4-3	玻璃钢锚杆	$4d$	28	
	B-28-5-3	玻璃钢锚杆	$5d$	28	
V	B-28-3-4	玻璃钢锚杆	$3d$	28	南京锋晖普通树脂基体材料
	B-28-4-4	玻璃钢锚杆	$4d$	28	
	B-28-5-4	玻璃钢锚杆	$5d$	28	
VI	G-28-3-1	HRB400	$3d$	28	HRB400 钢筋
	G-28-4-1	HRB400	$4d$	28	
	G-28-5-1	HRB400	$5d$	28	
VII	G-28-3-2	HRB400	$3d$	28	HRB400 钢筋
	G-28-4-2	HRB400	$4d$	28	
	G-28-5-2	HRB400	$5d$	28	

(3) 试验步骤

① 按试验设计，待试样养护 7 天或 28 天后，将试件取出进行试验。

② 将反力架固定于万能材料试验机下部，反力架下部钢筋由万能材料试验机下部夹具夹持，固定完成后检查固定效果。

③ 将试样置于反力架中，顺槽口安装，退装。调节万能材料试验机上部支座，夹紧试件上部杆件。将玻璃钢锚杆试样上段夹持在万能材料试验机上部夹具上，调整试样，确保上部和下部夹具全部夹紧。为了防止水泥块出现崩裂时伤人，应把防护栏关上并锁好。

④ 通过万能材料试验机电脑伺服仪设置数据，首先调整仪器使水泥块与反力架充分接触，按 0.5 kN/s 进行加载，在加载过程中关注电脑伺服系统绘制的荷载曲线图。

⑤ 均匀加载，直至试样破坏；取下试样并查看破坏情况。

3. 试验结果分析

1）黏结性能指标

试样在万能材料试验机上加载直至破坏，通过电脑伺服仪收集试样破坏时的最大荷载，此荷载即为玻璃钢锚杆与水泥砂浆之间的黏结力（表 6.18）。由表 6.18 可知，试样黏结力的大小随锚固深度的增加而增大。

表 6.18 试样与水泥砂浆的黏结性能指标

组别	试件编号	锚固长度	养护时间/天	黏结力/kN	备注
I	B-7-3-1	3*d*	7	33.76	南京奥沃普通树脂基体材料
	B-7-4-1	4*d*	7	42.65	
	B-7-5-1	5*d*	7	55.70	
II	B-28-3-1	3*d*	28	50.77	南京奥沃普通树脂基体材料
	B-28-4-1	4*d*	28	53.19	
	B-28-5-1	5*d*	28	60.54	
III	B-28-3-2	3*d*	28	51.05	南京奥沃普通树脂基体材料
	B-28-4-2	4*d*	28	54.88	
	B-28-5-2	5*d*	28	61.32	
IV	B-28-3-3	3*d*	28	56.31	南京奥沃环氧树脂基体材料
	B-28-4-3	4*d*	28	61.47	
	B-28-5-3	5*d*	28	69.20	
V	B-28-3-4	3*d*	28	53.98	南京锋晖普通树脂基体材料
	B-28-4-4	4*d*	28	58.60	
	B-28-5-4	5*d*	28	65.40	
VI	G-28-3-1	3*d*	28	47.52	HRB400 钢筋
	G-28-4-1	4*d*	28	55.00	
	G-28-5-1	5*d*	28	65.88	
VII	G-28-3-2	3*d*	28	49.24	HRB400 钢筋
	G-28-4-2	4*d*	28	55.79	
	G-28-5-2	5*d*	28	65.20	

2）黏结破坏过程

为进一步了解试样在拉拔试样中的破坏过程，将时间与荷载的试验数据整理绘制出玻璃钢锚杆拔出的荷载-时间曲线图（图 6.30～图 6.34）。

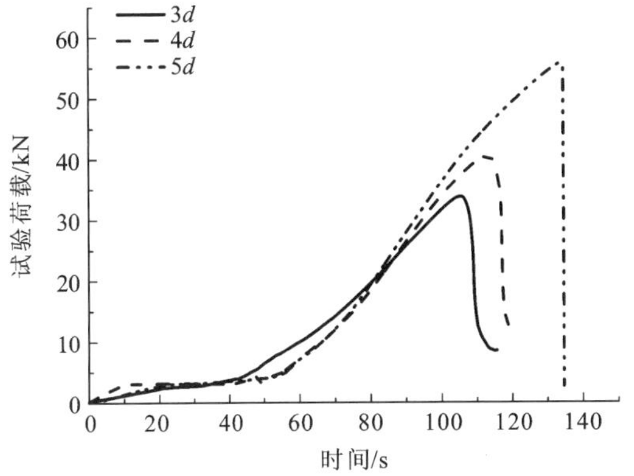

图 6.30 第 I 组试样

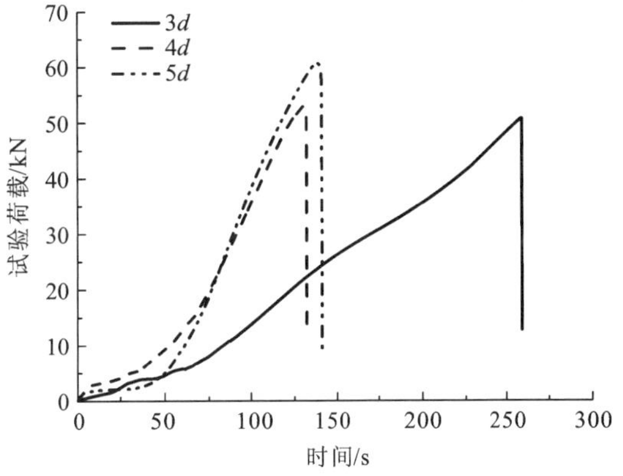

图 6.31 第 II 组试样

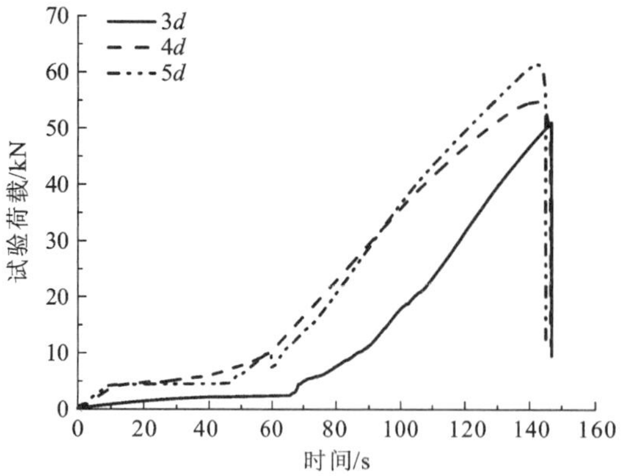

图 6.32　第 III 组试样图

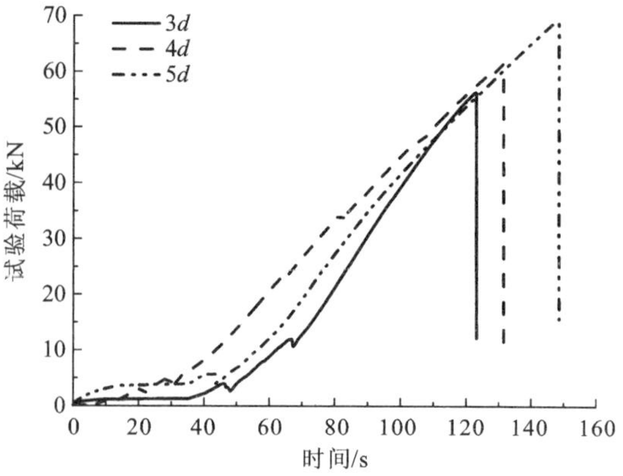

图 6.33　第 IV 组试样

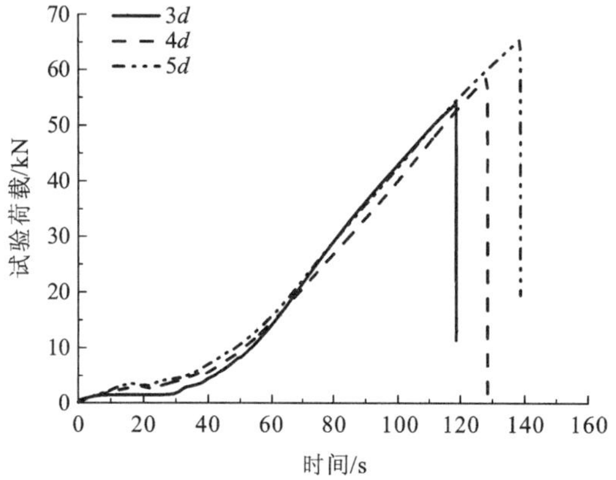

图 6.34　第 V 组试样

对图 6.30～图 6.34 分析可知，试样在拉拔试验过程中可以分为三个阶段：第一阶段，试样在加荷初期阶段，荷载-时间曲线呈不规律变化，由于在加荷初期阶段试样水泥块与反力架需要一段时间充分接触，该阶段为试样水泥块与反力架咬合充分接触的阶段；第二阶段，荷载-时间曲线趋近于直线变化，在此阶段试样均匀受荷；第三阶段，荷载施加到一定程度时，超过了玻璃钢锚杆与水泥砂浆之间的黏结力，锚杆杆体沿接触面拔出，试样破坏。

由于玻璃钢锚杆是一种脆性材料，其杆体性能与钢筋锚杆有较大差异，为了探讨玻璃钢锚杆与钢筋锚杆黏结力的异同，在研究玻璃钢锚杆与水泥砂浆黏结力的基础上，对比玻璃钢锚杆与钢筋锚杆黏结力的大小。因此，增加第 VI 组、第 VII 组同等直径养护 28 天的钢筋锚杆试样，获取钢筋锚杆与水泥砂浆的黏结力。从表 6.18 可知，玻璃钢锚杆的黏结力与钢筋锚杆的黏结力大小相近。对第 VI 组、第 VII 组钢筋锚杆试样的荷载-时间曲线(图 6.35、图 6.36)分析可知，钢筋锚杆试样与水泥砂浆黏结力的荷载-时间曲线和玻璃钢锚杆呈现相同的变化趋势，均是在充分与反力架接触后，荷载-时间曲线呈直线形状，直至破坏。

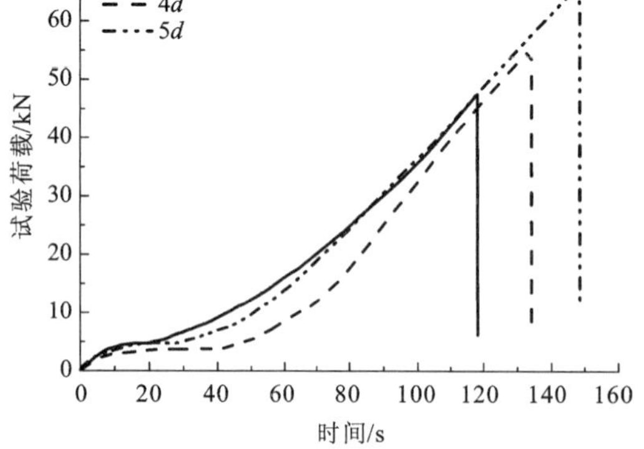

图 6.35　第 VI 组试样荷载-时间图

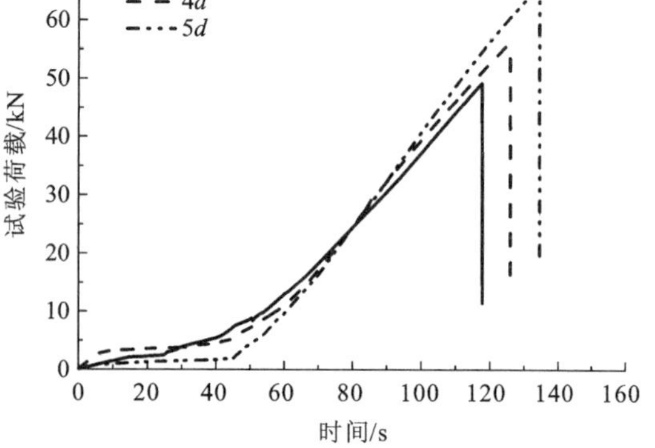

图 6.36　第 VII 组试样荷载-时间图

为了探讨水泥砂浆强度对玻璃钢锚杆与水泥砂浆之间黏结性能的影响，在试验中，设计了水泥砂浆养护时间为7天的试样（表6.18第I组试样）、养护时间为28天的试样（表6.18第II组、第III组试样）。试验结果（表6.18）表明，养护7天试样的黏结力小于养护28天试样的黏结力。这是因为养护7天的水泥砂浆的强度仅有养护28天水泥砂浆强度的60%～80%。

3）界面破坏分析

玻璃钢锚杆试样在拉拔荷载作用下沿界面产生滑脱，滑脱破坏后，对玻璃钢锚杆进行观察发现，玻璃钢锚杆杆体螺纹肋没有明显破坏，玻璃钢锚杆杆体表面有磨损，锚杆螺纹肋间残留有水泥砂浆残渣（图6.37），水泥砂浆界面有明显划痕，同时其与玻璃钢锚杆杆体螺纹肋咬合界面破坏严重，基本上呈现磨平状态（图6.38）。

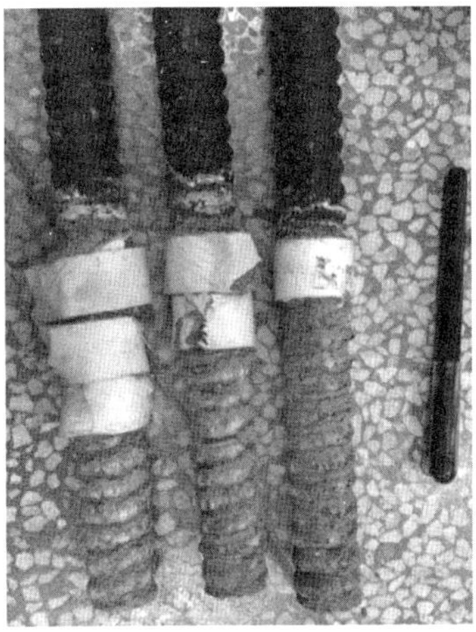

图6.37　锚杆破坏界面

图6.38　水泥砂浆破坏界面

综上所述，玻璃钢锚杆与水泥砂浆界面破坏主要是由于机械咬合界面破坏，水泥砂浆界面处被剪切破坏。

6.3.3　玻璃钢锚杆锚固边坡适用性分析

1. 玻璃钢锚杆力学性能的适宜性

1）抗拉强度

在玻璃钢锚杆的拉伸试验中，获得的玻璃钢锚杆的抗拉强度为391～873 MPa，具有很高的抗拉强度，并且绝大部分玻璃钢锚杆的抗拉强度大于工程中常用的钢筋锚杆的抗拉强度。因此，从抗拉强度方面分析，玻璃钢锚杆可以替代钢筋锚杆对边坡进行防护。

2）耐腐蚀性

玻璃钢锚杆是一种新型复合材料，具有耐腐蚀性，在地下水丰富的边坡防护中，可以解决钢筋锚杆耐腐蚀性差引起的锚杆失效问题，从而保证了边坡防治工程的耐久性。

3）刚度

在边坡防护中，锚杆的主要作用是加固边坡并约束边坡变形，因此要求锚杆具有较好的刚性条件。从拉伸试验得到的数据可知，玻璃钢锚杆拉断前伸长率为1%～2%，而钢筋的断前伸长率为 14%。伸长率是材料刚度的倒数指标，可以发现玻璃钢锚杆比钢筋锚杆有优越的刚度。由于玻璃钢锚杆的刚度很高，在边坡防护中能够更好地约束边坡，防止边坡产生较大的变形。

4）抗剪强度

边坡防护中由于岩土体存在节理等软弱结构面，锚杆可能会受到剪切力的作用。剪切试验获得的玻璃钢锚杆的抗剪强度范围为 110～197 MPa，由《土木工程用玻璃纤维增强筋》(JG/T 406—2013)(中华人民共和国住房和城乡建设部，2013)知，玻璃钢锚杆抗剪强度大于 110 MPa 即可满足工程要求，可以用玻璃钢锚杆对边坡进行防护。但与同等条件的钢筋锚杆的抗剪强度(370～620 MPa)相比，玻璃钢锚杆的抗剪强度小很多。因此，在节理裂隙等结构面发育的边坡中应用玻璃钢锚杆支护时，需要通过合理设计，确保玻璃钢锚杆能够提供足够的抗剪强度，避免玻璃钢锚杆出现剪切破坏。在顺向边坡中，由于边坡沿顺向结构面产生较大的剪切力，容易导致玻璃钢锚杆产生剪切破坏。因此，应尽量避免将玻璃钢锚杆应用于顺向边坡防护，防止由于玻璃钢锚杆剪断失效而导致的边坡失稳。

5）玻璃钢锚杆与水泥砂浆的黏结性能

玻璃钢锚杆与水泥砂浆的黏结力的大小随锚固深度的增加而增大，与钢筋锚杆的黏结力大小相近。玻璃钢锚杆与水泥砂浆黏结力的荷载-时间曲线和钢筋锚杆与水泥砂浆黏结力的荷载-时间曲线呈现相同的变化趋势。玻璃钢锚杆与水泥砂浆的界面破坏主要是水泥砂浆界面处被剪切破坏，玻璃钢锚杆螺纹肋没有明显的破坏。因此，从黏结性能上分析，玻璃钢锚杆与钢筋锚杆相近，可以在边坡的防护中使用。

2. 玻璃钢锚杆与边坡的变形协调

在玻璃钢锚杆支护的高速公路路堑边坡中，一方面，玻璃钢锚杆约束着边坡的变形；另一方面，玻璃钢锚杆所受的轴向拉伸力与边坡的变形是密切相关的。边坡的变形对玻璃钢锚杆轴向拉伸力的影响可以分下面三种情况：

① 边坡在植入玻璃钢锚杆位置处的相对变形很小，玻璃钢锚杆轴向的相对变形小于玻璃钢锚杆的弹塑性变形开始值(即玻璃钢锚杆的应变没有到达图 6.19 中的 b 点)。在这种情况下，玻璃钢锚杆处在应力-应变曲线的弹性阶段，玻璃钢锚杆具有足够的安全度。

② 边坡在植入玻璃钢锚杆位置处的相对变形较大，玻璃钢锚杆轴向的变形等于或约等于玻璃钢锚杆的弹塑性变形开始值(即玻璃钢锚杆的应变到达图 6.19 中的 b 点)。在这种情况下，玻璃钢锚杆刚达到塑性变形阶段，玻璃钢锚杆刚好或者接近于最大利用效率。

③ 边坡植入玻璃钢锚杆位置处的相对变形相对更大，玻璃钢锚杆轴向的变形大于玻璃钢锚杆的弹塑性变形开始值(即玻璃钢锚杆的应变超过图 6.19 中的 b 点)。在这种情况下，玻璃钢锚杆已经从弹性变形阶段过渡到了弹塑性变形阶段。玻璃钢锚杆在弹塑性变形阶段，基体材料已经开始出现破坏，边坡的变形可能会引起锚杆的轴向断裂破坏。在应用玻璃钢锚杆支护边坡时，应该避免出现此种情况。

3. 玻璃钢锚杆与水泥砂浆的变形协调

钢筋锚杆的弹性模量为 200 GPa 左右，而水泥砂浆(C30)的弹性模量平均在 30 GPa 左右。当锚杆受力以后，锚杆和锚固体砂浆会同时发生一定量的变形，但是钢筋锚杆弹性模量约为水泥砂浆弹性模量的七倍左右，因此锚杆在相同的力作用下，锚杆轴向变形量要比砂浆的轴向变形量小很多，在全长黏结型锚杆中，锚杆和水泥砂浆可能会产生较大的相对位移。钢筋锚杆与水泥砂浆轴向变形协调性较差，锚杆与水泥砂浆变形不同步，可能会沿锚杆与水泥砂浆界面发生破坏。

由拉伸试验可知，玻璃钢锚杆的弹性模量为 39～76 GPa，平均弹性模量为 58 GPa。玻璃钢锚杆的弹性模量与水泥砂浆的弹性模量接近，玻璃钢锚杆与水泥砂浆的变形协调性较好。因此，在相同力作用下，玻璃钢锚杆轴向变形与水泥砂浆的轴向变形基本上接近。玻璃钢锚杆在与水泥砂浆的变形协调性方面优于钢筋锚杆，特别是在全长黏结型锚杆支挡边坡工程中，玻璃钢锚杆能够与水泥砂浆的轴向变形协调，可以避免由于变形不同步而引起的锚杆与水泥砂浆的界面破坏问题。

6.3.4 玻璃钢锚杆防护效果数值模拟

锚杆支护高速公路边坡是一种既方便施工又经济实惠的边坡加固手段，根据规范对开挖或填方边坡采用锚杆进行防护可以很好地满足工程需要。但在我国南方地下水丰富及降雨较多的地区，地下水对锚杆的腐蚀及对锚杆周围岩土体的软化作用，导致锚杆过早失去锚固效果（杨天鸿 等，2011；韩洪亮，2005；马念杰 等，2001）。针对此种情况，目前国内外对耐腐蚀的玻璃钢锚杆支护边坡进行了大量研究。杨振茂等（2002）进行了玻璃钢锚杆杆体室内试验，证明了其性能良好，能满足支护需要。崔宇鹏等（2017）通过玻璃钢锚杆与水泥砂浆的室内拉拔试验和同等直径下钢筋锚杆与水泥砂浆握裹力的比较，发现玻璃钢锚杆与水泥砂浆的握裹力能够达到支护要求。李凯雷（2012）通过试验对玻璃钢锚杆杆体的耐久性和杆体的黏结耐久性进行了相关研究，表明玻璃钢锚杆具有良好的杆体耐久性及杆体黏结耐久性性能，能满足边坡锚固的设计要求。

由前人的研究成果可知，玻璃钢锚杆本身的物理力学性质及其与水泥砂浆的锚固特性能满足边坡支护需要，但对于玻璃钢锚杆支护边坡防护效果的研究相对较少。本书采用近些年来在岩土工程中广泛使用的数值模拟方法（彭文祥 等，2006），以赣南安定高速 A2 标段山下深切边坡为例，对玻璃钢锚杆在高速公路边坡的支护效果进行详细的分析。

1. 山下深切边坡工程地质概况

山下深切边坡地处江西省安远县南部的孔田镇（图 1.1），位于赣南安定高速 A2 标段 YK170＋480～YK170＋777 右侧，为六级开挖边坡。山下深切边坡所处地带属亚热带湿润性季风气候区，区内降水量充沛，河流众多。其地貌属低山丘陵地貌，地势起伏较大，平均海拔约 445 m。

山下深切边坡为岩土二元结构边坡，从上往下岩土体可以分为含砾粉质黏土、强风化凝灰熔岩、中风化凝灰熔岩（图 6.39）。岩石呈熔结凝灰结构，块状假流纹构造，岩质较为坚硬，岩体完整性稍好，节理裂隙较发育。地下水主要为第四系潜水和裂隙水，一般与地表水贯通、互补，地下水位随季节变化较大。经钻探揭露地下水埋深较深，对边坡稳定性无明显影响。

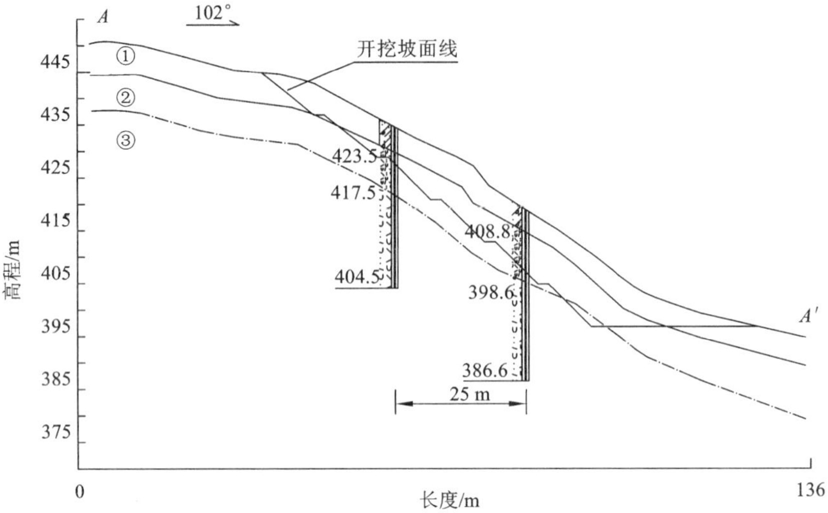

图 6.39　山下深切边坡地质剖面图

①含砾粉质黏土；②强风化凝灰熔岩；③中风化凝灰熔岩

2. 边坡数值模型建立

首先采用 ANSYS 软件对边坡进行网格划分。边坡下部中分化层，由于其物理力学性质好，稳定性强，为优化计算时间，其网格划分采用 5 m 单元格；中风化以上地层采用 2 m 单元格进行划分。由于边坡开挖一、二级需要重点分析锚杆支护情况下的应力场、应变场，应对其进行网格局部加密。整个边坡共划分为 10 200 个单元，10 621 个节点。边坡建模约束条件为下部固定，左右两侧水平约束，上部为自由边界，计算收敛准则为不平衡力比率（节点平均内力与最大不平衡力的比值）满足 10^{-5} 的求解要求（彭文祥 等，2006）。采用莫尔-库仑本构模型计算边坡整体受力状况，并以计算是否收敛作为边坡失稳的判据。

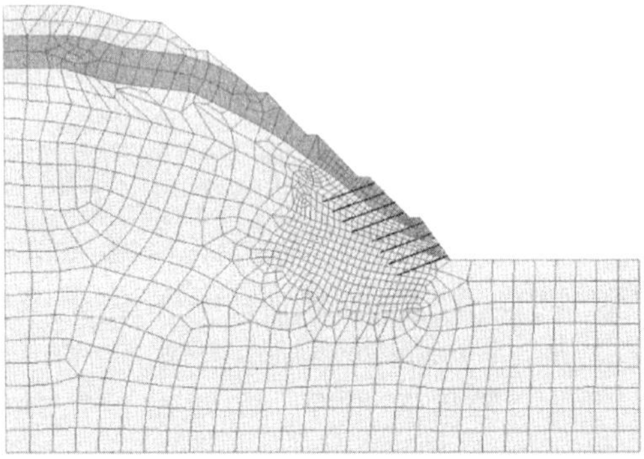

图 6.40　锚杆支护数值模型

对边坡进行锚杆支护模拟时，采用 FLAC 3D 中的 Cable 模块对玻璃钢锚杆的力学行为进行模拟。Cable 加固单元由几何参数、材料参数及水泥砂浆特性来定义。锚杆构件假设为两节点之间具有相同横截面及材料参数的直线段，且为弹塑性材料，在拉、压中屈服，不能抵抗弯矩。锚杆与水平面的夹角为 20°，以间距 3 m×3 m 布设在边坡一、二级边坡中，锚孔径 150 mm。注浆采用 C30 水泥砂浆灌浆材料，其数值模型如图 6.40 所示。

3. 计算参数选取

边坡中含砾粉质黏土的物理力学参数是通过室内三轴试验获取的；强风化凝灰熔岩、中风化凝灰熔岩的物理力学参数是从“宁都至定南高速公路安远至定南新建工程 A2 标段工程地质报告"中获得的；岩土体的弹性模量及泊松比是通过工程类比法获得的。本书中数值模拟用的岩土体物理力学参数如表 6.19 所示。

表 6.19　山下深切边坡岩土体物理力学参数表

岩土名称	重度/(kN/m³)	岩土体强度			
		黏聚力/kPa	内摩擦角/(°)	弹性模量/GPa	泊松比
含砾粉质黏土	16	28	18	2×10^{-2}	0.4
强风化凝灰熔岩	22	200	26	10	0.26
中风化凝灰熔岩	25	6×10^{3}	35	40	0.22

玻璃钢锚杆的参数是通过试验获取的。采用万能材料试验机，对直径为 25 mm、长度为 55 cm 的玻璃钢锚杆进行试验。试验时，玻璃钢锚杆一端固定，另一端以 3 kN/s 加载速率进行拉伸，直到锚杆拉拔破坏，从而确定玻璃钢锚杆的弹性模量。玻璃钢锚杆的参数如表 6.20 所示。

表 6.20　玻璃钢锚杆参数表

锚杆类型	横截面积/m²	周长/m	弹性模量/GPa	抗拉强度/MPa	单位面积上水泥砂浆刚度/GPa	单位面积上水泥砂浆黏结力/kPa	摩擦角/(°)
玻璃钢锚杆	2.54×10^{-4}	5.65×10^{-2}	60	500	4.837	66.7	25

4. 模拟结果分析

1) 边坡剪应力分析

图 6.41(图版 I)、图 6.42(图版 I)分别为边坡支护前后坡体的最大剪应力分布云图。对图 6.41(图版 I)分析可知，边坡采用玻璃钢锚杆支护前，最大剪应力成层均匀向坡体深部过渡，在坡脚处较大剪应力区域向较小剪应力区域呈现局部汇聚现象，表现为坡脚处应力集中。对图 6.42(图版 I)分析可知，边坡采用玻璃钢锚杆支护后，在二级边坡剪应力集中区域变为均匀分布状态，由于玻璃钢锚杆锚固作用有效减缓了边坡坡脚处的剪应力局部集中现象，整体上提高了边坡稳定性。

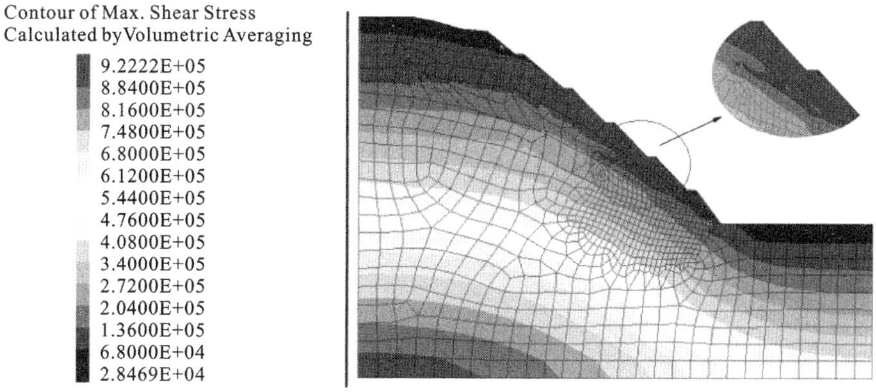

图 6.41　山下深切边坡支护前边坡最大剪应力云图

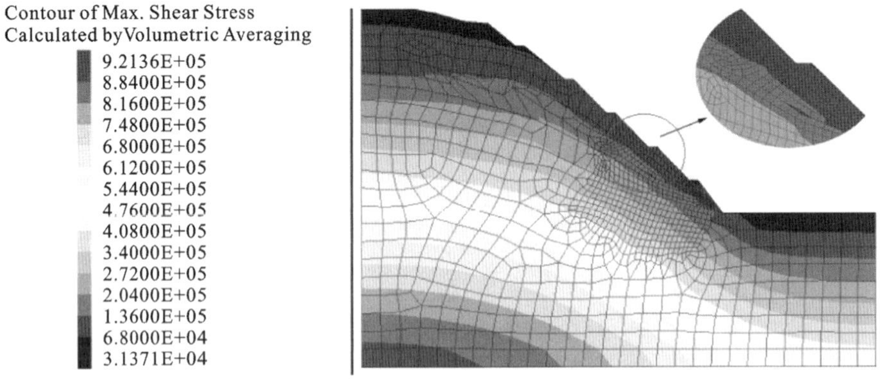

图 6.42 山下深切边坡支护后边坡最大剪应力云图

2）边坡剪应变分析

图 6.43(图版 I)、图 6.44(图版 II)分别为边坡支护前后坡体的最大剪应变增量云图。对图 6.43(图版 I)分析可知，边坡采用玻璃钢锚杆支护前，坡体剪应变最大值出现在边坡坡脚处，且往坡体上部呈“细条状”延伸，是由于坡体强风化凝灰熔岩的物理力学性质较差及坡体高陡的地形，坡体潜在滑动面位于强风化层，埋深较深，且应力集中在坡脚处，若坡体发生破坏，对公路边坡危害极大。对图 6.44(图版 II)分析可知，边坡采用玻璃钢锚杆支护后，坡体最大剪应变出现在三级边坡平台处，且最大剪应变值大大减小，向坡体深部延伸较短，这是因为玻璃钢锚杆与坡体内强风化、中风化岩体形成组合梁受力形式，使边坡剪应变集中处由之前坡脚处延伸到三级边坡坡口处，有效降低了坡体对公路的危害。

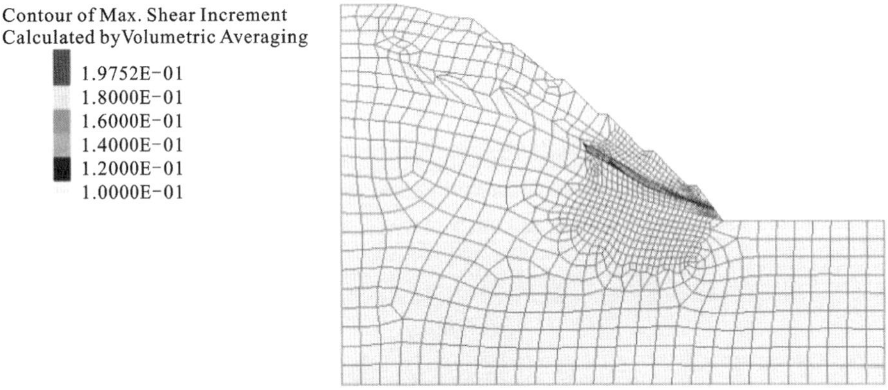

图 6.43 山下深切边坡支护前最大剪应变增量云图

3）边坡塑性区分析

图 6.45(图版 II)、图 6.46(图版 II)分别为边坡支护前后坡体塑性区分布图。对图 6.45(图版 II)分析可知，边坡采用玻璃钢锚杆支护前，在边坡坡脚及坡体临空面四周均出现了塑性区，其中坡体一、二级处塑性区较大，其余次之，并向坡体深部有一定的延伸，总体上呈“条带状”分布。边坡塑性区破坏形式以剪切破坏为主，坡体平台区域有小范围拉伸破坏。对图 6.46

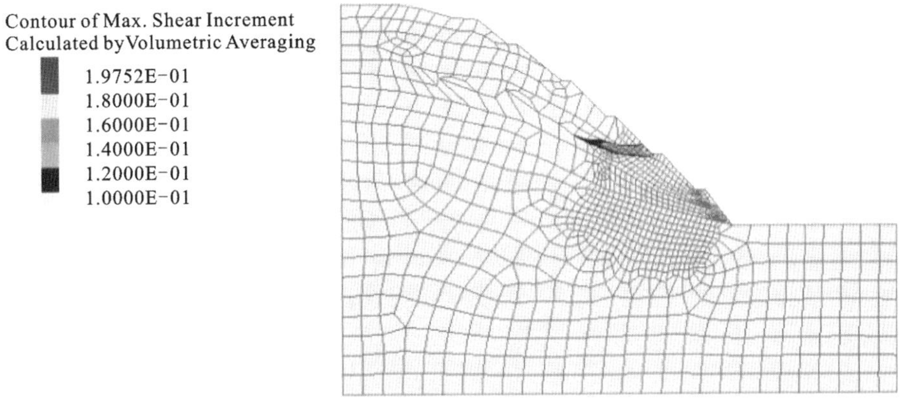

图 6.44　山下深切边坡支护后最大剪应变增量云图

(图版 II)分析可知，边坡采用玻璃钢锚杆支护后，基本上没有出现塑性区，表明采用玻璃钢锚杆支护后，玻璃钢锚杆通过锚固剂与围岩的相互作用，提高了围岩强度，有效改善了围岩的塑性状态。

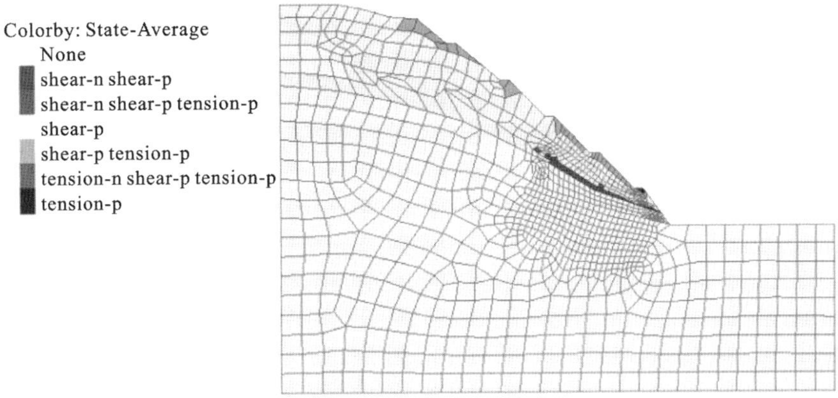

图 6.45　山下深切边坡支护前塑性区

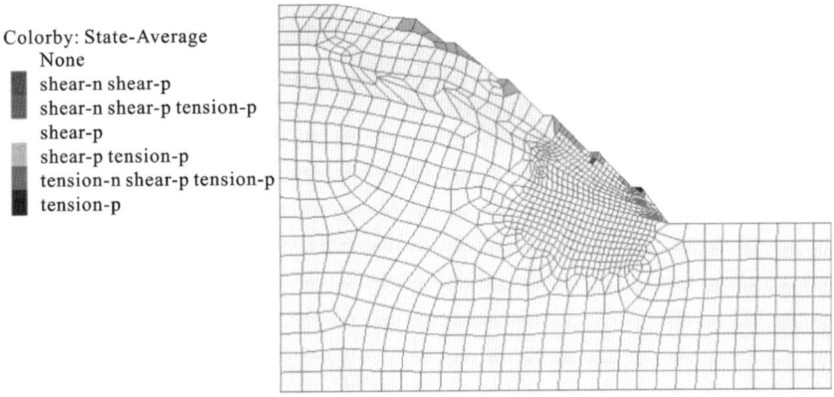

图 6.46　山下深切边坡支护后塑性区

4）锚杆应力分析

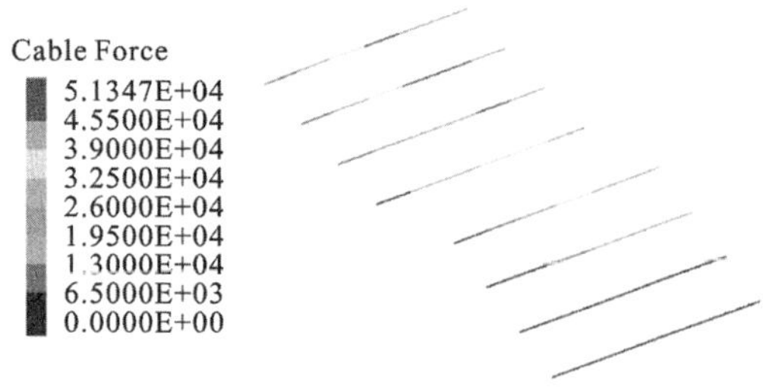

图 6.47　玻璃钢锚杆受力云图

对图 6.47(图版 III)分析可知，在二级边坡处锚固的四根锚杆都发挥了作用，其中最大轴力 51 kN 出现在粉质黏土层和强风化凝灰熔岩分界面；在一级边坡处锚固的四根锚杆，上面两根在锚固边坡过程中发挥了作用，坡脚处的两根锚杆对锚固边坡未发挥作用。分析每根锚杆的受力云图(图 6.47，图版 III)发现，锚杆在锚固边坡中的受力并不是均匀的，而是遵循中间大、两端小的分布规律。对于整个边坡而言，二级边坡上部锚杆的受力明显大于一级边坡锚杆的受力，锚杆承受的轴力在边坡剪应力集中处达到最大值，向两侧则急剧减小。一级边坡下部两根锚杆受轴向拉力较小，因为此处边坡为中风化层，岩体性质好，锚杆加固效果不明显。在二级边坡上部锚杆受力较大，说明锚杆充分提高了土层的强度和自稳能力，验证了用玻璃钢锚杆锚固边坡是切实可行的措施。

第7章　赣南山区高速公路深切高填边坡生态防护技术

7.1　高速公路边坡生态护坡技术研究现状

7.1.1　生态护坡的植物种群适宜性研究现状

生态护坡与传统工程护坡相比，具有明显的优势。前者可长期、有效地固土护坡，并且可以美化环境，节省成本。因此，在国内外高速公路建设中，越来越多的边坡倾向于采用生态防护。Clary 等(1983)对福尼亚荒漠中高速公路边坡植被恢复的植物材料选择与恢复技术进行了研究，科学解决了荒漠条件下植被恢复的关键问题。随着公路植被恢复的发展，野生乡土植物应用研究也得到了广泛的重视，Mortlock 等(2000)对乡土植物种子供求之间的矛盾进行了研究，促进了乡土植物在边坡植被恢复中的充分利用。Rentch 等(2005)提出了对竞争力强于本地植物的未来入侵种的着生、生长的限制措施，为公路边坡植被恢复中科学限制恶性杂灌草的入侵提供了科学的指导方法。

我国也在探索和研究生态防护的新技术、新方法和新工艺，取得了许多行之有效的方法，1998 年重庆交通科研设计院提出了复合营养土喷播植被技术。周颖等(2001)将“喷混植生技术”用于惠河高速公路岩质边坡绿化，并采用阶梯式分层喷射技术，取得了较好的效果。白史且等(2005)在总结大量高速公路绿化工程实践和科研的基础上，系统地阐述了高速公路绿化工程技术。刘发等(2009)针对三种生态土壤稳定剂在宁淮高速公路膨胀土边坡生态改性护坡工程中的应用，进行了现场试验研究。王维海等(2013)对榆佳高速公路沿途乔木种植初期的配置进行了研究。

目前，边坡生态防护主要存在如下不足：在植被恢复初期，边坡上的草本植物覆盖率较大，而乔灌木较少；栽植草本植物时，过多地引用外来植物，忽视了对乡土植物的利用；植被护坡的理论研究还比较落后，对绿化工程实施后的效果缺乏系统的评价研究。今后的发展趋势主要体现如下：重视乡土植物品种，综合选择使多种类型植物相配置；加强植被护坡技术的标准化与规范化研究；加强边坡绿化工程的效果评价与维护管理方面的工作，建立科学的评价指标体系和标准(曾维渊 等，2013)。

7.1.2　生态护坡的水文效应研究现状

植物护坡的水文效应主要体现在植物对降雨的拦截和再分配、植物的削弱溅蚀及植物抑制地表径流等。余新晓(1988)认为林冠层对降雨动能的削弱由两部分组成，即林冠截留作用削减降雨侵蚀能量和林冠缓冲作用减弱降雨侵蚀能量。钟春欣等(2007)在实验室内进行了草皮护坡坡面冲刷模型试验，探讨了加筋材料提高草皮抗侵蚀性能的作用机理。张小娜等(2010)采用人工降雨试验研究了不同雨强有无植被情况下坡面流流速、地面径流的变化，指出随着降雨强度的增大，植被对降雨的截留作用明显减弱，对坡面流流速的延缓作用则呈现先增大后减小的趋势。邓慧平等(2012)通过数值试验指出植被能明显减小一般洪峰流量，但对大的洪峰流量没有减弱作用。刘窑军等(2014)采用人工降雨试验研究了不同植被恢复模式对三峡库区土质道路边坡侵蚀的影响。骆汉等(2014)对高速绿化带不同深度的含水率及降水量进行了观测，分析了高速公路绿化带土壤水分的动态变化规律。孔嵘等(2014)分析了生态防护形式对雨水入渗和浸润范围的影响规律。

总之，目前国内外在植物降雨截留、削弱溅蚀、抑制地表径流、保持水土、防止土壤侵蚀、防止浅层滑坡、提高坡体稳定程度方面已做了大量试验分析和研究，且取得了丰硕的研究成果。但在植物与土体含水率的关系、含水率和斜坡稳定关系方面，以及植物茎叶的截留能力大小、根系对土壤水分的影响等方面都有待进一步深入研究。

7.1.3 生态护坡的力学效应研究现状

生态护坡力学效应主要表现在植物浅层散生根系对根周土体的加筋作用、深层主直根系对土体的锚固及水平根系对根周土体的牵引作用等。植物根系能有效增强边坡土体抗剪强度，根系周围土体颗粒与分布于其中的根系形成了根-土复合体。Aubertln(1971)的研究表明根强度与根直径成正比，根的须根越粗越有利于土壤加固和抗剪；Abe 等(1986)的研究指出植物垂直根系能增强土体抗剪强度；Abe 等(1991)通过观察植物根的变形与土体剪切区的变化发展，得到了根系对边坡抗剪强度的影响公式。徐中华等(2004)分析了根系对边坡加固效果的影响，指出根系的支撑和加筋作用使边坡稳定性显著提高。封金财(2005)运用有限元数值模拟的方法，探讨了植物根系对边坡深层滑坡的加固机理。江锋等(2008)采用直剪试验，发现直根和斜根均能够提高根-土复合体的抗剪强度，而且抗剪强度都随根条数的增加而增大。杨璞等(2009)通过室内三轴试验研究了不同根系含量和不同加筋方式下根-土复合体抗剪强度指标的变化规律。肖本林等(2011)根据林木根系加筋锚固的原理，结合刺槐根系力学性能试验，利用弹性杆件模拟根系进行有限元数值模拟，结果表明，刺槐根系能提高坡体浅层稳定，边坡坡度的增加会导致根系护坡效果减弱。余芹芹等(2013)通过对两种坡度的素土、霸王根-土复合体和柠条锦鸡儿根-土复合体进行原位剪切试验，测得素土和根-土复合体抗剪力、抗剪强度的动态变化，采用室内直剪试验方法检验原位剪切试验结果的合理性。

目前对于植被护坡力学机理的理论探索刚刚起步，关于根系护坡力学效应的试验和应用研究不够完善，根与土的相互作用机理还不十分清楚；边坡冲刷是一个很复杂的过程，边坡坡面冲刷理论与试验研究有待进一步深入探讨；根系抗冲刷评价和预报体系有待深入研究等(毛伶俐，2007)。

7.2 常用边坡生态技术

影响边坡稳定性的因素主要分为由边坡内部地质结构、历史受荷载情况等决定的边坡坡体由内向外对边坡稳定性起决定性作用的内部因素，以及由边坡所处的立地条件、水文气象条件(地下水渗流、大暴雨冲刷)、人工扰动等情况引起的对边坡产生自外向内的稳定性干扰因素。因此对边坡进行生态防护时，应根据具体边坡进行实时分析，对于外部干扰因素起主导作用的边坡，应以绿色环保为第一要素，进行坡面生态防护，对于内部因素起主导作用的边坡，应以稳定性为第一要素，采用生态防护与传统防治相结合的方法进行护坡。

7.2.1 植物纤维毯技术

1. 植物纤维毯技术护坡原理

边坡水土流失一般从下落雨点在坡面的滴溅开始，随着降水量的增加逐渐形成径流，土颗粒在雨点高速冲击和坡面径流冲刷拖曳的作用下脱离土体随水流移动。植物纤维毯通过覆盖与边坡坡面充分固定结合形成一个整体，有效地抵御雨水对土颗粒的直接冲击，对坡面形成持续的保护。凹凸不平的表面可降低坡面径流的冲刷速度，减少坡面水流的流量和速度，起到缓冲消能的作用。植被充分发育之后，形成茂密的地表植被覆盖，可有效抑制雨水对边坡的冲刷。首先植被的茎叶可以对高速雨点进行消能，减缓雨点对土颗粒的冲击；其次植被可拦截、减缓边坡上的水流速度，减少冲刷力。植被发达的根系特别是土壤表面密布的裸露根系紧密包裹边坡表层土颗粒，从而使表土固结增加了土颗粒强度，形成稳定的土壤结构，增加了高速公路边坡结构的稳定性。

2. 植物纤维毯结构

植物纤维毯是将玉米、小麦秸秆等基础原料简单加工成条形纤维状，经梳理后编织成毯状，形成天然纤维层，下层辅以营养土层，并根据客户需要置入相关的植物种子，再用上、下两层强化网固结就形成了一张整体的植物纤维毯(图 7.1，图 7.2)。根据项目所处的地理和自然环境特点选择使用秸秆纤维毯，并根据沿线土壤特性确定营养土配方，将有机肥与化肥、氮肥与磷钾肥等按配比掺加在一起，混合形成营养土，将草籽与营养土均匀混合后置于草毯之中。

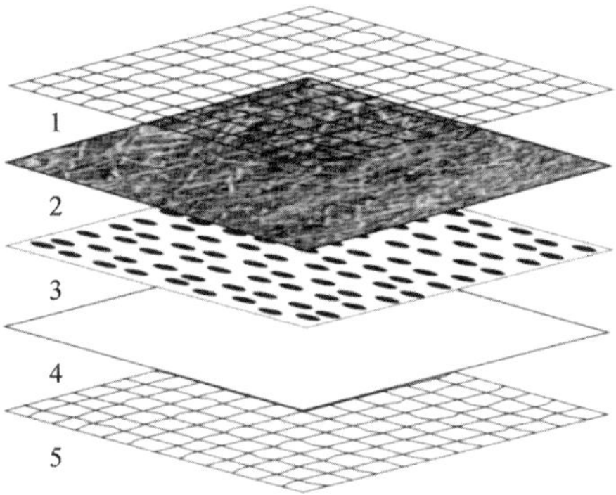

图 7.1 植物纤维毯结构图

1.上网；2.天然纤维层；

3.带草籽的营养土；4.纸；5.下网

图 7.2 铺设在边坡上的植物纤维毯

3. 植物纤维毯技术的优势及特点

我国是农业大国，每年农作物生产所产生的大量麦秸、玉米秸秆、稻秸等普遍采用秸秆还田、废弃或焚烧的方式处理，形成浪费和污染。植物纤维毯将农林产业中过剩的生物质资源，如稻草、麦秸、玉米秸秆等农作物秸秆或其他植物的秆茎等，转化为保护生态环境的工业化生产的工程技术产品，为这些植物原料资源提供了巨大的市场。

植物纤维毯边坡防护的施工非常方便。可以快捷地在高速公路边坡上形成覆盖，一旦完成铺设，就可以对路基边坡形成保护，解决边坡的水土流失问题。与传统边坡防护相比，它具有施工技术简单、施工速度快的优势。它的施工如同铺地毯一样，一天的施工作业量可以达到 $2\sim3\times10^4\ m^2$，作业面条件良好时甚至能达到 $5\sim6\times10^4\ m^2$，施工速度是传统防护工艺的十几倍甚至几十倍。植物纤维毯铺设完毕后便可进行灌溉，若干天后，毯内的植物种子萌芽扎根、出苗展叶，即能形成优质草坪，有效地改善路基边坡的表层土壤结构，维系和改善高速公路沿线生态环境的多样性和生态平衡。植被的深根有锚固作用，浅根有加筋作用，可显著提高边坡土体的强度，增加边坡的整体和局部稳定性。植物扎根较深，能固土蓄水，调节土体温度，保持水土，使边坡不致受环境的变化而产生裂缝、坍塌或滑坡。同时植被能降低噪音，净化空气，促进有机污染物的降解，使工程对环境的扰乱程度减少到最小，并谋求人工构造物与自然环境的协调统一。

植物纤维毯的节水效果非常显著。植物纤维毯的原料秸秆吸水能力极强，具有很好的蓄水保墒功能。工程实际效果显示，其水利用率可提高 3～5 倍，极其适用于路基边坡等难以灌溉的位置。植物纤维毯以植物纤维为主要原料，它的透气性好，有利于植物的生长；植物纤维本身就有植物生长所需的部分养分，在植物生长的过程中，植物纤维毯将逐渐自然降解成有机肥料缓慢地释放到边坡土内，为土壤增加养分，供给植物生长。降解过程对环境没有污染，有利于保护环境，减少垃圾处理的费用。

4. 植物纤维毯技术植被种类的选择

植被的选择需要根据高速公路沿线气候和土壤特点，采用适宜在当地生长的树种和草种。因而要调查项目周边自然植被的外貌、结构、种类组成、优势草本、灌木分布格局，特别是乡土草本、灌木植物的种类、生长状况。选择的物种要对土质适应性强，耐旱耐涝和耐寒，出芽迅速、生长快，根系发达，价格适宜，具有稳定边坡、抵抗病害虫的能力，且易于管理，能与附近的植被和景观相协调（袁卫锁，2014）。根据安远至定南高速公路沿线土壤的特点，可以选择紫穗槐、木豆、胡枝子、多花木兰、狗牙根、百喜草的草灌组合，这样的组合既能达到边坡防护的效果，也能起到美化边坡的作用。

5. 植物纤维毯技术的施工

植物纤维毯施工非常简单，不需要特别的铺装设备。首先将边坡整理平整，清除边坡上的杂石碎物，将低洼处回填夯实，确保坡面平顺，然后在土路肩内侧人工挖沟（宽 25～30 cm、深 20～30 cm），将植物纤维毯上端埋入沟内并夯实，最后把植物纤维毯沿坡面由上至下铺展，使纤维毯与坡面之间保持平顺，并用“U”形钉固定，每隔 1 m 用专用固定钉固定防止移位。纤维毯之间的相互搭接长度控制在 10 cm 左右即可，并需采用专用固定钉等将纤维毯搭接缝锁定，在坡脚位置同样挖沟填埋并夯实。铺设完毕后，根据土壤墒情人工浇水养护，根据土壤种类、墒情和季节一般每5～7天浇一次透水，浇5～6次即可成坪，如天气干旱可多浇1～2次，之后进入正常的养护期，适时浇水即可（袁卫锁，2014）。

7.2.2 客土喷播技术

1. 客土喷播技术扩坡原理

客土喷播技术是指使用专用的机械设备，将客土喷播材料如植被种子、保水材料、稳定材料、疏松材料、客土、肥料等，置于立地条件差的区域，使客土在稳定的状态下形成表土，为植被生长提供基础。植物种子发芽、生长成坪后，根系垂直扎入较为稳定的岩土层，如同在边坡上打了无数的锚杆，对边坡起到锚固的作用；浅层交错盘结的根系对边坡起到加筋的作用，把整个边坡连接成有机统一体。此外，植物的茎叶能避免坡面被雨水直接冲刷，并能有效减缓地表径流速度，可以对边坡的稳定起到有效的保护作用，从而达到快速修复生态系统和护坡的目的。客土喷播以重建植被生态系统和生物护坡为目标，是一项兼顾边坡防护和绿化美化环境的生态防护技术，与传统的喷锚、浆砌片石骨架、水泥骨架、挡土墙等措施相比，它不但生态效益明显，经济效益也十分显著，其平均造价只有传统浆砌片石的30%左右（章恒江 等，2004）。

2. 客土喷播防护层结构

客土喷播技术采用高分子凝结剂，使客土形成密实结构，植物纤维在其中起到类似植物根茎的网络作用，使其具有耐降雨侵蚀、牢固且透气、与自然表土相近的生长基础，为岩质边坡营造了一种适宜植物快速生长的土壤营养层。在施工中，客土喷播技术采用专门的喷播设备，将植物种子、土壤稳定剂、肥料、覆盖料、土壤改良剂、添加剂和水等按一定的比例充分混合后，用高压喷枪均匀地喷播到边坡表面。施工完成后，客土喷播防护层结构为：坡面→菱形镀锌网→岩石绿化料→种子层→覆盖层（图7.3）。

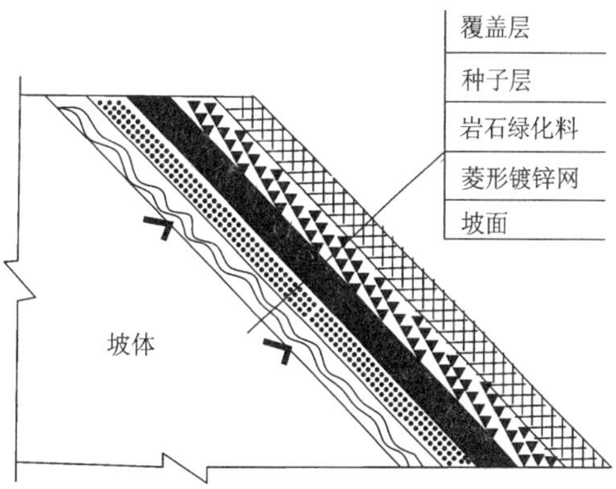

图7.3 客土喷播防护层结构示意图

3. 客土喷播技术的优势及特点

应用实践表明，客土喷播技术与传统的种植工艺相比，具有许多优越性。一是该技术适用范围广，由于采用了覆盖料、稳定剂、改良剂和专用肥料等，它不仅能够在土质较好的地段应用，也能够在碎石边坡、荒地和矿区等贫瘠地带建立很好的植被；它对于土壤的平整度没有要求，适合在凹凸不平的地方应用，而且可以在人工方法难以实现的、既高又陡的坡地上种植植物。二是施工效率高，每台设备每天可喷播上万平方米，可满足大面积快速绿化的需要。三是绿化效果好，由于覆盖料、稳定剂等的共同作用，土壤表面会形成一层膜状的结构，能有效地防止雨水冲刷，避免种子流失，因此所建立的植被均匀整齐，效果好。四是机械化操作，所需人工少，成本较低。

4. 客土喷播技术植被种类的选择

根据公路绿化设计原则，确定边坡植被防护类型，从而进行植物种子材料和混播配比的选择。一般要求护坡植物应具有如下特点：既有较强的抗旱、抗寒能力，又有良好的抗湿、抗热能力，能够充分适应当地气候及地质条件；混播生命力很强的灌木，灌木根系发育，能起到较好的护坡和水土保持效果，而且春季和夏季灌木能开花，可增添公路景色；通过多种树草种子混播，可以使公路边坡全年绿色期达到半年以上，而且 2～3 年后还能逐步演替为以灌木为主的粗放型生态植被。常见的灌木护坡植物有紫穗槐、刺槐、马棘、沙棘、胡枝子、银合欢、山毛豆、荆条等；草本护坡植物有紫花首楷、高羊茅、多年生黑麦草、结缕草、草木择、百喜草、沙打旺等。

边坡植被防护的首要目的是固土护坡，防止公路边坡水毁，稳定公路路基，同时美化公路沿线景观环境，其特殊立地条件决定了植被防护类型，一般包括以草本植物为主的全草型护坡植被、草本和灌木植物相结合的草灌型护坡植被和以灌木为主的多灌型护坡植被(图 7.4)，极少有乔木植物类型。根系力学研究表明，由于灌木植物具有抗拉性强的木质根系，扎根范围和深度往往比草本植物大，决定了灌木植物比草本植物的护坡性能强。工程实践表明，草灌型护坡植被是自然植被长期演替的必然趋势，因此，客土喷播植物种子混播配比应选择草本和灌木植物相结合的草灌型护坡植被类型，搭配固氮保肥的豆科植物使用。

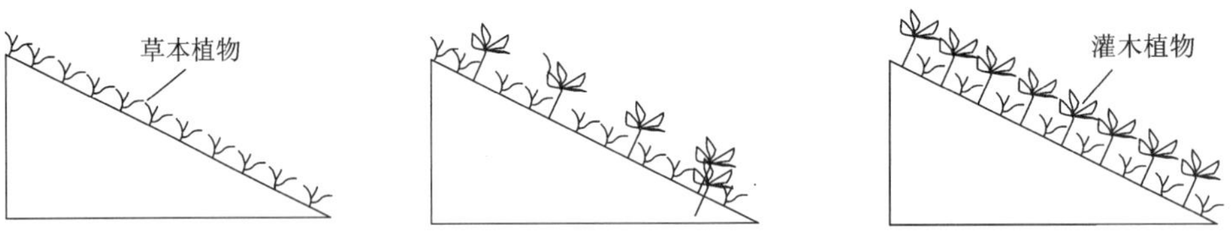

(a) 全草型护坡植被　(b) 草灌型护坡植被　(c) 多灌型护坡植被

图 7.4　边坡植被防护类型

5. 客土喷播技术的施工

客土喷播防护技术的施工流程为：坡面清理→喷料准备→液压喷播→覆盖无纺布→炼苗揭布→播后管理。坡面清理即平整坡面，将容易滑落、影响边坡稳定的岩石处理掉，保证施工前坡面的凹凸度平均为±10 cm，最大不超过±30 cm，使其利于基材与岩石表面的自然结合。光滑岩面需要每隔一定高度开一横向槽，以增加坡面的粗糙度，使客土与坡面的附着力加大；打锚和挂网固定；挂网施工时自上而下放卷，相邻两卷镀锌网分别用绑扎铁丝连接固定，两网交接处要求有 10 cm 的重叠。对坡面不平整处，适当打入长 20～30 cm 的 ϕ 12 mm 辅助锚杆，以使镀锌网贴近坡面。钢丝网与坡面保持一定间隙，并均匀一致。较陡岩面处用草绳按一定间隔缠绕在钢丝网上，以增加附着力，使客土厚度得到保证。客土喷播，即用客土喷播机将配制好的高营养有机土喷射到岩石表面，最好分两次喷射。选用专用客土喷播机，设备就位后，调节输送泵压力、出风量，使混合料均匀喷射至坡面，自上而下分两次实施喷播，第一次喷播厚 3 cm，待客土稳定后（10～20 min）再喷播第二次至设计厚度，喷播时在岩性破碎、岩质坚硬坡段适当增加喷层厚度。待有机土达到一定强度时，再用普通喷播机将植物种子喷入客土表面。表层覆盖：表层覆盖可防止雨水冲刷，阻滞种子在发芽生根期的移动损失，也可部分防止水分蒸发，起保温保湿的作用。覆盖材料可选草帘、无纺布或植生带，覆盖时注意不露边口，重叠 10～15 cm，保持表面平整，用竹钉或木桩固定，两端用土压埋稳固。养护管理：根据土壤肥力、湿度、天气情况，酌情洒水灌溉，至幼苗长到 5～6 cm 或 2～3 片叶时，揭掉覆盖层。从喷播到成坪至少浇水四次，遇天然降雨时适当减少次数，浇水切忌大水猛浇。对于局部出苗效果不好的区域应进行补喷或喷栽处理。

7.2.3 液压喷播技术

液压喷播技术是一种利用高压水力机械将植物种子及其相关的添加材料，按照一定的比例混合搅拌后，喷播在坡面上形成植被的绿化防护技术。液压喷播最初由一些欧美发达国家和日本等研发应用，之后由于其具备造价合理、效果显著等优良特征，在世界范围内被广泛采用。目前，国内液压喷播技术在公路、铁路、矿山、城建等部门的边坡防护与绿化工程中使用较多。

1. 液压喷播技术护坡原理

液压喷播技术是将植物种子催芽处理后，配以一定比例的水、喷播纤维、绿化保水剂、黏合剂、复合肥料及增绿剂等材料，装入容器内进行混合搅拌，再利用高压离心泵将混合浆料喷播到坡面上，形成较为均匀的覆盖层，从而起到快速绿化和稳固边坡的作用。

2. 液压喷播防护层的结构

液压喷播工程实施后，会很快形成覆盖层保护下面的植被生长层，多余的水分将渗入土体表层，喷播纤维和胶体状的黏合剂可以形成半渗透的保湿层（赵方莹，2009）。在这种保湿层的表面又会形成胶体薄膜，会很大程度上减少水分蒸发，给草芽的快速生长提供水分、养料及遮阴条件。其中最重要的是形成的纤维胶体将和土体表层紧密黏合，形成植生层-胶体薄膜层-半渗透保湿层形式的多层结构，使种子在降雨和灌溉情况下不发生流失。因此，这种多层结构具有良好的护苗作用并且节省材料，是高效的坡面保护和绿化技术。

3. 液压喷播技术的优势及特点

液压喷播防护技术的优势及特点：快捷高效，即喷播采用高压喷附设备，机械化程度高，可大面积快速植草；在施工完成后，能很快形成绿化植被，坡面恢复效果显著；适应性好，即能够在多种复杂的坡面上形成草坪，植物种子受降雨和灌溉影响较小，不易流失；喷附材料中的养分，能够满足植物持续生长的需要，实现了在植物难以成活的地域建设绿化草坪的目标；施工工艺简单，即对坡面平整度要求不高，施工统一，各种配料和种子的混合浆料一次性喷附完成；喷播从上至下，施工的质量较高，草坪整齐一致；养护简单，即喷附材料中的保水剂及形成的纤维胶体，能够减少水分的流失，保证植物种子的成活；由于其提高了水资源利用率，达到了节水保水效果，在后期养护中能够减少人工补水，经济有效。

4. 液压喷播技术植被种类的选择

在液压喷播的绿化防护中，能否在坡面成功地喷附具有高效生态功能和经济功能的草坪，很大程度上取决于能否筛选出适宜的草种及其优化组合。植被选择的基本原则为：适应性原则，即生态适应性是植被选择时首先要考虑的因素，生态环境包括环境和气候等要素。在掌握植物特性的基础上，科学地选择性质优良、适应性强的品种，并进行合理搭配，使之适应当地土壤、气候条件，达到良好的绿化效果。稳定性原则，即在进行多种植被混合播种时，必须保证它们之间能够长期竞争共存，并且能够防止其他杂草的入侵，在不同的季节都有植物生长。尽量选择根茎发达、分生能力强的草种。地方性原则，即喷播绿化防护首先应考虑的就是生命力强的当地草种。植物的生长是长期进化及自然选择的结果，当地植物相对而言适应性强，生长速度快，并且能与周围的其他植物形成和谐的整体。这些植物往往能够适应极端坡面的生长条件，对后期的维护管理要求不高。互补性原则，即在植被选择上，喷播草种的组合搭配应具有生物学优势和劣势上的互补，具有更强的环境适应性和生存能力，可根据具体的自然条件及设计要求，选择不同植物进行混播，以达到覆盖度、生命力、生长期、抗逆性等方面互补的效果。

总体上看，暖季型草生长低矮、根系发达、抗旱、耐热、耐磨损；而冷季型草种耐寒力强、绿期长、质地好、坪质优、色泽浓绿、亮丽（杨飞，2011）。植被选择时，应该遵循以生态恢复为主的目标，根据不同草种的生态学原理，尽量满足生物多样性的要求，选择适合当地条件的植被组合，产生持续稳定的坡面绿化和稳固的效果。

5. 液压喷播技术的施工

液压喷播防护技术的施工流程：坡面清理→材料配制→喷播施工→盖无纺布→养护管理。坡面清理，即在坡面上进行喷播，喷播前应对坡面进行处理，采用人工或机械手段，适当地平整坡面，清除破碎的石块、树根、塑料等杂物。对土质较差的坡面，可进行回填改善。喷播前最好能喷足底水，以保证植物生长。材料配制，即喷播开始前，要配置好所需的喷播浆料，一般先在罐中加入水，然后依次加入种子、肥料、活性剂、保水剂、喷播纤维、黏合剂等。配比时要注意水和纤维的用量，它们是影响喷播覆盖面积的主要因素。研究表明，水和纤维用量的适宜重量比为 30∶1。配料加进去后需要 5～10 min 的充分搅拌才可喷播，以保证均匀度。喷播施工，即喷播时先加水至罐的 1/4 处，开动水泵，使之旋转，再加水和各种原料，使浆液充分混合后，方可喷播，喷播时，操作人员要均匀连续地喷到播种地面，喷播采取从上至下的流程。为了保证效果，应每次喷 4 m，下一次喷重叠 2 m，且从左右两个方向往复喷附，即每一个地方都是左右方向各喷一次。喷播 5～10 min 后水分下渗，此时容易检查效果，不足应补喷，喷播过的地方严禁踩踏。盖无纺布，即施工结束后，需要在喷播的表层覆盖无纺布（可用稻草、麦秸或草帘代替），以防止坡面径流的冲刷，保持喷播层的湿润，有利于喷播草种的发芽。养护管理，即喷播完成后加强坪床管理，根据土壤含水率，及时地适量喷水，以促其快速生长成坪。

在草种出苗后，及时检查植被的覆盖情况，对施工或其他因素影响下形成的明显稀疏区，进行补种。初期的浇水灌溉要尽量避免直接冲刷坡面；幼苗成长期间，加强病虫防治工作，发现病虫害时及时灭杀；当幼苗植株高度达 6～7 cm 或长出 2～3 片叶时去掉无纺布，以免影响生长；在植被形成的1～2年时间内，可以人工控制各植物的比例，以形成理想的绿化效果。

7.2.4 植生基材喷播技术

1. 植生基材喷播技术护坡原理

植生基材喷播技术是在不具备植物生存条件的高陡岩石边坡上人为创造客土环境，利用活性植物的生长，结合土工材料的使用对坡面进行加固和防护，逐步恢复坡面植被生态环境的一项技术。其原理是利用活性植物材料即植生基质，结合土工合成网等工程材料，在岩石坡面构建一个具有自生长能力的功能系统，它是将植生基质按设计厚度喷射到岩石坡面上，通过植物的生长活动和其他辅助工程措施进行边坡加固的一门高新技术。植生基材喷播技术涉及岩土工程学、植物学、土壤学、肥料学、微生物学、高分子化学、生态工程学、园林景观艺术学等学科，是一项多学科、交叉性很强的综合性工程技术。该技术的植被护坡功能通过锚杆、复合材料网、植物根系的力学加固和坡面植物的水文效应来实现。

2. 植生基材喷播技术护坡结构

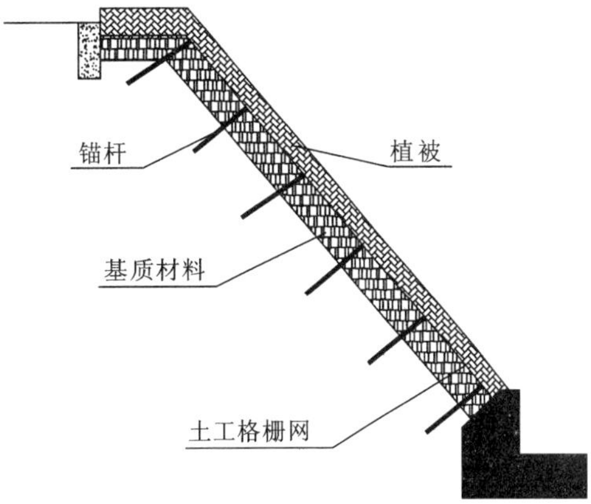

图7.5 植生基材喷播护坡结构示意图

植生基材喷播护坡技术依靠基质材料、锚杆或锚钉、复合材料网(土工格栅网)与植被等结构的共同作用对坡面进行防护(图7.5)。基质材料具有一定的抗拉抗张强度和黏度，可以和岩石表面很好地结合，其覆于坡体表面，从而对坡面提供了良好的防护，置于植被之下，为植被提供了前期生长所需的营养成分，是保证植物良好生长的理化结构。锚杆(或锚钉)一端固定在岩石中，一端外露(外露的长度由所喷射的基材厚度决定)，一方面对坡面进行加固，保证了坡体的稳定，另一方面为土工网提供了锚定的位点。锚杆与基材之上的土工格栅网可以进一步对坡面进行保护，此外还对基材起着加筋的作用，保证了基材的整体稳定。最上层植被的生长是护坡工程能够永久发挥作用并且完成生态防护功能的保证。一方面植物的根系生长对坡面起着深根加筋、浅根加锚的作用，另一方面其地上部分起着截留雨水的作用，可减小雨水对坡面的冲刷侵蚀。因此，植被的选择和生长状况决定了整个护坡工程的优劣(申新山，2003)。

3. 植生基材喷播技术的优势及特点

大量实践表明植生基材喷播护坡技术优势及特点为：

一是结构简单，护坡迅速，专业化施工。其主要有三道工序，即打锚杆(锚钉)、挂土工合成网、喷植生基质，各项工序的施工应由专业技术人员现场指导和操作。

二是植生基质具有抗旱、耐寒性强等特点，且拥有独特的养分缓释供应体系，该体系含有高效保水剂、黏合剂、土壤改良剂、生物菌肥、缓释剂、植壤土等多种有效成分，可有效地抗旱和御寒，长期提供植物正常生长所需的养分。

三是技术含量高，生态效果显著，自然协调。传统的绿化工程往往是在环境条件比较好的情况下通过人工栽植或播种等方式实现的。植生基材喷播护坡技术重点在于“恢复”，对所施工的岩石坡面工程，要求保障坡面稳定，同时考虑周围的环境，形成与周围生态环境相协调的低养护水平的永久性生态护坡工程。在具体操作过程中遵循植被的生态演替原理，通过人工作用促使其快速形成协调的生态景观。

四是成本低，管理粗放，维护简便。植生基材喷播护坡技术成本不足国内外同类技术成本的一半，且施工后养护较粗放，只需适当的浇水管理。

4. 植生基材喷播技术植被种类的选择

高速公路项目的环境及景观恢复设计工程的主载体是植物，所以对于植被种子的选择有一定的要求。植生基材护坡要选择适合生长的混合植物种子，以形成草本植物群落（先锋植被）→草、灌混生植物群落（进化植被）→草、灌、乔多样性混生群落（稳定的护坡植被）的合理生态演变过程而达到良好的护坡效果（王琼 等，2008）。除此之外，植生基材喷播护坡技术在植物种子选择方面还需依据不同的施工条件（地域、气候、岩质 、坡度 、坡向等）选择恰当的植物种子组合配方，使其先期侵入快，后期又能稳定，同时能在植物的生长过程中逐步演替，最终达到生态园林化的护坡效果。

具体来说，植生基材喷播技术在植物的选择上，强调了如下几个方面：一是要从生态系统的平衡、生物多样性的原则出发，有机地结合原有的生态环境，强调植物种植群落的空间结构特征，用立体种植的设计方式（乔、灌、地、地被等）来完善其群落的空间构成，切忌单一、单层、单种的种植形式；二是种植体应以乡土树种、长势良好、易于粗放管理、有足够的种子资源、价位合适、有大量的种苗供应品种为主要设计对象，以确保边坡植物体有优良的生长态势，有效控制工程造价；三是选择对特定环境有功能性作用的载体，满足其对降低噪声，吸收有毒、有害物质（Pb、CO、Hg 等）的要求。总之，边坡植物的选择要充分考虑公路的特点，在提高边坡稳定性、满足公路交通安全和交通功能的同时，兼顾生态效益、经济效益和社会效益，选择易于养护管理的植物品种，保证乔、灌、草、花和藤的合理配置，保证景观的连续性和多样性。

5. 植生基材喷播技术的施工

植生基材喷播技术主要的施工流程：坡面清理→排水及灌溉系统施工→植被垫铺设→锚杆锚固→挂网、固定→植生基材底层喷射→喷射植物种了→铺设无纺布→初期养护。坡面清理，即清除坡面浮石，消除坡面落石隐患，适度平整坡面，以保证植生基材和岩石坡面能紧密结合。排水及灌溉系统施工，即按照边坡安全设计要求，在坡顶及其两侧和中央槽部汇水区与坡底设置排水系统。植被垫铺设：植被垫铺设前应先平整坡面，清理浮石、危石，铺设时植被垫应尽量与坡面贴实。锚杆锚固，即采用满足边坡稳定性要求的锚杆对坡面进行加固，进行锚固时锚杆应与坡面垂直，灌浆匀实。挂网、固定，即安装固定土工格栅网。安装时第一层网紧贴坡面铺设，第二层网铺设在距坡面 9 cm 处，张拉时要保持网张拉紧，网间联系紧密、牢固。植生基材底层及植物种子喷射：将植生基质按要求调配并拌和均匀，分三次喷射植生基质。喷射从正面进行，第一次喷射厚度为 5 cm，第二次喷射厚度为 7 cm，第三次喷射厚度为 3 cm（含处理过的混合植物种子)。铺设无纺布,即在坡面喷射层完成后,覆盖无纺布进行保温,营造种子快速发芽的环境。初期养护:在种子的萌发期、幼苗的初期生长期,植物自身的调节能力较弱,为了保证种子的萌发率和初期幼苗的成活率,需要适时地浇水或进行其他养护。

7.2.5 厚层基质喷播技术

厚层基质喷播技术主要是专门针对岩质边坡的一种植被建植技术。岩质边坡与土质边坡相比,其立地条件十分恶劣,无植物生长的土壤环境基础,当边坡坡度较大时,即使坡面有少量因岩石风化产生的土壤母质,也会因雨水的冲刷而流失,无法提供植物生长必需的水分和养分。因此,按照常规技术在岩质边坡上进行植被建植并非易事。通过大量技术研究开发和工程实践,20 世纪 80 年代日本开发出了基于岩质边坡立地条件的厚层基质喷播护坡工艺,成功地解决了岩质边坡土壤重建这一基础性和关键性问题。

1. 厚层基质喷播技术护坡原理

厚层基材喷播绿化是一种新型的喷播绿化方式。它使用空压机及喷混机器,把有机肥料、土壤改善剂、植物秸秆、长效肥、速效肥、土壤保湿剂、黏合剂、植物籽种等,按适当比例混合并且搅拌均匀而形成的材料,加水按照适当高度高压喷洒到铺设了铁丝网的石质或土质边坡坡面上,形成一种适于植物生长的人工土壤。所谓“厚层”是指喷附厚度在 8 cm 以上,“基质”是指喷附材料组成以有机质材料为主。

厚层基质喷播技术源于日本的厚层有机基材吹附法,即在植壤土中添加草炭、植物纤维、复合肥、黏合剂、保水剂、改良剂等喷播材料,采用高压喷播工艺将这些复合材料喷附到坡面上,从而形成坡面人工土壤层。厚层基质喷播与客土喷播在组分配置上大致相同,但客土的主材是种植土,而厚层基质的主材是有机质,这是两者最大的区别。此外,虽然两者同属于机械喷播技术,但分别解决不同质地的边坡植被建植问题:客土喷播主要用于土质缓坡及风化程度较高的岩质边坡,不宜用于高陡岩质坡面的建植;而厚层基质喷播在比重、结构、养分和稳定性等方面比客土喷播更有优势,可以在高陡坡面上获得较好的植被恢复效果。另外相对于客土喷播的基材厚度(8.0~10 cm)而言,厚层基质喷播的厚度为 12~15 cm 或者更厚。

2. 厚层基质喷播技术护坡结构

运用厚层基材处理路基边坡,先铺设#14 勾花镀锌铁丝网,将植被绿化基材搅拌后,由常规喷混凝土设备喷射到边坡上,形成近 10 cm 厚的绿化基材。喷射完后,覆盖一层无纺布防水保墒,经过一段时间洒水养护,青草覆盖坡面,形成具有一定强度的稳定防护层,起到固坡绿化的作用。其基本结构主要由锚杆、镀锌网、基材混合物和种子层四部分组成(图 7.6),这四部分又可分为稳固材料和基质材料两类。其中稳固材料包括镀锌金属网、主锚杆、辅助锚杆,起到加固坡体、固定基质材料的作用。基质材料为多种材料的混合物,一般情况下各组分的参考配比为:植物种子 1.5%~4%,植壤土 10%~25%,泥炭 50%~65%,农作物堆肥 10%~16%,土壤改良剂 4%~6%,保水剂 2%~5%,土壤稳定剂 3%~5%,复合肥 1%~8%(当进行分层喷播时,基层和面层的配比应酌情调整)。由此可知,有机质含量在喷播材料中最高,厚层基质喷播是以有机质为主材的。

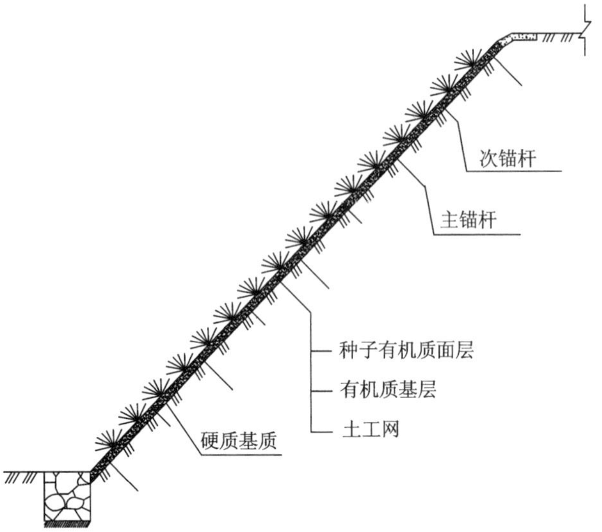

图 7.6　厚层基质喷播护坡结构示意图

3. 厚层基质喷播技术优势及特点

厚层基质喷播技术作为一种专门针对岩质边坡的建植技术有许多优势及特点。①喷播基质厚:厚层基质喷播护坡工艺能够在硬质基底上形成较厚的营养基盘,这对于岩质边坡特别是高陡的岩质边坡而言,无疑为边坡植物提供了长期、稳定生长的重要基础条件,这是干法客土喷播工艺难以实现的。②喷播效率高:厚层基质喷播以转子式喷播机为动力,因所用喷播材料主要为质地轻的有机质,在以高压空气为载体的输送过程中,大量物料能在短时间内被快速地喷附到坡面上,其喷播作业效率要比干法客土喷播高很多。③初期效果显著:有机质质地松软,pH 适中,富含丰富的氮、磷、钾等多种营养物质,非常适合植物种子发芽和快速生长,通过合理的草本、灌木植物配置,在水热条件适宜的情况下,施工后 1～2 个月就可以在边坡上形成 70%左右的草被覆盖,既有利于减少边坡水土流失,保护边坡表层稳定,又可促进边坡植被恢复,改善边坡植被的景观效果。④适应性强:厚层基质在重量、结构、养分等方面具有综合优势,这使其不仅成为陡峭、坚硬边坡建植的首选工艺,而且它还适用于各类坡质、不同坡度边坡的建植。相比而言,液压喷播主要适用于土质坡面,且其喷播厚度较小;客土喷播虽能适用于岩质坡面,但仅限于中等风化程度的岩面,而且客土自身重量大,难以在较陡坡面上保持稳定。

4. 厚层基质喷播技术植被种类的选择

厚层基质喷播技术目前主要用于高陡岩质坡面的植被恢复工程,从植被恢复及护坡效果、群落稳定、工程造价、后期养护成本等方面统筹考虑,宜以速生草本植物和灌木植物组合为主。与客土喷播的要求类似,草种选择应根据当地的气候、播种季节的降水量、植物的生长特性等因素综合考虑,草本植物种子质量应不低于《禾本科草种子质量分级》(GB 6142—2008)所规定的二级标准,木本植物种子质量应不低于《林木种子质量分级》(GB 7908—1999)所规定的二级标准,对自行采种的乡土草本、乡土木本植物种子,在使用前应进行发芽试验,以确定合适的播种量,保证喷播质量。厚层基质喷播护坡植被种子不宜选用乔木或生长缓慢的物种。

5. 厚层基质喷播护坡技术的施工

厚层基质喷播护坡技术施工的流程为：清理边坡→铺挂铁丝网、锚杆固定→喷有机基材层→喷播植物种子→覆盖无纺布→养护管理。清理边坡，即清理边坡上的杂物，让坡面平整。铺挂铁丝网、锚杆固定：铺网的主要目的是创建一个网状构造，让基材在坡表层形成长久的整体模块，对于整个基材的稳固性与植物浅根加固起到重大作用。锚杆的施工顺序为：钻孔→插入锚杆→注浆固定→外涂防锈剂。喷有机基材层：基材必须有良好的黏结度，按照一定的比例把原材料调和在一起成为基材，基材要具有良好的物理特性和稳定的化学特性，为了更好地保证基材质量，可以将混合好的土壤进行团粒反应。喷播植物种子：为了短期快速覆盖坡面和持续恢复植被的效用，在播种前要了解种子的出芽率并确定种子的重量跟数量比，边坡顶及坡度陡的地方要增添播种量，坡脚要适当降低播种量。覆盖无纺布，即在基材及种子喷射完后加盖一层无纺布。无纺布能起保湿、保温及防止种子被冲刷的作用。无纺布覆盖时应用"U"字形钉固定，注意不留接缝。无纺布覆盖后应注意观察种子的发芽和生长情况，待植物生长稳定后，要及时拆除无纺布。养护管理：植物种子从出芽至幼苗期间，必须浇水养护，保持土壤湿润。喷播完成后一个月，应全面检查植草生长情况，对生长明显不均匀的位置予以补播。植被覆盖坡面后要适时施肥和防治病虫害，施肥坚持"多次少量"的原则。

7.2.6 植生袋技术

植生袋技术是植生袋绿化技术的一种特定形式，主要是采用袋状纤维材料对促进植物出苗、生长、增繁等的绿化辅料进行配方，运用针刺法和喷胶法生产出相应类型的绿化植生袋，并使之用于水土保持及护坡的一种生态防护技术。该技术对坡面形式和质地没有限制性要求，且在较陡坡面具有明显优势，是坡面植被有效的恢复方式。

1. 植生袋技术护坡原理

植生袋技术是将选好的草、花、灌木种子、保水剂等材料，通过机械设备均匀地复合在两层可降解的无纺布（或木浆纸）中间，并覆上一层抗老化绿网，再把复合好的材料按一定的规格缝制成连体的袋状。施工时将这种袋子以不同的方式码放到坡面上，从而起到坡面防护和植被修复的功能。

2. 植生袋的结构

植生袋是用可降解纤维缝制成的口袋，在口袋的内表面粘贴上双层木浆纸，在两层纸的中间均匀地附着草种子（或花种混合种子），草种下部是富含有机质的种植土（图 7.7）。将制成的植生袋码放到指定位置，结合后期的灌溉和养护，能够形成理想的植被群落。

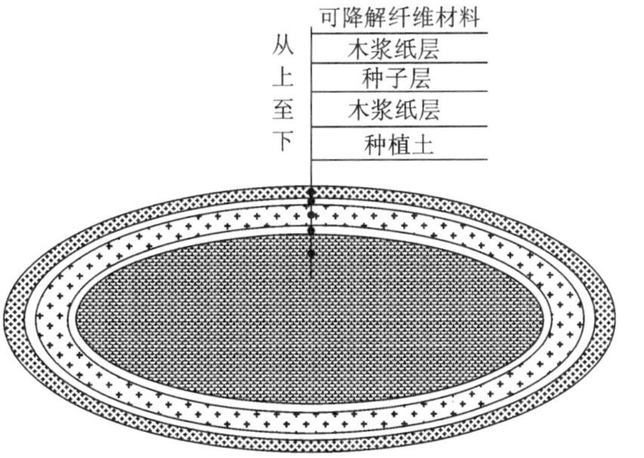

图 7.7　植生袋结构示意图

3. 植生袋技术的优势及特点

植生袋技术的优势及特点介绍如下。①环

保性：植生袋作为生物防护技术，以植物纤维为载体，降解性好，利于环保。在满足植物正常生长的前提下，植生袋内的营养土可以采用工程弃渣和土壤混合调配的方法制备，充分利用现场废弃材料，环保效果好。②实用性：合理码放的植生袋不仅能起到绿化作用，还能对弃渣边坡和开挖后欠稳定边坡起到防护和拦挡作用。即使在裸露的岩质边坡，植生袋也能够提供植物生长所需的土壤层，且植物种子配比灵活，保温保湿性能好，是非常实用的植被恢复手段。③高效性：由于植生袋具有体积较小、可折叠、运输方便和施工工艺简单等特点，施工铺设速度快，效率高，尤为适合需要尽快恢复、尽快绿化或环保要求高的边坡防护。④稳定性：植生袋所含的纤维材料能够保持到植物根系相对发达的时段，在植物的生长初期，这些纤维能够起到很好的抗冲刷抗侵蚀作用。植生袋本身韧性好，不易断裂，具有很大的受力变形范围，而不至于坍塌，从而在一定程度上避免了由基础变形引起的绿化防护措施的破坏。以上这些优点使植生袋技术成为一种稳定高效的植被恢复措施。

4. 植生袋技术植被种类的选择

植生袋由网眼袋和特制可降解草种布复合而成，一般情况下，草种布内草籽的含量为 30 g/m^2（需要根据当地的气候条件和土壤条件来确定）。植生袋内草籽一般是混合的，少数是单一的，具体的植生袋种子搭配可以根据工程目标来定制。植生袋内的草种要选用耐旱、耐贫瘠、侧根发达的植物种子，这样可以保证成活率和景观效果，为了生态美观性，植生袋内可添加开花的或四季常绿的草种。加工植生袋时必须选用当年的新草籽，才能保证植生袋的发芽率和绿化率，实现绿化的最佳标准。此外，植生袋内加入灌木种子可以让植物根系深入坡面内部，提高边坡的抗冲刷能力。

常用的边坡植生袋中一般有高羊茅、黑麦草、早熟禾等边坡绿化护坡草种，大多数是按照一定比例混播的。根据许多的绿化实践，含有以上草种的植生袋被绿化后，草种的发芽率能够达到 90%以上，生长草根能够牢牢地抓住边坡，形成一个稳固且美观的边坡绿化体系。

5. 植生袋技术的施工与养护

植生袋的施工与养护流程：草种与基质选择→植生袋加工→平整坡面→铺设固定→养护管理。草种与基质选择：植生袋绿化防护技术首先要根据工程实地情况选择根系发达、生根性强、耐干旱、耐高温、抗病虫害的植物品种（回达鹏，2017）。植生袋基质富含草种生长的养分条件，是坡面上草木赖以生长发育的首要条件。基质选择要考虑土壤的类型及蓬松度、吸水性、抗侵蚀性，基质配置时要考虑植物生长发育所需的主要元素。植生袋加工：将经过处理的种子和保水剂等基质材料，夹在两层可降解的无纺布（或木浆纸）中间，并覆上抗老化绿网，缝制成适合工程施工的植生袋（安春云，2016）。平整坡面：根据坡体的稳定情况、坡度、坡长，预先设计好植生袋的放置位置和堆叠方式。根据设计要求清除坡面杂物及松动的石块，按相关设计参数刷坡，使坡面达到设计坡率，并预留出连体植生袋填充基质后的厚度。对于坡脚处要特别注意清理，保证基层堆放的稳定。铺设固定：将装好种植土的袋子由上而下均匀码放在拱形骨架内，每码好一排后均应踩实压紧再往上继续码放。将装好基质的植生袋平整地铺在坡面上，并用紧固件固定。植生袋之间及植生袋和坡面之间要用充填物填实，以防止发生滑落。养护管理：施工完成后，要立即对植生袋进行喷水养护，保证种子的正常发芽。在种子发芽基本完成后，要进行人工巡查，对未正常发芽的部分要及时补种。幼苗生长过程中，要及时地浇水施肥，并防止病虫害的发生，保证植生袋的预期绿化效果。

7.2.7 土工格室绿化技术

1. 土工格室绿化技术护坡原理

土工格室绿化技术是将土工格室固定在缺少植物生长土壤条件和表层稳定性差的坡面上，然后在格室内填充种植土，撒播适宜混合灌草种的一种坡面植被恢复技术。土工格室是以聚丙烯为基材，加入多种高分子材料共混改性，并添加多种改良性助剂如抗氧剂、光稳定剂、成核剂、加工助剂等的片材，经过高强力焊接而形成的一种三维立体型蜂窝结构，属于特种土工合成材料。使用时张开并填充土石或混凝土料，构成具有强大侧向限制和大刚度的结构体(图 7.8)。其蜂窝状限制结构能有效地将种植土固定于边坡上，为植物生长提供必需的土壤和养分，形成绿化边坡。

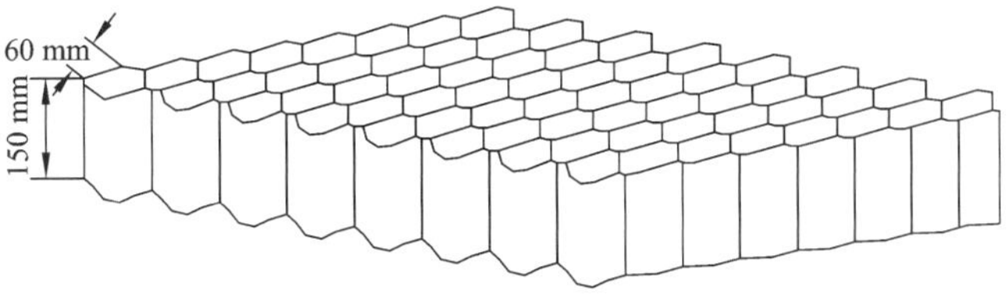

图 7.8 常规土工格室结构示意图

2. 土工格室绿化技术的优势及特点

土工格室具有材质轻、耐磨损、韧性好等多种特性，化学性能稳定。展开后的土工格室内可以填充种植土并撒播草籽，能使边坡充分绿化，带孔的格室还能增加坡面的排水性能。它用于坡面防护施工简单，操作方便，工期短，能够防止表层塌方，整体防护效果好，施工质量易于保证，对开挖边坡能形成及时有效的防护。它工程造价低，仅为传统工艺造价的 30%～40%，是一种较经济的边坡防护方法。除此外，土工格室绿化护坡技术能有效地防治强风化石质边坡和土石混合边坡的水土流失。格室内有植物生长所需的土壤条件，植被恢复效果显著，并且格室的抗拉伸、抗冲刷效果好，具有良好的水土保持能力。

3. 土工格室绿化技术的施工

土工格室绿化技术的施工流程：平整坡面→排水设施施工→土工格室施工→回填客土→喷播施工→盖无纺布→前期养护。平整坡面，即除去坡面杂物，修平坡面。坡面修整时首先要求除去坡面的杂草，大致修平坡面。对于出现局部凹坑或小面积倒边的情况，要将水泥砂浆和块石垒起来加以嵌补；当表面无法修平或有大块的硬质石头突出坡面时，在其上部尽量增厚。排水设施施工：在边坡坡顶设截水沟，做好排水处理，并用素混凝土回灌坡顶部分的格室网络，避免坡顶的水流形成径流对坡面造成冲刷，同时避免雨水沿原坡面渗流，造成土工格室层的滑坍破坏。土工格室施工，即根据受力计算结果和材料的强度，确定锚钉(锚杆)直径与设置密度，利用锚钉(锚杆)来固定土工格室。回填客土，即在土工格室中回灌满足植被种子生长需求的泥土。土工格室植草边坡中，要求格室回灌土碾成碎末状，并掺入适量的化学肥料，若化肥按袋装提供，要求其含有不低于10%的氮、15%的磷酸钾，且施肥量每1 000 m^2 不少于70 kg。喷播施工，即按设计比例配制草种、木纤维、保水剂、黏合剂、肥料、染色剂及水的混合物料，并通过喷播机均匀喷射于坡面。盖无纺布：为使草种免受雨水冲失，并实现保湿、保温，应加盖无纺布，促进草种的发芽生长，也可用稻草、秸秆编织席覆盖。前期养护：绿化边坡植草形成大面积的覆盖后，为避免干旱对草造成永久性伤害，要及时喷水，保证其正常生长。

用土工格室进行坡面防护施工时，还应该注意以下几点：①要对土工格室材料性能进行测试，质量要好，边坡处理要基本平整，以使土工格室受力均衡；②土工格室铺设后应及时覆土，填土紧贴坡面，避免阳光暴晒，一般间隔时间不宜超过48 h；③应选择适宜的草籽并掺合适量的肥料在坡面播种，及时洒水养护，创造良好的植物生长环境。

7.2.8 土工格栅绿化技术

1. 土工格栅绿化技术护坡原理

土工格栅绿化技术(图7.9)是在自身较稳定但缺少植物生长土壤环境的边坡上铺设土工格栅，并用"U"字形锚钉进行固定，然后在格栅上覆盖客土，并撒播混合草种的一种植被恢复技术。土工格栅是经一次挤压成型的非编织整体网结构，它不存在焊接或编织点薄弱环节，具有高抗拉强度、低应变、小徐变量的力学特性，以及抗生物、化学、紫外线腐蚀等的生化特性。土工格栅与它周围土体之间存在着可靠的相互作用，能制约颗粒材料的移动，起到加固岩土体的作用。颗粒材料在网格中，处于相对稳定状态，为植物生长提供了基本条件。

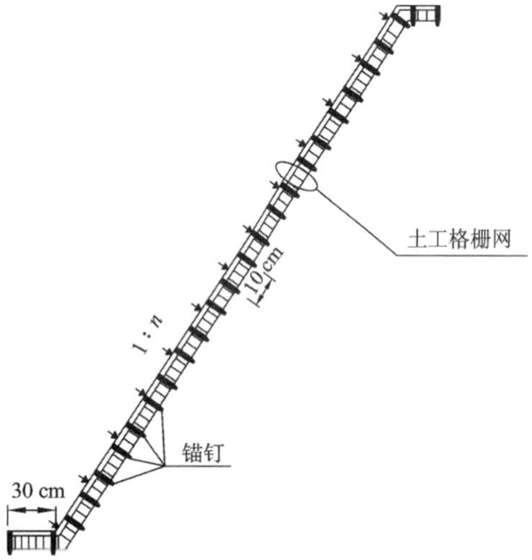

(a) 土工格栅绿化护坡示意图

(b) 土工格栅样品

图7.9 常规土工格栅绿化护坡示意图

2. 土工格栅绿化技术的护坡优势及特点

土工格栅能提高应力传递效率，从而增强坡体的稳定性。土颗粒夹挤在格栅孔隙内，形成机械咬合，从而产生了土与格栅相互之间极有效的应力传递，网格性的肋条可为荷载提供一个系统性的支撑点。颗粒材料嵌实在网格中，产生相对稳定的状态，能起到应力传输作用，将网格受力后产生的拉伸负荷传递给周围土壤，从而使局部承受的荷载得到扩散，网格的整体作用大大提高了应力传递的效率，可以做到用最小的锚固长度取得最大的加固效果。

土工格栅能提高植被种子存活率。格栅表面凸凹不平，可使水流在格栅表层产生无数小涡流，起到缓解消能作用，并促使其携带物沉淀在格栅中，这样就有效地避免了草籽及幼苗被雨水冲走流失，大大地提高植草覆盖率。

土工格栅能提高坡体的抗冲刷能力。植被根系可增加土壤的透水性能，一旦遇到雨水可迅速渗透，植被的覆盖可使地表土壤免受雨水的直接冲击，并减缓雨水流速，阻止水流的形成，同时格栅及植物根系还可起到浅层加筋的作用。因此这种复合体系具极强的抗冲刷能力，能够达到长期有效防护边坡的目的(李美玲 等，2001)。

同时该方法造价低廉，经济可靠，并且绿化了道路沿线，具有积极的环保作用。土工格栅绿化护坡技术适用于边坡自身稳定、坡率缓于 1∶0.75 的土质或易于风化的泥、页岩边坡及第四系砾石土边坡。当边坡坡率陡于 1∶0.75 时，应加密锚钉间距及改用锚杆固定，并选用高强度格栅。

3. 土工格栅绿化技术的施工

土工格栅绿化技术的施工流程：人工清坡→开挖楔形沟→坡面锚杆施工→楔形沟回填→铺土工格栅并用“U”字形钉固定→覆土于土工格栅网并浸润→液压喷播(或撒播)→铺无纺布养护。人工清坡，即按设计要求平整坡面。开挖楔形沟，即人工在泥岩、页岩坡面上每隔 30 cm 形成一个宽、深各 5 cm 左右的水平种植沟，水平沟间距 20～25 cm，水平带设置 5%的倒坡，以保证填土的稳定。坡面锚杆施工：在边坡上边沿和底部各打一排钢筋锚杆用以加固岩体和悬挂土工格栅网。楔形沟回填：沟内回填富含有机肥料的土壤，土壤应有一定的湿度。铺土工格栅并用“U”字形钉固定：将土工格栅沿坡面顺势铺下，待铺整平顺后，用“U”字形钉按2 m 间距在纵向搭接缝处固定，每幅土工格栅网中央按 2 m 间距在纵向用“U”字形钉固定，以确保土工格栅平整并紧贴坡面。覆土于土工格栅网并浸润：格栅全部铺通、固定后，采用富含有机质的塘泥抹面，为增加塘泥糙度，建议在泥浆内加入适量的剁碎过的稻草，碎草长度不超过 10 cm。液压喷播(或撒播)：待泥浆抹面盖过土工格栅后播种草种，然后继续抹面，抹浆厚度以使泥浆覆盖土工格栅 1 cm 以上为宜。铺无纺布养护：覆盖无纺布，并定期洒水，养护坡面直至植草成坪。

用土工格栅进行坡面防护施工时，还应该注意以下几点：①要将边坡修整平顺，一般要求坡顶设有截水沟，防止对抹浆面的直接冲刷。②土工格栅要充分展开，并有效地固定在坡面上。③回填入开挖沟槽的营养土应人工夯实。④应在当地生长季节进行播种、施工和覆盖。草种要均匀撒播在泥浆表面，确保草种能够均匀生长。草种发芽初期，应及时洒水以免抹浆体因过于干燥而开裂，洒水时应控制水力，以不冲走草种和泥浆为宜。

7.2.9 预制生态砖植草技术

预制生态砖植草技术的原理是使预制混凝土砖经过特殊的造型处理，形成竖向中空，然后按一定规则布设，形成沟槽或小型框格，通过播种草种、花卉等植物种子或铺植草皮等措施，最终形成预制混凝土护坡与生态护坡相结合的综合效果。预制生态砖植草技术主要有两种形式：六棱砖植草技术、生态砖护面技术。

1. 六棱砖植草技术

六棱砖植草技术是在平整后的坡面铺满并浆砌预制的空心六棱砖，然后进行填土植草，其结构如图 7.10、图 7.11 所示。六棱砖植草技术使回填客土有很强的稳定性，能抵抗雨水的冲刷，适用于岩质边坡，主要应用于低矮路堤边坡的植被防护。其施工流程为平整坡面→回填覆土→六棱砖铺设→铺营养土（含植物种子、肥料等）→覆盖→浇水养护。

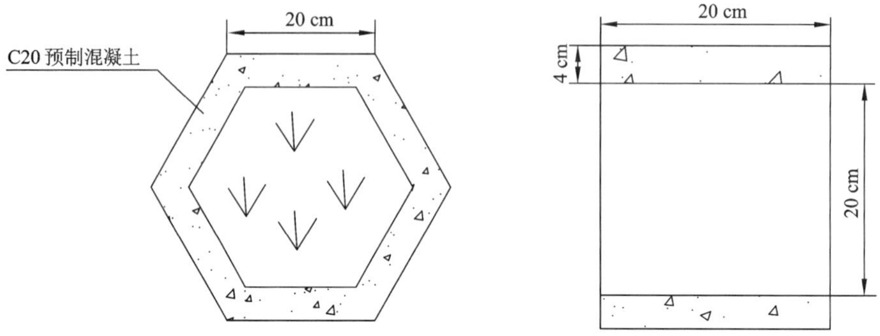

（a）立面结构图　　（b）侧立面剖面结构图

图 7.10　六棱砖植草示意图

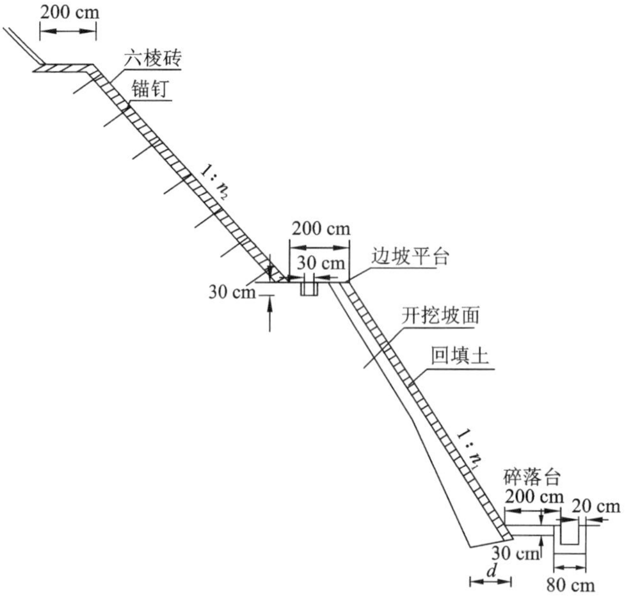

图 7.11　六棱砖植草典型设计图

d 为坡体回填宽度

2. 生态砖护面技术

生态砖由带漏孔的反扣凹形上砖体和框架板型下砖体组成，下砖体与上砖体配合，具体结构如图 7.12 所示。生态砖护面技术的原理是植物从下砖体框架内的空间生长，并钻出上砖体的漏孔，使原坡面表层与生态砖回填后的土壤表层水气相通，从而起到绿化坡面、美化环境及

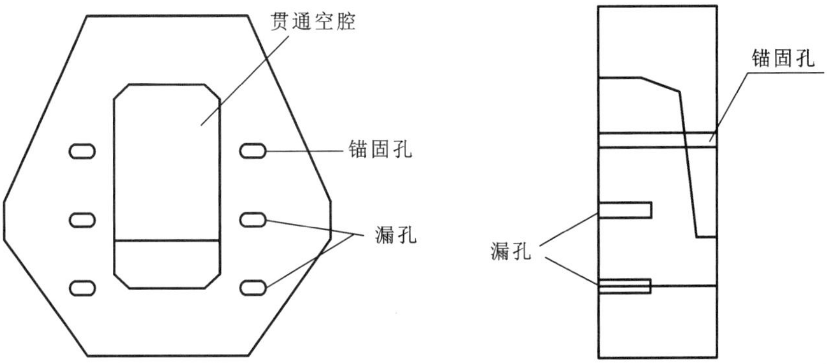

（a）立面结构图　　（b）侧立面剖面结构图

图 7.12　常见生态砖结构示意图

减少路面扬尘和热辐射的作用。其优点是实用方便，绿化和美化效果明显，可作为小型的道路两侧绿化措施，且适用于低矮稳定的土质边坡和与路基有一定空间的边坡的生态防护工程，其一般典型设计示意图如图 7.13 所示。

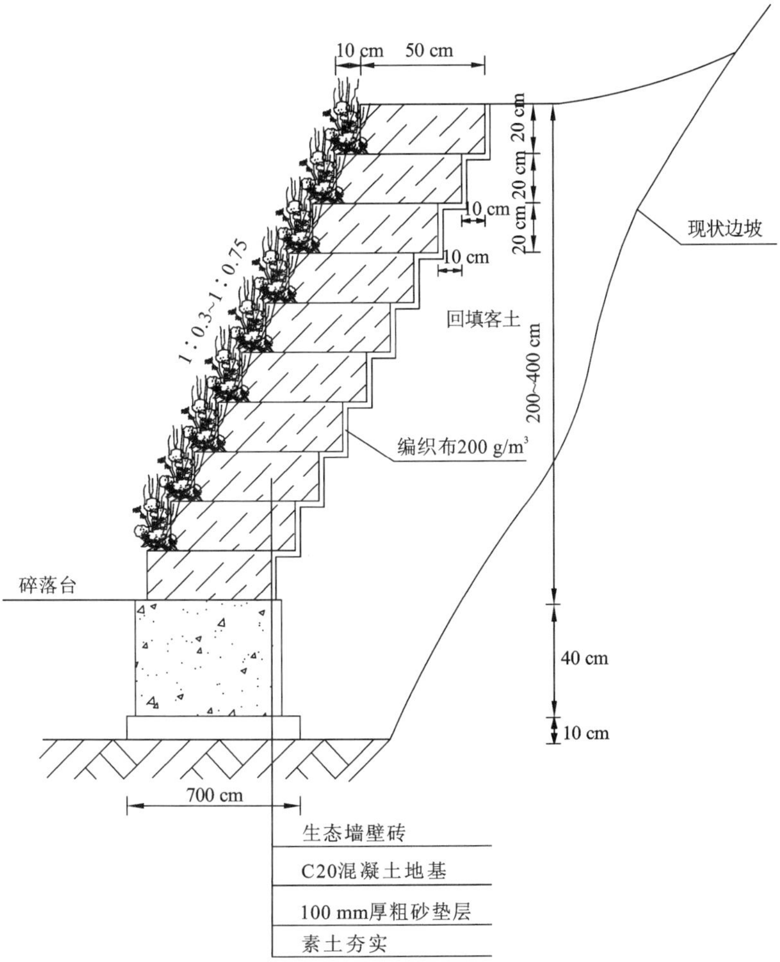

图 7.13　生态砖施工典型设计图

7.2.10 垂直坡面绿化技术

垂直坡面绿化技术是利用植物材料沿建筑物或立体坡面攀附、固定、贴植、垂吊形成垂直面的绿化。传统的垂直绿化技术主要为藤蔓植物护坡技术，现在除了种植藤蔓植物护坡外，该技术还包括在垂直坡面上利用起伏区域修筑平台、穴槽，或利用打锚支挡建起的平台，内填土壤然后栽种植物，从而实现垂直绿化。

1. 藤蔓植物护坡

藤蔓植物护坡技术是指栽植攀缘性和垂吊性植物，以遮蔽岩质陡坡和挡土墙、锚定板等圬工砌体，美化环境的方法。藤蔓植物的选型是垂直坡面植被恢复的关键，其选择应遵循以下原则：①较强的抗逆性和适应性；②生长速度快、生态功能强；③具有一定的观赏价值。常用的藤蔓植物有爬山虎、常春藤、油麻藤、葛藤等。

藤蔓植物护坡各地均可应用，对边坡也没有限制。一般的藤蔓植物护坡多用于以下工程：已修建的圬工砌体等构造物处，如挡土墙、抗滑桩挡土板、锚定板墙及声屏障等；路堑边坡平台，特别是采用挂网喷浆、护面墙等防护处理的边坡；坡率超过 1∶0.5 的岩质边坡。

2. 坡面穴植和条播

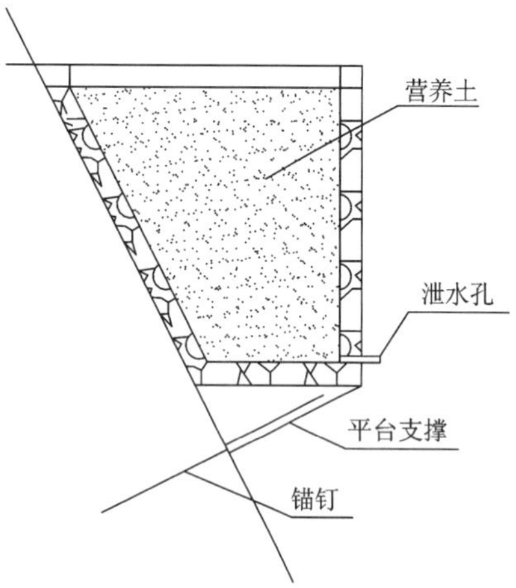

图 7.14　坡面穴植和条播示意图

由于藤蔓植物护坡技术达到绿化效果的时限长，不能满足快速绿化的需求，因此在种植藤蔓植物护坡的原理下扩展出了坡面穴植与条播的护坡技术。

坡面穴植是指根据岩石坡面的具体特征，选取坡面起伏突出的位置，通过挖凿、堆砌或坡面加槽，最终做成可以回填土壤的封闭区域，然后加入保水剂、复合肥，以满足一定植物的长期生长，处理完后直接种植藤本植物或低矮灌木的工程措施。条播类似于穴植，是指将坡面处理成具有条形平台的封闭区域，往内回填土壤和其他物料后，通过播种的方式进行绿化的措施。坡面穴植和条播适合高陡岩质边坡的简易绿化，尤其能实现包括客土喷播在内的生态防护技术无法实现的边坡绿化，图 7.14 为坡面穴植和条播的示意图。

3. 钢筋台阶式绿化

钢筋台阶式绿化技术是在坡面条件下，通过坡面打锚，形成垂直于边坡的平台，在平台上固定预制的钢筋植生箱，再在上层铺设金属网或其他多孔材料，然后往植生箱内回填或喷播种植土、复合肥、植物种子、保水剂等材料，最后进行表层覆盖的措施，其结构如图 7.15 所示。

钢筋台阶式绿化技术可应用于传统方法难以实现绿化的陡峭边坡，在打锚架设钢筋后以传统的回填土或喷播方式进行普通绿化，由于采用了台阶结构形式，坡面的植物根系有效深度可以显著提高，因此为陡峭边坡种植灌木护坡植物提供了有利条件，周期性的落叶和根茎残留落入台阶内，可实现粗放型管理。

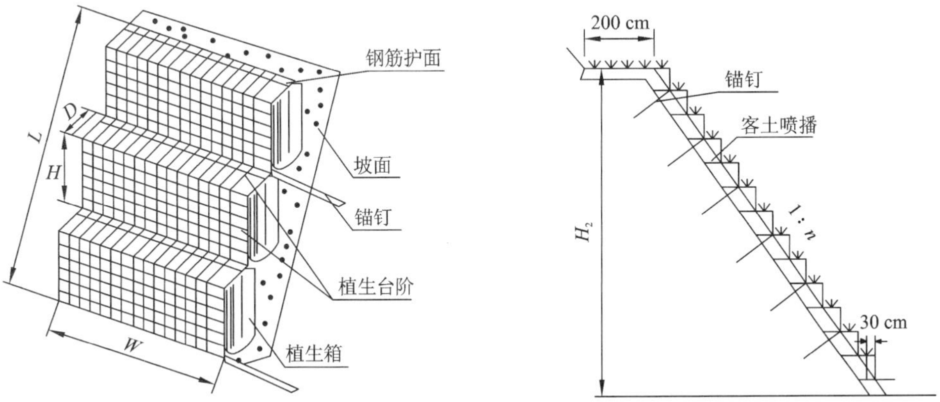

(a) 钢筋植生箱结构　　　　(b) 地面绿化结构

图 7.15　钢筋台阶式绿化结构示意图

H 为植生台阶高；D 为植生台阶深；L 为坡面长度；H_2 为坡体垂直高度；W 为植生台阶宽

7.2.11　钢筋混凝土框架植被技术

钢筋混凝土框架植被技术是在路堑边坡坡面上现浇钢筋混凝土锚梁，形成框架，在框架内加筋填土后，挂三维网喷播植草或直接喷播植草的一种边坡绿化和防护手段。这种方法既能与锚杆结合加固边坡，又能固土植草、达到绿化的目的，具有双重功效。

1. 钢筋混凝土框架植被技术护坡的原理

钢筋混凝土框架植被护坡采取坡上现浇钢筋混凝土框架或使用预制构件铺设于坡面形成框架结构的方法。浇筑稳定后，在框格内回填客土，并采取措施使客土稳定，然后在框架内植草以达到护坡绿化的目的。由于钢筋混凝土具有较强的稳定性，理论上该方法可适用于各类岩土边坡，但是其护坡造价相对于其他技术昂贵很多，工程实际中仅在遇水稳定性很差的黄黏土坡、高陡岩坡及贫瘠土坡中采用。

2. 钢筋混凝土框架植被技术的材料和结构

边坡加固锚杆一般为全长黏结式普通砂浆锚杆，杆体材料为 20 锰硅钢筋，要求其拉拔力不低于 70 kN。锚杆黏结所用水泥砂浆强度不低于 M20，排水孔孔径一般控制在 46～49 mm，出口采用孔径 45 mm 左右的 PVC-U 管（赵方莹，2009）。浇筑的框架结构形式主要有矩形和菱形，图 7.16、图 7.17 分别为矩形框架护坡的结构示意平面图、剖面图。

3. 钢筋混凝土框架植被技术的优势及特点

钢筋混凝土框架植被技术的优势及特点：适用于公路、铁路、水电及城建等工程项目的各种复杂坡面，对坡面岩土成分没有要求，通常用于高陡的岩质边坡及特别贫瘠的土坡；植草框架由钢筋混凝土浇筑而成，稳定性较好，保持土壤的能力强，能够达到长期稳定边坡的目的，对于高陡岩坡的绿化效果也很显著；框架节点处可以使用加固锚杆，使混凝土结构和母岩牢固结合，对边坡的加固作用较强，长期安全性好。

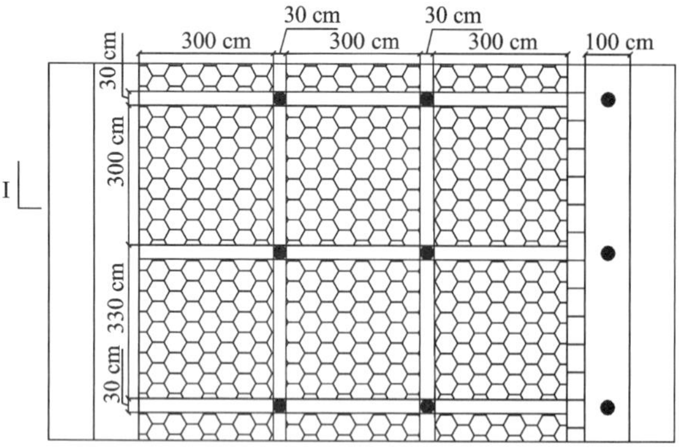

图 7.16　矩形框架护坡的结构示意平面图

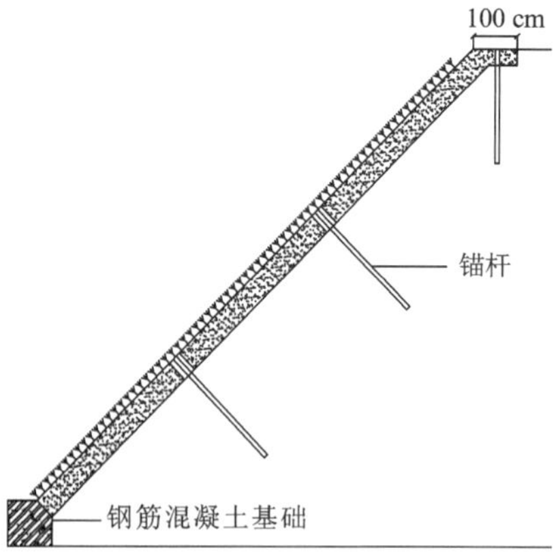

图 7.17　框架护坡的 I-I 剖面图

4. 钢筋混凝土框架植被技术的固土方法

在混凝土框架内回填客土时，采取措施固定客土以防止其流失是非常重要的。常用的固土方法有很多种，实际使用时要根据工程的具体情况采用适当的固土方法。

1）框架内铺空心六棱砖固土植草

在框架内按规则满铺预制的空心六棱砖，进行适当的浆砌相连，然后在空心六棱砖内回填客土植草。使用该方法回填客土有很强的稳定性，能抵抗雨水的冲刷，可适用于坡率达到1∶0.3的岩质边坡(刘华芸，2013)。

2）框架内结合土工格室固土植草

框架内固定土工格室，并在格室内填土，挂三维网喷播植草，进行坡面植被恢复。这种方法施工时先整平坡面至设计要求，再浇注钢筋混凝土框架，展开土工格室并与锚梁上钢筋、箍筋绑扎牢固，从上而下挂铺三维植被网，并与土工格室绑扎牢固。固土完成后可以喷播草种并进行养护，直至形成较好的植被绿化效果。这种方法可在较陡的路堑边坡上固土 20～50 cm。

3）框架内加筋固土植草

框架内加筋固土植草护坡是在框架内加筋后填土，再挂三维网喷播植草或直接喷播植草的绿化方法。对于1∶0.5的边坡，框架内加筋填土后需要挂三维网喷播植草绿化，当边坡坡率为1∶0.75时，骨架内加筋填土后可以直接喷播植草绿化，可以不挂三维网(刘华芸，2013)。

5. 钢筋混凝土框架植被技术的施工

钢筋混凝土框架植被技术的施工流程：第一步，用机械或人工的方法平整坡面至设计要求。清理坡面的浮石、杂物、障碍物及坡脚的石渣和堆积物，使坡面起伏度小于 10 cm。第二步，边坡清理好后，要先进行锚杆施工作业。使用岩石电钻钻孔，孔向与开挖坡面垂直，采用先注浆后插锚杆的方法进行施工，外露锚杆弯钩垂直或水平朝向，对处于框格梁内的锚杆与框格梁上部的主筋进行焊接。第三步，等待锚杆施工完毕后，进行混凝土框架的浇筑作业。框架的尺寸一般为 3 m×3 m，沿斜坡进行布置。有加筋需要的话，要预埋用作加筋的土工格栅于横向框架梁中。当坡率陡于1∶0.5时，需挂三维植被网，并将三维网压于平台下，用土工绳与土工格栅绑扎。第四步，根据边坡具体情况选择框架填土的固定方式。客土固定完成后，最好采用液压喷播植草，将混有种子、肥料、土壤改良剂等的混合料均匀喷洒在坡面上，层厚一般为1～3 cm。喷播完后，视情况覆盖一层薄土，或者覆盖三维网或土工格栅。第五步，框架浇筑后要及时进行养护，养护时间不少于7天。草种喷播完成后，覆盖土工膜并及时洒水养护边坡，直到植草成坪。

7.2.12 浆砌石框架植被技术

浆砌石框架植被技术是用浆砌片石在坡面形成框架，在框架里铺填种植土，然后铺草皮、喷播草种的一种边坡防护措施。施工时通常将其做成截水型浆砌片石骨架，能减轻坡面冲刷，保护草皮生长，从而避免了人工种植草坪护坡和平铺草坪护坡的缺点，适用于边坡坡高较低且坡度较缓的各种土质和强风化岩石边坡。

1. 浆砌石框架植坡技术护坡的原理

浆砌石框架植被技术通过浆砌石形成坡面防护框架，然后在框架内栽种灌草或形成工程、植物综合坡面植被防护体系(赵方莹，2009)。这种手段在植被恢复初期可有效减轻坡面水土流失，同时还可以起到稳定边坡表面的作用。

2. 浆砌石框架植被技术护坡的结构

浆砌石框架施工时采用的是C10水泥砂浆浆砌片石，片石大小依据实际情况而定。砌石石材要求质地均匀、耐风化和耐侵蚀。砌石要放置平稳，用小石子填塞空隙，分层错缝叠砌。框架内可以根据项目区的气候和土壤条件选择适合的乔灌草，一般采用拱形、矩形、菱形、“人”字形。常见的浆砌片石拱形骨架由拱柱、拱圈、基础、垫层、泄水孔等组成(图7.18)。

图7.18 浆砌片石拱形骨架的设计平面示意图

3. 浆砌石框架植被技术的优势及特点

浆砌石框架植被技术的优势及特点为：具有植被恢复初期防止水土流失、稳定表层坡体的功能优势；在防护边坡中能承担一部分土压力；浆砌石框架可以有效地拦截降雨，为植物生长补充水分；片石由下而上垂直坡面栽砌成折形或拱形骨架，砌体稳定、密实，并嵌入坡面，具有良好的稳定边坡的作用。

4. 浆砌石框架植被技术的适用范围

浆砌石框架植被技术，在公路、铁路和城建工程中均有应用，一般适用于一般土质和膨胀土边坡的加固，不适用于细沙、粉砂的边坡加固，较适用于易发生溜坍及坡面冲刷较严重的边坡和强风化岩质路堑边坡，边坡坡率一般为 1∶1～1∶1.5，过高的边坡需要分级支护，每级坡高一般不超过 10 m。对于长、大的特殊坡面，使用浆砌石框架时，需采取多层骨架结构，并将坡面分割成若干骨架支撑的小块土体，易于分而治之，单孔或多孔均起到支撑作用。

5. 浆砌石框架植被技术的施工与养护

浆砌石框架植被护坡技术的施工与养护具体流程为：坡面整理→片石砌筑→框内植草→养护管理。坡面整理：根据工程设计的要求平整坡面，清理坡面危石、松土，填补凹凸。浆砌石框架必须待路基坡面沉降稳定后进行施工。片石砌筑：采用 C10 水泥砂浆就地砌筑片石。框架砌筑时先砌筑衔接处，再砌筑其他部分，同时确保框架衔接处位于同一高度。砌石底面应卧浆铺砌，缝隙填浆捣实，不得有空缝和贯通立缝。砌筑中断时，应将砌好的石层空隙用砂浆填满，再砌筑时石层表面应清扫干净，洒水湿润（吴继明，2011）。分段砌筑时，分段位置应设在基础变形缝或伸缩缝处，各段水平砌缝应一致；砌石勾缝，浆砌石勾缝是必需环节，勾缝必须在砌石完成 24 h 后进行，否则勾缝过早将失效。为了保证缝隙的密实性，勾缝的缝宽必须大于石材缝隙的宽度，而且勾缝缝深应大于两倍的缝隙宽度（贺景杰，2014）。在进行勾缝前应冲洗干净缝隙内部的灰渣或者积水，确保缝隙内无杂物等。框内植草：砌筑完成后回填种植土及基肥，然后人工铺设草皮。草皮在运输过程中用湿麻袋覆盖，以防太阳、大风和恶劣天气的损害。如果使用播灌草种的方式进行植被恢复，为使灌草种免受雨水冲蚀，应加盖无纺布，促进草种的发芽生长。养护管理：当完成砌石之后，应在砌筑 12～18 h 内对砌石进行及时养护，一般的养护方法是砌石表面覆盖草袋或者麻袋等，并进行晒水保持其湿润状态。为便于养护，应每隔一定距离于适当位置设置一宽 1 m、厚 0.5 m 的阶梯形踏步，坡率 1∶1 时需设单侧扶手。

7.3 宁定高速安远至定南段边坡生态防护技术

A 标段与 B 标段沿线的边坡生态防护治理设计，以建设绿色交通为指导思想，将生态防护技术与传统防护方法相结合，根据高速公路沿线边坡具体条件（岩体风化程度、立地条件、切坡或填方边坡坡率），充分利用当地乡土植物多样化特点等确定，以最大限度实现边坡生态防护，实现高速公路景观与周边环境的和谐一致。

7.3.1 路堑边坡生态防护

如 2.1 节所述，A 标段与 B 标段沿线上的路堑边坡分为四种类型：岩质边坡、土质边坡、类土质边坡和岩土二元结构边坡，其中坡高较低的边坡多以土质、类土质边坡为主，坡高较高的边坡多以岩土二元结构边坡为主。各路段风化程度不一，风化层厚度也不尽相同，因此，所采用的生态防护方案也多种多样。

1. 岩质路堑边坡生态防护

A标段与B标段沿线的中风化、强风化岩质边坡一般为多级边坡，边坡岩体主要为凝灰熔岩、花岗岩与变质岩等，边坡开挖后剪应力在坡脚集中，边坡在坡脚易发生破坏，需将工程防护与生态防护结合使用。建议具体防护措施为：边坡底部（一、二级）为剪应力集中区域，并且土壤贫瘠，为稳固边坡和配合生态防护所需的土壤要求，采用能适用复杂坡面、稳定性好且保持土壤能力强的钢筋锚杆（或玻璃钢锚杆）框格防护，在框格内堆砌植生袋进行绿化防护。边坡中部（三、四级）一般为强风化层，易受雨水冲刷，导致坡体溜坍破坏，为稳固表层坡体且为生态防护中植被恢复初期提供水土养分，采用具有截水功能的浆砌片石拱形骨架进行防护，在拱形骨架内采用客土喷播（不挂网）及点栽马尾松等本地乔木的方法进行防护。边坡顶部（五级及以上）一般为强风化层或全风化层，采用客土喷播及点栽马尾松等本地乔木的方法进行防护。岩质边坡生态防护示意图见图7.19。

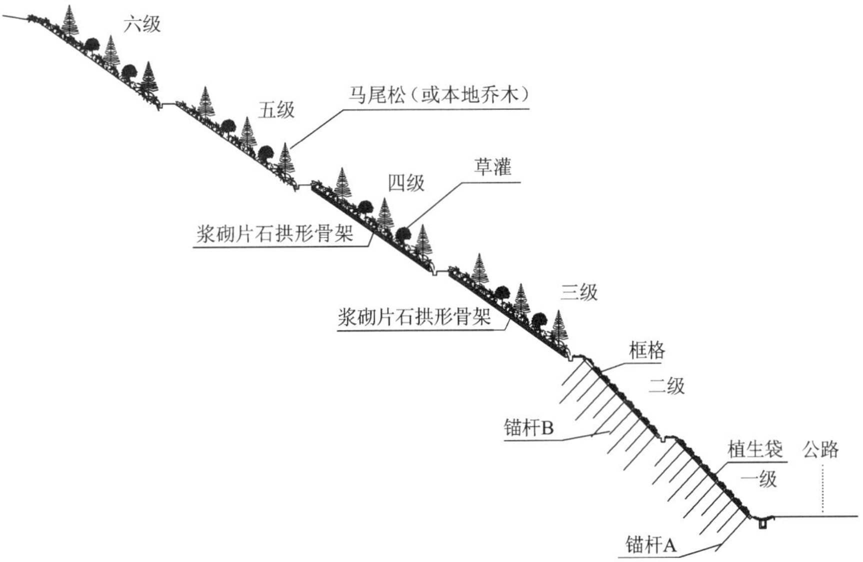

图7.19　岩质边坡生态防护示意图

2. 土质路堑边坡生态防护

A标段与B标段沿线的土质路堑边坡坡高一般较低，对坡率不陡于1∶1.5的土质边坡，边坡自身有较强稳定性，对其的防护主要考虑防止坡面遭受雨水直接冲刷，建议采用具有较好降雨截留功能的基材客土喷播（不挂网）防护，防护示意图见图7.20。对坡率陡于1∶1.5的土质边坡，坡面易遭雨水冲刷，造成土水流失，建议采用“人”字形（或拱形）骨架技术配合客土喷播技术进行防护，“人”字形骨架起承担部分土压力、减轻坡面冲刷和保护草灌生长等的作用，边坡顶部（三级及以上）可根据具体边坡、具体条件点栽马尾松等本地乔木，防护示意图见图7.21。

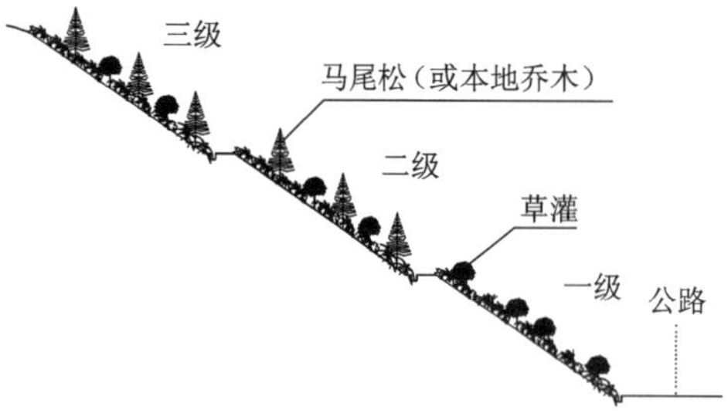

图 7.20　土质缓边坡生态防护示意图

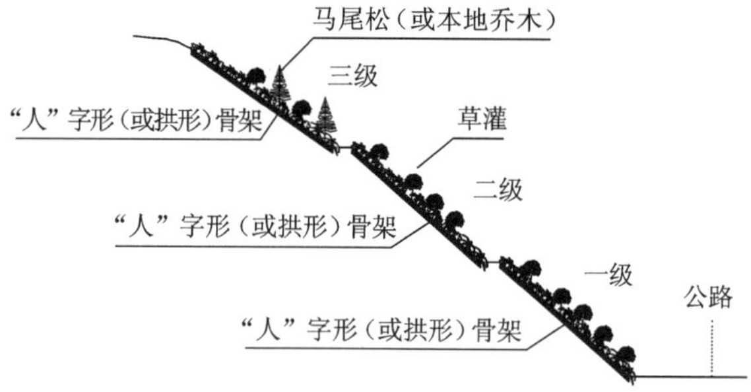

图 7.21　土质陡边坡生态防护示意图

3. 类土质路堑边坡生态防护

A 标段与 B 标段沿线的类土质路堑边坡坡高不一，绝大部分类土质边坡坡高小于 16 m，少量类土质边坡坡高可以大于 40 m。对于坡度较高的类土质边坡（大于四级），边坡底部（一、二级）为剪应力集中处，为稳固边坡和配合生态防护所需的土壤要求，可以采用能适用复杂坡面、稳定性好且保持土壤能力强的钢筋锚杆（或玻璃钢锚杆）框格进行防护，在框格内采用客土喷播技术进行绿化防护。边坡中部（三、四级）采用具有截水功能的浆砌片石拱形骨架防护，在拱形骨架内采用客土喷播（不挂网）及点栽马尾松等本地乔木的方法进行防护（图 7.22）。边坡顶部（五级及以上）采用客土喷播及点栽马尾松等本地乔木的方法进行防护。对于低矮类土质边坡（小于等于四级），其生态防护采用土质陡边坡的生态防护方案进行防护（图 7.21）。

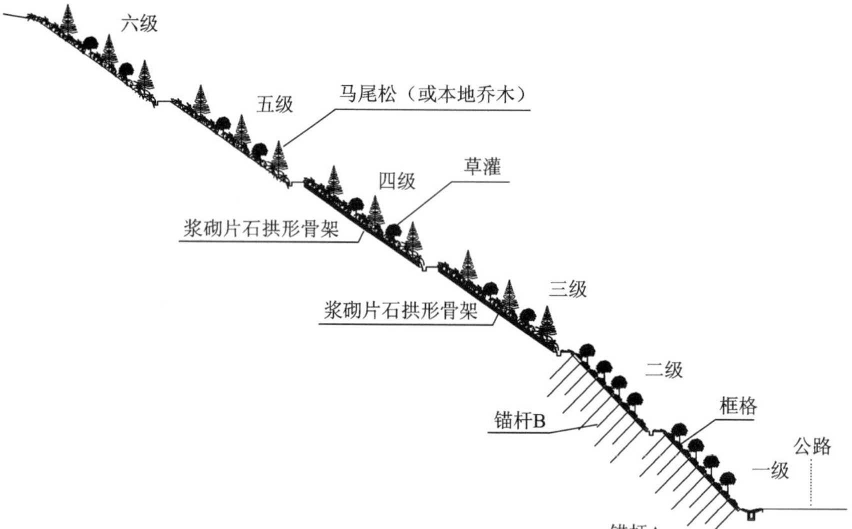

图 7.22　类土质高边坡生态防护示意图

4. 岩土二元结构路堑边坡生态防护

A 标段与 B 标段沿线的岩土二元结构路堑边坡一般较高，建议采用生态防护与工程支护相结合的方法：在边坡底部（一、二级）应力集中和土壤贫瘠段，为稳固边坡和配合生态防护所需的土壤要求，采用能适用复杂坡面、稳定性好且保持土壤能力强的钢筋锚杆（玻璃钢锚杆）框格进行防护，在框格内堆砌植生袋进行绿化防护。边坡中部（三、四级）采用具有截水功能的浆砌片石拱形骨架进行防护，在拱形骨架内采用客土喷播（不挂网）及点栽马尾松等本地乔木的方法进行防护。边坡顶部（五级及以上）采用客土喷播及点栽马尾松等本地乔木的方法进行防护（图 7.23）。

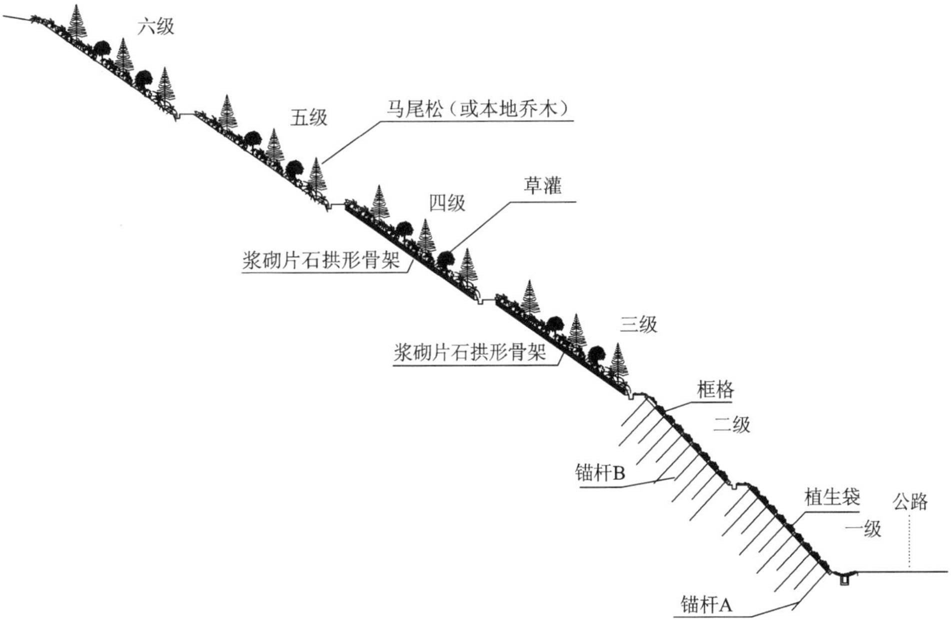

图 7.23　岩土二元结构边坡生态防护示意图

7.3.2　路堤边坡生态防护

1. 全填路堤边坡生态防护

A 标段与 B 标段沿线上的全填路堤边坡，坡率较缓，且填土一般为细粒土、易风化的软块石土，填土性质优，适宜植物生长。边坡顶部（一级）根据具体边坡条件建议采用土工格室（格栅）配合客土喷播进行防护，或采用植物纤维毯进行防护；边坡下部（二级及以下）采用具有减轻坡面冲刷能力的浆砌片石“人”字形骨架技术、客土喷播技术与点栽马尾松（或本地乔木）进行防护（图 7.24）。

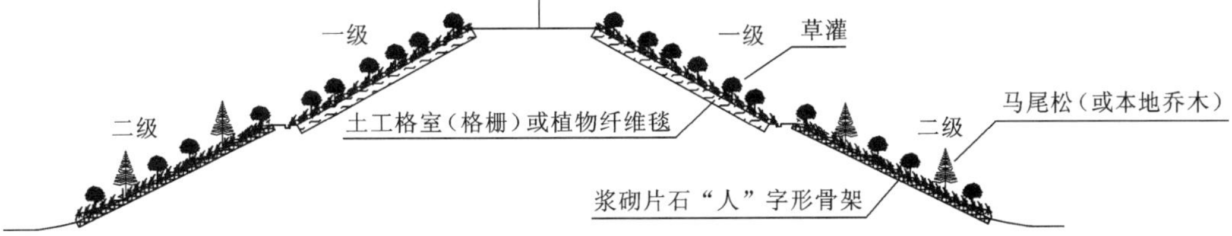

图 7.24　全填路堤边坡生态防护示意图

2. 半填路堤边坡生态防护

A标段与B标段沿线上的半填路堤边坡，其生态防护技术的选择可参考全填路堤边坡，即对一级边坡可以根据具体条件建议采用土工格室（格栅）配合客土喷播进行防护，或采用植物纤维毯进行防护，二级边坡及以下可以采用具有减轻坡面冲刷能力的浆砌片石“人”字形骨架技术、客土喷播技术与点栽马尾松（或本地乔木）进行防护。但相较于全填路堤，半填路堤底部接触面更为不平整，可根据工程需要考虑在坡脚使用挡土墙支挡以确保路堤边坡的稳定，其防护示意图见图7.25。

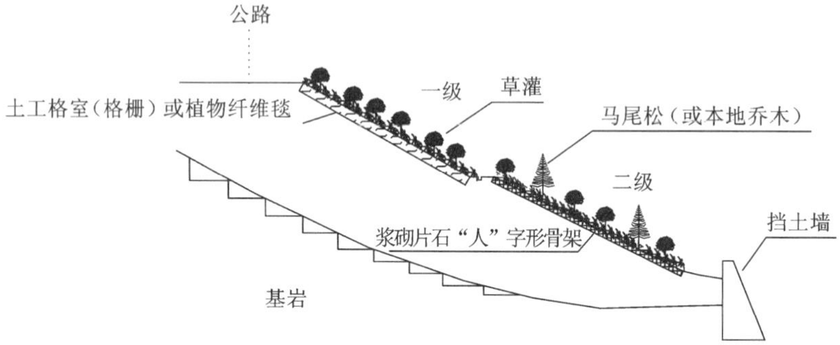

图7.25　半填路堤边坡生态防护示意图

7.4　安远至定南高速公路边坡生态防护技术优化选择

近年来，随着我国高等级公路的不断建设，开挖边坡不断增加，为了提高高速公路的安全与绿化效益，对于边坡的生态绿化治理问题显得至关重要（谭少华 等，2004）。对于高边坡的生态防护治理关键部分是如何根据实际的工程地质条件及防护等级的需求，科学地选择经济有效的生态防护技术（叶建军，2007）。但是由于边坡工程地质条件的复杂性及影响边坡稳定性因素的多样性，很难用简单的数学方程描述生态防护技术与多因素之间的关系，使得对边坡生态防护技术的优选变为一个多因素和多目标决策的系统工程问题（龙凤 等，2009）。如何从安全、经济、技术、环境、资源等多个方面进行边坡治理生态防护技术方法的优选，为实现高速公路边坡生态治理提供最基础的保障，是目前高速公路建设中急需解决的难题（郝岩松 等，2007）。

在多目标决策问题中，决策指标权重的确定具有举足轻重的地位，决策结果是否科学合理，很大程度上取决于指标权重选取的客观合理性。目前，指标权重赋权方法应用较为广泛的是层次分析法（analytic hierarchy process，AHP）（隋明刚 等，2000）。AHP能够把复杂问题中的各因素划分成相关联的有序层次，使之条理化，利用数学分析方法来确定每一层次全部元素的相对重要次序，是一种较好的多目标决策问题权值确定方法（邓雪 等，2012）。但AHP赋权在应用时存在如下问题（郭金玉 等，2008）：①检验判断矩阵是否具有一致性的计算工作量相当大；②对于不满足一致性检验的判断矩阵的调整较麻烦；③部分学者对于检验判断矩阵是否具有满意一致性的判断标准 $CR<0.1$ 存在争议。

本书在构建多目标决策指标体系的基础上，采用模糊一致判断矩阵对各指标进行赋权，并对赋权结果进行一致性检验及相应的调整，以得到更为合理的指标权重及生态防护技术多目标决策优选结果（兰继斌 等，2006）。

7.4.1 多目标决策指标体系建立

对边坡生态防护治理方法进行全面科学的选择决策，首先需要建立合理的评价指标体系。通过对典型边坡生态防护治理的施工工艺及后期管理维护整个流程的调查，以及流程中各环节指标数据的关联分析，综合考虑边坡生态防护技术方法的可行性、边坡稳定性的提高程度、边坡绿化效益的改善、施工时长及难易程度等多个方面的因素，通过德尔菲法(Delphi)咨询统计及反复修改，将定性与定量、成本与收益、效益与安全等各个指标因素集成起来，以整体最优为目标，构建一个多层次、多因素的，由低层详细表述到高层决策、特征提取和评估的生态防护优选多目标决策指标体系(方述诚，1997)，如图 7.26 所示。

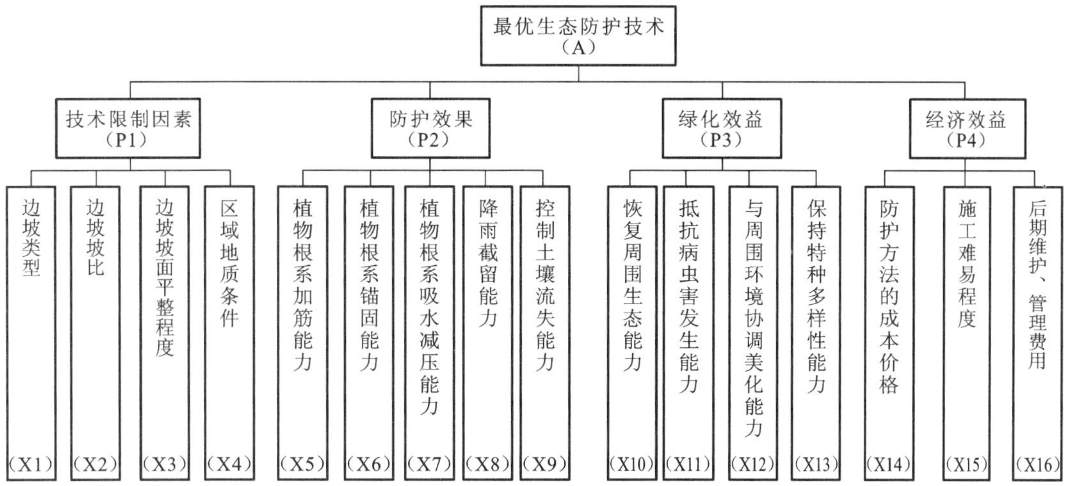

图 7.26 生态防护优选多目标决策指标体系

7.4.2 决策指标模糊判断矩阵赋权

边坡生态防护技术方法选择一般分两步进行，首先需要根据边坡区域的地质条件及生态防护技术工艺(技术因素)进行初选，再采用数值或者数学的方法进行更为细化的优选。本书将采用工程类比法按照边坡类型(X1)、边坡坡比(X2)、边坡坡面平整程度(X3)、边坡区域地质条件(X4)四个技术因素对赣南山区高边坡生态防护技术进行初选，因此无须对技术因素判断准则下的指标赋权，只针对决策指标 X5～X16 进行赋权。用模糊判断矩阵确定指标权重，可按下面步骤进行：①构造模糊判断矩阵；②对判断矩阵进行一致性检验；③对不一致性元素进行调整；④确定指标模糊权重。

1. 模糊判断矩阵构建

采用二元对比法对同一层次中的相关因素进行比较，从而构造判断矩阵。有些学者采取将所有元素都与某个元素比较的方法，即 n 个元素只作$(n-1)$次比较。这种做法的弊病在于，任何一个判断的失误都可导致不合理的排序，而个别评价者某个判断的失误在如此繁复的比较中往往是难以避免的。本书将所有的元素都与其他元素作比较判断，进行 $2n(n-1)$次不同角度的反复比较，可以提供更多更全面的信息，从而导出合理的优化选择结果(和媛媛 等，2011)。表 7.1 为指标重要程度分级赋值标准。

表 7.1 指标重要程度分级赋值标准

标度值	定义	说明
0.5	同等重要	表示两个元素相比，具有同等重要性
0.6	稍微重要	表示两个元素相比，前者比后者稍微重要
0.7	明显重要	表示两个元素相比，前者比后者明显重要
0.8	强烈重要	表示两个元素相比，前者比后者强烈重要
0.9	极端重要	表示两个元素相比，前者比后者极端重要
0.1、0.2、0.3、0.4	反比较	要素a_i和a_j比较得到判断r_{ij}，则要素a_j和a_i相比较得到的判断$r_{ji}=1-r_{ij}$

根据赣南山区边坡生态防护技术指标要求，以大量相关文献资料为指标重要程度判断基础，结合现场专家的建议，建立目标层与决策层的模糊判断矩阵及指标层与目标层的模糊判断矩阵（刘俊樊 等，2011）。

以高速公路边坡生态防护预期作用效果为判断基础，结合现场专家的意见，给出目标层中，相关指标的相对重要程度。本工程案例中目标指标的相对重要程度判断为：防护效果比绿化效益重要得多，绿化效益比经济效益稍微重要，防护效果比经济效益极端重要，结合表 7.1 指标重要程度分级赋值标准得出如下目标层与决策层的模糊判断矩阵。

$$\boldsymbol{R}_{\text{A-P}}=\begin{bmatrix}0.5 & 0.8 & 0.9\\0.2 & 0.5 & 0.6\\0.1 & 0.4 & 0.5\end{bmatrix}$$

根据现场专家给出的相关意见，按照上述判断方法，建立各指标层与相应目标层的模糊判断矩阵。

$$\boldsymbol{R}_{\text{P2-X}}=\begin{bmatrix}0.5 & 0.5 & 0.6 & 0.6 & 0.6\\0.5 & 0.5 & 0.6 & 0.6 & 0.6\\0.4 & 0.4 & 0.5 & 0.4 & 0.7\\0.4 & 0.4 & 0.6 & 0.5 & 0.6\\0.4 & 0.4 & 0.3 & 0.4 & 0.5\end{bmatrix}$$

$$\boldsymbol{R}_{\text{P3-X}}=\begin{bmatrix}0.5 & 0.7 & 0.6 & 0.6\\0.3 & 0.5 & 0.4 & 0.6\\0.4 & 0.6 & 0.5 & 0.6\\0.4 & 0.4 & 0.4 & 0.5\end{bmatrix}$$

$$\boldsymbol{R}_{\text{P4-X}}=\begin{bmatrix}0.5 & 0.4 & 0.4\\0.6 & 0.5 & 0.6\\0.6 & 0.4 & 0.5\end{bmatrix}$$

2. 判断矩阵一致性检验

由于受到待评价指标的多样性、比较的复杂性及评价者思维的不一致性等多方面主客观因素的影响，所得到的模糊判断矩阵往往不具有完全一致性，因而需要对其进行一致性检验及调整（黎涛 等，2007）。本书采用指标 IC 来表示模糊判断矩阵 $\boldsymbol{R}$ 的不一致性程度：

$$\mathrm{IC}=\frac{\sum_{i=1}^{n}\sum_{j=1,j\neq i}^{n}\sum_{k=1,k\neq i,j}^{n}\left|r_{ij}-\left(r_{ik}+r_{kj}-\frac{1}{2}\right)\right|}{n(n-1)(n-2)} \tag{7.1}$$

式中：r_{ij} 为 x_i 与 x_j 之间的二元对比值；n 为模糊判断矩阵的阶数；i,j,k 为正整数。

当 $\boldsymbol{R}$ 为一致性判断矩阵时，IC = 0，否则 IC > 0，且 IC 越大，$\boldsymbol{R}$ 的一致性程度越差。

对于判断矩阵 $\boldsymbol{R}_{\text{A-P}}$、$\boldsymbol{R}_{\text{P2-X}}$、$\boldsymbol{R}_{\text{P3-X}}$、$\boldsymbol{R}_{\text{P4-X}}$，其阶数分别为 3、5、4、3。

各判断矩阵的 IC 值如表 7.2 所示。从检验结果可知，各模糊判断矩阵均存在不一致性元素，均未能通过一致性检验。

表 7.2　模糊判断矩阵一致性检验结果

判断矩阵	A-P	P2-X	P3-X	P4-X
IC	0.0900	0.0380	0.1000	0.1470

采用 $\boldsymbol{N}(r_{ij})$ 来表示二元对比值 r_{ij} 对模糊判断矩阵 $\boldsymbol{R}$ 不一致性的影响程度：

$$\boldsymbol{N}(r_{ij})=\frac{\sum_{k=1,k\neq i,j}^{n}\left|r_{ij}-\left(r_{ik}+r_{kj}-\frac{1}{2}\right)\right|}{n-2} \tag{7.2}$$

所得的判断矩阵的 $\boldsymbol{N}(r_{ij})$ 矩阵如下所示。由计算结果可知，模糊判断矩阵的不一致元素较多，相应的 IC 值也较大。可见，相比 AHP，模糊判断矩阵一致性检验条件要求更为严格，且能准确地计算出各个元素的不一致性强度，便于矩阵的调整与修改。

$$\boldsymbol{N}_{\text{A-P}}=\begin{bmatrix}0.0000 & 0.1000 & 0.2000\\ 0.1000 & 0.0000 & 0.4600\\ 0.2000 & 0.4600 & 0.0000\end{bmatrix}$$

$$\boldsymbol{N}_{\text{P2-X}}=\begin{bmatrix}0.0000 & 0.0030 & 0.1780 & 0.2140 & 0.3100\\ 0.0030 & 0.0000 & 0.1230 & 0.1260 & 0.2110\\ 0.1750 & 0.1230 & 0.0000 & 0.2110 & 0.1290\\ 0.2140 & 0.1260 & 0.2110 & 0.0000 & 0.0219\\ 0.3100 & 0.2110 & 0.1290 & 0.0219 & 0.0000\end{bmatrix}$$

$$\boldsymbol{N}_{\text{P3-X}}=\begin{bmatrix}0.0000 & 0.0120 & 0.1220 & 0.2130\\ 0.0120 & 0.0000 & 0.2210 & 0.1500\\ 0.1220 & 0.2210 & 0.0000 & 0.0890\\ 0.2130 & 0.1500 & 0.0890 & 0.0000\end{bmatrix}$$

$$\boldsymbol{N}_{\text{P4-X}}=\begin{bmatrix}0.0000 & 0.0130 & 0.2110\\ 0.0130 & 0.0000 & 0.1330\\ 0.2110 & 0.1330 & 0.0000\end{bmatrix}$$

3. 判断矩阵一致性调整

为提高模糊判断矩阵的一致性程度，需要对导致 $\boldsymbol{R}$ 不一致的元素进行调整。选取 $\boldsymbol{N}(r_{ij})$

最大的二元对比值，即对模糊判断矩阵 $\boldsymbol{R}$ 不一致性影响最大的值进行调整，得 $\boldsymbol{R}1$；若 $\boldsymbol{R}1$ 仍不具有满意的一致性，即调整后的 IC 值仍然大于 0，则继续选取对 $\boldsymbol{R}1$ 的不一致性影响最大的二元对比值进行调整，直至得到满意的一致性为止。调整后的判断矩阵如下所列，其各矩阵的 IC 值及 $\boldsymbol{N}(r_{ij})$ 均为 0。

$$\boldsymbol{R}_{\text{A-P}}=\begin{bmatrix}0.5 & 0.8 & 0.9\\0.2 & 0.5 & 0.7\\0.1 & 0.3 & 0.5\end{bmatrix}$$

$$\boldsymbol{R}_{\text{P2-X}}=\begin{bmatrix}0.5 & 0.5 & 0.6 & 0.7 & 0.6\\0.5 & 0.5 & 0.8 & 0.7 & 0.6\\0.4 & 0.2 & 0.5 & 0.4 & 0.7\\0.3 & 0.3 & 0.6 & 0.5 & 0.6\\0.4 & 0.4 & 0.3 & 0.4 & 0.5\end{bmatrix}$$

$$\boldsymbol{R}_{\text{P3-X}}=\begin{bmatrix}0.5 & 0.8 & 0.6 & 0.7\\0.2 & 0.5 & 0.3 & 0.6\\0.4 & 0.7 & 0.5 & 0.6\\0.3 & 0.4 & 0.4 & 0.5\end{bmatrix}$$

$$\boldsymbol{R}_{\text{P4-X}}=\begin{bmatrix}0.5 & 0.4 & 0.3\\0.6 & 0.5 & 0.6\\0.7 & 0.4 & 0.5\end{bmatrix}$$

4. 指标模糊权重的确定

由于各判断矩阵的元素个数较少($n\leqslant 10$)，且均通过了一致性检验，可由模糊一致判断矩阵直接计算排序权向量 $\boldsymbol{W}=(w_1,w_2,\cdots,w_n)^{\mathrm{T}}$。

$$w_i=\frac{2\sum_{j=1}^{n}r_{ij}-1}{n(n-1)} \tag{7.3}$$

计算可得各判断矩阵的排序权向量，如表 7.3 所示。

表 7.3　权重计算结果

准则	A-P	指标	P2-X	指标	P3-X	指标	P4-X
P2	0.567	X5	0.240	X10	0.350	X14	0.233
P3	0.300	X6	0.260	X11	0.183	X15	0.400
P4	0.133	X7	0.170	X12	0.283	X16	0.367
		X8	0.180	X13	0.183		
		X9	0.150				

整理可得权重矩阵 $\boldsymbol{W}=(0.240,0.260,0.170,0.180,0.150,0.350,0.183,0.283,0.183,0.233,0.400,0.367)$。

7.4.3 生态防护技术多目标决策优选

1. 工程地质概况

本书将安定高速公路 A7 标段 LK1＋000～LK1＋070 左侧的三级边坡作为模糊判断矩阵应用于边坡生态防护技术选择中的工程案例。该边坡为填方边坡，边坡每级坡高为 8 m，边坡坡比从一级到三级分别为 1∶1.5、1∶1.75、1∶2，填方边坡土体主要来自于路堑边坡的挖方，土壤肥力较差，边坡坡面较平整，其填方最高处为 24 m。根据对沿线水质的调查分析，区内地下水属于 HCO_3-Ca-Mg(K、Na)型水，水质较好。

边坡生态防护治理中生态防护技术的初选主要是现场的工作人员结合自身的实践经验及当地的工程地质条件，对于生态治理方案的选择做出初步的判断。对于该填方边坡的生态防护技术初选，本课题组研究人员根据赣南山区大降水量条件及该填方边坡的工程地质条件和地下水的调查报告，初选出了在技术上适合的三种防护技术，分别为喷播草籽配合“人”字形骨架法(C1)、客土喷播配合土工格室护坡法(C2)、植物纤维毯法(C3)。根据市场调查，确定其防护技术的经济型指标，如表 7.4 所示。

表 7.4 经济型指标

指标	C1	C2	C3
成本价格/(元/m^2)	24.38	33.00	24.00
后期维护、管理费用/(元/年)	20 000	16 000	18 000

2. 生态防护技术优选指标决策矩阵规范化

一个多目标决策的系统工程问题，由于各决策指标的属性、单位量纲、数量级及含义各不相同，在进行方案决策之前有必要对决策矩阵的相关指标进行规范化处理。

1）定量决策指标规范化

生态防护技术优选定量决策指标主要包括成本价格(X14)和后期维护、管理费用(X16)，采用公式 $c_{ij}=x_{ij}/\max(x_{ij})$ 进行规范化处理，得到定量决策指标规范化矩阵。

$$\boldsymbol{R}1=\begin{pmatrix}0.7388 & 1.0000 & 0.9844\\ 1.0000 & 0.8000 & 0.9000\end{pmatrix}$$

2）定性决策指标定量化

生态防护技术优选多目标决策指标体系中的其他不能采用定量数据具体描述的指标，如植物根系加筋能力(X5)、降雨截留能力(X8)、保持物种多样性能力(X13)等，本书采用模糊优先关系法进行定量化处理。

设论域 $A=\{A_1,A_2,\cdots,A_n\}$，$n=1,2,3\cdots$。用 c_{ij} 表示 A_i 与 A_j 相比时 A_i 的优越程度($0\leqslant c_{ij}\leqslant 1$)，$c_{ij}=1$ 表示 A_i 比 A_j 绝对优越，反之 $c_{ij}=0$，且 $c_{ij}+c_{ji}=1$。由此可得到模糊优选关系矩阵 $C=[c_{ij}]_{n\times n}$，再用平均法计算隶属度，计算公式为

$$\boldsymbol{R}_2(A_{ij})=\frac{1}{n}\sum_{j=1}^{n}c_{ij} \tag{7.4}$$

按照特好、很好、略好、相同、略差、很差和特差七个级别分别为 10、8、6、5、4、3、1 的等级评分标准，邀请 10 位评议者分别对上述三种生态防护技术的定性指标进行打分，所得的定性决

策指标规范化矩阵如下。

$$
\boldsymbol{R}_2 = \begin{bmatrix}
0.0000 & 0.2231 & 1.0000 \\
1.0000 & 0.7711 & 0.0000 \\
0.0000 & 0.2314 & 1.0000 \\
0.0000 & 0.2811 & 1.0000 \\
0.0000 & 0.3122 & 1.0000 \\
0.0000 & 0.7122 & 1.0000 \\
1.0000 & 0.5312 & 0.0000 \\
1.0000 & 0.9000 & 0.0000 \\
0.0000 & 0.6113 & 1.0000 \\
0.5113 & 0.0000 & 1.0000
\end{bmatrix}
$$

3. 模糊多目标决策

采用模糊综合评判法进行边坡生态治理技术优选多目标决策。根据7.4.2小节和7.4.3小节得到的决策指标的权重矩阵 $\boldsymbol{W}$ 及隶属度矩阵 $\boldsymbol{R}_2$，按矩阵乘法计算权向量与隶属度矩阵的乘积，计算公式如下：

$$
\boldsymbol{B}_j = \sum_{i=1}^{n} w_i R_{ij} = (b_1, b_2, \cdots, b_n) \tag{7.5}
$$

式中：b_j 为方案 A_j 的综合隶属度。

根据方案的综合隶属度对方案集A进行排序，以综合隶属度最大的生态防护技术为最优防护方法。通过计算可得到 $\boldsymbol{B}_j=(1.4651, 1.6304, 2.2323)$，即多目标决策结果为C3优于C2，C2优于C1。最终确定C3为安定高速公路A7标段LK1＋000～LK1＋070左侧三级边坡的最优生态防护技术方法。

4. 防护效果

采取C1、C3对同条件下的边坡进行防护。采用C1喷播草籽配合“人”字形骨架防护的边坡，5个月后已经发生了较严重的破坏(图7.27)，根据现场考察分析，其破坏的原因为施工前期，边坡坡面土体较难处理。采用C3植物纤维毯防护的边坡，坡面得到了高质量的防护(图7.28)，且施工简单，对坡面土体处理要求低。综上所述，C3的防护效果在整体上优于C1。

图7.27 “人”字形骨架防护完成5个月

图7.28 植物纤维毯铺设完毕3个月

第 8 章　赣南山区高速公路试验边坡防护与恢复治理设计方案

在 A 标段与 B 标段建设项目中，选择六个典型的深切边坡（图 1.1）作为试验路堑边坡，对其进行野外调研，包括地质构造、地层岩性、水文地质条件、变形特征及开裂情况等，总结不同地质条件下，深切边坡的变形破坏机理，建立其变形破坏的地质模型。采用 FLAC 3D 软件对这六个深切边坡变形破坏的演化过程进行数值模拟；采用 GeoStudio 软件计算这六个深切边坡的稳定安全系数。在综合考虑安全、生态环保与经济的条件下，将生态防护技术与传统防护技术相结合，提出这六个试验边坡的防护与恢复设计方案，探讨赣南山区深切边坡防治技术的适宜性。

在 A 标段与 B 标段建设项目中，选择两个典型的高填路堤边坡（图 1.1）作为试验路堤边坡，对其进行详细的野外调研，包括高填路堤边坡填土的特性、地下水的渗流特性等，采用 GeoStudio 软件计算这两个高填路堤边坡的稳定安全系数。探讨高填路堤沉降变形的机理与模式。在综合考虑安全、生态环保与经济的条件下，采用生态防护技术与传统防护技术相结合的方法，提出这两个高填路堤边坡的防护方案。

边坡防护与恢复治理设计的指导思想：以边坡稳定性分析为基础，科学地确定深切高填边坡的坡率；以排水防护措施为重点，采用玻璃钢锚杆等高强度新型材料锚杆代替钢筋锚杆；采用土工格室护坡、植物纤维毯护坡替代部分传统护坡方法；种植本地灌木、乔木，将传统方法与植被生态环保技术相结合，探讨赣南山区高速公路深切高填边坡安全、生态与经济的防护与恢复治理新技术、新理论。

8.1　山下深切边坡

8.1.1　山下深切边坡工程地质条件

山下深切边坡地处江西省安远县孔田镇（图 1.1），其地貌属低山丘陵地貌，地势起伏较大，海拔约 445 m（图 8.1）。地表植被茂盛，其主要产物为脐橙，另有松树和灌木丛。该地区河流众多、降水量充裕。

山下深切边坡为岩土二元结构边坡，从上往下岩土体可以分为第四系含砾粉质黏土，侏罗系鸡笼嶂组强风化凝灰熔岩、中风化凝灰熔岩（图 8.1，图 6.39）。凝灰熔岩呈熔结凝灰结构，块状假流纹构造。野外调研与钻探资料显示，山下深切边坡的岩土体的主要特征如下。

① 含砾粉质黏土：褐灰，硬塑，成分以黏粒为主，粉、砂粒次之，含砾石为 25%，岩心呈土柱状、土状。

② 强风化凝灰熔岩：灰黄色、浅肉红色，岩体破碎，节理裂隙极发育，铁锰质渲染，质较软，敲击声较软，岩心呈碎块状偶夹短柱状。

③ 中风化凝灰熔岩：浅肉红色夹灰黄色，岩体较破碎-较完整，岩质坚硬，敲击声脆，晶屑

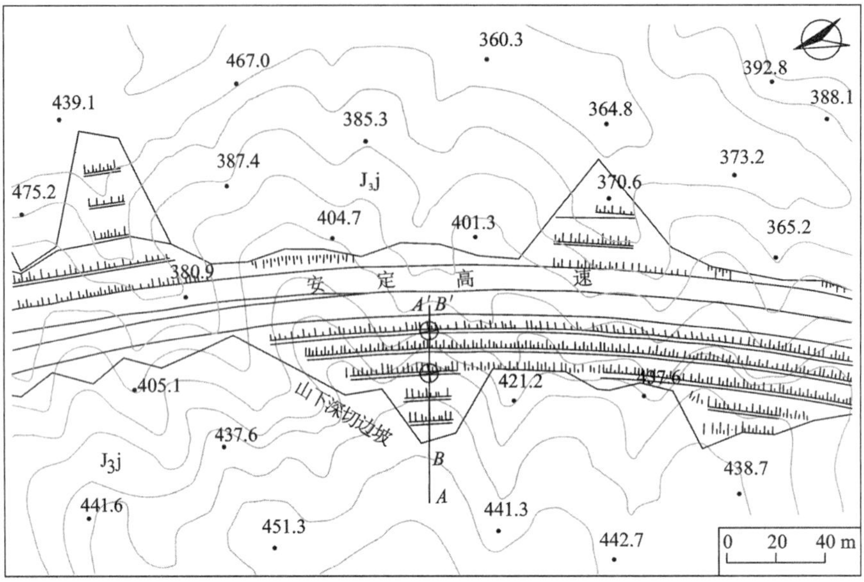

图 8.1　山下深切边坡工程地质平面图

凝灰结构，块状构造，岩心多呈柱状、短柱状，少量长柱，发育柱状节理，节理面闭合较好。

边坡所处地下水主要为第四系孔隙水和基岩裂隙水，地下水一般与地表水贯通、互补，水位随季节变化。在一般地段地下水埋深较深，且水量较小，对边坡稳定性无明显影响。

山下深切边坡下部出露的中风化凝灰熔岩，岩体较破碎-较完整，岩质坚硬，块状构造；发育柱状节理，节理面闭合较好。在前期勘察中，未发现不利于边坡稳定性的结构面组合，因此，坡体下部稳定。中部为强风化凝灰熔岩，岩体破碎，节理裂隙极发育，铁锰质渲染，岩质较软，敲击声较软，岩心呈碎块状偶夹短柱状，遇水易软化，在雨水的冲刷下强度迅速降低，有引发局部滑塌的可能，开挖后应及时进行排水与防护处理。边坡上部为含砾粉质黏土层，在边坡开挖和降雨的作用下，可能产生失稳。下面将采用 FLAC 3D 软件对山下深切边坡进行数值模拟，分析山下深切边坡的剪应力场、剪应变场及塑性破坏区，并采用 GeoStudio 软件，计算山下深切边坡的稳定安全系数，分析边坡的稳定性。

8.1.2　山下深切边坡有限差分数值模拟

以地质剖面为基础，采用 FLAC 3D 软件，以 4.4.1 节中确定的开挖坡率为模型，以 350 m 高程作为相对基准面，建立山下深切边坡开挖后的数值模型图（图 8.2）。采用 ANSYS 软件对边坡进行 5 m 网格剖分，并在坡脚处用 1 m 的单元格局部加密。整个边坡共划分为 1027 个单元，2 168 个节点。边坡建模约束条

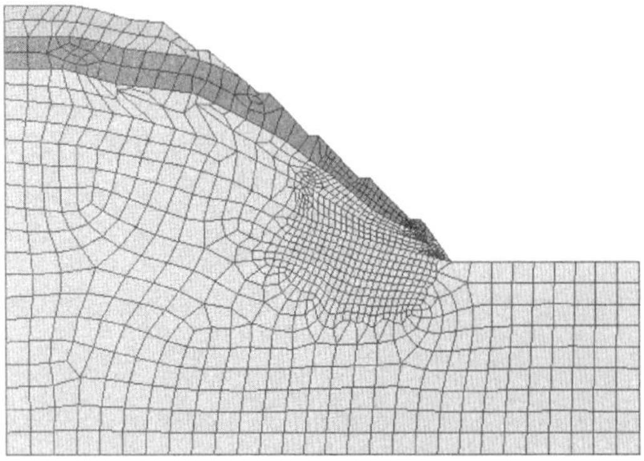

图 8.2　山下深切边坡数值模型图

件为下部固定，左右两侧水平约束，上部为自由边界，计算收敛准则为不平衡力比率(节点平均内力与最大不平衡力的比值)满足 10^{-5} 的求解要求(彭文祥 等，2006)。采用莫尔-库仑本构模型计算边坡的整体受力状况，并以计算是否收敛作为边坡失稳的判据。

本数值模拟中，岩土体物理力学参数是从如下途径获取：含砾粉质黏土的物理力学参数是通过室内三轴试验获取的(参见 2.3.4 节)；强风化凝灰熔岩、中风化凝灰熔岩的物理力学参数，取为“宁都至定南高速公路安远至定南新建工程 A2 标段工程地质报告”推荐的参数取值。山下深切边坡的岩土体物理力学参数如表 6.19 所示。

图 6.41(图版 I)为山下深切边坡切坡后坡体的最大剪应力分布云图。对图 6.41(图版 I)分析可知：最大剪应力从坡面向坡体深部逐渐增加；在坡体的表面，剪应力等值线在坡顶和坡底分布稀疏，在坡面开挖段分布密集，尤其在坡脚处最密集；往坡体深处，剪应力等值线逐渐均匀分布。由此可知，坡脚处剪应力明显集中，最容易产生剪切破坏。

图 6.43(图版 I)为山下深切边坡坡体的最大剪应变增量云图。对图 6.43(图版 I)分析可知，山下深切边坡坡体大部分区域剪应变增量较小(显示为浅黄色区域)，坡体剪应变最大值出现在边坡坡脚处，且往坡体上部呈“细条状”延伸。坡体强风化凝灰熔岩的物理力学性质较差，以及坡体高陡的地形，导致了剪应力集中在坡脚处。坡体潜在滑动面位于强风化层中，埋深较深，若坡体发生破坏，对公路边坡危害极大。

图 6.45(图版 II)为山下深切边坡的塑性区分布图。对图 6.45 分析可知：山下深切边坡坡脚及坡体临空面四周均出现了塑性区，其中一、二级坡体处塑性区较大，其余次之，并向坡体深部有一定的延伸，总体上呈“条带状”分布。边坡塑性区破坏形式以剪切破坏为主，坡体平台区域有小范围拉伸破坏。

对山下深切边坡剪应力、剪应变及塑性破坏区综合分析，可以得出山下深切边坡坡脚存在剪应力集中与延展性的塑性破坏区，为避免暴雨等极端工况下山下深切边坡的失稳破坏，需在边坡的一、二级采用锚杆进行加固。

8.1.3 山下深切边坡稳定性计算

以 8.1.1 节山下深切边坡工程地质条件分析为基础，采用 GeoStudio 软件计算山下深切边坡的稳定安全系数，探讨边坡开挖前后不同工况下稳定安全系数的变化。本次计算考虑两种工况：第一种工况为地下水埋深较深的天然工况，由勘察时勘探钻孔揭露的地下水位确定；第二种工况为地下水埋深较浅的暴雨工况，假定暴雨期间地下水位上升到近地表的极端情况。计算中采用的岩土体物理力学参数见表 6.19。

采用 GeoStudio 中的 SLOPE/W 模块分别建立山下深切边坡开挖前后的计算模型(图 8.3)，选用瑞典条分法、简化 Bishop 法和简化 Janbu 法对边坡在开挖前后的稳定性进行计算。

由计算分析可知，用几种不同的条分法计算山下深切边坡在开挖前的稳定性，在天然工况下的安全系数为 1.6，暴雨工况下的安全系数为 1.5(表 8.1)，最危险滑动面出现在粉质黏土层中，大体位于边坡中部(图 8.4)；开挖后，山下深切边坡在天然工况下的稳定安全系数都大于 3.5(表 8.1)，最危险滑面分布在强风化层中(图 8.5)，表明切坡后边坡非常稳定。因此，对于边坡上部，不需要进行加固处理，仅需要对坡面进行雨水冲刷防护与绿化。

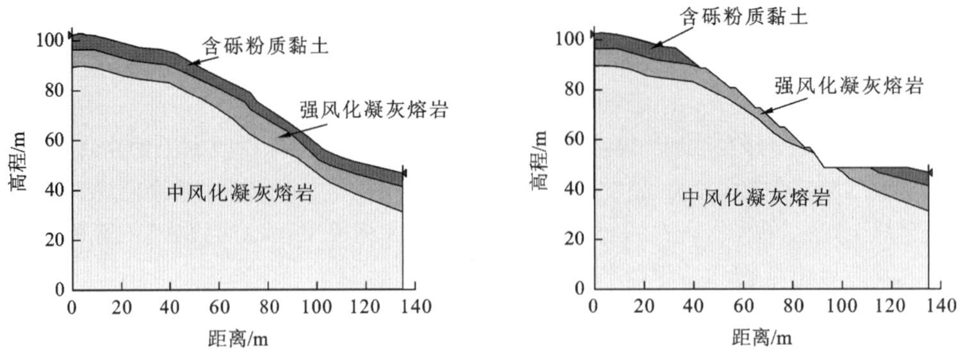

（a）开挖前　　（b）开挖后

图 8.3　山下深切边坡开挖前后计算地质模型图

表 8.1　不同条分法下的稳定安全系数

边坡状态	瑞典条分法	简化 Bishop 法	简化 Janbu 法
开挖前天然工况	1.6	1.6	1.6
开挖前暴雨工况	1.5	1.5	1.5
开挖后天然工况	4.0	4.3	3.9
开挖后暴雨工况	3.7	3.9	3.5

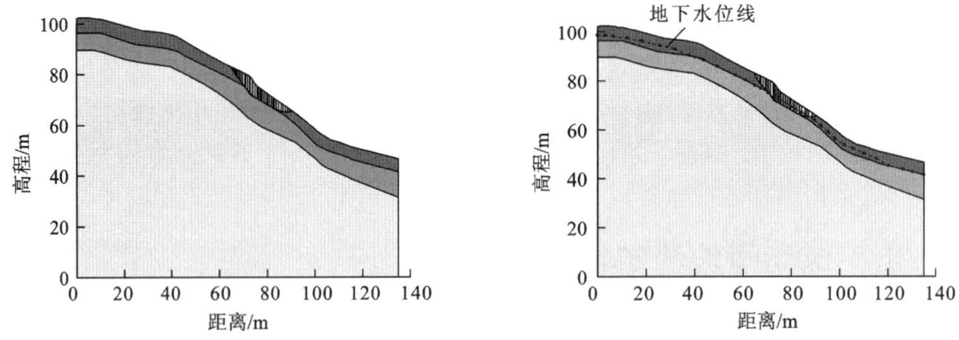

（a）天然工况　　（b）暴雨工况

图 8.4　开挖前边坡的稳定性计算剖面图(瑞典条分法)

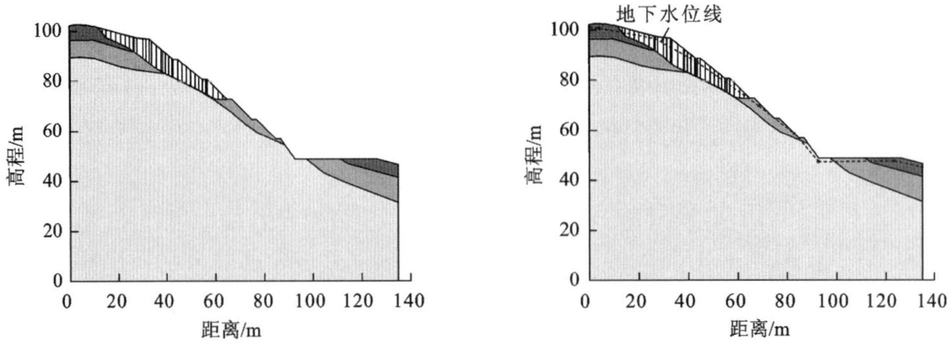

（a）天然工况　　（b）暴雨工况

图 8.5　开挖后边坡的稳定性计算剖面图(瑞典条分法)

8.1.4 山下深切边坡防护与恢复治理设计方案

山下深切边坡防护与恢复治理设计的指导思想为：以山下深切边坡稳定性分析为基础，以排水防护措施为重点，采用玻璃钢锚杆代替钢筋锚杆防护；将生态防护技术与传统防护技术相结合，对山下深切边坡进行防护设计，确保防护后的边坡既稳定安全，又绿色环保。

山下深切边坡采取的排水方案为：坡顶后缘设截水沟，各级平台设置平台沟，坡底设边沟，平台沟之间设置急流槽以缓解排水压力，一、二级边坡可增设泄水孔，以排除坡体内的地下水。对于汇集的水应通过排水沟排出坡体范围。

山下深切边坡采取的坡面防护设计方案如下：

第一级、第二级边坡的主要岩性为中风化、强风化凝灰熔岩，强度较高，未发现不利于边坡稳定性的结构面组合，设计坡率皆为 1∶1。但是，岩体内节理裂隙发育，边坡开挖后，在卸荷作用下将滋生卸荷裂隙；并且数值模拟结果显示在该边坡的第一级、第二级边坡处剪应力集中，塑性破坏区向坡体深部有一定的延伸。因此，从加固边坡与建设绿色高速公路考虑，第一级、第二级边坡采用玻璃钢锚杆框格与框格内码砌植生袋的方法进行防护。玻璃钢锚杆框格既加固了边坡，又成为植生袋的码砌架，而植生袋是岩质边坡绿化的最有效的方法之一。

第三级、第四级边坡的主要岩性为强风化凝灰熔岩，强度较高，设计坡率为 1∶1.25，强风化岩体较为破碎，节理裂隙极发育，需要对坡面进行防护。三、四级边坡采用浆砌片石拱形骨架与客土喷播技术相结合的方法进行防护；拱形骨架内点栽马尾松，马尾松适应性很强且根系发达，既可以起到长久护坡的作用，又可以体现生态护坡的主题。

第五级、第六级边坡的岩土体主要是强风化凝灰熔岩和粉质黏土，设计坡率为 1∶1.5，坡率较缓，整体较稳定。但是，在降雨作用下很可能引起坡面冲刷，因此应注意防止水土流失。对五、六级边坡坡面采用客土喷播技术进行防护，并点栽马尾松，对边坡土体起到良好的加固和快速绿化的作用。

综上所述，山下深切边坡的防护设计如图 8.6 所示。

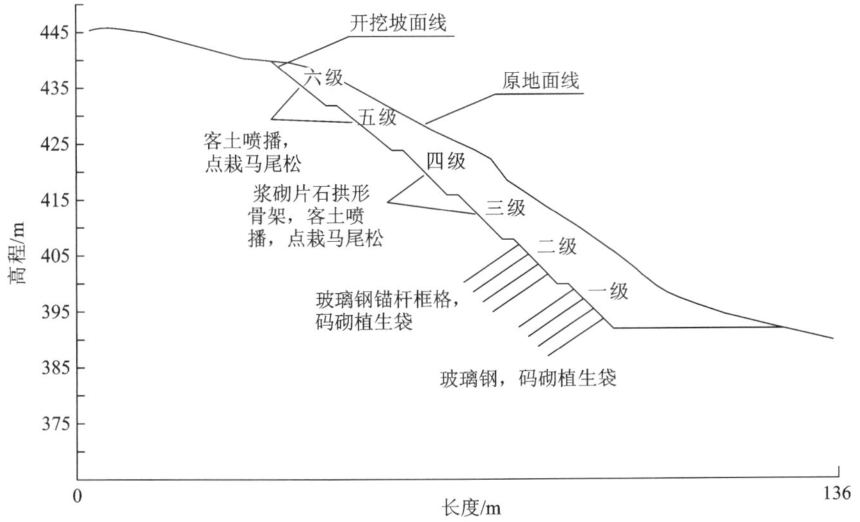

图 8.6 山下深切边坡防护设计方案剖面图

该设计方案采用了玻璃钢锚杆、浆砌片石拱形骨架、植生袋、客土喷播等防护技术，辅以点栽马尾松等，将生态防护技术与传统防护方法进行了结合。其中玻璃钢锚杆作为高强度新型材料锚杆，其耐腐蚀性能有效地防止因受地下水侵蚀而过早失去防护效果，不仅体现了支护方式上的创新，而且保证了边坡稳定。该设计方案在一、二级边坡中采用了植生袋技术，三至六级边坡中采用了客土喷播（不挂网）技术辅以点栽马尾松，不仅能有效拦截坡面径流，保持水土，而且在防护方式上绿色环保，视觉效果佳（图 8.7），对自然环境起到了很好的保护作用。

从图 8.7 中可以看出，该设计方案在保证边坡防护效果的前提下，绿化效果更好。框格梁内植生袋中的植物发育良好；客土喷播防护中，灌木草类植物发育，能够有效地防止坡面冲刷引起的水土流失，更有利于边坡的长期防护。

为了更有效、科学地监测山下深切边坡内部位移，以掌握高边坡在空间和时间上的动态变形，分析边坡的稳定性，在边坡二、四、六级平台处分别布设位移测斜仪（图 8.8）。在两个月的监测中，监测孔 2、3 工作正常，监测孔 1 的测斜仪有损坏，没有监测到有效数据。通过对测斜仪的数据进行整理分析，可得到边坡内部位移随时间的变化曲线（图 8.9）。

图 8.7　山下深切边坡防护效果图

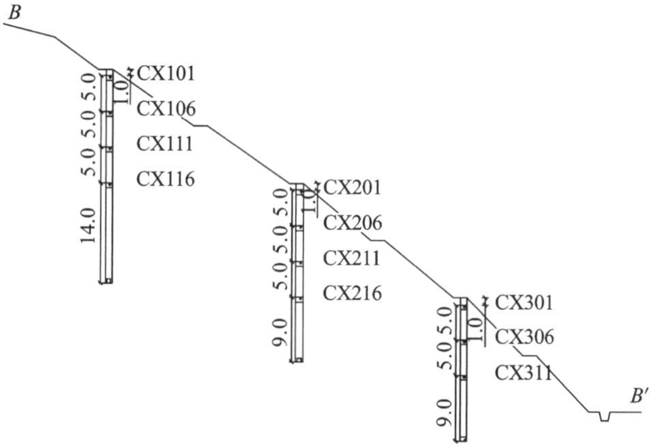

图 8.8　测斜仪剖面布置图（单位：m）

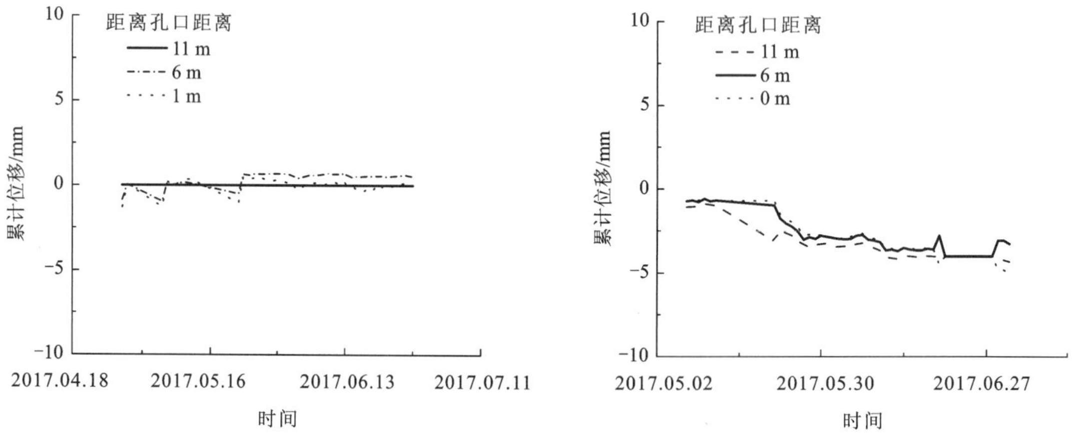

(a) CX2累计位移-时间曲线　　(b) CX3累计位移-时间曲线

图 8.9　测斜仪监测数据

对图 8.9 分析可知，山下深切边坡在采用优化处理方案后大约两个月的时间里，其内部位移始终在 0 mm 上下作毫米量级上的波动，这表明边坡内部岩土土体几乎没有发生位移，防护后的边坡非常稳定，从而验证了该设计方案在边坡加固上的良好防护效果。

8.2 田心深切边坡

8.2.1 田心深切边坡工程地质条件

田心深切边坡地处定南县镇田乡(图 1.1)，路线走廊为丘陵地貌，自然坡度 35°～50°，地表植被发育，出露岩体为加里东期中细粒黑云母花岗岩。区域降水量充裕，雨水丰富季节，边坡水土流失较严重。

田心深切边坡为岩土二元结构边坡，从上往下岩土体可以分为：粉质黏土、全风化花岗岩、强风化花岗岩、中风化花岗岩。全风化、强风化层较厚，可达 15～20 m(图 8.10～图 8.12)。

图 8.10　田心深切边坡开挖坡面照片

野外调研与钻探资料显示，田心深切边坡岩土体的主要特征：

① 粉质黏土：黄褐色，硬塑，含少量砾，镐可挖。

② 全风化花岗岩：黄褐色，岩心遇水易软化、崩解，呈砂土状，镐可挖。

③ 强风化花岗岩：灰黄色，裂隙极发育，岩心呈碎块状，局部夹短柱状。

④ 中风化花岗岩：灰色，似斑状结构，块状构造，裂隙较发育，岩质硬。

边坡地下水位埋深较深，且水量较小，对路基无不良影响。

田心深切边坡下部中风化花岗岩呈块状构造，裂隙稍发育，岩质很硬。在前期勘察中，未发现不利于边坡稳定性的结构面组合，因此，边坡下部整体稳定。中部为强风化花岗岩，裂隙极为发育，岩土体较破碎。边坡上部为粉质黏土及全风化花岗岩，岩土体抗剪强度较差，岩心

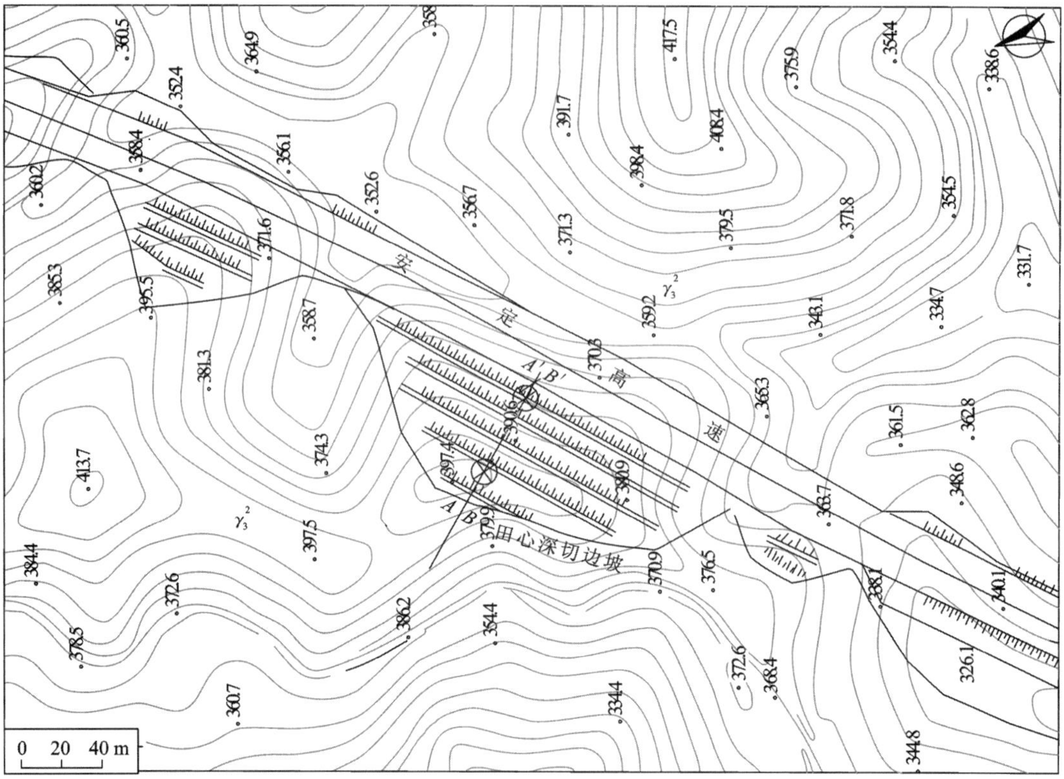

图 例 γ_3^2 加里东期花岗岩 A-A′ 工程地质剖面线 B-B′ 监测剖面线 ⊗ 钻孔

图 8.11 田心深切边坡工程地质平面图

遇水快速软化崩解,加之裂隙发育,因此降雨入渗条件下,可能产生失稳。

下面将采用 FLAC 3D 软件对田心深切边坡进行数值模拟,分析田心深切边坡的剪应力场、剪应变场及塑性破坏区;并采用 GeoStudio 软件,计算田心深切边坡的稳定安全系数,分析边坡的稳定性。

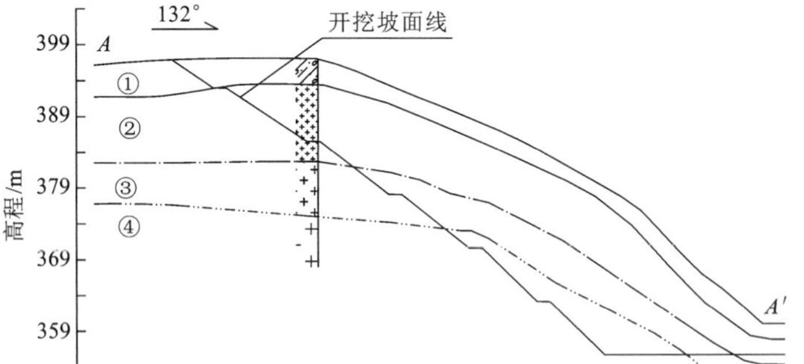

图 8.12 田心深切边坡工程地质剖面图

①含砾粉质黏土;②全风化花岗岩;③强风化花岗岩;④中风化花岗岩

8.2.2 田心深切边坡有限差分数值模拟

以地质剖面为基础，采用 FLAC 3D 软件，以 4.4.2 节中确定的开挖坡率为模型，以 316 m 高程作为相对基准面，建立田心深切边坡开挖后的数值模型图(图 8.13)。采用 ANSYS 软件对边坡进行 3 m 网格剖分，并在边坡全风化、强风化层用 1 m 的单元格局部加密。整个边坡共划分为 5 940 个单元，7 301 个节点。边坡建模约束条件为下部固定，左右两侧水平约束，上部为自由边界，计算收敛准则为不平衡力比率(节点平均内力与最大不平衡力的比值)满足 10^{-5} 的求解要求。采用莫尔-库仑本构模型计算边坡的整体受力状况，并以计算是否收敛作为边坡失稳的判据。

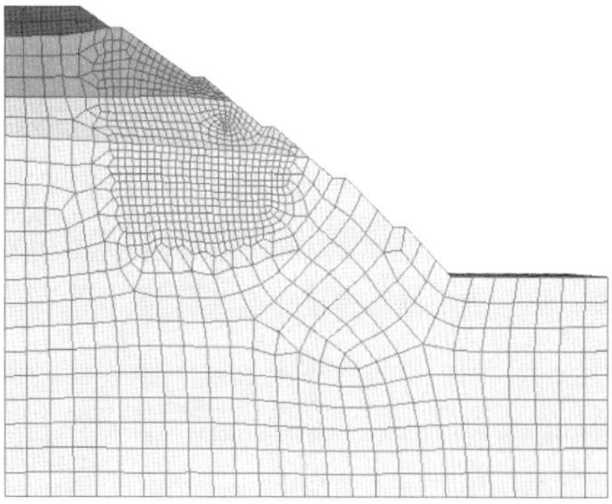

图 8.13　田心深切边坡数值模型图

本数值模拟中，岩土体物理力学参数是从如下途径获取的：粉质黏土、全风化花岗岩的物理力学参数是通过室内三轴试验获取的(参见 2.3.4 节)；强风化花岗岩、中风化花岗岩的物理力学参数，取为“宁都至定南高速公路安远至定南新建工程 A7 标段工程地质报告”推荐的参数取值。田心深切边坡的岩土体物理力学参数如表 8.2 所示。

表 8.2　田心深切边坡岩土体物理力学参数表

岩土体名称	重度/(kN/m³)	黏聚力/kPa	内摩擦角/(°)	弹性模量/GPa	泊松比
粉质黏土	16	28	18	2×10^{-2}	0.4
全风化花岗岩	18	30	26	2.4×10^{-2}	0.4
强风化花岗岩	23	100	40	1	0.3
中风化花岗岩	26	600	50	10	0.26

图 8.14(图版 III)为田心深切边坡切坡后坡体的最大剪应力分布云图。对图 8.14(图版 III)分析可知：最大剪应力从坡面向坡体深部逐渐增加；在坡体的表面，剪应力等值线在坡顶和坡底分布稀疏，在坡面开挖段分布密集，尤其在坡脚处最密集；往坡体深处，剪应力等值线逐渐均匀分布。由此可知，坡脚处剪应力明显集中。由于坡脚处为中风化岩体，工程特性好，不易出现剪切破坏；三级、四级边坡处为全风化、强风化岩体，工程特性较差，因此在强风化、全风化岩体中易产生剪切破坏。

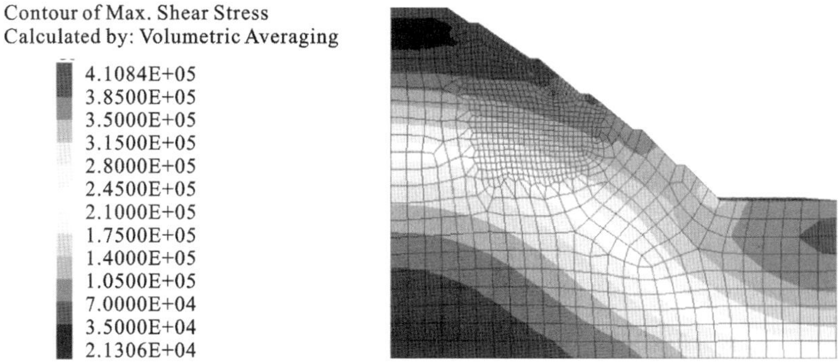

图 8.14　田心深切边坡最大剪应力云图

图 8.15(图版 III)为田心深切边坡最大剪应变增量云图。对图 8.15(图版 III)分析可知,田心深切边坡大部分区域剪应变增量较小(显示为浅色区域),坡体剪应变最大值出现在四级边坡坡面处,且往坡体上部呈“细条状”延伸。坡体强风化花岗岩的物理力学性质较差,剪应力集中在此区域,因而坡体潜在滑动面位于强风化层,埋深较浅,若坡体发生破坏,对公路边坡危害较大。

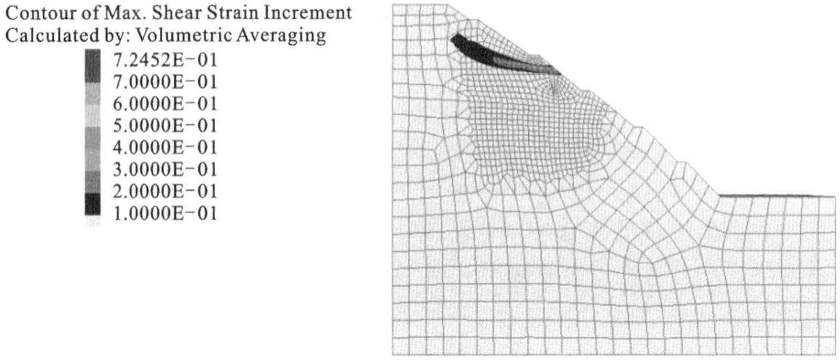

图 8.15 田心深切边坡最大剪应变增量云图

图 8.16 为田心深切边坡的塑性区分布图。对图 8.16 分析可知,田心边坡整体稳定性好,没有出现明显塑性破坏区。边坡四、五级平台区域有小范围拉伸破坏。

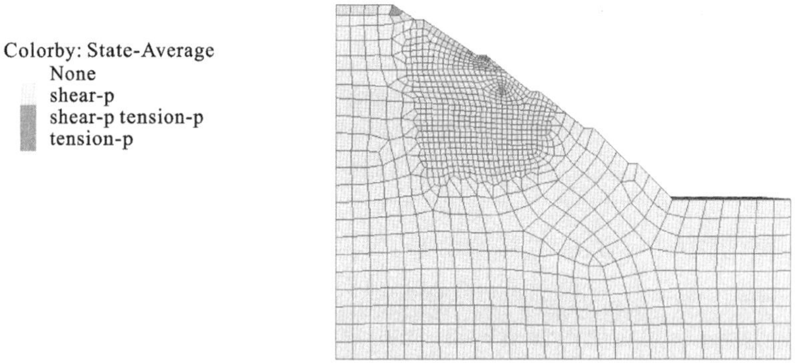

图 8.16 田心深切边坡塑性区分布图

对田心深切边坡剪应力、剪应变及塑性破坏区综合分析,可以得出田心深切边坡整体稳定性好。由于边坡数值分析是概化模型,没有考虑实际坡体节理裂隙的发育情况,为避免暴雨等极端工况下田心深切边坡内部节理裂隙发育造成的边坡失稳破坏,需在边坡的一、二级采用锚杆进行加固。

8.2.3 田心深切边坡稳定性计算

以 8.2.1 节田心深切边坡工程地质条件分析为基础,采用 GeoStudio 软件计算田心深切边坡的稳定安全系数,探讨边坡开挖前后不同工况下稳定安全系数的变化。本次计算考虑两种工况:第一种工况为地下水埋深较深的天然工况,由勘察时勘探钻孔揭露的地下水位确定;第二种工况为地下水埋深较浅的暴雨工况,假定暴雨期间地下水位上升到近地表的极端情况。

计算中采用的岩土体物理力学参数见表 8.2。

采用 GeoStudio 中的 SLOPE/W 模块分别建立田心深切边坡开挖前后的计算模型(图 8.17),选用瑞典条分法、简化 Bishop 法和简化 Janbu 法对边坡在开挖前后的稳定性进行计算。由计算分析可知,用几种不同的条分法计算田心深切边坡在开挖前的稳定性,在天然工况下的安全系数为 1.22,暴雨工况下的安全系数为 1.13(表 8.3),最危险滑动面出现在全风化花岗岩中,大体位于边坡中部(图 8.18)。开挖后,田心深切边坡在天然工况下的稳定安全系数为 2.94,在暴雨工况下的稳定安全系数为 2.85(表 8.3),最危险滑动面分布在强风化层中(图 8.19),表明切坡后边坡非常稳定。因此,对于边坡上部,不需要进行加固处理,仅需要对坡面进行雨水冲刷防护与绿化。

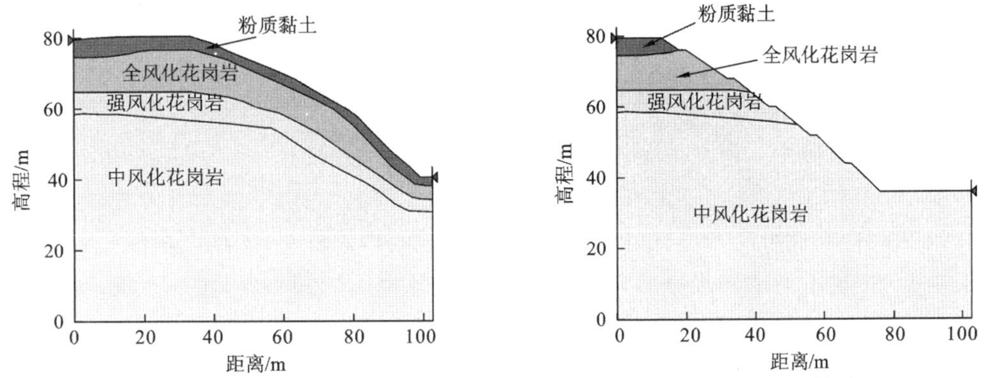

(a) 开挖前　　(b) 开挖后

图 8.17　田心深切边坡开挖前后计算地质模型图

表 8.3　不同条分法下的稳定安全系数

边坡状态	瑞典条分法	简化 Bishop 法	简化 Janbu 法
开挖前天然工况	1.22	1.27	1.21
开挖前暴雨工况	1.13	1.18	1.14
开挖后天然工况	2.94	3.28	2.80
开挖后暴雨工况	2.85	3.16	2.69

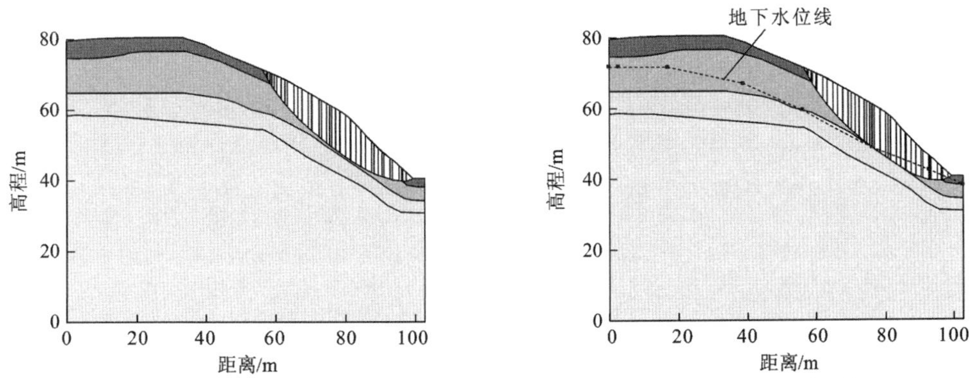

(a) 天然工况　　(b) 暴雨工况

图 8.18　开挖前边坡的稳定性计算剖面图(瑞典条分法)

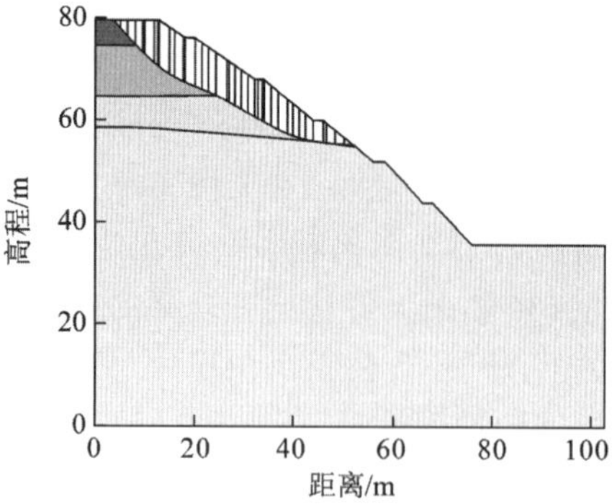

(a) 天然工况

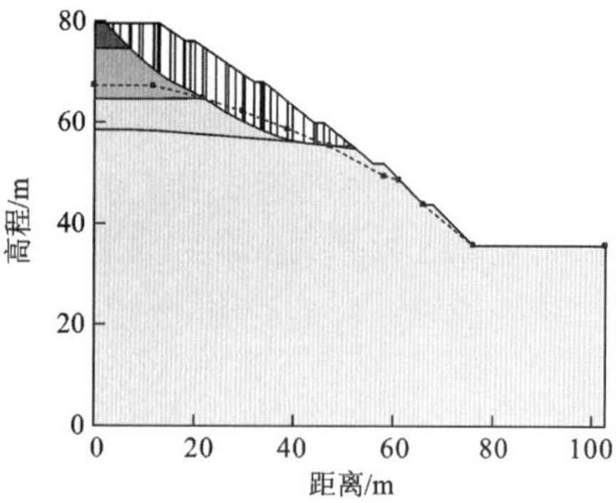

(b) 暴雨工况

图 8.19 开挖后边坡的稳定性计算剖面图(瑞典条分法)

8.2.4 田心深切边坡防护与恢复治理设计方案

田心深切边坡防护与恢复治理设计的指导思想:以田心深切边坡稳定性分析为基础,以排水防护措施为重点,采用玻璃钢锚杆代替钢筋锚杆防护;将生态防护技术与传统防护技术相结合,对田心深切边坡进行防护设计,确保防护后的边坡既稳定安全,又绿色环保。

田心深切边坡采取的排水方案为:坡顶后缘设截水沟,各级平台设置平台沟,坡底设边沟,平台沟之间设置急流槽以缓解排水压力,一、二级边坡可增设泄水孔,以排除坡体内的地下水。对于汇集的水应通过排水沟排出坡体范围。

田心深切边坡采取的坡面防护设计方案如下:

第一级、第二级边坡的主要岩性为中风化花岗岩,强度高,未发现不利于边坡稳定性的结构面组合,设计坡率皆为 1∶1。但是,岩体内节理裂隙发育,边坡开挖后,在卸荷作用下将滋生卸荷裂隙;并且数值模拟结果显示在该边坡的第一级、第二级边坡处剪应力集中。因此,从加固边坡与建设绿色高速公路考虑,第一级、第二级边坡采用玻璃钢锚杆框格与框格内码砌植生袋的方法进行防护。玻璃钢锚杆框格既加固了边坡,又成为植生袋的码砌架,而植生袋是岩质边坡绿化的最有效的方法之一。

第三级、第四级边坡的主要岩性为强风化花岗岩,强度较高,设计坡率为 1∶1.25。强风化岩体较破碎,节理裂隙极发育,需要对坡面进行防护。三、四级边坡采用浆砌片石拱形骨架与客土喷播技术相结合的方法进行防护;拱形骨架内点栽马尾松,马尾松适应性很强且根系发达,既可以起到长久护坡的作用,又可以体现生态护坡的主题。

第五级、第六级边坡的岩土体主要是全风化花岗岩和粉质黏土,设计坡率为 1∶1.5,坡率较缓,整体稳定。但是,在降雨作用下很可能引起坡面冲刷,因此应注意防止水土流失。对五、六级边坡坡面采用客土喷播技术进行防护,并点栽马尾松,对边坡土体起到良好的加固和快速绿化的作用。

综上所述,田心深切边坡的防护设计如图 8.20 所示。

该设计方案采用了玻璃钢锚杆框格、浆砌片石拱形骨架、植生袋、客土喷播等防护技术,辅以点栽马尾松等,将生态防护技术与传统防护方法进行了结合。其中玻璃钢锚杆作为高强度新型材料锚杆,其耐腐蚀性能有效地防止因受地下水侵蚀而过早失去防护效果,不仅体现了支护方式上的创新,而且保证了边坡稳定。该设计方案在一、二级边坡中采用了植生袋技术,三至六级边

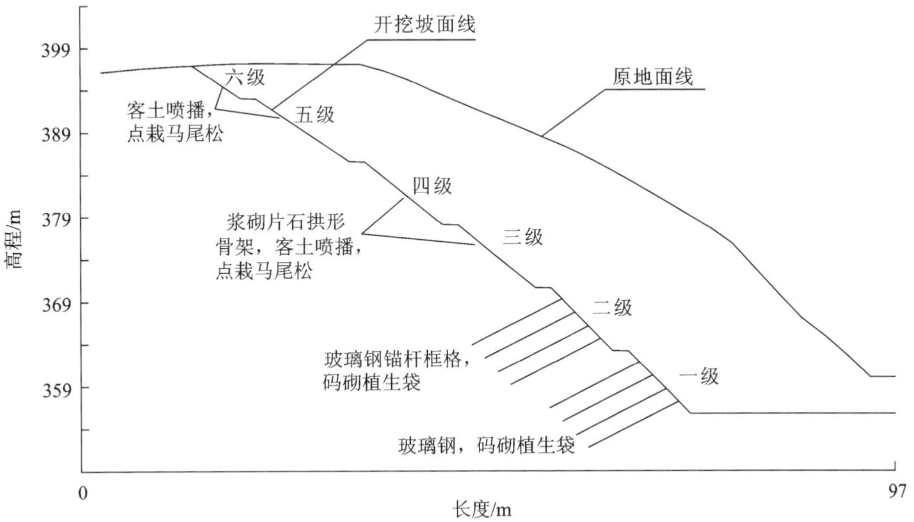

图 8.20　田心深切边坡防护设计方案剖面图

坡中采用了客土喷播(不挂网)技术辅以点栽马尾松，不仅能有效拦截坡面径流，保持水土，而且在防护方式上绿色环保，视觉效果佳(图 8.21)，对自然环境起到了良好的保护作用。

图 8.21　田心深切边坡防护效果图

从图 8.21 中可以看出，该设计方案在保证边坡防护效果的前提下，绿化效果更好。框格梁内植生袋中的植物发育良好；客土喷播防护中，灌木草类植物发育，能够有效地防止坡面冲刷引起的水土流失，更有利于边坡的长期防护。

为了更有效、科学地监测田心深切边坡内部位移，以掌握高边坡在空间和时间上的动态变形，分析边坡的稳定状态，在边坡二、四级平台处分别布设位移测斜仪(图 8.22)。在两个月的监测中，监测孔 1、2 中测斜仪工作正常。通过对测斜仪的数据进行整理分析，可得到边坡内部位移随时间的变化曲线(图 8.23)。

对图 8.23 分析可知，田心深切边坡在采用优化防护方案后大约两个月的时间里，其内部位移始终在 0 mm 上下作毫米量级上的波动，这表明边坡内部岩土体几乎没有发生位移，防护后的边坡非常稳定，从而验证了该设计方案在边坡加固上的良好防护效果。

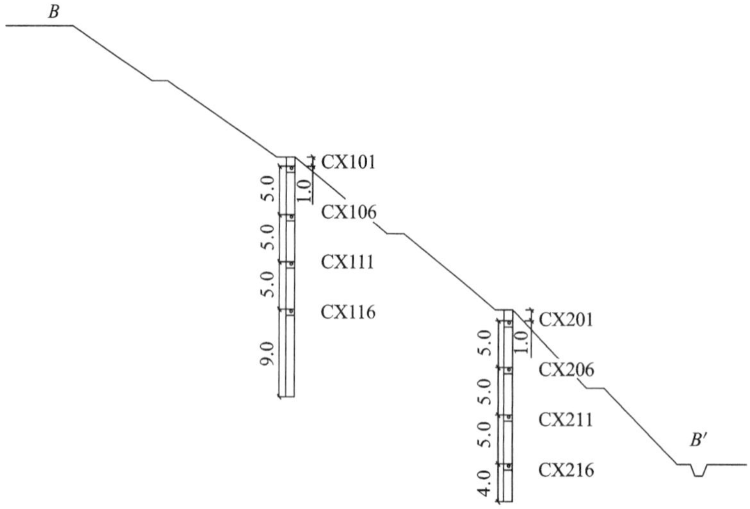

图 8.22　测斜仪剖面布置图(单位:m)

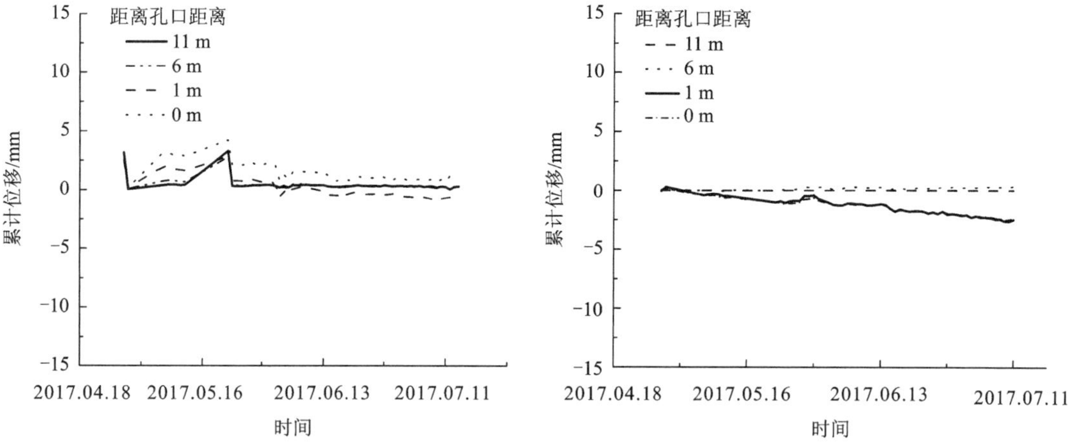

(a) CX1累计位移-时间曲线　　(b) CX2累计位移-时间曲线

图 8.23　测斜仪监测数据

8.3　木杨高填边坡

8.3.1　木杨高填边坡工程地质条件

木杨高填边坡地处江西省定南县鹅公镇(图 1.1),其地貌属于丘陵地貌,地势起伏较大,海拔约 435 m。地表植被发育,主要为松树、杉树及少量杂木、灌木等。该地区河流众多,降水量充裕。

根据地质调查、钻探资料,木杨高填边坡场区内覆盖层以残坡积粉质黏土为主,下伏黑云母花岗岩,中细粒全晶质花岗结构,块状构造,局部见片麻状构造。野外调研与钻探资料显示,岩土体的主要特征:

① 粉质黏土:黄褐色,硬塑,含少量砾,镐可挖。

② 全风化花岗岩:黄褐色,岩心遇水易软化、崩解,呈砂土状,镐可挖。

③ 强风化花岗岩:灰黄色,裂隙极发育,岩心呈碎块状,局部夹短柱状。

④ 中风化花岗岩:灰色,似斑状结构,块状构造,节理裂隙较发育,岩质较硬。

木杨高填边坡在清除原地表的粉质黏土和全风化花岗岩的基础上进行填筑压实,形成边坡(图 8.24),填筑压实后边坡的工程地质平面图与工程地质剖面图见图 8.25、图 8.26。

图 8.24　木杨高填边坡填筑坡面照片

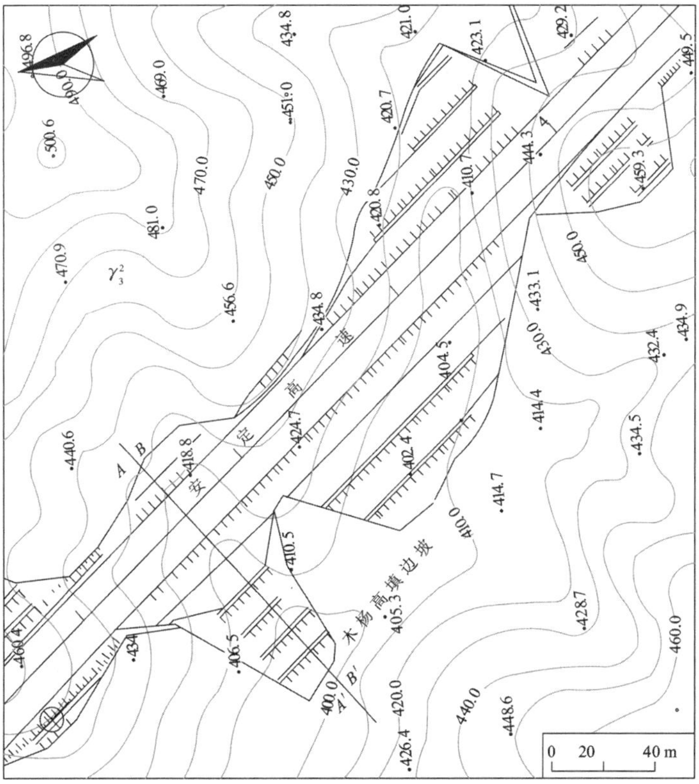

图 例 γ_3^2 加里东期花岗岩　A-A′ 工程地质剖面线　B-B′ 监测剖面线　⊗ 钻孔

图 8.25　木杨高填边坡工程地质平面图

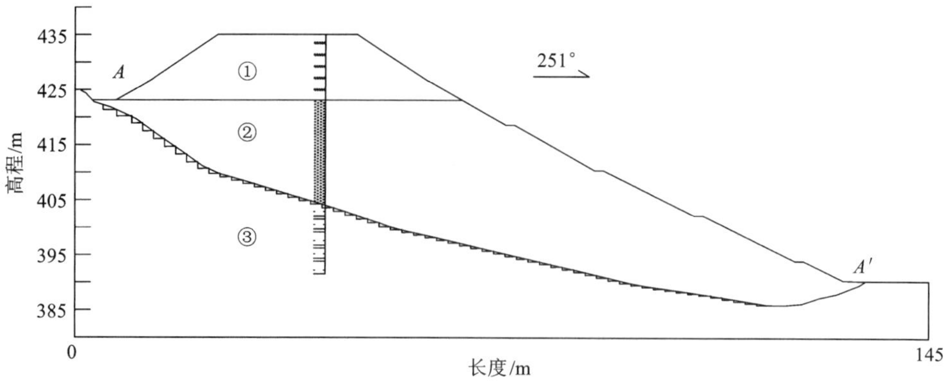

图 8.26　木杨高填边坡工程地质剖面图

①细粒土填料；②粗粒土填料；③强风化花岗岩

边坡所处地下水主要为第四系孔隙水和基岩裂隙水，地下水一般与地表水贯通、互补，水位随季节变化。在一般地段地下水埋深较深，且水量较小，对边坡稳定性影响较小。

木杨高填边坡距离边坡顶面 12 m 以下的坡体部分采用由强风化及中风化花岗岩处理而成的粗粒土填料进行填筑压实；从边坡顶面至距离边坡顶面 12 m 以上的坡体部分采用由全风化花岗岩和花岗岩残积土处理而成的细粒土填料进行填筑压实。边坡下部粗粒土填料成分为碎石土，分层填筑压实，碎石土压实后具有较大的抗剪强度，有利于边坡下部的稳定。边坡上部细粒土填料粒径相对较小，压实形成边坡后，上部填土在雨水的冲刷下强度迅速降低，有引发局部滑塌的可能。降雨形成的坡面径流极易引起边坡坡面的冲刷破坏。下面将采用 GeoStudio 软件，计算木杨高填边坡的稳定安全系数，分析边坡的稳定性。

8.3.2　木杨高填边坡稳定性计算

木杨高填边坡下伏地层为强风化花岗岩，在强风化花岗岩上部填筑粗粒土填料，然后在其上填细粒土填料并压实，形成路堤边坡。在降雨入渗的作用下，边坡填土的物理力学性质易发生改变，填土的抗剪强度降低，甚至结构破坏，较易引起填方路堤边坡的整体滑动破坏和坡体表面的冲刷破坏。

在稳定性计算中考虑两种工况：第一种工况为地下水埋深较深的天然工况；第二种工况为地下水埋深较浅的暴雨工况，假定暴雨期间地下水位上升到近地表的极端情况。岩土体物理力学参数是从如下途径获取的：细粒土填料的物理力学参数是通过室内三轴试验获取的（参见 2.3.4 节）；粗粒土填料的物理力学参数参考的是张旷成等（2016）所做的相近混合填料原位剪切试验的结果；强风化花岗岩的物理力学参数，取为“宁都至定南高速公路安远至定南新建工程 A8 标段工程地质报告”推荐的参数取值。木杨高填边坡的岩土体物理力学参数如表 8.4 所示。

表 8.4　木杨高填边坡岩土体力学强度参数表

岩土名称	重度/(kN/m³)	岩土体强度	
		黏聚力/kPa	内摩擦角/(°)
细粒土填料	19	0	36
粗粒土填料	19	101	38
强风化花岗岩	23	500	30

采用 GeoStudio 中的 SLOPE/W 模块，以 372 m 高程作为相对基准面，建立木杨高填边坡的数值模型，如图 8.27 所示，并选用瑞典条分法、简化 Bishop 法和简化 Janbu 法对边坡在天然工况和暴雨工况下的稳定性进行计算与分析。

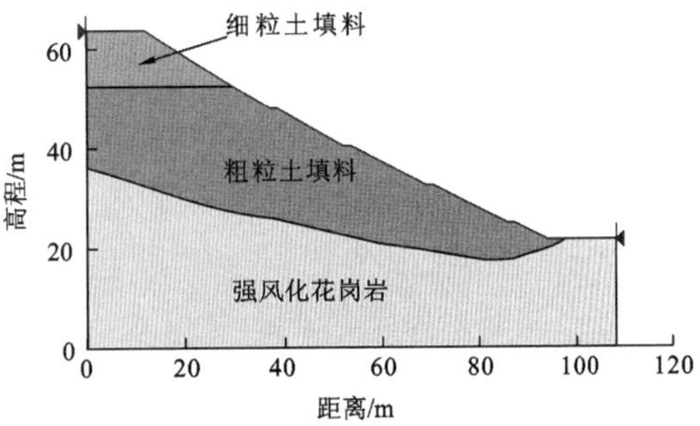

图 8.27 木杨高填边坡数值地质模型

图 8.28 所示为木杨高填边坡稳定性计算剖面。表 8.5 所示为木杨高填边坡用瑞典条分法、简化 Bishop 法和简化 Janbu 法计算的稳定安全系数。由表 8.5 可知，木杨高填边坡在天然工况下的稳定安全系数为 1.18；在暴雨工况下稳定安全系数为 1.14，边坡处于较稳定状态。

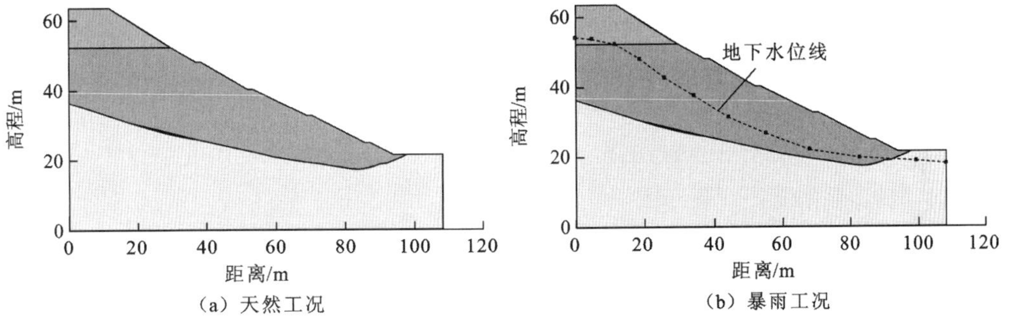

图 8.28 木杨高填边坡稳定性计算剖面

表 8.5 不同条分法下的稳定安全系数

边坡状态	瑞典条分法	简化 Bishop 法	简化 Janbu 法
填方后天然工况	1.18	1.18	1.18
填方后暴雨工况	1.14	1.14	1.14

8.3.3 木杨高填边坡防护与恢复治理设计方案

木杨高填边坡防护与恢复治理设计的指导思想为：以木杨高填边坡稳定性分析为基础，以排水防护措施为重点，采用土工格室、“人”字形骨架护坡进行防护；将生态防护技术与传统防护技术相结合，对木杨高填边坡进行防护设计，确保防护后的边坡既稳定安全，又绿色环保。

木杨高填边坡采取的排水方案为：坡面应压实平整，尤其是填挖交界处，限制雨水入渗；两侧坡底设排水沟，汇聚并排出流向坡体的水；边坡内填方与原地面交界处设碎石排水盲沟，内部铺设渗管，以排出渗入坡体内部的水，盲沟的疏密程度依地下水位及排水量而定；各级平台设置平台沟，平台沟之间设置急流槽以缓解排水压力。通过边沟、盲沟、急流槽等汇集的水应经由排水沟排出坡体范围。

木杨高填边坡采取的坡面防护设计方案如下：

第一级边坡使用细粒土填料填筑压实，设计坡率为 1∶1.5。边坡坡顶承受车辆等外部荷载，对边坡的稳定性有不利影响，因此，从加固边坡与建设绿色高速公路考虑，第一级边坡采用土工格室护坡与客土喷播技术相结合的方法进行防护。土工格室具有材质轻、耐磨损、韧性好等多种特性，化学性能稳定，具有强大侧向限制和大刚度，能加固边坡土体，利于整体边坡稳定。客土喷播技术绿化效果好，能有效地防止雨水冲刷边坡土体。

第二级至第六级边坡中，第二级边坡所用填料为粗粒土填料与细粒土填料，边坡坡率为 1∶1.75；第三级至第六级边坡所用填料为粗粒土填料，第三级边坡坡率为 1∶1.75，其余各级边坡坡率为 1∶2。填方边坡在降雨入渗作用下，容易在填方边坡坡面形成径流，形成对边坡土体的冲刷破坏，因此，需要对坡面进行防护。第二级至第六级边坡坡面均采用"人"字形骨架护坡与客土喷播技术相结合的方法进行防护，并点栽马尾松。"人"字形骨架护坡有利于边坡的整体稳定，客土喷播能在坡面形成植被，有效防止坡面冲刷破坏，马尾松适应性很强且根系发达，既可以起到长久护坡的作用，又可以体现生态护坡的主题。

综上所述，木杨高填边坡的防护设计如图 8.29 所示。

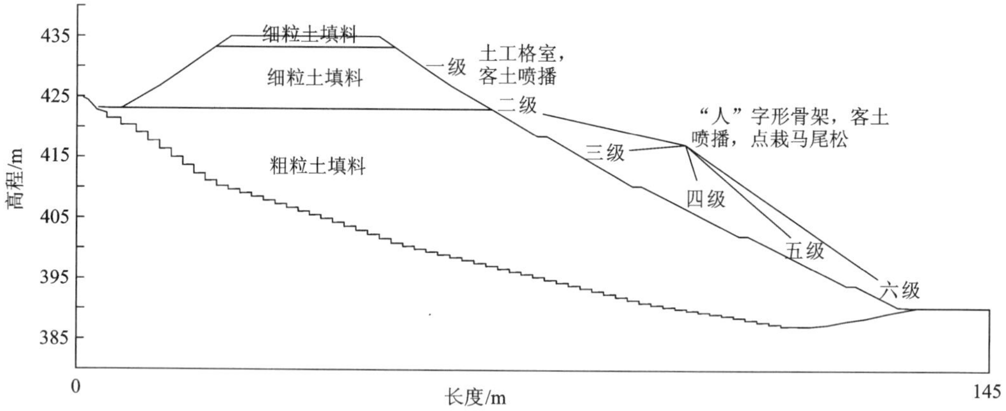

图 8.29　木杨高填边坡防护设计方案剖面图

该设计方案采用了土工格室、"人"字形骨架、客土喷播等防护技术，辅以点栽马尾松等，将生态防护技术与传统防护方法进行了结合。其中土工格室耐腐蚀性能较好，可以有效地防止因受侵蚀而过早失去防护效果，可以确保边坡稳定。该设计方案在第二级至第六级边坡中采用了客土喷播（不挂网）技术辅以点栽马尾松，不仅能有效拦截坡面径流，保持水土，而且在防护方式上绿色环保，视觉效果佳，对自然环境起到了很好的保护作用。

为了监测木杨高填边坡的内部位移，以掌握高边坡在空间和时间上的动态变形，分析边坡的稳定状态，在边坡二、四、六级平台处分别布设位移测斜仪（图 8.30）。通过对测斜仪的数据进行整理分析，可得到边坡内部位移随时间的变化曲线（图 8.31）。

对图 8.31 分析可知，边坡在采用优化处理方案后大约两个月的时间里，其内部位移始终在 20 mm 上下作毫米量级上的波动，这表明边坡内部岩土土体几乎没有发生位移，防护后的边坡非常稳定，从而验证了该设计方案在边坡加固上的良好防护效果。

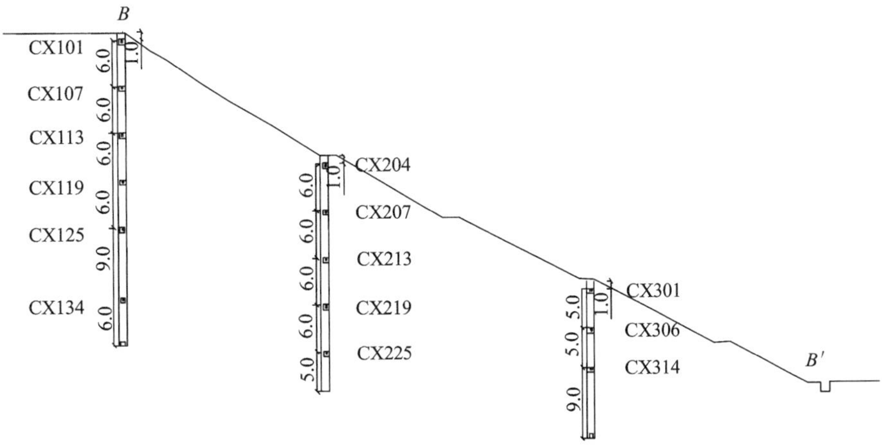

图 8.30　测斜仪剖面布置(单位:m)

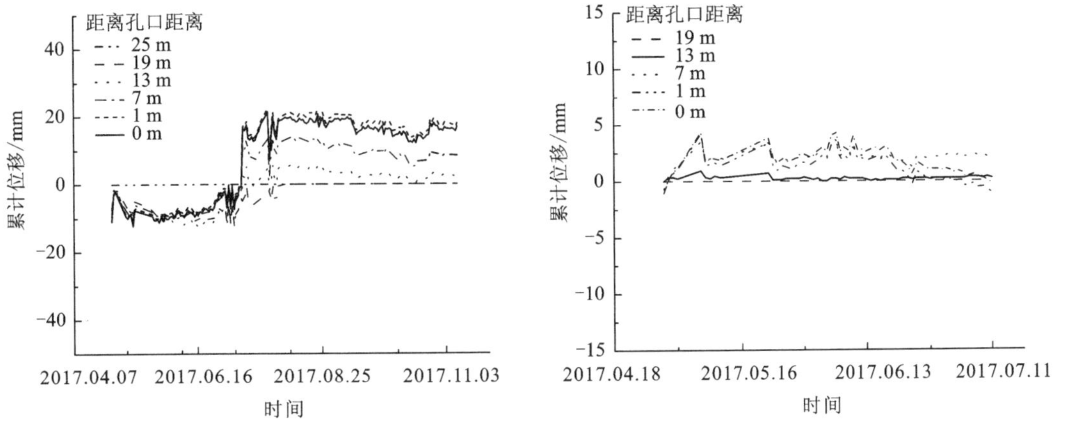

(a) CX1累计位移-时间曲线　　(b) CX2累计位移-时间曲线

图 8.31　测斜仪监测数据

8.4　镇田深切边坡

8.4.1　镇田深切边坡工程地质条件

镇田深切边坡地处江西省定南县鹅公镇(图 1.1)。其地貌属低山丘陵地貌,山体基本上呈东西走向,植被茂盛,地势起伏较大,沟谷下切,树枝状冲沟发育。该地区河流众多、降水量充裕。

镇田深切边坡为岩土二元结构边坡,从上往下岩土体可以分为:粉质黏土、全风化花岗片麻岩、强风化花岗片麻岩、中风化花岗片麻岩(图 8.32、图 8.33)。

野外调研与钻探资料显示,镇田深切边坡的岩土体的主要特征如下:

① 粉质黏土:灰褐、黄褐色,硬塑,成分以黏粒为主,粉、砂粒次之,干强度及韧性中等,岩心呈土柱状夹土状。

② 全风化花岗片麻岩:黄褐色夹麻灰色,原岩组织结构基本被破坏,矿物成分基本已蚀变为黏土矿物,残留少量石英颗粒及强风化碎块,岩心多呈土状。

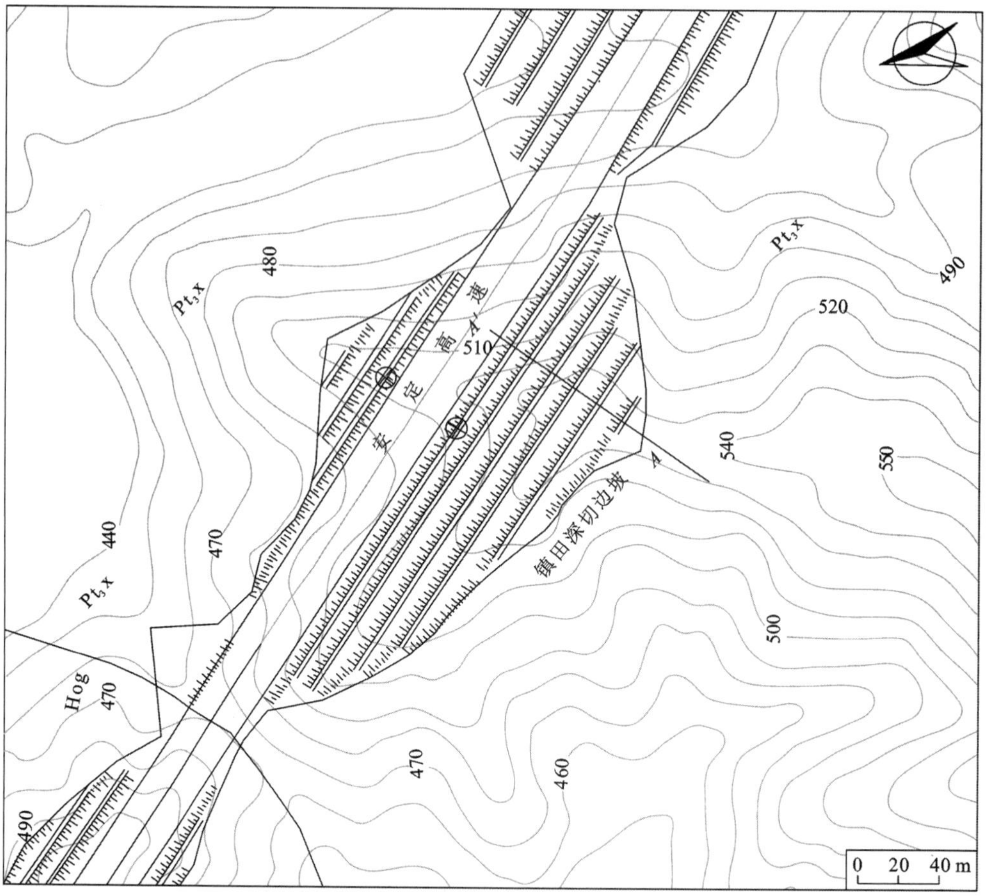

图 例 Pt₃x 元古界寻乌岩组 Hog 元古界黄洞组 A-A′ 工程地质剖面线 ⊗ 钻孔

图 8.32 镇田深切边坡工程地质平面图

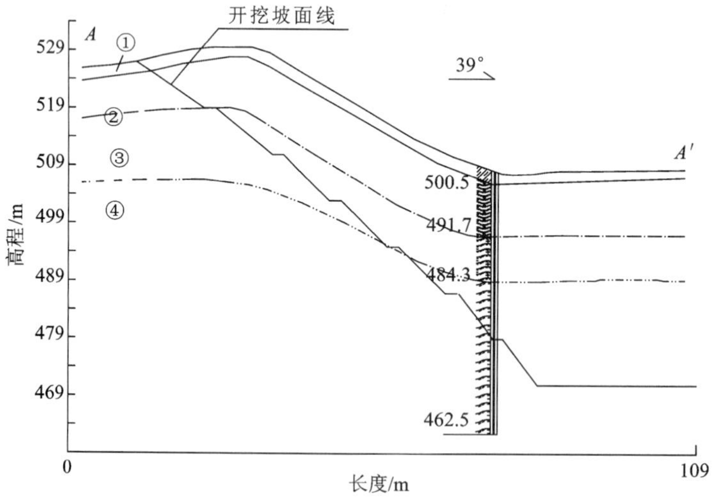

图 8.33 镇田深切边坡工程地质剖面图

①粉质黏土;②全风化花岗片麻岩;③强风化花岗片麻岩;④中风化花岗片麻岩

③ 强风化花岗片麻岩:灰褐色,岩体极破碎,节理裂隙极发育,铁锰质渲染,质较软,敲击声较哑,岩心多呈碎块状。

④ 中风化花岗片麻岩:深灰色,岩体较破碎为主,节理裂隙较发育-发育,碳酸盐充填,岩质较硬,敲击声脆,花岗变晶结构,片麻岩构造,岩心多呈短柱状、碎块状,少量柱状。

边坡所处地下水主要为第四系孔隙水和基岩裂隙水,地下水一般与地表水贯通、互补,水位随季节变化。在一般地段地下水埋深较深,且水量较小,对边坡稳定性无明显影响。

镇田深切边坡下部出露的中风化花岗片麻岩,岩体较破碎,岩质较硬,节理裂隙较发育-发育。在前期勘察中,未发现不利于边坡稳定性的结构面组合,因此,坡体下部稳定。中部为强风化花岗片麻岩,岩体极破碎,节理裂隙极发育,铁锰质渲染,岩质较软,敲击声较哑,岩心多呈碎块状,在雨水的冲刷下有引发局部滑塌的可能。上部为全风化花岗片麻岩,原岩组织结构基本被破坏,矿物成分基本已蚀变为黏土矿物,在边坡开挖和降雨的作用下,可能产生失稳。下面将采用 FLAC 3D 软件对镇田深切边坡进行数值模拟,分析镇田深切边坡的剪应力场、剪应变场及塑性破坏区;并采用 GeoStudio 软件,计算镇田深切边坡的稳定安全系数。

8.4.2 镇田深切边坡有限差分数值模拟

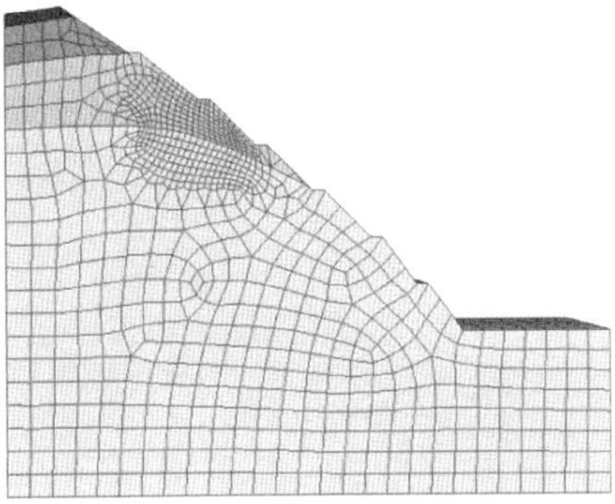

图 8.34 镇田深切边坡数值模型图

以地质剖面为基础,以 444 m 高程作为相对基准面采用 FLAC 3D 软件,以 4.4.3 节中确定的开挖坡率为模型,建立镇田深切边坡开挖后的数值模型图(图 8.34)。采用 ANSYS 软件对边坡进行 4 m 网格剖分,并在边坡强风化层用 1 m 的单元格局部加密。根据 8.4.1 节分析,判断边坡坡脚易出现应力集中现象,对其进行网格局部加密。整个边坡共划分为 4 836 个单元,6 027 个节点。边坡建模约束条件为下部固定,左右两侧水平约束,上部为自由边界,计算收敛准则为不平衡力比率(节点平均内力与最大不平衡力的比值)满足 10^{-5} 的求解要求。采用莫尔-库仑本构模型计算边坡的整体受力状况,并以计算是否收敛作为边坡失稳的判据。

本数值模拟中,岩土体物理力学参数是从如下途径获取的:粉质黏土、全风化花岗片麻岩的物理力学参数是通过室内三轴试验获取的(参见 2.3.4 节);强风化花岗片麻岩、中风化花岗片麻岩的物理力学参数,取为“宁都至定南高速公路安远至定南新建工程 A9 标段工程地质报告”推荐的参数取值。镇田深切边坡的岩土体物理力学参数如表 8.6 所示。

表 8.6 镇田深切边坡岩土体力学强度参数表

岩土名称	重度/(kN/m³)	岩土体强度			
		黏聚力/kPa	内摩擦角/(°)	弹性模量/GPa	泊松比
粉质黏土	16	28	18	2×10^{-2}	0.4
全风化花岗片麻岩	18	30	26	2.4×10^{-2}	0.4
强风化花岗片麻岩	24	200	27	0.2	0.35
中风化花岗片麻岩	27	4000	35	20	0.2

图 8.35(图版 IV)为镇田深切边坡切坡后坡体的最大剪应力分布云图。对图 8.35(图版 IV)分析可知，最大剪应力从坡面向坡体深部逐渐增加，在坡体的表面，剪应力等值线在坡顶和坡底分布稀疏，在坡面开挖段分布密集，尤其在坡脚处最密集；往坡体深处，剪应力等值线逐渐均匀分布。由此可知，坡脚处剪应力明显集中，易产生剪切破坏。

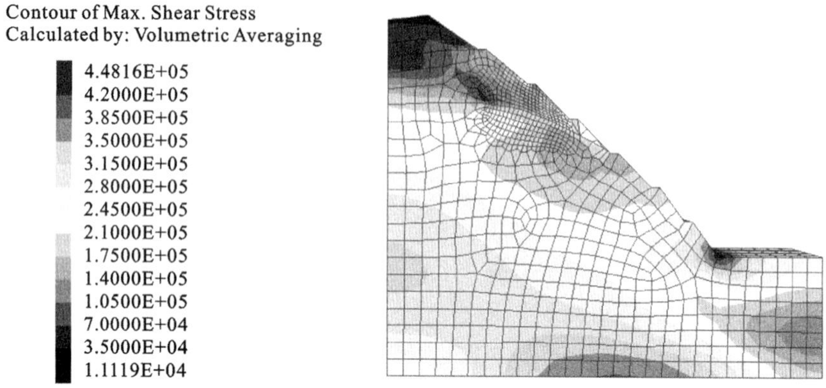

图 8.35　镇田深切边坡最大剪应力云图

图 8.36(图版 IV)为镇田深切边坡坡体最大剪应变增量云图。对图 8.36(图版 IV)分析可知，镇田深切边坡坡体大部分区域剪应变增量较小(显示为浅黄色区域)。剪应变较大区域为边坡顶部，是由边坡岩土力学性质较差及顶部平台处应力集中造成的。

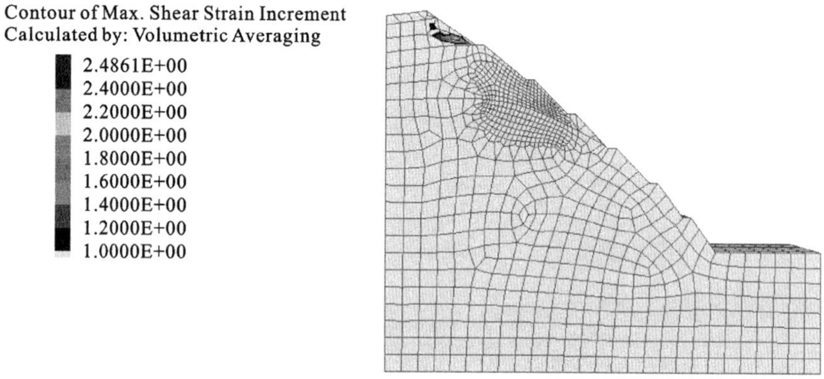

图 8.36　镇田深切边坡最大剪应变增量云图

图 8.37 为镇田深切边坡的塑性区分布图。对图 8.37 分析可知，镇田深切边坡整体稳定性好，没出现塑性破坏区。

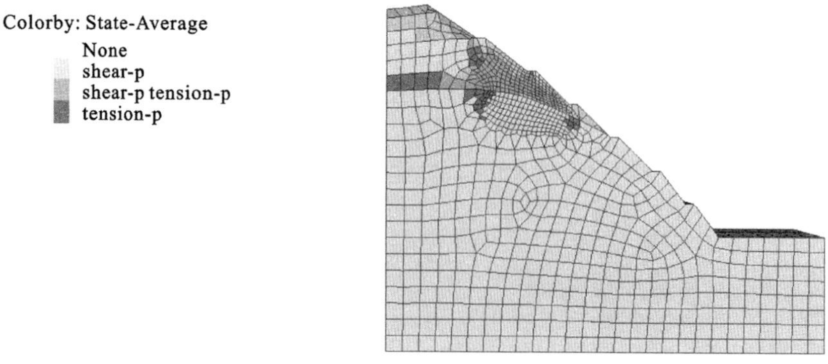

图 8.37　镇田深切边坡塑性区分布图

对镇田深切边坡剪应力、剪应变及塑性破坏区综合分析可知，镇田深切边坡整体稳定性好。由于边坡数值分析是概化模型，没有考虑实际坡体节理裂隙发育情况，为避免暴雨等极端工况下镇田深切边坡内部节理裂隙发育造成的边坡失稳破坏，需在边坡的一、二级采用锚杆进行加固。

8.4.3 镇田深切边坡稳定性计算

以 8.4.1 节镇田深切边坡工程地质条件分析为基础，采用 GeoStudio 软件计算镇田深切边坡的稳定安全系数，探讨边坡开挖前后不同工况下稳定安全系数的变化。本次计算考虑两种工况：第一种工况为地下水埋深较深的天然工况，由勘察时勘探钻孔揭露的地下水位确定；第二种工况为地下水埋深较浅的暴雨工况，假定暴雨期间地下水位上升到近地表的极端情况。计算中采用的岩土体物理力学参数见表 8.7。

表 8.7　不同条分法下的稳定安全系数

边坡状态	瑞典条分法	简化 Bishop 法	简化 Janbu 法
开挖前天然工况	1.76	1.95	1.71
开挖前暴雨工况	1.54	1.72	1.51
开挖后天然工况	3.81	4.15	3.68
开挖后暴雨工况	3.67	4.00	3.55

采用 GeoStudio 中的 SLOPE/W 模块分别建立镇田深切边坡开挖前后的计算模型（图 8.38），选用瑞典条分法、简化 Bishop 法和简化 Janbu 法对边坡在开挖前后的稳定性进行计算。

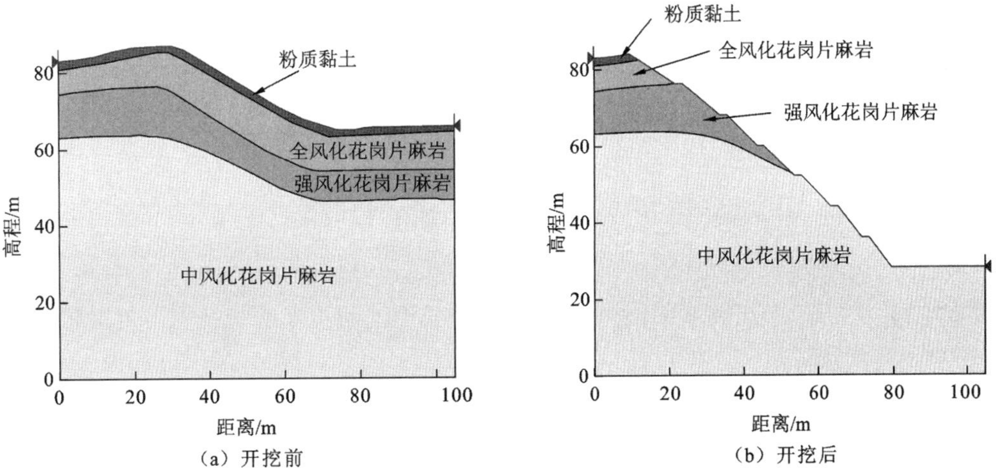

图 8.38　镇田深切边坡开挖前后计算地质模型图

由计算分析可知，用几种不同的条分法计算镇田深切边坡在开挖前的稳定性，在天然工况下的安全系数为 1.76，暴雨工况下的安全系数为 1.54（表 8.7），最危险滑动面出现在粉质黏土层与全风化层中，大体位于边坡中部（图 8.39）。开挖后，镇田深切边坡在天然工况下的稳定安全系数都大于 3.6（表 8.7），最危险滑动面分布在强风化层中（图 8.40），表明切坡后边坡非常稳定。因此，对于边坡上部，不需要进行加固处理，仅需要对坡面进行降雨冲刷防护与绿化。

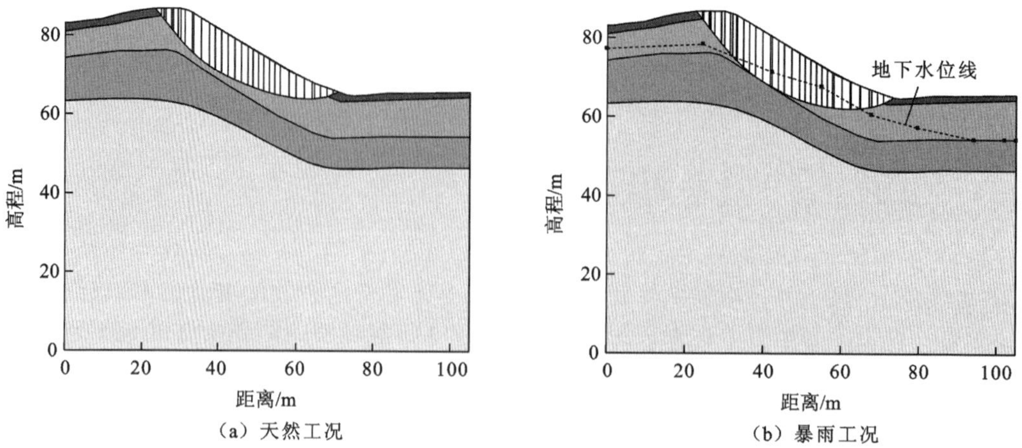

图 8.39　开挖前边坡的稳定性计算剖面图(瑞典条分法)

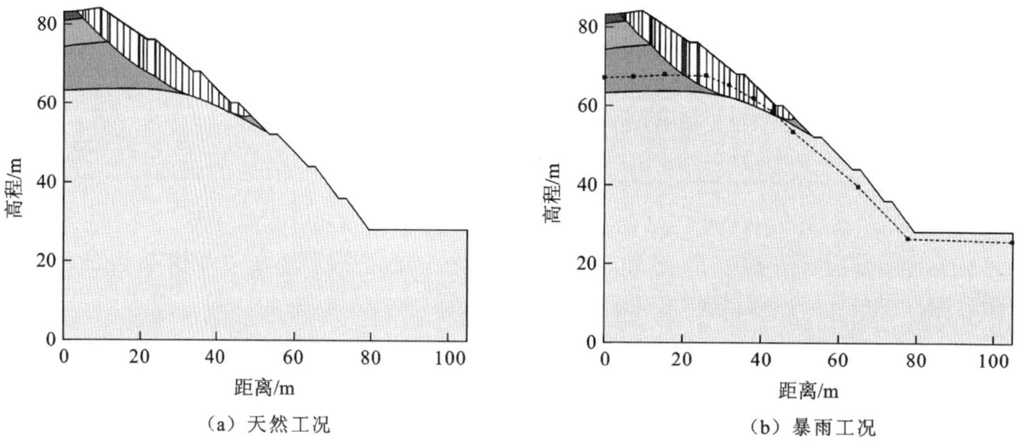

图 8.40　开挖后边坡的稳定性计算剖面图(瑞典条分法)

8.4.4　镇田深切边坡防护与恢复治理设计方案

镇田深切边坡防护与恢复治理设计的指导思想为:以镇田深切边坡稳定性分析为基础,以排水防护措施为重点,采用玻璃钢锚杆代替钢筋锚杆防护;将生态防护技术与传统防护技术相结合,对镇田深切边坡进行防护设计,确保防护后的边坡既稳定安全,又绿色环保。

镇田深切边坡采取的排水方案为:坡顶后缘设截水沟,各级平台设置平台沟,坡底设边沟,平台沟之间设置急流槽以缓解排水压力,一、二级边坡可增设泄水孔,以排除坡体内的地下水。对于汇集的水应通过排水沟排出坡体范围。

镇田深切边坡采取的坡面防护设计方案如下:

第一级、第二级边坡的主要岩性为中风化花岗片麻岩,强度较高,未发现不利于边坡稳定性的结构面组合,设计坡率皆为1∶1。但是,岩体内节理裂隙较发育,边坡开挖后,在卸荷作用下将滋生裂隙。因此,从加固边坡与建设绿色高速公路考虑,第一级、第二级边坡分别采用了玻璃钢锚杆框格、钢筋锚杆框格,框格内码砌植生袋的方法进行防护。玻璃钢锚杆框格既加固了边坡,又成为植生袋的码砌架,而植生袋是岩质边坡绿化的最有效的方法之一。

第三级、第四级边坡的主要岩性为中风化、强风化花岗片麻岩，强度较高，设计坡率为1∶1.25，强风化岩体较为破碎，节理裂隙极发育，需要对坡面进行防护。三、四级边坡采用浆砌片石拱形骨架与客土喷播技术相结合的方法进行防护；拱形骨架内点栽马尾松，马尾松适应性很强且根系发达，既可以起到长久护坡的作用，又可以体现生态护坡的主题。

第五级至第七级边坡的岩土体主要是强风化花岗片麻岩和粉质黏土，五、六级边坡设计坡率为1∶1.5，七级边坡为1∶1.75，坡率较缓，整体较稳定。但是，在降雨作用下很可能引起坡面冲刷，因此应注意防止水土流失。对五、六、七级边坡坡面均采用客土喷播技术进行防护，并点栽马尾松，对边坡岩土体起到良好的加固和快速绿化的作用。

综上所述，镇田深切边坡的防护设计如图8.41所示。

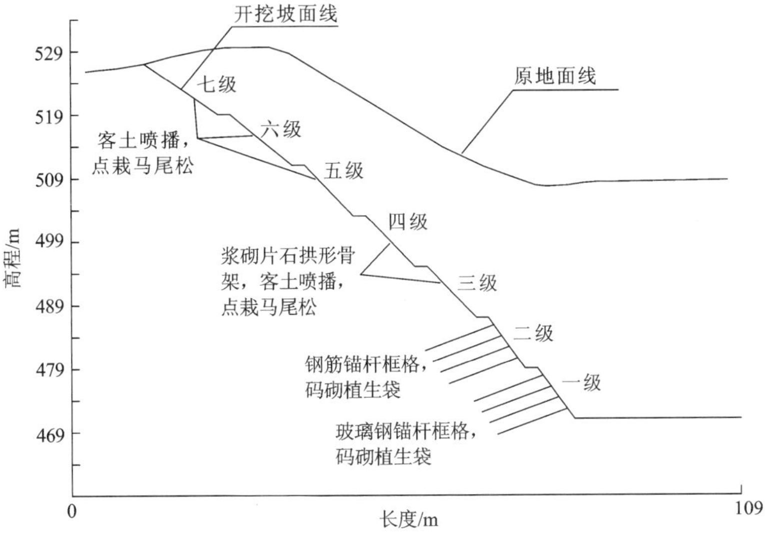

图8.41 镇田深切边坡防护设计方案剖面图

该设计方案采用了玻璃钢锚杆框格、浆砌片石拱形骨架、植生袋、客土喷播等防护技术，辅以点栽马尾松等，将生态防护技术与传统防护方法进行了结合。其中玻璃钢锚杆作为高强度新型材料锚杆，其耐腐蚀性能可以有效地防止因受地下水侵蚀而过早失去防护效果，不仅体现了支护方式上的创新，而且保证了边坡稳定。该设计方案在一、二级边坡中采用了植生袋技术，三至七级边坡中采用了客土喷播（不挂网）技术辅以点栽马尾松，不仅能有效拦截坡面径流，保持水土，而且在防护方式上绿色环保，视觉效果佳（图8.42），对自然环境起到了很好的保护作用。

从图8.42中可以看出，该设计方案在保证边坡防护效果的前提下，绿化效果好。框格梁内植生袋中的植物发育良好；客土喷播防护中，灌木草类植物发育，能够有效地防止坡面冲刷引起的水土流失，有利于边坡的长期防护。

图8.42 镇田深切边坡防护效果图

8.5 李子光深切边坡

8.5.1 李子光深切边坡工程地质条件

李子光深切边坡地处江西省定南县鹅公镇(图 1.1),路线走廊为低丘沟谷地貌,地势起伏较大,海拔 490～569 m,地形坡度 35°～45°,地表植被发育,主要是松、杉、灌木丛,沟谷地带主要为水稻、红薯等农作物,通视条件较差。该地区河流众多、降水量充裕。

图 8.43 李子光深切边坡开挖坡面照片

李子光深切边坡为类土质边坡,从上往下岩土体可以分为:粉质黏土、全风化花岗岩、强风化花岗岩、中风化花岗岩(图 8.43～图 8.45),全风化层很厚,可达 30 m。

野外调研与钻探资料显示,李子光深切边坡岩土体的主要特征:

① 粉质黏土:褐灰,软塑,成分以黏粒为主,粉、砂粒次之,砾石含量约 15%,干强度及韧性中等,岩心呈土柱状、土状。

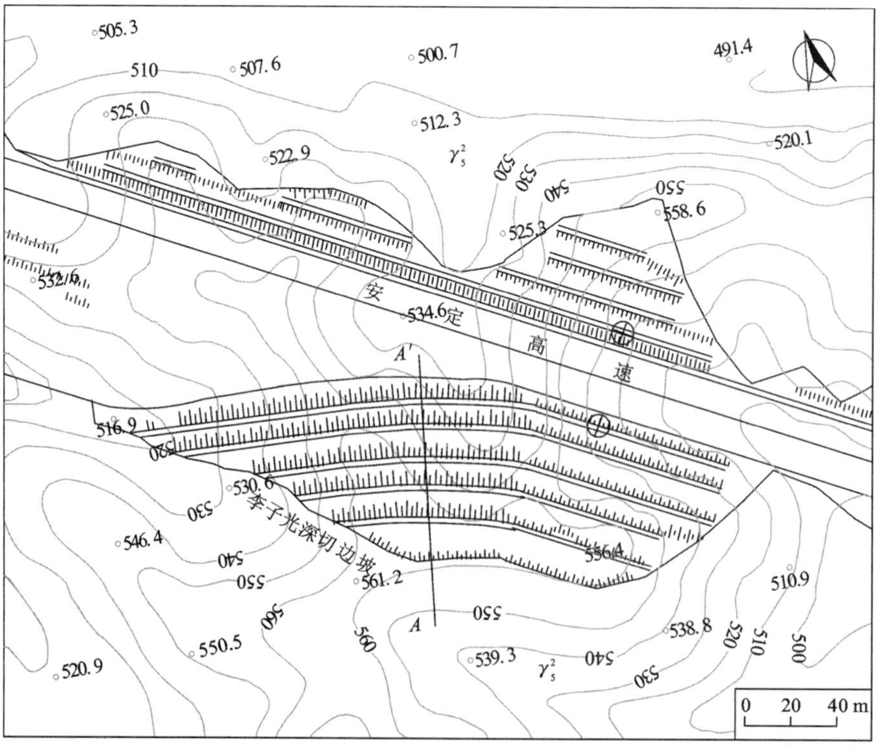

图 例 γ_5^2 燕山期花岗岩 A-A' 工程地质剖面线 ⊗ 钻孔

图 8.44 李子光深切边坡工程地质平面图

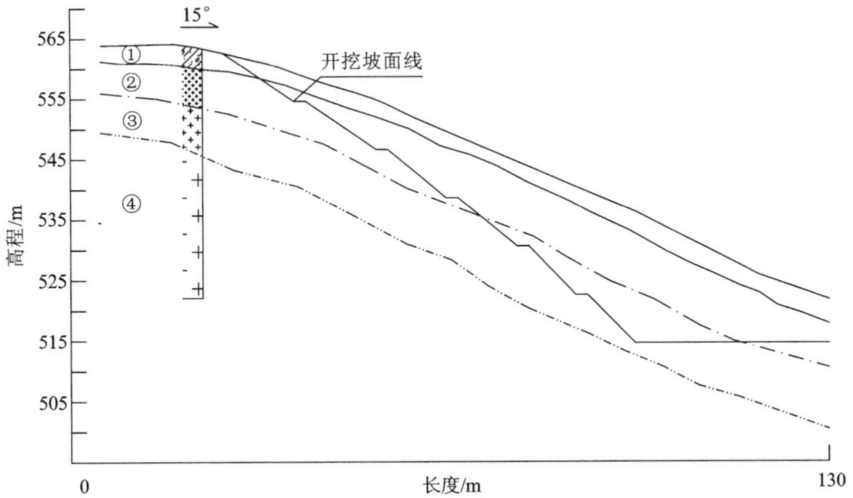

图 8.45　李子光深切边坡工程地质剖面图

①粉质黏土；②全风化花岗岩；③强风化花岗岩；④中风化花岗岩

② 全风化花岗岩：黄褐色，原岩组织结构基本被破坏，原岩矿物成分基本已蚀变成黏土矿物，岩心呈土柱状、砂土状，遇水易软化、崩解，呈砂土状，镐可挖。

③ 强风化花岗岩：灰黄色，岩体破碎-较破碎，节理裂隙发育，节理多呈短柱状，质较软，敲击声较哑，岩心多呈碎块状。

④ 中风化花岗岩：灰色，似斑状结构，块状构造，裂隙较发育，岩质硬。

边坡所处地下水主要为第四系孔隙水和基岩裂隙水，地下水一般与地表水贯通、互补，地下水位随季节变化。在一般地段地下水埋深较深，且水量较小，对边坡稳定性无明显影响。

李子光深切边坡下部出露中风化花岗岩，岩体较破碎，岩质较坚硬，节理裂隙发育，岩心多呈碎块状。在前期勘察中，未发现不利于边坡稳定性的结构面组合，因此，坡体下部稳定。中部为强风化花岗岩，裂隙发育，岩土体较破碎。边坡上部全风化层较厚，且原岩基本上已经风化为黏土，在降雨作用下有引发局部滑坡的可能。下面将采用 FLAC 3D 软件对李子光深切边坡进行数值模拟，分析李子光深切边坡的剪应力场、剪应变场及塑性破坏区；并采用 GeoStudio 软件，计算李子光深切边坡的稳定安全系数，分析边坡的稳定性。

8.5.2　李子光深切边坡有限差分数值模拟

以地质剖面为基础，以 495 m 高程为相对基准面，以 4.4.2 节中确定的开挖坡率为模型采用 FLAC 3D 软件，建立李子光深切边坡开挖后的数值模型图(图 8.46)。采用 ANSYS 软件对边坡进行 3 m 网格剖分，并在边坡坡脚及全风化、强风化层区域用 1 m 的单元格局部加密。根据 8.5.1 节分析，边坡坡脚易出现应力集中现象，对其进行网格局部加密。整个边坡共划分为 5 970 个单元，7 620 个节点。边坡建模约束条件为下部固定，左右两侧水平约束，上部为自由边界，计算收敛准则

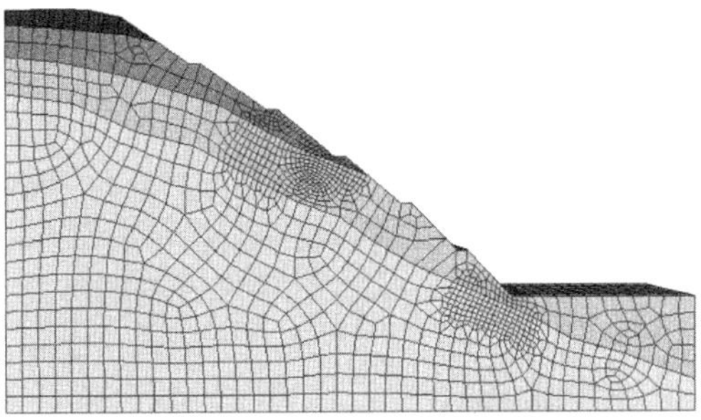

图 8.46　李子光深切边坡数值模型图

为不平衡力比率(节点平均内力与最大不平衡力的比值)满足 10^{-5} 的求解要求。采用莫尔-库仑本构模型计算边坡整体受力状况,并以计算是否收敛作为边坡失稳的判据。

本数值模拟中,岩土体物理力学参数是从如下途径获取的:粉质黏土、全风化花岗岩的物理力学参数是通过室内三轴试验获取的(参见 2.3.4 节);强风化花岗岩的物理力学参数,取为"宁都至定南高速公路安远至定南新建工程 A9 标段工程地质报告"推荐的参数取值。李子光深切边坡的岩土体物理力学参数如表 8.8 所示。

表 8.8 李子光深切边坡岩土体物理力学参数表

岩土体名称	重度/(kN/m^3)	黏聚力/kPa	内摩擦角/(°)	弹性模量/GPa	泊松比
粉质黏土	16	28	18	2×10^{-2}	0.4
全风化花岗岩	18	30	26	2.4×10^{-2}	0.4
强风化花岗岩	23	100	40	1	0.3
中风化花岗岩	26	600	50	10	0.26

图 8.47(图版 IV)为李子光深切边坡切坡后坡体的最大剪应力分布云图。对图 8.47(图版 IV)分析可知,最大剪应力从坡面向坡体深部逐渐增加,在坡体的表面,剪应力等值线在坡顶和坡底分布稀疏,在坡面开挖段分布密集,尤其在坡脚处最密集;往坡体深处,剪应力等值线逐渐均匀分布。由此可知,坡脚处剪应力明显集中,易产生剪切破坏。

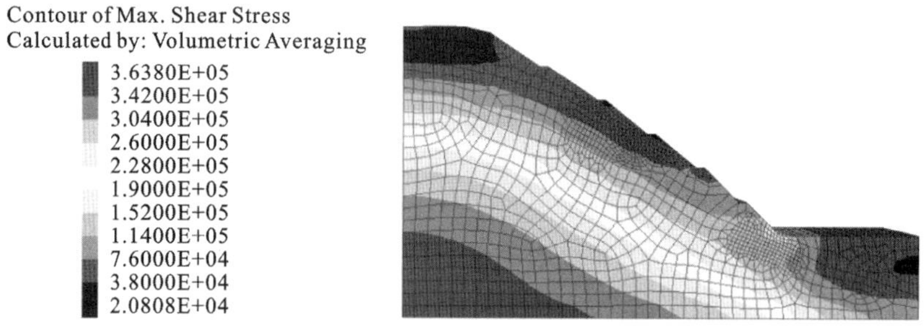

图 8.47 李子光深切边坡最大剪应力云图

图 8.48(图版 V)为李子光深切边坡最大剪应变增量云图。对图 8.48(图版 V)分析可知,李子光深切边坡大部分区域剪应变增量较小(显示为浅黄色区域),边坡剪应变最大值出现在边坡四级平台处,且往坡体内呈"细条状"延伸。

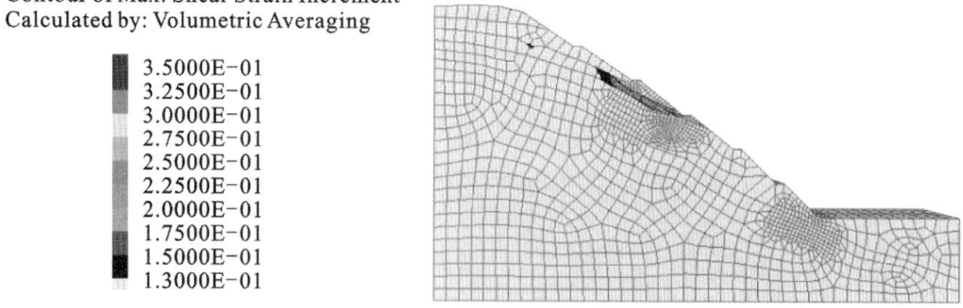

图 8.48 李子光深切边坡最大剪应变增量云图

图 8.49 为李子光深切边坡的塑性区分布图。对图 8.49 分析可知,李子光深切边坡整体稳定性好,没出现塑性破坏区。

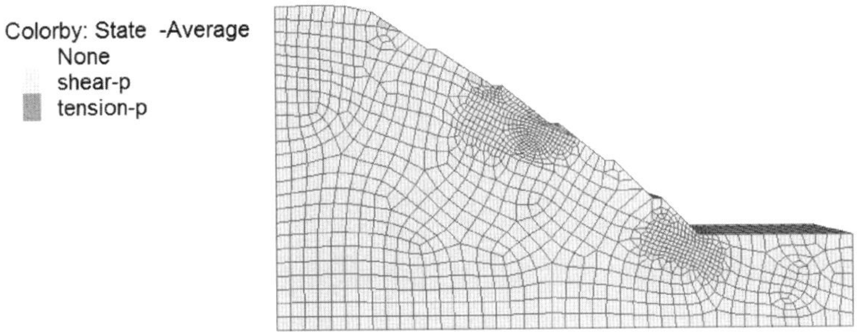

图 8.49 李子光深切边坡塑性区分布图

对李子光深切边坡剪应力、剪应变和塑性破坏区综合分析可知，李子光深切边坡整体稳定性好。由于边坡数值分析是概化模型，没有考虑实际坡体节理裂隙发育情况，为避免在暴雨等极端工况下李子光深切边坡内部节理裂隙发育造成的边坡失稳破坏，可在边坡的一、二级采用锚杆进行加固。

8.5.3 李子光深切边坡稳定性计算

以 8.5.1 节李子光深切边坡工程地质条件分析为基础，采用 GeoStudio 软件计算李子光深切边坡的稳定安全系数，探讨边坡开挖前后不同工况下的稳定安全系数。本次计算考虑两种工况：第一种工况为地下水埋深较深的天然工况，是根据勘察时勘探钻孔揭露的地下水位确定的；第二种工况为地下水埋深较浅的暴雨工况，假定暴雨期间地下水位上升到近地表的极端情况。计算中采用的岩土体物理力学参数见表 8.8。

采用 GeoStudio 中的 SLOPE/W 模块分别建立李子光深切边坡开挖前后的计算模型（图 8.50），选用瑞典条分法、简化 Bishop 法和简化 Janbu 法对边坡在开挖前后的稳定性进行计算。由计算分析可知，用几种不同的条分法计算李子光深切边坡在开挖前的稳定性，在天然工况下的安全系数为 1.82，暴雨工况下的安全系数为 1.65（表 8.9），边坡处于稳定状态，最危险滑动面出现在粉质黏土层与全风化花岗岩层中，大体位于边坡中部（图 8.51）。开挖后，李子光深切边坡在天然工况下的稳定安全系数为 1.84（表 8.9），在暴雨工况下的稳定安全系数为 1.72，最危险滑动面分布在粉质黏土层与全风化花岗岩层中（图 8.52），表明切坡后边坡非常稳定。因此，对于边坡上部，不需要进行加固处理，仅需要对坡面进行降雨冲刷防护与绿化。

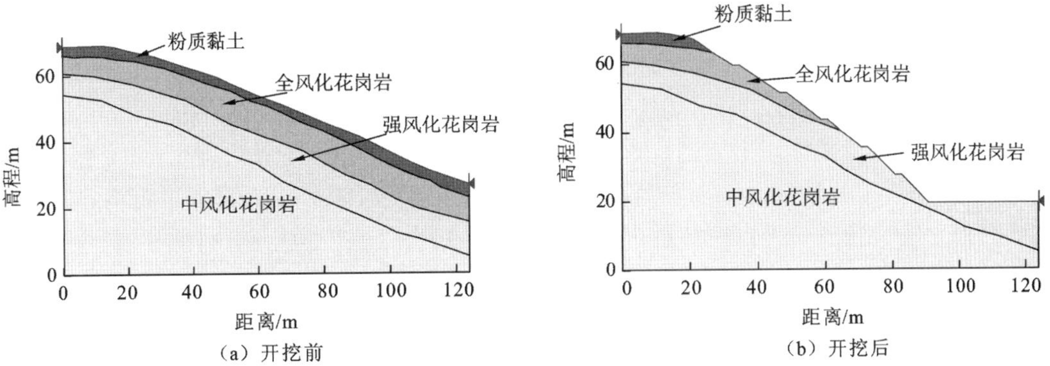

图 8.50 李子光深切边坡开挖前后计算地质模型图

表 8.9 不同条分法下的稳定安全系数

边坡状态	瑞典条分法	简化 Bishop 法	简化 Janbu 法
开挖前天然工况	1.82	1.95	1.78
开挖前暴雨工况	1.65	1.78	1.62
开挖后天然工况	1.84	1.94	1.82
开挖后暴雨工况	1.72	1.78	1.71

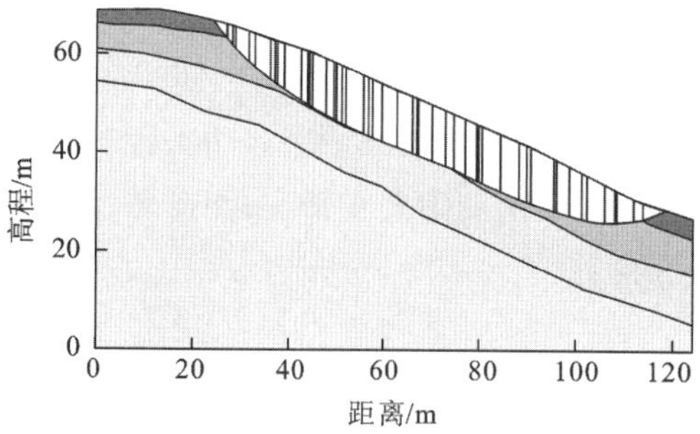

(a) 天然工况

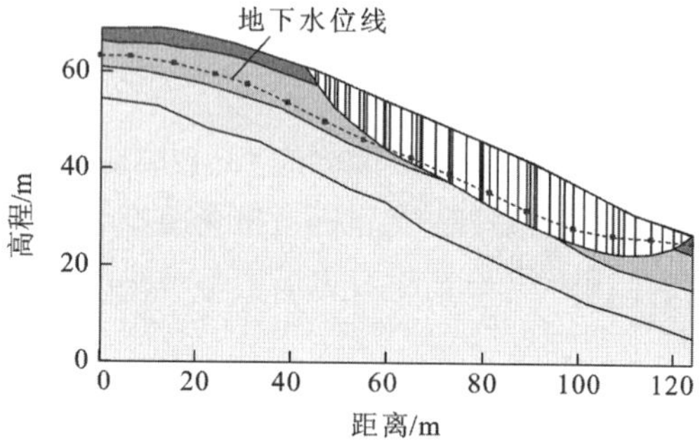

(b) 暴雨工况

图 8.51 开挖前边坡的稳定性计算剖面图(瑞典条分法)

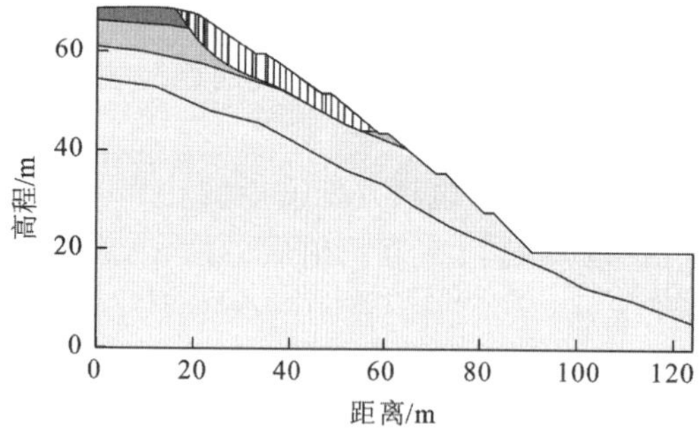

(a) 天然工况

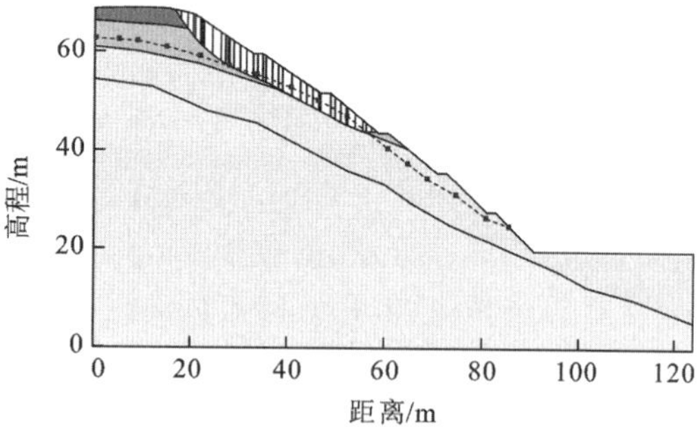

(b) 暴雨工况

图 8.52 开挖后边坡的稳定性计算剖面图(瑞典条分法)

8.5.4 李子光深切边坡防护与恢复治理设计

李子光深切边坡防护与恢复治理设计的指导思想为:以李子光深切边坡稳定性分析为基础,以排水防护措施为重点,采用玻璃钢锚杆代替钢筋锚杆防护;将生态防护技术与传统防护技术相结合,对李子光深切边坡进行防护设计,确保防护后的边坡既稳定安全,又绿色环保。

李子光深切边坡采取的排水方案为:坡顶后缘设截水沟,各级平台设置平台沟,坡底设边沟,平台沟之间设置急流槽以缓解排水压力,一、二级边坡可增设泄水孔,以排除坡体内的地下水。对于汇集的水应通过排水沟排出坡体范围。

李子光深切边坡采取的坡面防护设计方案如下:

第一级、第二级边坡的主要岩性为强风化花岗岩,设计坡率皆为 1∶1。岩体内节理裂隙发育,且数值模拟结果显示在该边坡的第一级、第二级剪应力集中。稳定性计算结果表明:切坡后边坡的稳定性大幅度降低,低于高速公路所需要的安全系数。因此,必须对边坡进行加固与绿化防护。从加固边坡与建设绿色高速公路考虑,第一级、第二级边坡采用玻璃钢锚杆框格与框格内码砌植生袋的方法进行防护。框格玻璃钢锚杆既加固了边坡,又成为植生袋的码砌架,而植生袋是类土质边坡绿化最有效的方法之一。

第三级、第四级边坡的主要岩性为全风化、强风化花岗岩,设计坡率皆为 1∶1.25。三、四级边坡采用浆砌片石拱形骨架与客土喷播技术相结合的方法进行防护;拱形骨架内点栽杉树,与边坡周围的杉树群一致。杉树的根系能够对岩土体起到良好的加固作用,既可以起到长久护坡的作用,又可以体现生态护坡的主题。

第五级、第六级边坡的岩土体主要是全风化花岗岩和粉质黏土,设计坡率为 1∶1.5,坡率较缓,整体较稳定。但是,在降雨作用下很可能引起坡面冲刷,因此应注意防止水土流失。对五、六级边坡坡面采用客土喷播技术进行防护,并点栽杉树,对边坡土体起到良好的加固和快速绿化的作用。

综上所述,李子光深切边坡的防护设计如图 8.53 所示。

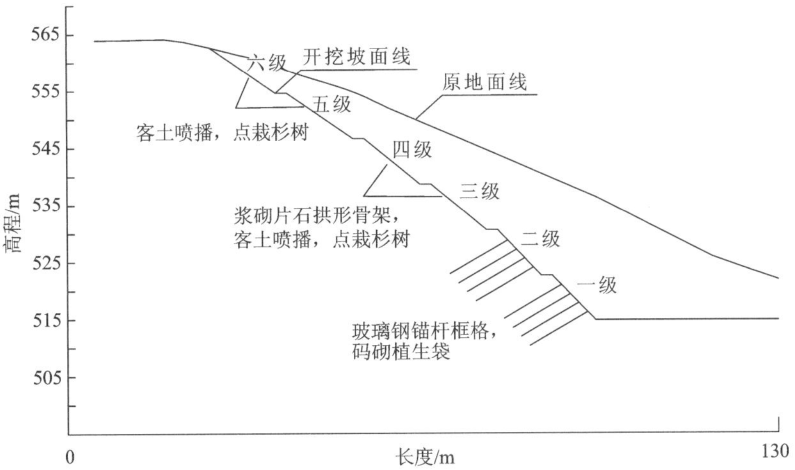

图 8.53 李子光深切边坡防护设计方案剖面图

该设计方案采用了玻璃钢锚杆、浆砌片石拱形骨架、植生袋、客土喷播等防护技术,辅以点栽杉树等,将生态防护技术与传统防护方法进行了结合。其中玻璃钢锚杆作为高强度新型材料锚杆,其耐腐蚀性能有效地防止因受地下水侵蚀而过早失去防护效果,不仅体现了支护方式上的创新,而且保证了边坡稳定。该设计方案在一、二级边坡中采用了植生袋技术,三至六级边坡中采用了客土喷播(不挂网)技术辅以点栽杉树,不仅能有效拦截坡面径流,保持水土,而且在防护方式上绿色环保,视觉效果佳(图 8.54),对自然环境起到了很好的保护作用。

图 8.54 李子光深切边坡防护效果图

从图 8.54 中可以看出，该设计方案在保证边坡防护效果的前提下，绿化效果好。框格梁内植生袋中的植物发育良好；客土喷播防护中，杉树等植物发育，能够有效地防止坡面冲刷引起的水土流失，更有利于边坡的长期防护。

8.6 围上深切边坡

8.6.1 围上深切边坡工程地质条件

围上深切边坡地处江西省定南县天九镇(图 1.1)，其地貌属于剥蚀丘陵地貌，该路段地形起伏不大，海拔约 310 m(图 8.55)。地表植被发育，主要发育杉树、灌木、杂草。该地区河流众多，降水量充裕。

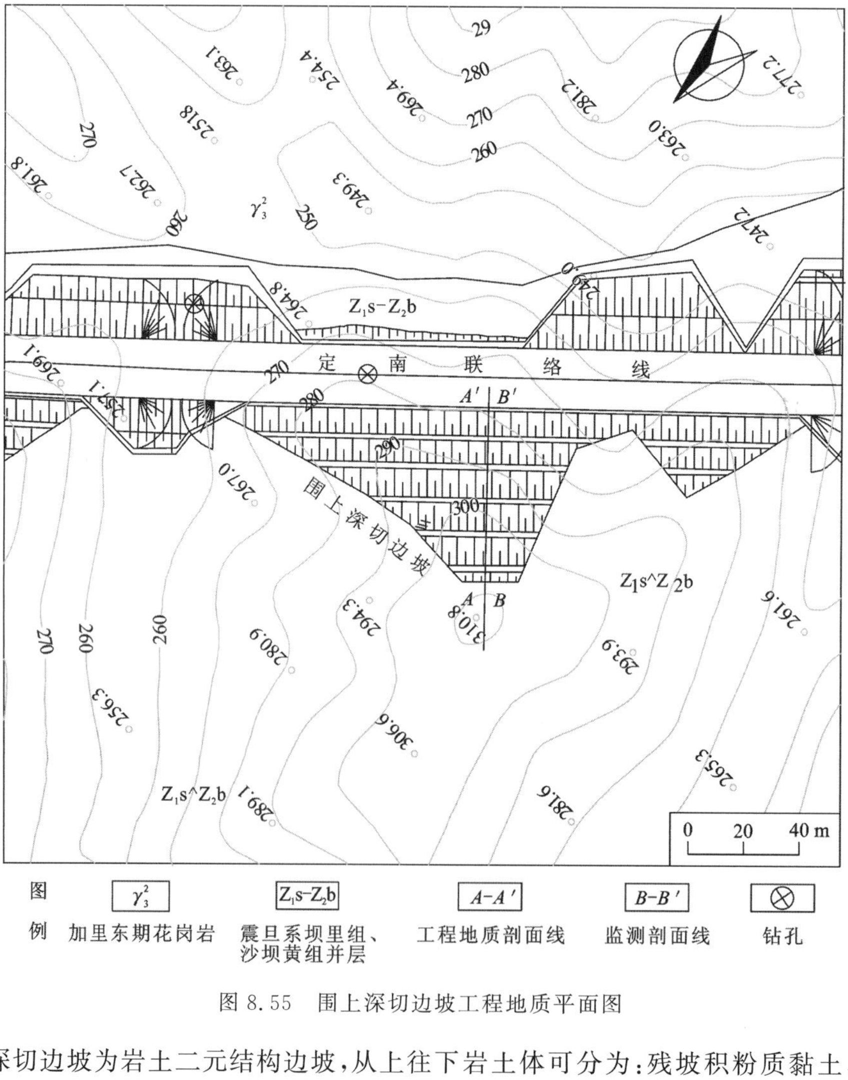

图 8.55 围上深切边坡工程地质平面图

围上深切边坡为岩土二元结构边坡，从上往下岩土体可分为：残坡积粉质黏土、全风化变质砂岩、强风化变质砂岩、中风化变质砂岩(图 8.56)。

野外调研与钻探资料显示，围上深切边坡岩土体的主要特征：

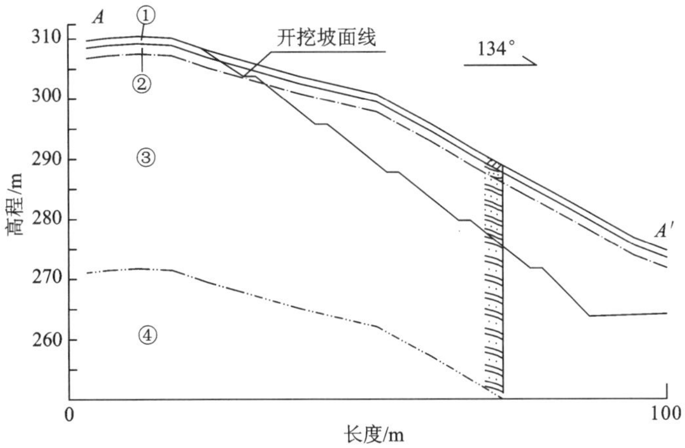

图 8.56 围上深切边坡工程地质剖面图

①粉质黏土;②全风化变质砂岩;③强风化变质砂岩;④中风化变质砂岩

① 粉质黏土:黄褐色,可塑,主要由黏粉粒组成,黏性一般,干强度中等,广泛分布于边坡地表。

② 全风化变质砂岩:红褐色,岩石风化剧烈,结构构造基本破坏,岩心呈坚硬土柱状。

③ 强风化变质砂岩:灰黄色,细粒变余结构,致密状构造,岩体破碎,岩心以碎块状为主,块径 3～7 cm,质软易碎。

④ 中风化变质砂岩:灰绿、灰褐色,细粒变余结构,致密状构造,节理裂隙发育,岩石层理清晰,见绿泥石条带,岩体较破碎,岩心以块状、短柱状为主,岩质较硬。

边坡地下水类型主要为基岩裂隙水,地下水埋深较深,地下水含量较少,对边坡的稳定性影响较小。

围上深切边坡下部及中部出露的强风化变质砂岩,岩体风化程度较大,岩体较为破碎,发育柱状节理,节理面闭合较好。在前期勘察中,未发现不利于边坡稳定性的结构面组合,因此,坡体整体稳定。上部为全风化变质砂岩与粉质黏土,在雨水的冲刷下有引发局部滑塌的可能。下面将采用 FLAC 3D 软件对围上深切边坡进行数值模拟,分析围上深切边坡的剪应力场、剪应变场及塑性破坏区;并采用 GeoStudio 软件,计算围上深切边坡的稳定安全系数,分析边坡的稳定性。

8.6.2 围上深切边坡有限差分数值模拟

以地质剖面为基础,以 210 m 高程为相对基准面,以 4.4.4 节中确定的开挖坡率为模型采用 FLAC 3D 软件,建立围上深切边坡开挖后的数值模型图(图 8.57)。采用 ANSYS 软件对边坡进行 3 m 网格剖分,并在三级边坡处用 1 m 的单元格局部加密。整个边坡共划分为 6 828 个单元,8 470 个节点。边坡建模约束条件为下部固定,左右两侧水平约束,上部为自由边界,计算收敛准则为不平衡力比率满足 10^{-5} 的求解要求。采用莫尔-库仑本构模型计算边坡整体受力状况,并以计算是否收

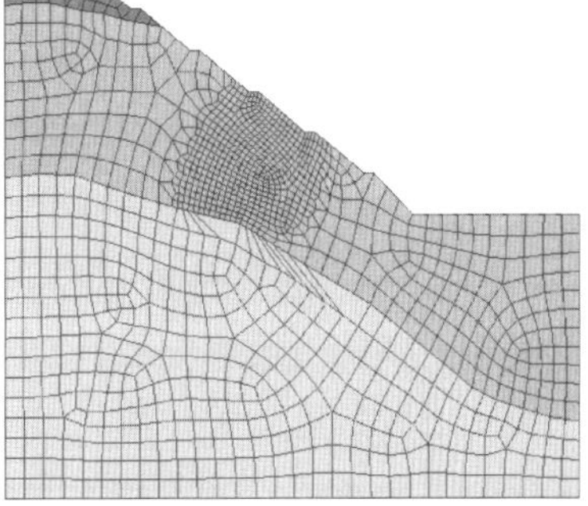

图 8.57 围上深切边坡数值模型图

敛作为边坡失稳的判据。

本数值模拟中，岩土体物理力学参数是从如下途径获取的：粉质黏土、全风化变质砂岩的物理力学参数是通过室内三轴试验获取的（参见 2.3.4 节）；强风化变质砂岩、中风化变质砂岩的物理力学参数，取为“宁都至定南高速公路安远至定南新建工程 B4 标段工程地质报告”推荐的参数取值。围上深切边坡的岩土体物理力学参数如表 8.10 所示。

表 8.10　围上深切边坡岩土体力学强度参数表

岩土名称	重度/(kN/m³)	岩土体强度			
		黏聚力/kPa	内摩擦角/(°)	弹性模量/GPa	泊松比
粉质黏土	16	28	18	2×10^{-2}	0.4
全风化变质砂岩	18	30	26	2.4×10^{-2}	0.4
强风化变质砂岩	22	1 000	36	5	0.3
中风化变质砂岩	24	2 000	50	50	0.2

图 8.58（图版 V）为围上深切边坡切坡后坡体的最大剪应力分布云图。对图 8.58（图版 V）分析可知：最大剪应力从坡面向坡体深部逐渐增加，在坡体的表面，剪应力等值线在坡顶和坡底分布稀疏，在坡面开挖段分布密集，尤其在坡脚处最密集；往坡体深处，剪应力等值线逐渐均匀分布。由此可知，坡脚处剪应力明显集中，易产生剪切破坏。

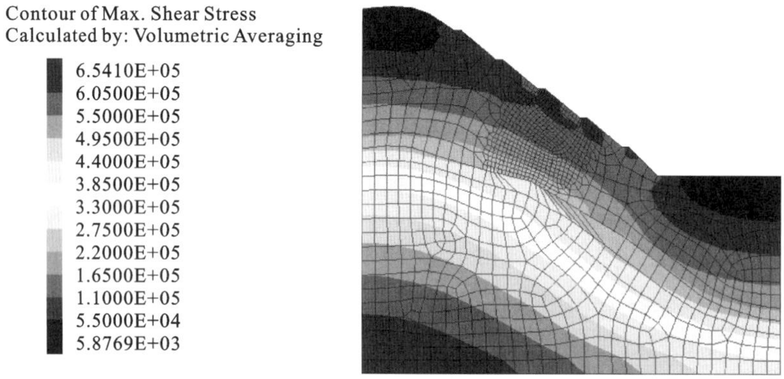

图 8.58　围上深切边坡最大剪应力云图

图 8.59（图版 V）为围上深切边坡坡体最大剪应变增量云图。对图 8.59（图版 V）分析可知，围上深切边坡大部分区域剪应变增量较小（显示为浅黄色区域），坡体剪应变最大值出现在边坡坡顶处，是由边坡全风化变质砂岩物理力学性质差，且应力集中在坡顶平台处引起的。

图 8.60 为围上深切边坡的塑性区分布图。对图 8.60 分析可知，围上深切边坡整体稳定性好，没有出现明显塑性破坏区。

对围上深切边坡剪应力、剪应变及塑性破坏区综合分析可知，围上深切边坡整体稳定性好。由于边坡数值分析是概化模型，没有考虑实际坡体节理裂隙发育情况，为避免在暴雨等极端工况下围上深切边坡内部节理裂隙发育造成的边坡失稳破坏，需在边坡的一、二级采用锚杆进行加固。

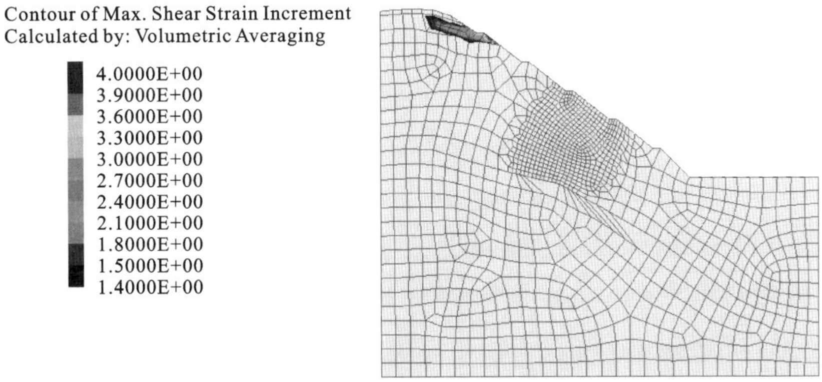

图 8.59　围上深切边坡最大剪应变增量云图

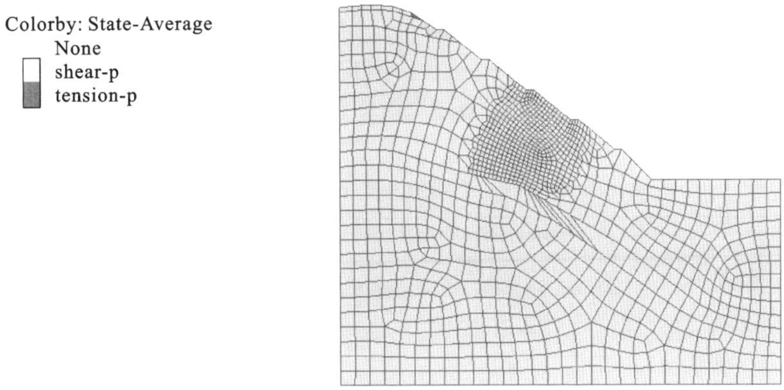

图 8.60　围上深切边坡塑性区分布图

8.6.3　围上深切边坡稳定性计算

以 8.6.1 节围上深切边坡工程地质条件分析为基础，采用 GeoStudio 软件计算围上深切边坡的稳定安全系数，探讨边坡开挖前后不同工况下的稳定安全系数变化。本次计算考虑两种工况：第一种工况为地下水埋深较深的天然工况，是根据勘察时勘探钻孔揭露的地下水位确定的；第二种工况为地下水埋深较浅的暴雨工况，假定暴雨期间地下水位上升到近地表的极端情况。计算中采用的岩土体物理力学参数见表 8.10。

采用 GeoStudio 中的 SLOPE/W 模块分别建立围上深切边坡开挖前后的计算模型(图 8.61)，选用瑞典条分法、简化 Bishop 法和简化 Janbu 法对边坡在开挖前后的稳定性进行计算。由计算分析可知，用几种不同的条分法计算围上深切边坡在开挖前的稳定性，在天然工况下的安全系数为 2.61 及以上，暴雨工况下的安全系数为 2.44 及以上(表 8.11)，最危险滑动面出现在粉质黏土层中，大体位于边坡中部(图 8.62)，开挖前边坡很稳定。开挖后，围上深切边坡在天然工况下的最小稳定安全系数为 7.63(表 8.11)，在暴雨工况下的最小稳定安全系数为 7.37(表 8.11)，最危险滑动面分布在强风化变质砂岩中(图 8.63)，表明切坡后边坡非常稳定。因此,该边坡不需要进行加固处理,仅需要对坡面进行绿化防护。

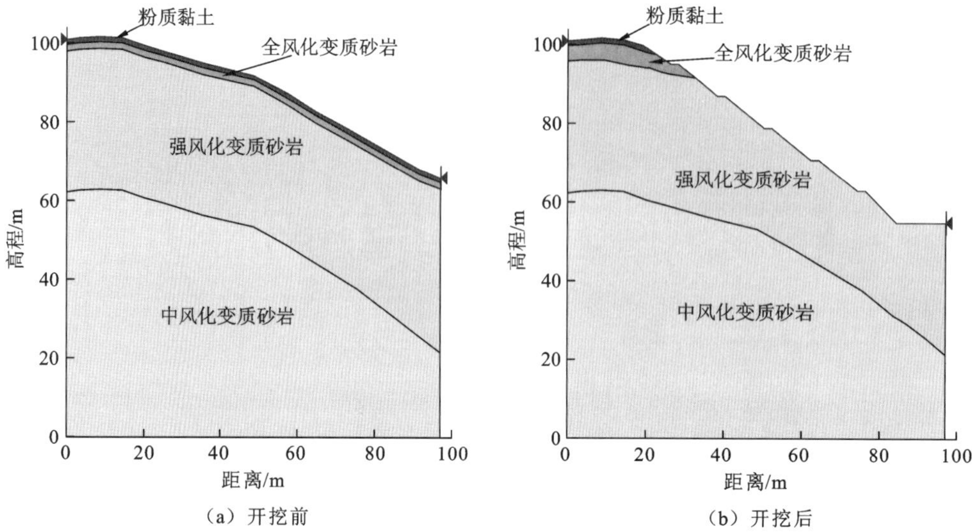

图 8.61 围上深切边坡开挖前后计算地质模型图

表 8.11 不同条分法下的稳定安全系数

边坡状态	瑞典条分法	简化 Bishop 法	简化 Janbu 法
开挖前天然工况	2.68	2.73	2.61
开挖前暴雨工况	2.47	2.53	2.44
开挖后天然工况	7.98	8.27	7.63
开挖后暴雨工况	7.69	7.96	7.37

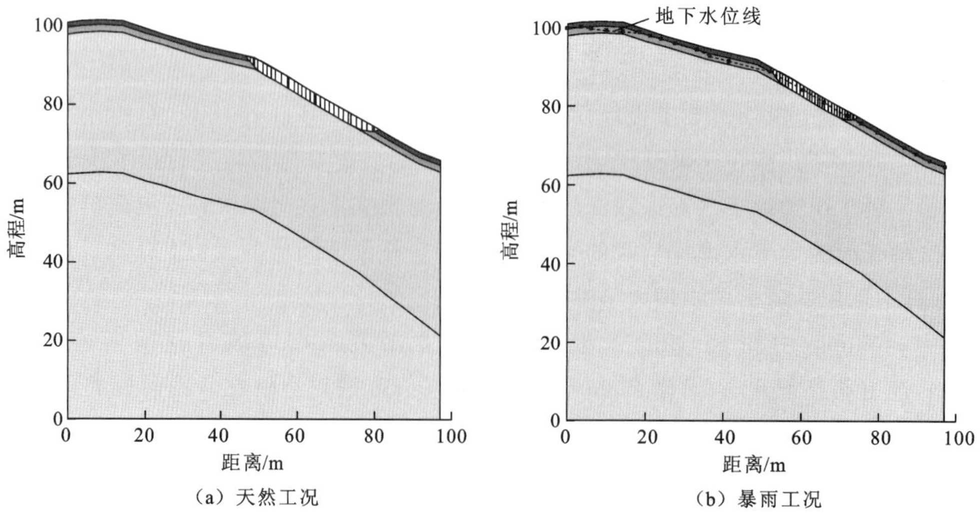

图 8.62 开挖前边坡的稳定性计算剖面图(瑞典条分法)

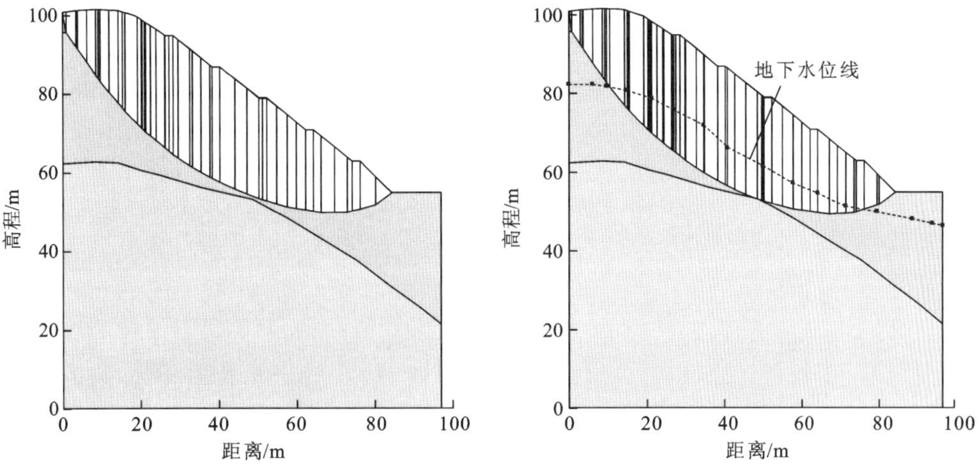

（a）天然工况　　（b）暴雨工况

图 8.63　开挖后边坡的稳定性计算剖面图(瑞典条分法)

8.6.4　围上深切边坡防护与恢复治理设计

围上深切边坡防护与恢复治理设计的指导思想为:以围上深切边坡稳定性分析为基础,以排水防护措施为重点,采用钢筋锚杆防护;将生态防护技术与传统防护技术相结合,对围上深切边坡进行防护设计,确保防护后的边坡既稳定安全,又绿色环保。

围上深切边坡采取的排水方案为:坡顶后缘设截水沟,各级平台设置平台沟,坡底设边沟,平台沟之间设置急流槽以缓解排水压力,一、二级边坡可增设泄水孔,以排除坡体内的地下水。对于汇集的水应通过排水沟排出坡体范围。

围上深切边坡采取的坡面防护设计方案如下:

第一级、第二级边坡的主要岩性为强风化变质砂岩,强度较高,未发现不利于边坡稳定性的结构面组合,边坡整体稳定。第一级边坡设计坡率为 1∶1,第二级边坡设计坡率为 1∶1.25。但变质砂岩内节理裂隙发育,边坡开挖后,在卸荷作用下将滋生卸荷裂隙。因此,从加固边坡与建设绿色高速公路考虑,第一级、第二级边坡采用钢筋锚杆框格与框格内码砌植生袋的方法进行防护。钢筋锚杆框格既加固了边坡,又成为植生袋的码砌架,而植生袋是岩质边坡绿化的最有效的方法之一。

第三级至第五级边坡的主要岩性为强风化变质砂岩,强度高,设计坡率为 1∶1.25。强风化岩体较为破碎,节理裂隙极发育,需要对坡面进行防护。三、四级边坡采用浆砌片石拱形骨架与客土喷播技术相结合的方法进行防护;拱形骨架内点栽马尾松。第五级边坡采用客土喷播与点栽马尾松相结合的方法进行防护。马尾松适应性很强且根系发达,既可以起到长久护坡的作用,又可以体现生态护坡的主题。

第六级边坡的岩土体主要是全风化变质砂岩和粉质黏土,设计坡率为 1∶1.5,坡率较缓,整体较稳定。但是,在降雨作用下很可能引起坡面冲刷,因此应注意防止水土流失。对第六级边坡坡面采用客土喷播技术进行防护,并点栽马尾松,对边坡土体起到良好的加固和快速绿化的作用。

综上所述,围上深切边坡的防护设计如图 8.64 所示。

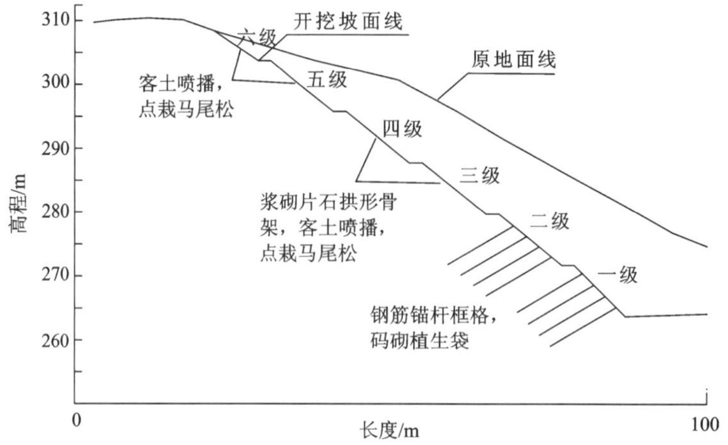

图 8.64　围上深切边坡防护设计方案剖面图

该设计方案采用了钢筋锚杆框格、浆砌片石拱形骨架、植生袋、客土喷播等防护技术，辅以点栽马尾松等，将生态防护技术与传统防护方法进行了结合。该设计方案在一、二级边坡中采用了植生袋技术，弥补了强风化变质砂岩土壤贫瘠的不足，可以取得比较好的绿化效果。三至六级边坡中采用了客土喷播(不挂网)技术辅以点栽马尾松，不仅能有效拦截坡面径流，保持水土，而且在防护方式上绿色环保，视觉效果佳(图 8.65)，对自然环境起到了很好的保护作用。

从图 8.65 中可以看出，该设计方案在保证边坡防护效果的前提下，绿化效果好。框格梁内植生袋中的植物发育良好；客土喷播防护中，灌木草类植物发育，乔木类植物马尾松长势良好，能够有效地防止坡面冲刷引起的水土流失，更有利于边坡的长期防护。

为了监测围上深切边坡的内部位移，掌握高边坡在空间和时间上的动态变形，分析边坡的稳定状态，在二、四级边坡平台处分别布设位移测斜仪(图 8.66)。通过对测斜仪的数据进行整理分析，可得到边坡内部位移随时间的变化曲线(图 8.67)。

图 8.65　围上深切边坡防护效果图

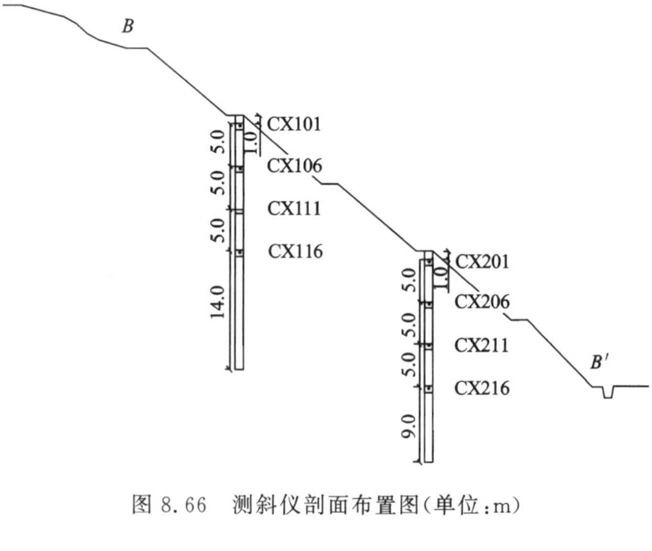

图 8.66　测斜仪剖面布置图(单位：m)

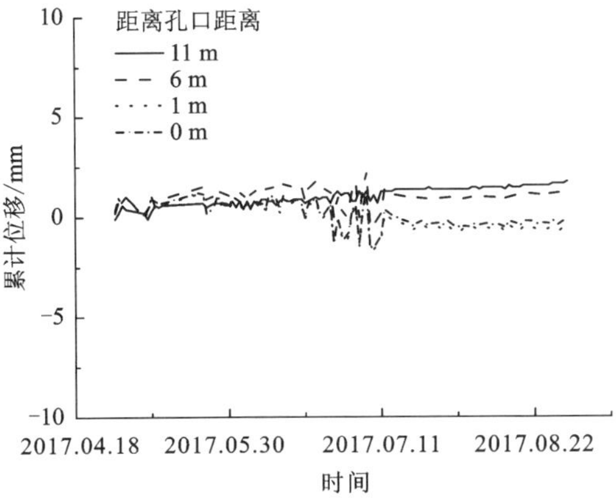

(a) CX1累计位移-时间曲线

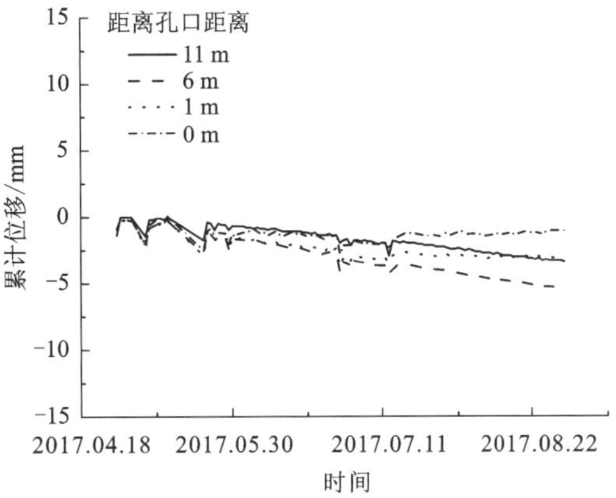

(b) CX2累计位移-时间曲线

图 8.67 测斜仪监测数据

对图 8.67 分析可知，边坡在采用优化处理方案后大约两个月的时间里，其内部位移始终在 0 mm 上下作毫米量级上的波动，这表明边坡内部岩土土体几乎没有发生位移，防护后的边坡非常稳定，从而验证了该设计方案在边坡加固上的良好防护效果。

8.7 铜锣丘高填边坡

8.7.1 铜锣丘高填边坡工程地质条件

铜锣丘高填边坡位于江西省定南县历市镇(图 1.1)，其地貌属剥蚀丘陵地貌，地势起伏较大，山间发育有许多沟谷，植被茂盛。其所处地区溪流分布广泛、雨量充沛。

根据地质调研、钻探资料，铜锣丘高填边坡场区内覆盖层以残坡积粉质黏土为主，下伏震旦系坝里组、沙坝黄组板岩。野外调研与钻探资料显示，主要岩土体特征：

① 粉质黏土：主要为黄褐色、红褐色粉质黏土、砂砾质黏性土，可塑-硬塑状态，主要分布于沿线的山坡地带。

② 强风化板岩上段：灰黄色，结构构造大部分破坏，岩心以碎屑状、砂土状为主，质软易碎。

③ 强风化板岩下段：灰黄色，细粒变余结构，板状构造，岩体破碎，岩心以碎块状、块状为主，质软易碎。

铜锣丘高填边坡是在清除原地表粉质黏土和强风化板岩上段的基础上进行填筑压实形成的边坡，填筑压实后边坡的工程地质平面图与工程地质剖面图见图 8.68、图 8.69。

边坡地下水主要为松散沉积物孔隙水，地下水一般与地表水贯通、互补，水位随季节变化。在一般地段地下水埋深较深，且水量较小，对边坡稳定性无明显影响。

铜锣丘高填边坡距离边坡顶面 12 m 以下的坡体部分采用由强风化板岩下段处理而成的粗粒土填料进行填筑压实；从边坡顶面至距离边坡顶面 12 m 以上的坡体部分采用由强风化板岩上段和板岩残积土处理而成的细粒土填料进行填筑压实。边坡下部粗粒土填料成分为碎石土，分层填筑压实，碎石土压实后具有较大的抗剪强度，有利于边坡下部的稳定。边坡上部细粒土填料成分为粒径相对较小的填土，压实形成边坡后，上部填土在雨水的冲刷下，极易引起边坡坡面的冲刷破坏，有引发局部滑塌的可能。下面将采用 GeoStudio 软件，计算铜锣丘高填边坡的稳定安全系数，分析边坡的稳定性。

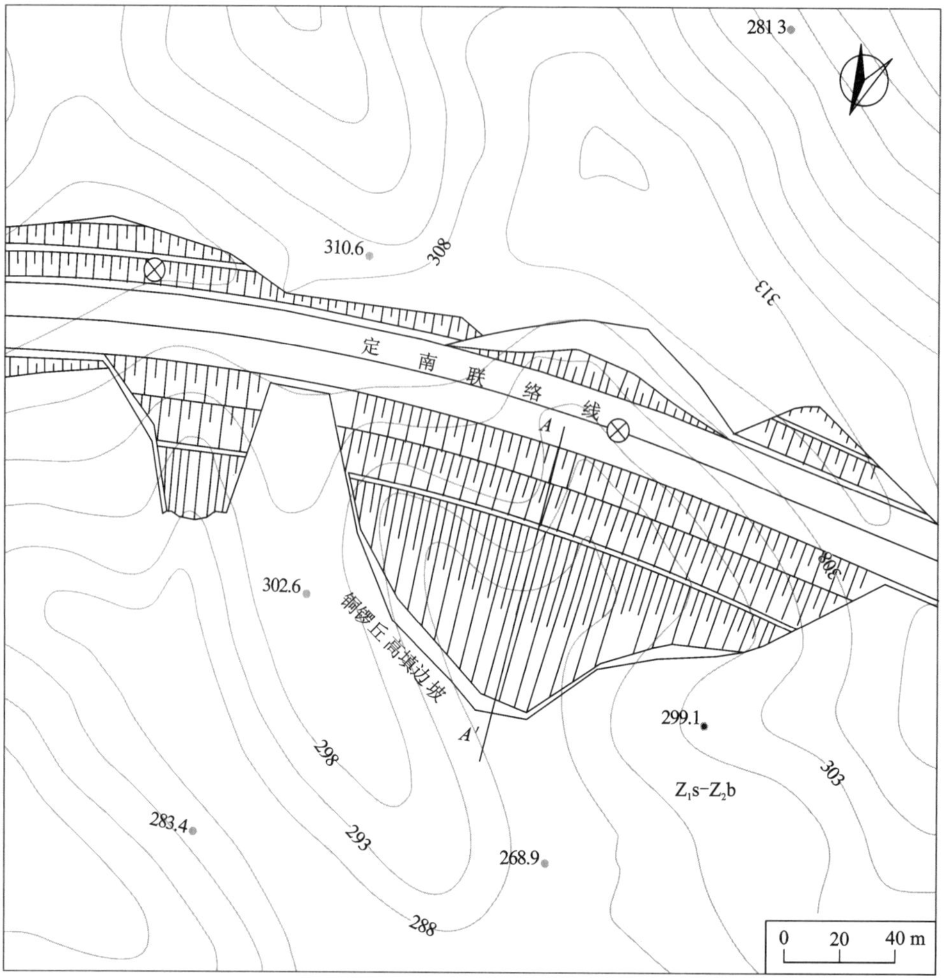

图 例 Z_1s-Z_2b 震旦系坝里组、沙坝黄组并层 A-A′ 工程地质剖面线 ⊗ 钻孔

图 8.68 铜锣丘高填边坡平面图

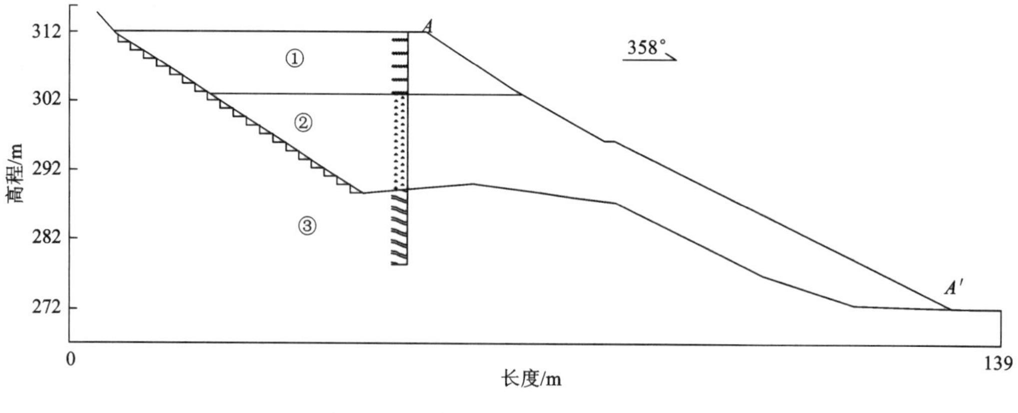

图 8.69 铜锣丘高填边坡地质剖面图

①细粒土填料；②粗粒土填料；③强风化板岩

8.7.2 铜锣丘高填边坡稳定性计算

铜锣丘高填边坡下伏地层为强风化板岩，在强风化板岩上填筑粗粒土填料，然后在其上填细粒土填料并压实，形成路基边坡。在降雨入渗的作用下，易引起填方边坡的整体滑动破坏和坡体表面的冲刷破坏。

本数值模拟中考虑两种工况：第一种工况为地下水埋深较深的天然工况；第二种工况为地下水埋深较浅的暴雨工况，假定暴雨期间地下水位上升到近坡面的极端情况。岩土体物理力学参数是从如下途径获取的：细粒土填料的物理力学参数是通过室内三轴试验获取的(参见 2.3.4 节)；粗粒土填料的物理力学参数参考了周勇等(2011)所做的板岩填料大型三轴试验结果。强风化板岩的物理力学参数，取为“宁都至定南高速公路安远至定南新建工程 B4 标段工程地质报告”推荐的参数取值。铜锣丘高填边坡的岩土体物理力学参数如表 8.12 所示。

表 8.12 铜锣丘高填边坡岩土体物理力学参数表

岩土名称	重度/(kN/m^3)	岩土体强度	
		黏聚力/kPa	内摩擦角/(°)
细粒土填料	22	44	26
粗粒土填料	23	119	30
强风化板岩	24	200	30

通过 GeoStudio 中的 SLOPE/W 模块以 260 m 高程为相对基准面建立铜锣丘高填边坡的数值模型如图 8.70 所示，选用瑞典条分法、简化 Bishop 法和简化 Janbu 法对边坡在天然工况和暴雨工况下的稳定性进行计算与分析。

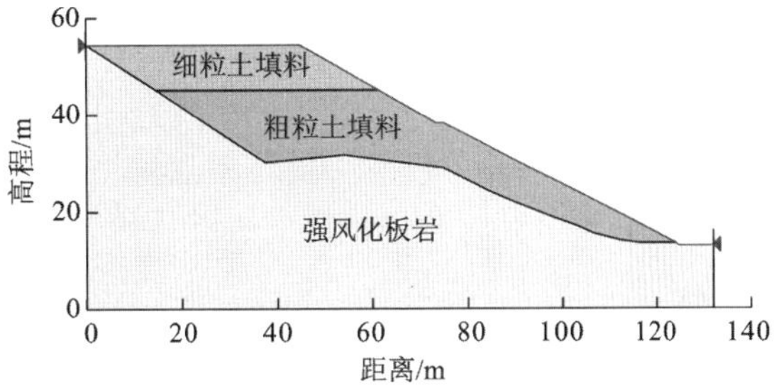

图 8.70 铜锣丘高填边坡数值地质模型

图 8.71 为铜锣丘高填边坡稳定性计算剖面及最危险滑动面的位置分布。表 8.13 为铜锣丘高填边坡用瑞典条分法、简化 Bishop 法和简化 Janbu 法计算的稳定安全系数。由表 8.13 可知，边坡填方后在天然工况下最小稳定性系数为 2.77，以及暴雨工况下最小稳定性系数为 2.35，边坡处于稳定状态。

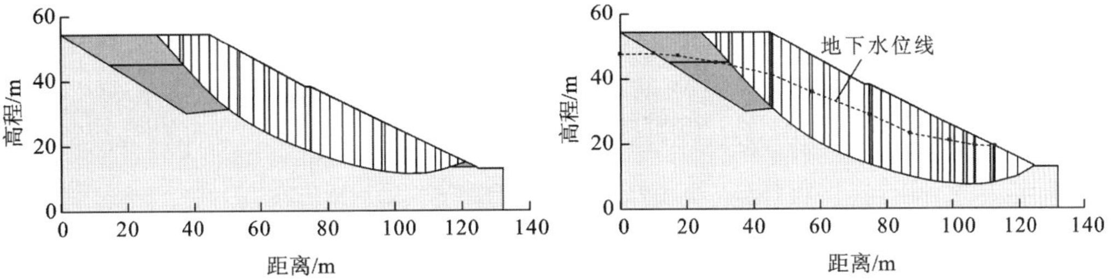

(a) 天然工况　　(b) 暴雨工况

图 8.71 瑞典条分法下稳定性计算剖面图

表 8.13　不同条分法下的稳定安全系数

边坡状态	瑞典条分法	简化 Bishop 法	简化 Janbu 法
填方后天然工况	2.92	3.28	2.77
填方后暴雨工况	2.45	2.78	2.35

8.7.3　铜锣丘高填边坡防护与恢复治理设计方案

铜锣丘高填边坡防护与恢复治理设计的指导思想为:以铜锣丘高填边坡稳定性分析为基础,以排水防护措施为重点,采用“人”字形骨架护坡、客土喷播等进行防护;将生态防护技术与传统防护技术相结合,对铜锣丘高填边坡进行防护设计,确保防护后的边坡既稳定安全,又绿色环保。

铜锣丘高填边坡采取的排水方案为:坡面应压实平整,尤其是填挖交界处,限制雨水入渗;路基两侧设边沟,汇聚并排出流向坡体的水;边坡内填方与原地面交界处设碎石排水盲沟,内部铺设渗管,以排出渗入坡体内部的水,盲沟设置疏密程度依地下水位及排水量而定;各级平台设置平台沟,平台沟之间设置急流槽以缓解排水压力;边坡下部设排水涵洞以排出边坡及附近汇聚的大量水流。通过边沟、盲沟、急流槽等汇集的水应经由排水沟排出坡体范围。

铜锣丘高填边坡采取的坡面防护设计方案如下:

第一级边坡使用细粒土填料填筑压实,设计坡率为 1∶1.5。边坡坡顶承受车辆等外部荷载,对边坡的稳定性有不利影响,因此,从加固边坡与建设绿色高速公路考虑,第一级边坡采用“人”字形骨架护坡与客土喷播技术相结合的方法进行防护。“人”字形骨架护坡能加固边坡土体,能较快排除坡表水流,利于整体边坡稳定。客土喷播技术绿化效果好,能有效地防止雨水冲刷边坡土体。

第二级、第三级边坡所用填料为细粒土填料,第二级边坡坡率为 1∶1.75,第三级边坡坡率为 1∶2。填方边坡在降雨入渗作用下容易在填方边坡坡面形成径流,形成对边坡土体的表面冲刷破坏。因此,需要对坡面进行防护。第二级、第三级边坡坡面均采用“人”字形骨架护坡与客土喷播技术相结合的方法进行防护,并点栽杉树。“人”字形骨架护坡有利于边坡的截水与排水;客土喷播能在坡面形成植被,有效防止坡面冲刷破坏;杉树适应性很强且根系发达,既可以起到长久护坡的作用,又可以体现生态护坡的主题。

综上所述,铜锣丘高填边坡的防护设计如图 8.72 所示。

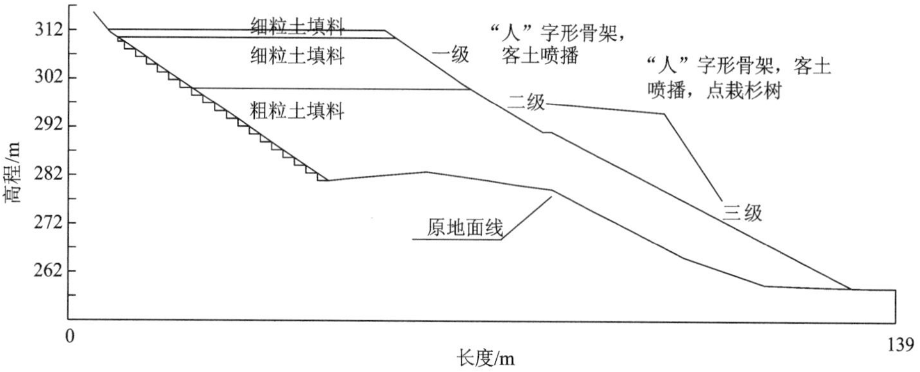

图 8.72　铜锣丘高填边坡防护设计方案剖面图

该设计方案采用了“人”字形骨架、客土喷播等防护技术，辅以点栽杉树等，将生态防护技术与传统防护方法进行了结合。其中“人”字形骨架能有效地截水与排水，可以确保边坡的水不冲刷坡面。该设计方案采用了客土喷播(不挂网)技术辅以点栽杉树，不仅能有效拦截坡面径流，保持水土，而且在防护方式上绿色环保，视觉效果佳(图 8.73)，对自然环境起到了很好的保护作用。

图 8.73 铜锣丘高填边坡防护效果图

从图 8.73 中可以看出，该设计方案在保证边坡防护效果的前提下，绿化效果好。人字形骨架的固土效果良好，坡面排水效果良好，坡面无明显冲刷痕迹；客土喷播防护中，灌木草类植物发育，能够有效地防止坡面冲刷引起的水土流失；杉树生长良好，更有利于边坡的长期防护。

8.8 竹园深切边坡

8.8.1 竹园深切边坡工程地质条件

竹园深切边坡地处定南县老城镇竹园村(图 1.1)，其地貌属剥蚀丘陵地貌，地形起伏大，斜坡自然坡度为 30°，地表植被发育，雨量充沛。

竹园深切边坡为岩土二元结构边坡，从上往下岩土体可以分为：粉质黏土、强风化板岩、中风化板岩(图 8.74～图 8.76)。野外调研与钻探资料显示，竹园深切边坡的岩土体的主要特征：

① 粉质黏土：红褐色，可塑，土质不均匀，含较多岩石风化碎块，黏性与韧性较弱，干强度低，顶部 0.3 m 含植物根须。

② 全风化板岩：灰黄色，岩石风化剧烈，结构构造基本破坏，岩心以土柱状为主。

图 8.74 竹园深切边坡开挖坡面照片

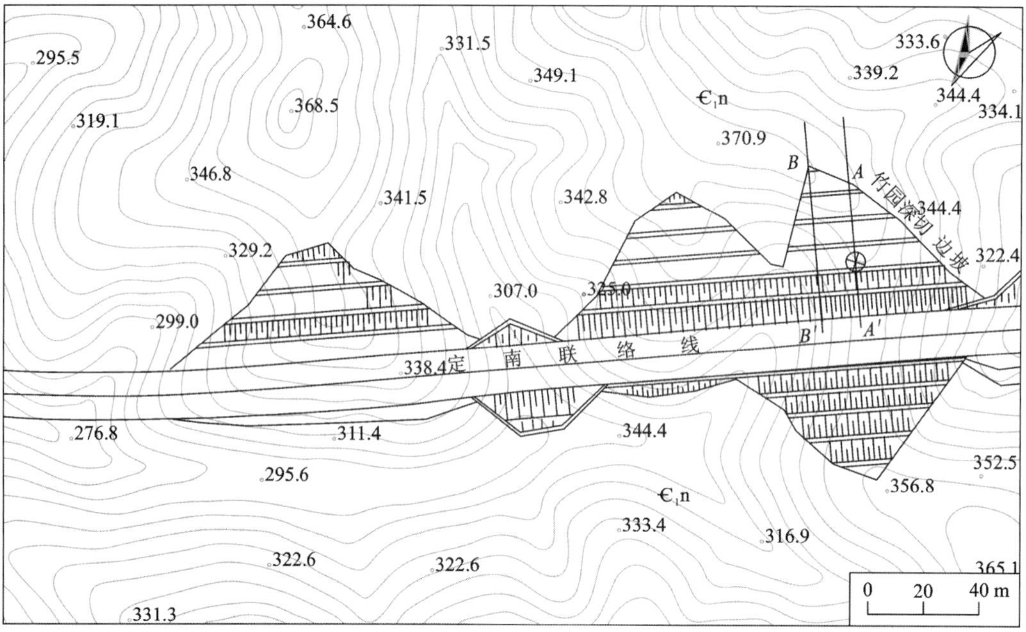

图 例 $\in_1$n 寒武系下统牛角河组 A-A′ 工程地质剖面线 B-B′ 监测剖面线 ⊗ 钻孔

图 8.75 竹园深切边坡工程地质平面图

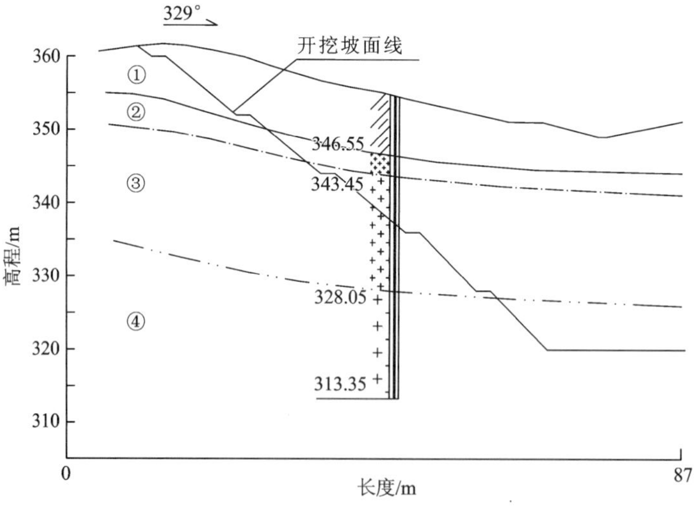

图 8.76 竹园深切边坡工程地质剖面图

①粉质黏土;②全风化板岩;③强风化板岩;④中风化板岩

③ 强风化板岩:灰黄色,细粒变余结构,板状构造,岩体破碎,岩心以碎块状、块状为主,块径 3~7 cm,质软易碎。

④ 中风化板岩:灰黄色,细粒变余结构,板状构造,岩层陡倾,倾角 70°,节理裂隙稍发育,岩体破碎,岩心以块状、短柱状为主,块径 5~8 cm,岩质较软,锤击易碎。

边坡所处地下水主要为第四系孔隙水和基岩裂隙水,地下水一般与地表水贯通、互补,水位随季节变化。在一般地段地下水埋深较深,且水量较小,对边坡稳定性无明显影响。

竹园深切边坡下部为中风化板岩，板状构造，岩体较为破碎，节理裂隙发育，岩层倾角为 70°，且走向与坡面走向垂直。在前期勘察中，未发现不利于边坡稳定性的结构面组合，因此，坡体下部稳定。边坡下部坡率设置为 1∶1，中部为强风化板岩，由于风化作用，边坡岩体破碎，呈碎裂散体状，裂隙发育，岩心以块状和短柱状为主，开挖后应及时进行排水与防护处理。边坡上部为粉质黏土层，在边坡开挖和降雨的作用下，可能产生失稳。下面将采用 FLAC 3D 软件对竹园深切边坡进行数值模拟，分析竹园深切边坡的剪应力场、剪应变场及塑性破坏区；并采用 GeoStudio 软件，计算竹园深切边坡的稳定安全系数，分析边坡的稳定性。

8.8.2 竹园深切边坡有限差分数值模拟

以地质剖面为基础，以 270 m 高程为相对基准面，以 4.4.5 节中确定的开挖坡率为模型，采用 FLAC 3D 软件，建立竹园深切边坡开挖后的数值模型图(图 8.77)。采用 ANSYS 软件对边坡进行 3 m 网格剖分，并在二级、三级边坡处用 1 m 的单元格局部加密。整个边坡共划分为 4 565 个单元，5 886 个节点。边坡建模约束条件为下部固定，左右两侧水平约束，上部为自由边界，计算收敛准则为不平衡力比率满足 10^{-5} 的求解要求。采用莫尔-库仑本构模型计算边坡整体受力状况，并以计算是否收敛作为边坡失稳的判据。

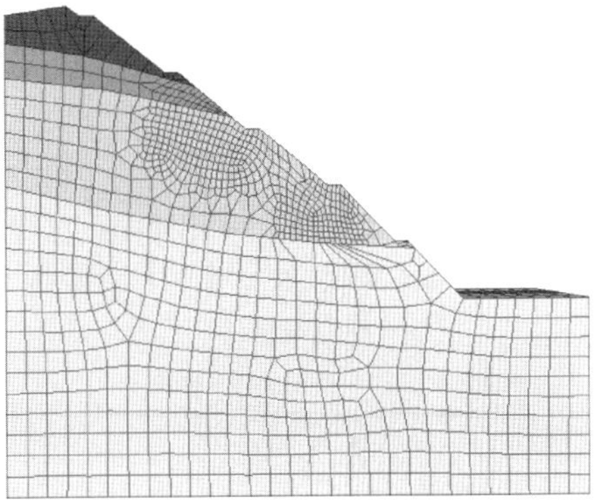

图 8.77 竹园深切边坡数值模型图

本数值模拟中，岩土体物理力学参数是从如下途径获取的：粉质黏土、全风化板岩的物理力学参数是通过室内三轴试验获取的(参见 2.3.4 节)；强风化板岩、中风化板岩的物理力学参数，取为“宁都至定南高速公路安远至定南新建工程 B5 标段工程地质报告”推荐的参数取值。竹园深切边坡的岩土体物理力学参数如表 8.14 所示。

表 8.14 竹园深切边坡岩土体力学强度参数表

岩土名称	重度/(kN/m³)	岩土体强度			
		黏聚力/kPa	内摩擦角/(°)	弹性模量/GPa	泊松比
粉质黏土	16	28	18	2×10^{-2}	0.4
全风化岩	18	32	22	2×10^{-2}	0.4
强风化板岩	22	200	30	2	0.35
中风化板岩	24	2 000	40	40	0.22

图 8.78(图版 VI)为竹园深切边坡切坡后坡体最大剪应力分布云图。对图 8.78(图版 VI)分析可知：最大剪应力从坡面向坡体深部逐渐增加；在坡体的表面，剪应力等值线在坡顶和坡底分布稀疏，在坡面开挖段分布密集，尤其在坡脚处最密集；往坡体深处，剪应力等值线逐渐均匀分布。由此可知，坡脚处剪应力明显集中，易产生剪切破坏。

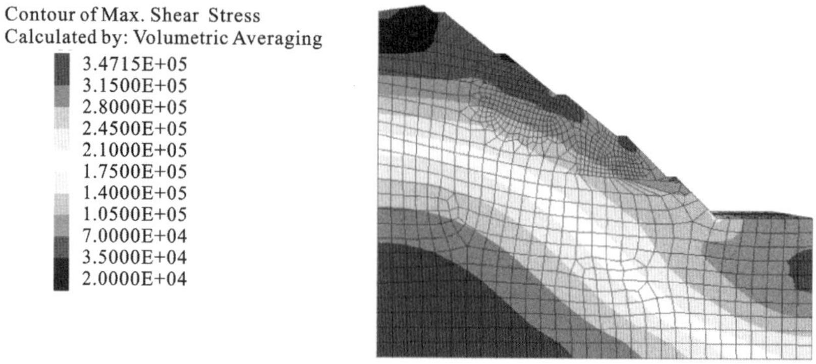

图 8.78　竹园深切边坡最大剪应力云图

图 8.79(图版 VI)为竹园深切边坡坡体最大剪应变增量云图。对图 8.79(图版 VI)分析可知,竹园深切边坡坡体大部分区域剪应变增量较小(显示为浅色区域),坡体剪应变最大值出现在三级边坡处,且往坡体上部呈“细条状”延伸。

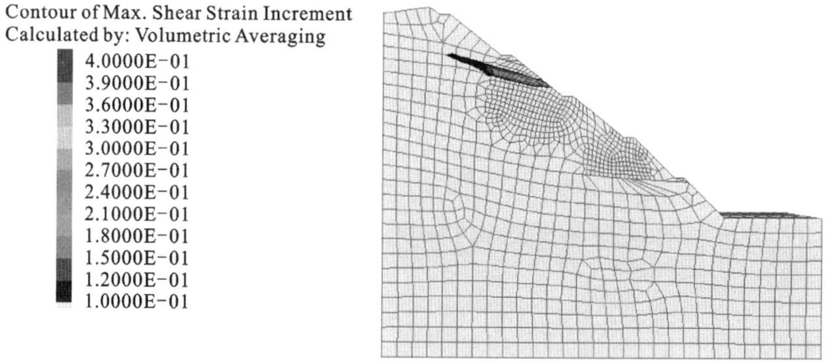

图 8.79　竹园深切边坡最大剪应变增量云图

图 8.80(图版 VI)为竹园深切边坡的塑性区分布图。对图 8.80(图版 VI)分析可知,坡体整体稳定性好,没有出现塑性破坏区,坡体平台区域有小范围拉伸破坏。

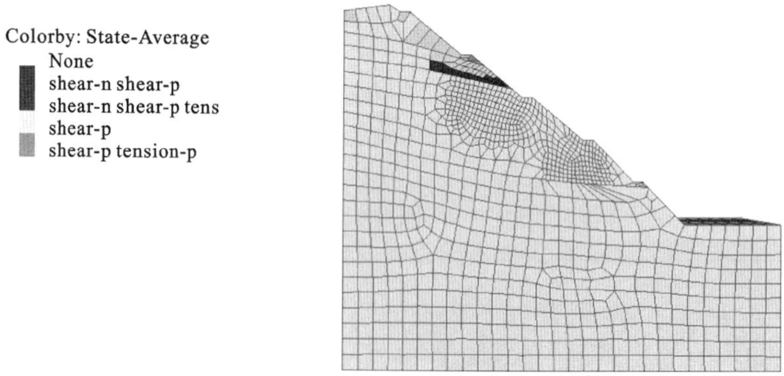

图 8.80　竹园深切边坡塑性区分布图

对竹园深切边坡剪应力、剪应变及塑性破坏区综合分析可知，竹园深切边坡整体稳定性好。由于边坡数值分析是概化模型，没有考虑实际坡体节理裂隙发育情况，为避免在暴雨等极端工况下竹园深切边坡内部节理裂隙发育造成的边坡失稳破坏，可在边坡的一、二级采用锚杆进行加固。

8.8.3 竹园深切边坡稳定性计算

以 8.8.1 节竹园深切边坡工程地质条件分析为基础，采用 GeoStudio 软件计算竹园边坡的稳定安全系数，探讨边坡开挖前后不同工况下稳定安全系数的变化。本次计算考虑两种工况：第一种工况为地下水埋深较深的天然工况，是根据勘察时勘探钻孔揭露的地下水位确定的；第二种工况为地下水埋深较浅的暴雨工况，假定暴雨期间地下水位上升到近地表的极端情况。计算中采用的岩土体物理力学参数见表 8.14。

采用 GeoStudio 中的 SLOPE/W 模块分别建立竹园深切边坡开挖前后的计算模型(图 8.81)，选用瑞典条分法、简化 Bishop 法和简化 Janbu 法对边坡在开挖前后的稳定性进行计算。由计算分析可知，用几种不同的条分法计算竹园深切边坡在开挖前的稳定性，在天然工况下的最小稳定安全系数为 3.07，暴雨工况下的安全系数为 2.97(表 8.15)，最危险滑动面出现在粉质黏土层中，大体位于边坡中部(图 8.82)。开挖后，竹园深切边坡在天然工况与暴雨工况下的稳定安全系数都大于 2.5(表 8.15)，最危险滑动面分布在强风化板岩层(图 8.83)，表明切坡后边坡非常稳定。因此，对于边坡上部，不需要进行加固处理，仅需要对坡面进行防护与绿化。

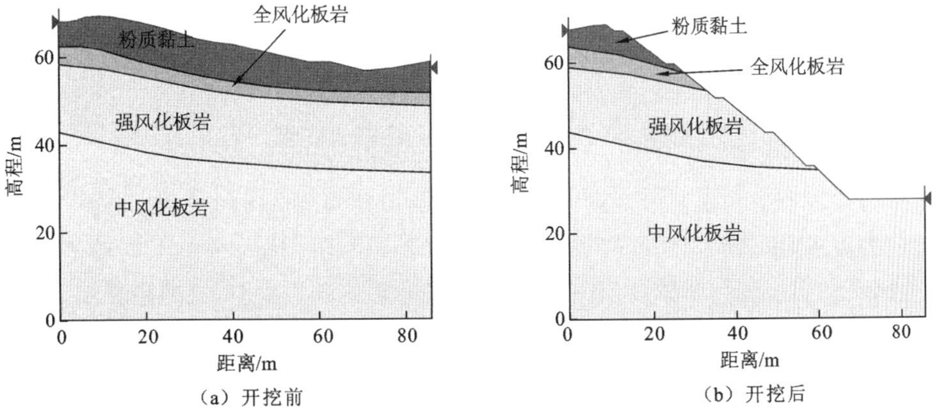

图 8.81 竹园深切边坡开挖前后计算地质模型图

表 8.15 不同条分法下的稳定安全系数

边坡状态	瑞典条分法	简化 Bishop 法	简化 Janbu 法
开挖前天然工况	3.23	3.81	3.07
开挖前暴雨工况	3.01	3.78	2.97
开挖后天然工况	2.84	3.03	2.68
开挖后暴雨工况	2.52	2.72	2.39

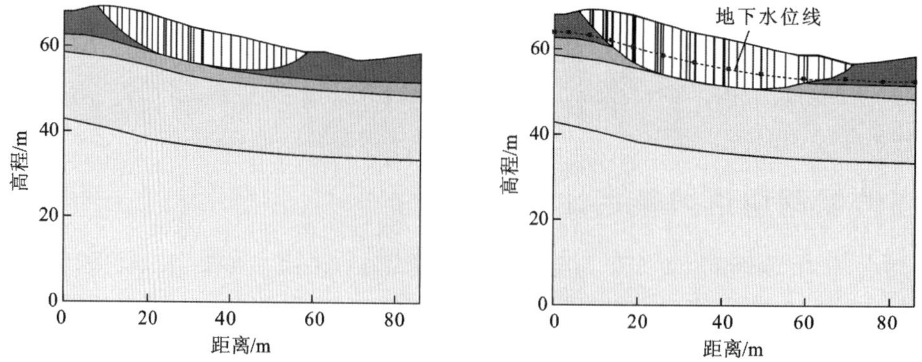

（a）天然工况　　（b）暴雨工况

图 8.82　开挖前边坡的稳定性计算剖面图（瑞典条分法）

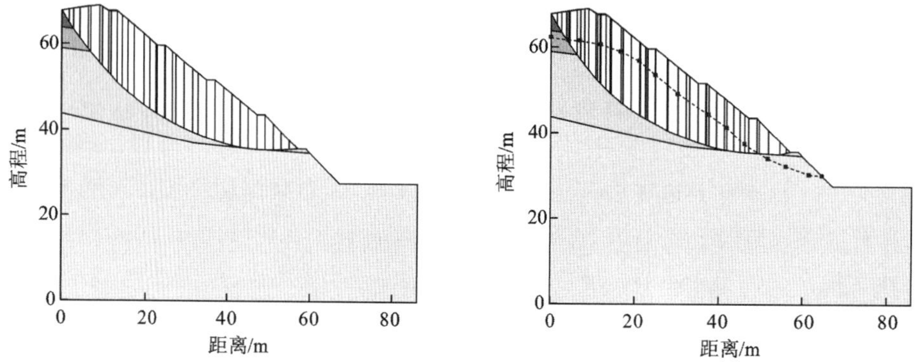

（a）天然工况　　（b）暴雨工况

图 8.83　开挖后边坡的稳定性计算剖面图（瑞典条分法）

8.8.4　竹园深切边坡防护与恢复治理设计方案

竹园深切边坡防护与恢复治理设计的指导思想：以竹园深切边坡稳定性分析为基础，以排水防护措施为重点，用玻璃钢锚杆代替钢筋锚杆进行防护；将生态防护技术与传统防护技术相结合，对竹园深切边坡进行防护设计，确保防护后的边坡既稳定安全，又绿色环保。

竹园深切边坡采取的排水方案：坡顶后缘设截水沟，各级平台设置平台沟，坡底设边沟，平台沟之间设置急流槽以缓解排水压力，一、二级边坡可增设泄水孔，以排除坡体内的地下水。对于汇集的水应通过排水沟排出坡体范围。

竹园深切边坡采取的坡面防护设计方案如下：

第一级、第二级边坡的主要岩性为中风化板岩，强度较高，板状构造，岩层陡倾，未发现不利于边坡稳定性的结构面组合，设计坡率为 1∶1。从加固边坡与建设绿色高速公路考虑，第一级、第二级边坡采用玻璃钢锚杆框格与框格内码砌植生袋的方法进行防护。玻璃钢锚杆框格既加固了边坡，又成为植生袋的码砌架，而植生袋是岩质边坡绿化的最有效的方法之一。

第三级、第四级边坡位于强风化板岩中，整体较为松散破碎，设计坡率为 1∶1.25，需要进行防护。三、四级边坡采用客土喷播与植物纤维毯技术相结合的方法进行防护，并在坡面点栽马尾松，马尾松适应性很强且根系发达，既可以起到长久护坡的作用，又可以体现生态护坡的主题。

第五级、第六级边坡位于粉质黏土层上部，五级坡率为 1∶1.25，六级坡率为 1∶1.5，坡率较缓，整体较稳定。但是，在降雨作用下很可能引起坡面冲刷，因此应注意防止水土流失。对五、六级边坡坡面采用客土喷播技术进行防护，并点栽马尾松，对边坡土体起到良好的加固和快速绿化的作用。

综上所述，竹园深切边坡的防护设计如图 8.84 所示。

该设计方案采用了玻璃钢锚杆框格、植物纤维毯、植生袋、客土喷播等防护技术，辅以点栽马尾松等，将生态防护技术与传统防护方法进行了结合。其中玻璃钢锚杆作为高强度新型材料锚杆，其耐腐蚀性能可以有效地防止因受地下水侵蚀而过早失去防护效果，不仅体现了支护方式上的创新，而且保证了边坡稳定。该设计方案在一、二级边坡中采用了植生袋技术，三、四级边坡中采用了植物纤维毯技术辅以点栽马尾松，五、六级边坡中采用了客土喷播(不挂网)技术辅以点栽马尾松，不仅能有效拦截坡面径流，保持水土，而且在防护方式上绿色环保，视觉效果佳(图 8.85)，对自然环境起到了很好的保护作用。

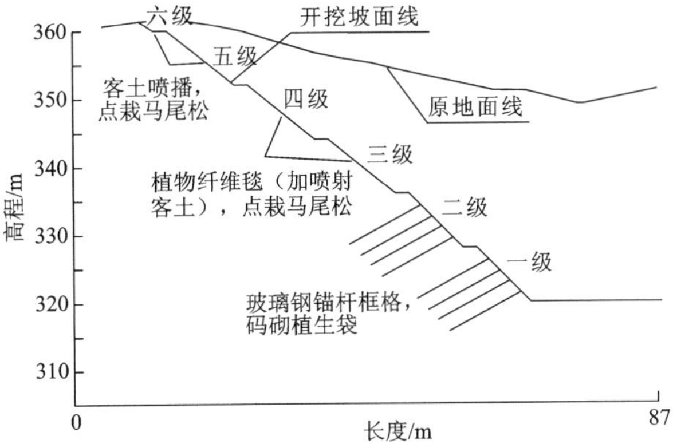

图 8.84　竹园深切边坡防护设计方案断面图

图 8.85　竹园深切边坡防护效果图

从图 8.85 中可以看出，该设计方案在保证边坡防护效果的前提下，绿化效果好。框格梁内植生袋中植物发育良好，但由于施工原因，部分框格梁内防护效果较差；客土喷播防护中，灌木草类植物发育，能够有效地防止坡面冲刷引起的水土流失，有利于边坡的长期防护。

为了监测竹园深切边坡的内部位移，以掌握高边坡在空间和时间上的动态变形，分析边坡的稳定状态，在一、三、五级边坡平台处分别布设位移测斜仪(图 8.86)。通过对测斜仪的数据进行整理分析，可得到边坡内部位移随时间的变化曲线(图 8.87)。

对图 8.87 分析可知：边坡在采用优化处理方案后大约七个月的时间里，CX1 和 CX3 显示第一级、第五级边坡的内部位移始终在 0 mm 上下作毫米量级上的波动，这表明坡顶和坡底岩土体几乎没有发生位移；CX2 显示三级边坡平台下 6～11 m 几乎没有发生位移，表层土体在 7～8 月发生了 20 mm 左右的位移波动，之后便降至 0 mm 左右。总之，防护后的边坡非常稳定，从而验证了新设计方案在边坡加固上的良好防护效果。

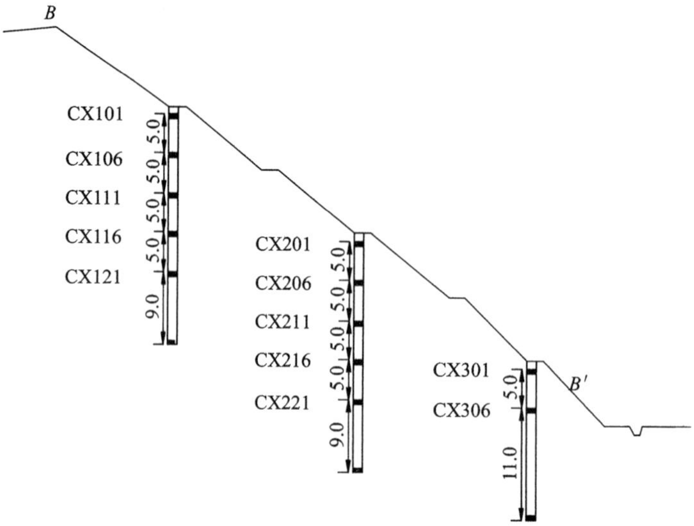

图 8.86　测斜仪剖面布置图(单位:m)

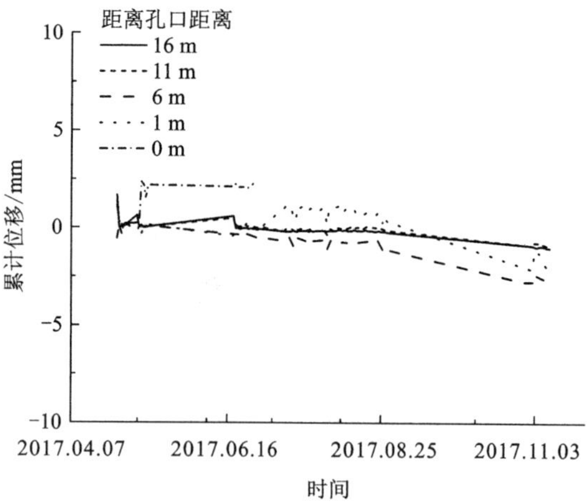

(a) CX1累计位移-时间曲线

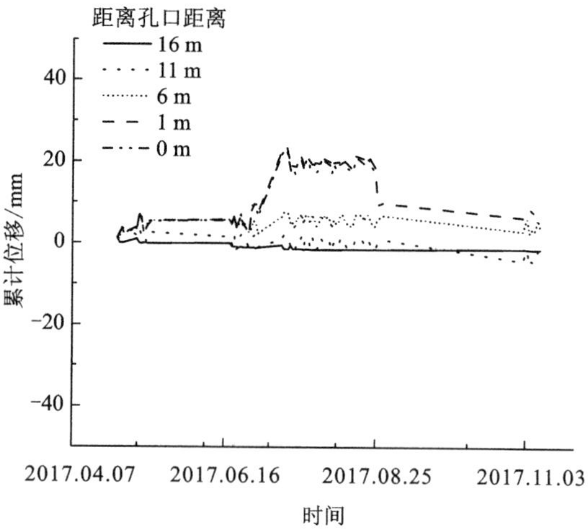

(b) CX2累计位移-时间曲线

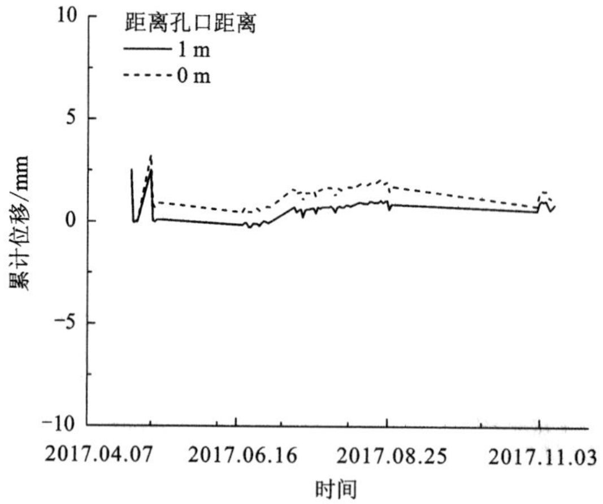

(b) CX3累计位移-时间曲线

图 8.87　测斜仪监测数据

参考文献

安春云，2016. 植生袋绿化在边坡生态修复工程中的应用：以杭州新城市民公园为例[J]. 浙江园林，(2)：48-50.

白史且，胥晓刚，2005. 高速公路绿化工程技术[M]. 北京：中国农业出版社.

陈洪江，1995. 花岗岩类全风化带的工程地质特性[J]. 港工技术，(3)：61-65.

崔宇鹏，简文星，谭宏大，等，2017. 玻璃纤维树脂强化锚杆在锚固工程中的握裹力[J]. 科学技术与工程，17(14)：251-255.

邓雪，李家铭，曾浩健，等，2012. 层次分析法权重计算方法分析及其应用研究[J]. 数学的实践与认识，42(7)：93-100.

邓慧平，刘惠民，肖燕，2012. 流域植被与土壤导水系数对青弋江流域水文影响的数值试验[J]. 水资源与水工程学报，23(3)：4-9.

樊永东，彭泽智，2004. 大断面玻璃钢锚杆支护的应用[J]. 煤炭技术，23(10)：42-42.

范世平，丁全录，1996. 玻璃钢锚杆的应用研究[J]. 煤炭科学技术，(9)：4-7.

方萍，卜勇，2005. 绿化景观设计在宁杭高速公路排水设计中的应用[J]. 公路，(3)：101-104.

方述诚，汪定伟，1997. 模糊数学与模糊优化[M]. 北京：科学出版社.

封金财，2005. 植物根系对边坡的加固作用模拟分析[J]. 常州大学学报：自然科学版，17(3)：27-29.

高原，王莉，刘建武，等，2010. 砂浆锚固 GFRP 锚杆的粘结滑移机理[J]. 公路交通科技(应用技术版)，(10)：110-113.

郭金玉，张忠彬，孙庆云，2008. 层次分析法的研究与应用[J]. 中国安全科学学报，18(5)：148-153.

国家铁路局，2016. 铁路路基设计规范：TB 10001—2016 [S]. 北京：中国铁路出版社.

韩洪亮，2005. 玻璃钢锚杆杆体主要性能的试验分析[J]. 煤炭科学技术，33(4)：67-69.

韩文涛，2004. 南邓高速公路路基路面排水设计[J]. 中外公路，24(2)：15-18.

郝庆多，王言磊，欧进萍，2008. 拉拔条件下 GFRP 筋与混凝土黏结强度试验研究[J]. 建筑结构学报，29(1)：103-111.

郝岩松，王国兵，万福绪，2007. 我国高速公路生态边坡的建设及生态评价[J]. 水土保持研究，14(4)：257-262.

和媛媛，巩在武，2011. 模糊判断矩阵最优化排序方法研究综述[J]. 统计与决策，(7)：165-168.

贺景杰，2014. 浆砌石护坡的施工技术与质量控制探讨[J]. 科技创新与应用，(05)：184.

黄生文，刘廷望，邱贤辉，等，2012. GFRP 土钉加固软岩边坡的研究[J]. 土木工程学报，(2)：90-96.

黄志怀，李国维，王思敬，等，2008. 粤赣高速公路 K35 高边坡加固效果监测与评价[J]. 岩土力学，29(10)：2783-2788.

回达鹏，2017. 植生袋绿化技术在高速公路粉土路基中的应用及技术要点[J]. 交通世界，(22)：164-165.

江锋，张俊云，2008. 植物根系与边坡土体间的力学特性研究[J]. 地质灾害与环境保护，19(1)：57-61.

江西省赣南公路勘察设计院，2015. 宁都至定南(赣粤界)高速公路定南联络线施工图设计[R]. 赣州：江西省赣南公路勘察设计院.

江西省交通设计研究院有限责任公司，2015. 宁都至定南(赣粤界)高速公路安远至定南段工程地质报告与施工图设计[R]. 南昌：江西省交通设计研究院有限责任公司.

蒋焕章，2002. 公路水文勘测设计与水毁防治[M]. 北京：人民交通出版社.

蒋爵光，1989. 岩石边坡楔形体的破环分析[J]. 河北地质学院学报，(2)：201-209.

金清平,2011.复合材料土钉支护性能试验分析与应用研究[D].武汉:华中科技大学.
孔嵘,王桂尧,2014.几种边坡生态防护形式对雨水入渗影响的试验研究[J].中外公路,34(1):23-28.
兰继斌,徐扬,霍良安,等,2006.模糊层次分析法权重研究[J].系统工程理论与实践,26(9):107-112.
黎涛,朱建军,王梦光,等,2007.模糊判断矩阵的一致性判定及改进方法研究[J].系统工程学报,22(3):256-261.
李秉生,1991.地下水对铁路岩石边坡岩体质量及坡度设计的影响[J].西南交通大学学报,(2):30-34.
李凯雷,2012.GFRP锚杆抗腐蚀及黏结耐久性试验研究[D].长沙:中南大学.
李国维,刘朝权,黄志怀,等,2010.应用玻璃纤维锚杆加固公路边坡现场试验[J].岩石力学与工程学报,29(a2):4056-4062.
李美玲,吴志忠,马云锋,2001.土工格栅在道路边坡防护中的应用[J].北方交通,24(5):11-12.
刘华芸,2013.钢筋混凝土框架填土护坡技术[J].黑龙江交通科技,36(07):24.
刘俊樊,能潇,2011.高速公路边坡生态防护效果评价指标研究[J].公路交通技术,(6):142-145.
刘发,施斌,江臣,等,2009.宁淮高速公路膨胀土边坡生态改性护坡技术现场试验研究[J].公路,(4):260-264.
刘凤宣,徐德玺,李玉文,等,2002.工程边坡失稳处治中的仿真模拟技术应用实例[J].岩石力学与工程学报,21(9):1359-1363.
刘新荣,梁宁慧,黄金国,等,2006.抗滑桩在边坡工程中的研究进展及应用[J].中国地质灾害与防治学报,17(1):56-62.
刘窑军,王天巍,蔡崇法,等,2014.植被措施与路面汇水对三峡库区土质道路边坡侵蚀影响[J].水科学进展,25(1):98-105.
刘忠玉,尚亚龙,闫富有,等,2008.GFRP筋的砂浆黏结性能试验研究 [J].工业建筑,38(6):71-73,78.
龙凤,李绍才,孙海龙,等,2009.岩石边坡生态护坡效果评价指标体系及应用[J].岩石力学与工程学报,28(s1):3095-3101.
吕庆,孙红月,尚岳全,等,2006.预应力锚索框格梁体系加固破碎岩质边坡合理间距研究[J].岩石力学与工程学报,25(1):136-140.
罗斌,陈强,黄少强,1999.南方花岗岩地区坡面侵蚀临界坡度探讨[J].水土保持学报,(S1):67-70.
罗文君,罗家国,罗光,2005.支撑渗沟在膨胀土路堑边坡处治中的应用[J].公路与汽运,(2):63-65.
骆汉,史常青,田佳,等,2014.高速公路绿化带土壤水分动态变化规律研究[J].西北农林科技大学学报(自然科学版),42(1):183-188.
马念杰,张玉,陈刚,等,2001.新型玻璃钢锚杆研究[J].煤矿开采,(4):45-47.
毛伶俐,2007.生态护坡中植被根系的力学分析[D].武汉:武汉理工大学.
彭文祥,赵明华,袁海平,等,2006.基于拉格朗日差分法的全长注浆锚杆支护参数优化[J].中南大学学报:自然科学版,37(5):1002-1007.
齐洪亮,王维泉,严冬梅,等,2009.公路边坡排水系统易损性评价方法研究[J].公路交通科技(应用技术版),51(3):5-7.
邱海军,2012.区域滑坡崩塌地质灾害特征分析及其易发性和危险性评价研究:以宁强县为例[D].西安:西北大学.
任加国,许模,2003.公路路基内部排水机理模拟研究[J].公路,(5):64-66.
申新山,2003.岩石边坡植生基质生态防护工程技术的研究与应用[J].中国水土保持,(10):26-28.
沈波,艾翠玲,2006.我国山区公路排水问题及水毁调查分析[J].公路交通科技,23(10):5-9.
苏兴钜,黄玉健,2004.国道319线上杭吊钟岩古滑坡体综合治理[J].岩石力学与工程学报,23(10):1778-1778.
隋明刚,魏嶷,2000.Fuzzy AHP中权重确定方法的探讨与改进[J].山西大学学报:自然科学版,23(3):218-220.

谈至明,2003.公路排水系统设计方法的研究[R].上海:同济大学.
谭少华,汪益敏,2004.高速公路边坡生态防护技术研究进展与思考[J].水土保持研究,11(3):81-84.
汤振宏,肖明贵, 陈钊,2007.雒洛高速膨胀岩边坡综合治理[J]. 矿产勘查,(3):55-57.
王恭先,1998.滑坡防治工程措施的国内外现状[J].中国地质灾害与防治学报,(1):1-9.
王小江,2013.岩石结构面力学及水力特性实验研究[D].武汉:武汉大学.
王维海,杨青松,2013.榆佳高速公路沿途乔木种植初期配置及管理优化方案[J].公路,58(11):227-231.
王琼,韩烈保,辜再元,等,2008.PMS植生基质喷射技术在废弃采石场生态防护工程中的应用[J].中国水土保持科学,6(s2):187-192.
魏云杰,许模,卢书强,等,2003.西部公路路基内部排水效果模拟研究[J].中国地质灾害与防治学报,14(1):31-35.
吴继明,2011.浆砌石护坡技术在水利工程施工中的应用[J]. 水利技术监督, 19(4):69-71.
肖本林,罗寿龙,陈军,等,2011.根系生态护坡的有限元分析[J].岩土力学,32(6):1881-1885.
谢强,2000.道路岩石边坡坡度确定方法的研究[J].中国公路学报,13(2):24-26.
徐胜林,2003.土钉墙加预应力锚索在富水地层深基坑支护中的应用[J].探矿工程(岩土钻掘工程),(3):10-12.
徐中华,钭逢光,陈锦剑,等,2004.活树桩固坡对边坡稳定性影响的数值分析[J].岩土力学,25(22):275-279.
薛伟辰,2005.非金属锚杆界面粘结强度试验研究[J].岩土工程学报,27(2):206-209.
闫富友,贾新,袁勇,2004.砂浆黏结 GFRP 锚杆试验研究[J].工业建筑,34(12):59-61.
晏鄂川,唐辉明,2002.工程岩体稳定性评价与利用[M].武汉:中国地质大学出版社.
杨飞,2011.道路边坡喷播植草防护技术研究[J].公路交通科技(应用技术版),7(11):49-52.
杨璞,向志海,胡夏嵩,等,2009.根对土壤加强作用的研究[J].清华大学学报:自然科学版,(2):305-308.
杨燕,王慧觉,杨运娥,等,2004.湖北省公路水毁因子与降雨因子的关系分析[J].交通环保,25(4):8-11.
杨天鸿,张锋春,于庆磊,等,2011.露天矿高陡边坡稳定性研究现状及发展趋势[J].岩土力学,32(5):1437-1451.
杨振茂,马念杰,孔恒,等,2002.玻璃钢锚杆的试验研究[J].煤炭科学技术,30(2):42-45.
姚祖康,2002.公路排水设计手册[M].北京:人民交通出版社.
叶建军,2007.边坡生态防护工程中的若干问题探讨[J].水土保持研究,14(5):302-303.
尹超,田伟平,李家春,2013.黄土地区公路排水设施的水毁调查与优化设计[J].公路,3:205-208.
余新晓,1988.森林植被减弱降雨侵蚀能量的数理分析[J].水土保持学报,(2):24-30.
余芹芹,胡夏嵩,李国荣,等,2013.寒旱环境灌木植物根-土复合体强度模型试验研究[J].岩石力学与工程学报,32(5):1020-1031.
袁勇,贾新,闫富友,2004.岩石 GFRP 锚杆的可行性研究[J].公路交通科技,21(9):13-15.
袁卫锁,2014.植物纤维毯在粉砂土路基边坡及边沟中的应用[J].中外公路,34(02):82-86.
曾维渊,薛帅征,张朋飞,等,2013.边坡生态防护技术综述研究[J].绿色科技,(09):17-19.
张辰辰,张宁,张晓春,2005.高速公路高边坡段排水平孔设计研究[J].公路,(4):95-98.
张发明,2000.岩质边坡预应力锚固效应及应用研究[D].南京:河海大学.
张旷成,朱杰兵,陈明,2016.花岗岩强风化岩块和残积土岩土混合料填土强夯后的抗剪强度[J].岩土工程技术,30(1):20-23,45.
张明义,寇海磊,白晓宇,等,2014.玻璃纤维增强聚合物抗浮锚杆抗拔性能试验研究与机制分析[J].岩土力学,35(4):1069-1076,1083.
张小娜,冯杰,高永波,等,2010.不同雨强条件下坡度对坡地产汇流及溶质运移的影响[J].水土保持通报,30(2):119-123.
章恒江,邹东平,史文飞,2004.客土喷播绿化防护技术的实践与探索[J].公路,(11):210-212.
赵方莹,2009.边坡绿化与生态防护技术[M].北京:中国林业出版社:96-97.

郑颖人,2007.岩土材料屈服与破坏及边(滑)坡稳定分析方法研讨:“三峡库区地质灾害专题研讨会”交流讨论综述[J].岩石力学与工程学报,26(4):649-661.
中国公路工程咨询集团有限公司,2014.宁都至定南(赣粤界)高速公路定南联络线工程地质报告[R].北京:中国公路工程咨询集团有限公司.
中华人民共和国建设部,2009.岩土工程勘察规范:GB 50021—2001[S].北京:中国建筑工业出版社.
中华人民共和国交通运输部,2015.公路路基设计规范:JTG D30—2015 [S].北京:人民交通出版社.
中华人民共和国水利部,1999.土工试验规程:SL 237—1999[S].北京:中国水利水电出版社.
中华人民共和国住房和城乡建设部,2012.混凝土结构试验方法标准:GB/T 50152—2012[S].北京:中国建筑工业出版社.
中华人民共和国住房和城乡建设部,2013.建筑边坡工程技术规范:GB 50330—2013 [S].北京:中国建筑工业出版社.
中华人民共和国住房和城乡建设部,2013.土木工程用玻璃纤维增强筋:JG/T 406—2013 [S].北京:中国标准出版社.
钟春欣,张玮,王树仁,2007.三维植被网加筋草皮坡面土壤侵蚀试验研究[J].河海大学学报:自然科学版,35(3):258-261.
钟春欣,张玮,2008.植被护坡抗冲模型试验方法与装置研究[J].河海大学学报:自然科学版,36(2):170-174.
周春梅,殷坤龙,2006.三峡库区滑坡治理中抗滑桩锚固深度的研究[J].武汉理工大学学报,28(2):38-41.
周红安,王钊,2003.灌浆玻璃钢杆拉拔受力分析[J].长江科学院学报,20(5):31-34.
周颖,曹映泓,廖晓瑾,等,2001.喷混植生技术在高速公路岩石边坡防护和绿化中的应用[J].岩土力学,22(3):353-356.
周勇,刘升传,2011.高填方路基填料的大型三轴试验研究[J].路基工程,(4):107-109.
LU N,GODT J W,2014.斜坡水文与稳定[M].简文星,王菁莪,侯龙,译.北京:高等教育出版社.
LU N,LIKOS W J,2012.非饱和土力学[M].韦昌富,侯龙,简文星,译.北京:高等教育出版社.
ABE K,IWAMOTO M,1986. An evaluation of tree-root effect on slope stability by tree-root strength[J]. Journal of the Japanese Forestry Society,(3):69.
ABE K,ZIEMER R R,1991. Effect of tree roots on a shear zone:Modeling reinforced shear stress[J]. Canadian Journal of Forest Research,(21) :25-26.
AUBERTIN G M,1971. Nature and extent of macropores in forest soils and their influence on subsurface water movement[J]. USDA Forest Service Research Paper (192):33.
BAKIS C E,AL-DULAIJAN S U,NANNI A,et al,1998. Effect of cyclic loading on bond behavior of GFRP rods embedded in concrete beams[J]. Journal of Composites Technology and Research,20(1):29-37.
BARDEN L,1965. Consolidation of Compacted and Unsaturated Clays[J]. Geotechnique,15(3):267-286.
CLARY JR R F, SLAYBACK, R D, 1984. Plant materials and establishment techniques for revegetation of California desert highways[J]. Transportation Research record,969: 24-26.
GERALD M. AUBERTLN, 1971. Nature and extent of macropores in forest soils and their influence on subsurface water movement[R]. U. S. A Forest Service Research Paper NE-192.
LARRALDE J, SILVA-RODRIGUEZ R, 1993. Bond and Slip of FRP Rebars in Concrete [J]. Journal of Materials in Civil Engineering,5(1):30-40.
LU N, LIKOS E J, 2004. Rate of capillary rise in soils [J]. Journal of Geotechnical and Geoenvironmental Engineering,130(6):646-650.
LU N,WAYLLACE A,CARRERA J,et al,2006. Constant flow method for concurrently measuring soil-water characteristic curve and hydraulic conductivity function[J]. Geotechnical Testing Journal,29(3):256-266.

MALVARL J,1995. Tensile and bond properties of GFRP reinforcing bars[J]. Aci Materials Journal,92(3):276-285.

MALVARL J, BERGERON G, 2003. Bond between carbon fiber reinforced polymer bars and concrete: Experimental study[J]. Journal of Composites,7(2):154-163.

MORTLOCK, WARREN B, 2000. Local seed for revegetation[J]. Ecological Management and Restoration, 1(2):93-101.

NANNI A, 1993. FRP reinforcement for prestressed and non-prestressed concrete structures[J]. Fiber-Reinforced-Plastic (FRP) Reinforcement for Concrete Structures: 3-12.

RENTCH J S,FORTNEY R H,STEPHENSON S L,et al,2005. Vegetation-site relationships of roadside plant communities in West Virginia,USA[J]. Journal of Applied Ecology,42(1):129-138.

SOBRINO,PULIDO,2002. A new glass-fiber-reinforce bridge in Spain [C/CD] Proc. Melbourne, Australia: IABSE.

图 版 I

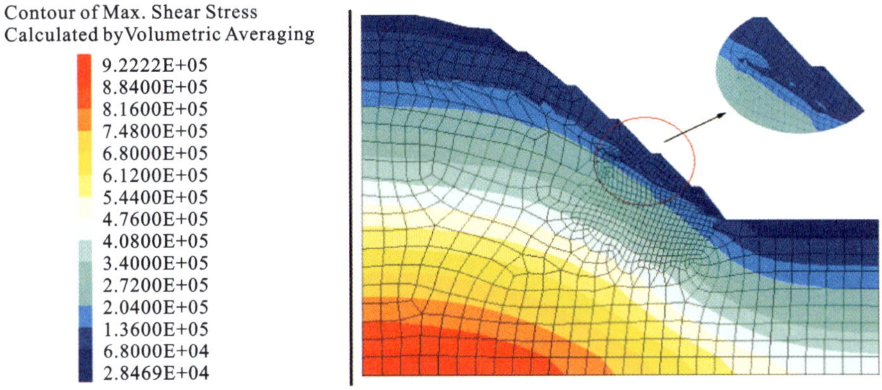

图 6.41　山下深切边坡支护前边坡最大剪应力云图

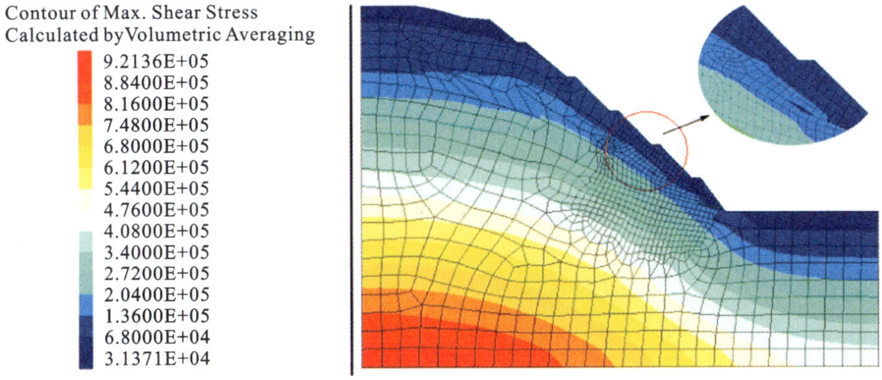

图 6.42　山下深切边坡支护后边坡最大剪应力云图

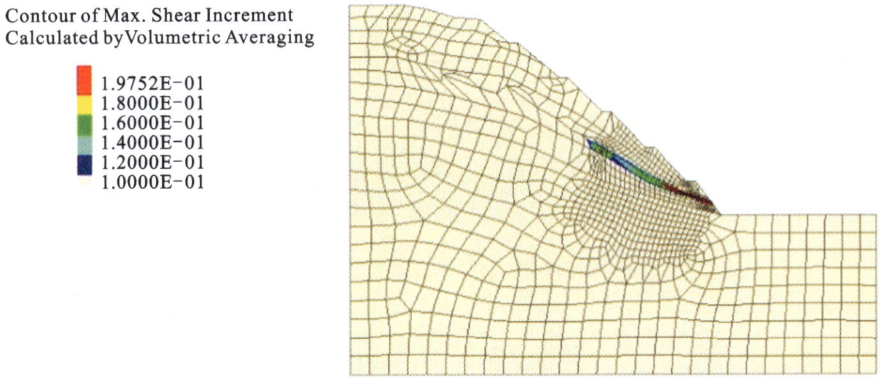

图 6.43　山下深切边坡支护前剪应变增量云图

图 版 II

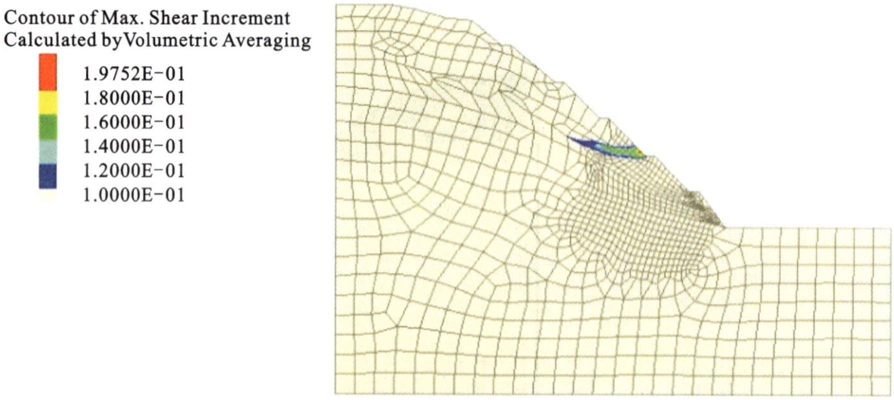

图 6.44　山下深切边坡支护后剪应变增量云图

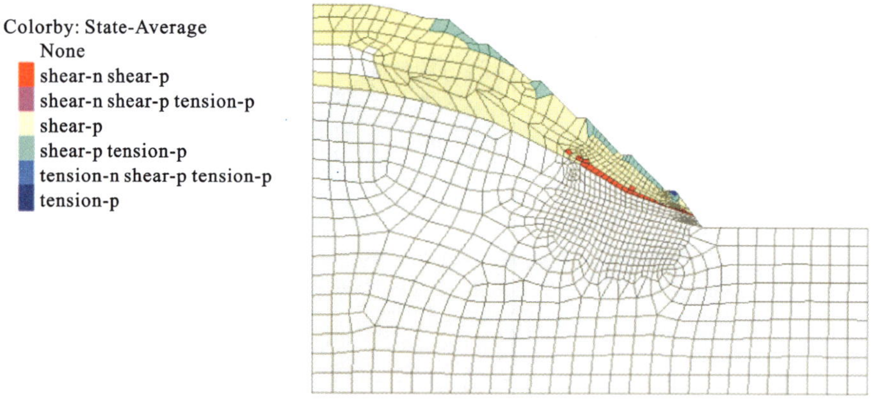

图 6.45　山下深切边坡支护前塑性区

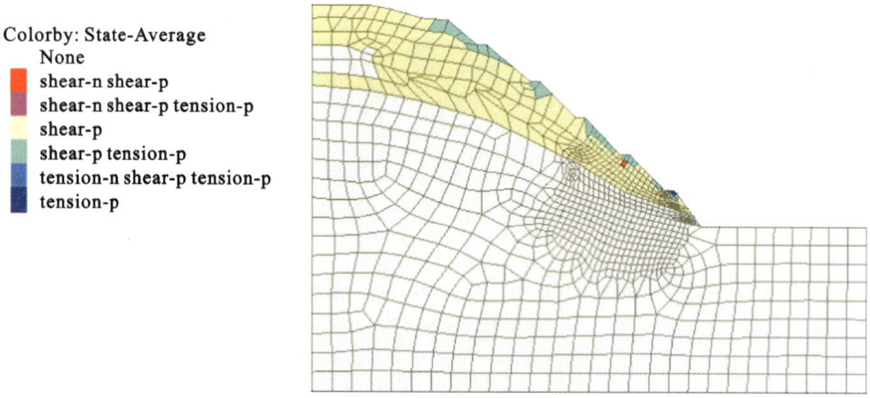

图 6.46　山下深切边坡支护后塑性区

图 版 III

图 6.47 玻璃钢锚杆受力云图

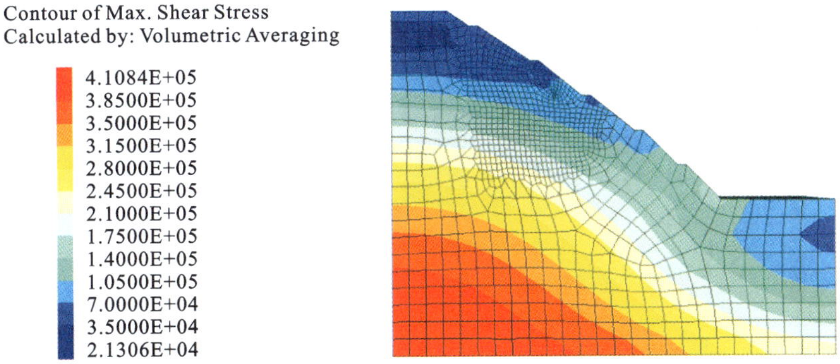

图 8.14 田心深切边坡剪应力云图

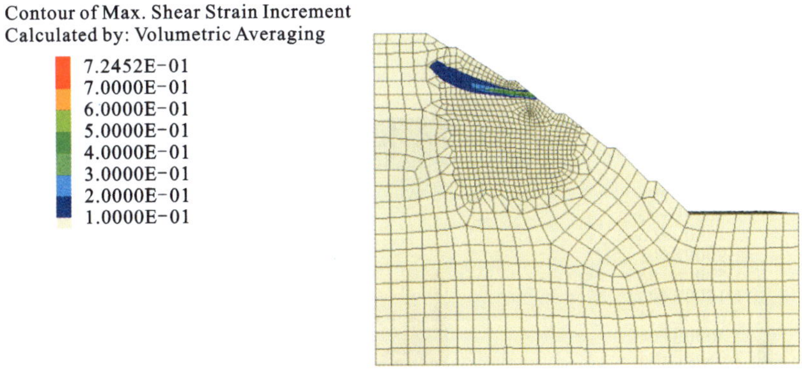

图 8.15 田心深切边坡剪应变云图

图 版 IV

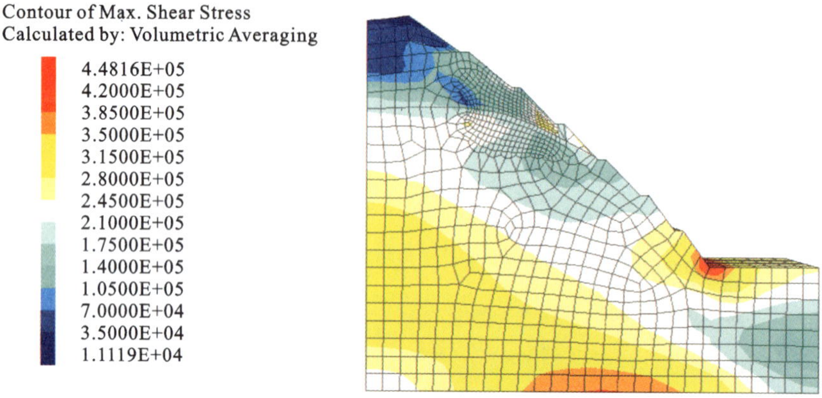

图 8.35 镇田深切边坡最大剪应力云图

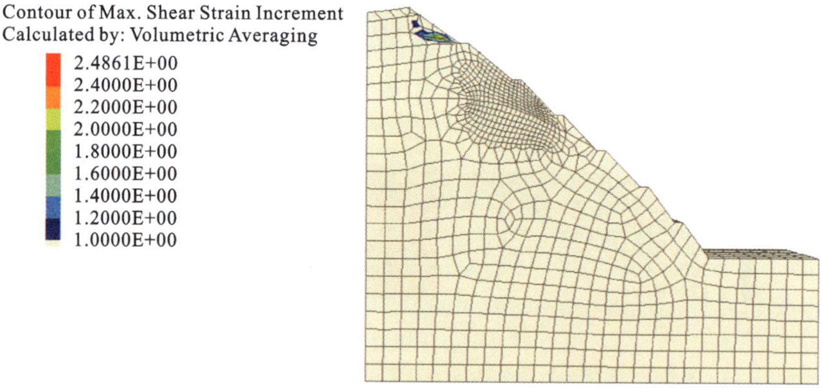

图 8.36 镇田深切边坡最大剪应变云图

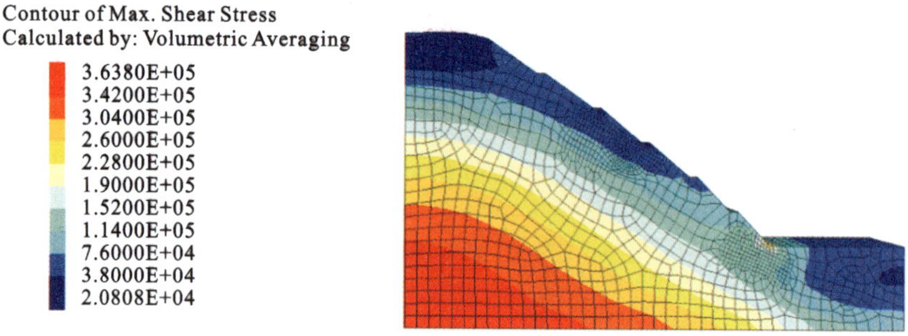

图 8.47 李子光深切边坡剪应力云图

图 版 V

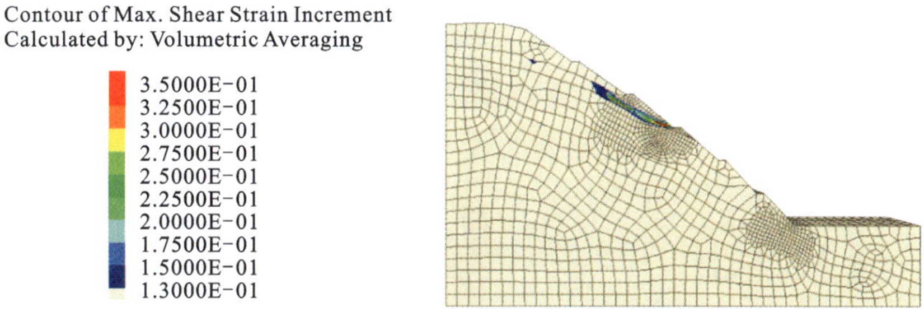

图 8.48 李子光深切边坡剪应变云图

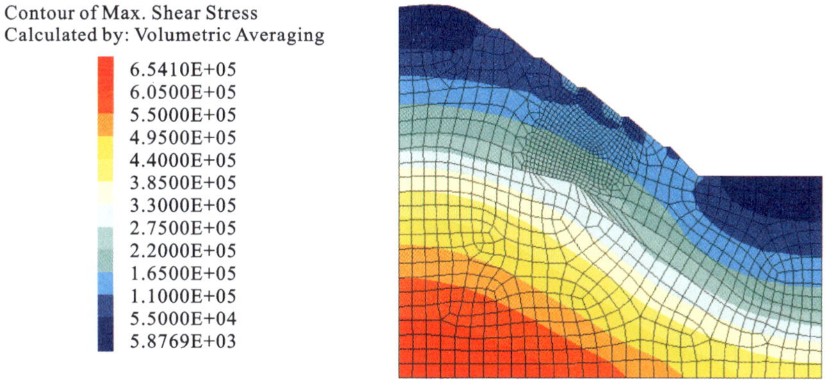

图 8.58 围上深切边坡剪应力云图

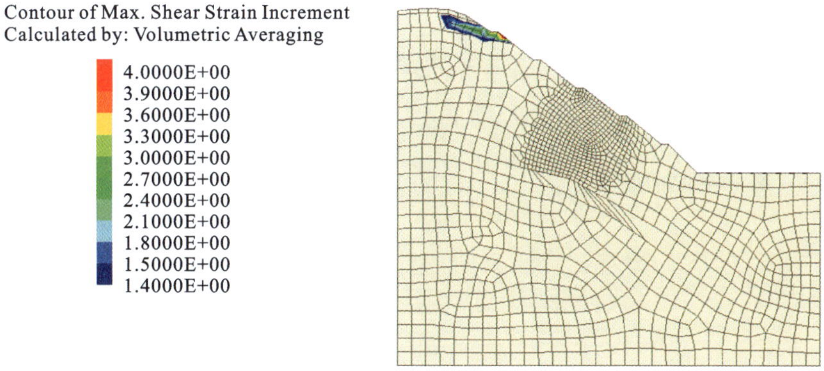

图 8.59 围上深切边坡剪应变云图

图 版 VI

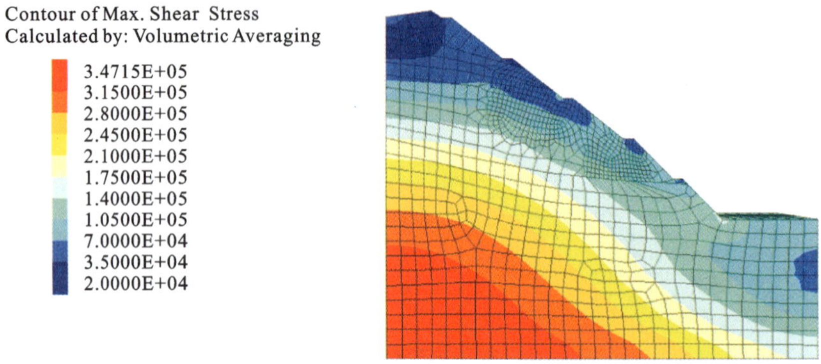

图 8.78 竹园深切边坡剪应力云图

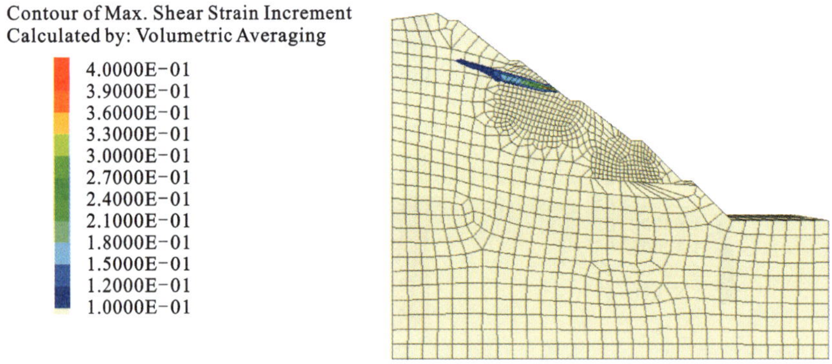

图 8.79 竹园深切边坡剪应变云图

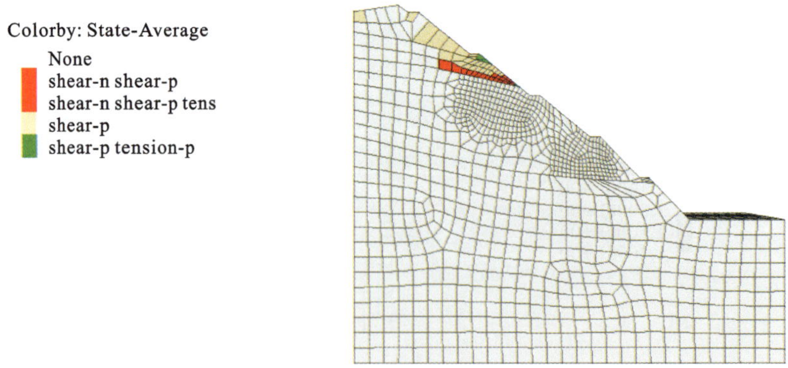

图 8.80 竹园深切边坡塑性区分布图